国家社会科学基金项目·管理学系列丛书

我国反补贴政策产业救济效果评估体系与方法研究

乔小勇　朱相宇　赵　飞　林　波　著

科学出版社

北京

内 容 简 介

本书基于国际反补贴背景，围绕我国反补贴政策产业救济效果评估面临的核心问题展开阐述与分析，主要包括反补贴政策产业救济的相关理论与国内外研究成果，反补贴政策产业救济的一般作用机理及其产生的影响效应，全球及主要国家与地区反补贴政策实施现状和反倾销与反补贴联动实施的现状特征与趋势，反补贴政策产业救济效果评估的指标体系、标准和方法内容体系的构建与设计，政策建议等。

本书适用于国际经济与贸易、政府宏观管理相关领域的广大读者。我们希望通过本书的介绍与分析，使广大读者对我国反补贴政策产业救济效果评估实践有更为深刻的理解和认识，以期引起相关领域的专家、学者的共鸣，同时为我国贸易救济政府管理部门提供决策参考。

图书在版编目（CIP）数据

我国反补贴政策产业救济效果评估体系与方法研究/乔小勇等著. —北京：科学出版社，2016.12

ISBN 978-7-03-050105-9

Ⅰ. ①我…　Ⅱ. ①乔…　Ⅲ. ①补贴–国际贸易政策–研究–中国　Ⅳ. ①F752.0

中国版本图书馆 CIP 数据核字（2016）第 237976 号

责任编辑：马　跃／责任校对：王　瑞
责任印制：张　伟／封面设计：无极书装

科学出版社出版
北京东黄城根北街 16 号
邮政编码：100717
http://www.sciencep.com

北京京华虎彩印刷有限公司 印刷

科学出版社发行　各地新华书店经销

*

2016 年 12 月第　一　版　开本：720×1000　B5
2018 年　1 月第二次印刷　印张：18
字数：363 000

定价：98.00 元

（如有印装质量问题，我社负责调换）

作 者 简 介

乔小勇，1983 年生，北京理工大学管理学博士，北京工业大学经济与管理学院副研究员、硕士研究生导师，北京工业大学“青年百人”提升计划入选者，清华大学公共管理学院博士后，中国科学院中丹学院公共管理硕士（丹麦籍）兼职研究生导师，北京理工大学贸易救济与竞争政策研究中心兼职研究员、北京理工大学国防科技创新与教育发展战略研究中心兼职研究员。

近些年来，主持项目 6 项，参与 30 余项，其中主持国家社会科学基金项目 1 项、中国博士后科学基金项目 1 项、北京市教育委员会社科计划面上项目 1 项、地方政府委托项目 3 项；参与国家自然科学基金、国家社会科学基金、教育部、科学技术部、原铁道部、中国科学技术协会、北京市社会科学基金、地方政府委托等项目近 30 项；出版专著 3 部；在国内外核心期刊上发表论文 40 余篇。

作者简介

前　言

对补贴与反补贴的研究历来是国际贸易关系中重要的问题之一，自17世纪以来，补贴与反补贴就一直为国家的决策者所关注。和倾销一样，补贴是随着产品交易国际化即国际贸易的发展而产生和发展的。当前，在新的国际分工合作与竞争政策和规则下，贸易摩擦与贸易政策冲突的领域已由货物贸易向服务贸易、技术贸易、知识产权扩展，由传统产业的低附加值产品向高技术产业的高附加值产品转移，由反倾销调查的企业微观层面向反补贴调查的政府宏观层面聚焦等，这将直接影响一国政府贸易救济的战略决策及其政策设计，冲击一国的贸易安全、产业安全乃至经济安全。

据商务部统计数据显示，目前，我国已连续19年（1996～2014年）成为全球遭受反倾销调查最多的国家，连续9年（2006～2014年）成为全球遭受反补贴调查最多的国家。1995～2014年，我国共遭受反倾销调查1050起、反补贴调查90起，仅2014年一年我国所受到的反倾销、反补贴调查就有97项，然而，1995～2014年，我国对国外发起反倾销、反补贴调查总共只有91项，其中反倾销调查84项、反补贴调查仅7项。数据表明，我国不仅在国际贸易摩擦中处于不利局面，在贸易救济决策及政策实施方面也处于被动局面。以上表明，我国面临的反补贴形势主要为两个方面：一方面，全球反补贴案件中有70%以上是针对我国，我国已成为反补贴指控的头号对象国，截至2014年年底，美国、加拿大、澳大利亚、欧盟、南非、印度和墨西哥等国家和地区对我国出口产品进行了90起反补贴调查，其严重影响了我国宏观经济政策的制定和国家整体经济安全；另一方面，在应对国外高频度反补贴调查的同时，为保护国内产业、提高国内产业竞争力、维护公平的贸易秩序和国家经济安全，我国也开始合理规范地逐步使用反补贴政策，对国内产业造成损害的国外补贴进口产品进行反补贴立案调查。但是由于我国反补贴立法较晚、反补贴实践经验相比反倾销明显缺乏，加之我国一贯坚持反对贸易保护主义，截至2014年年底，我国仅对外发起7起反补贴调查，其说明基于世界贸易组织（World Trade Organization，WTO）的合法规则，在全球贸易方式发生重大变化和贸易保护长期存在的形势下，我国政府反补贴也面临潜在的重大政策需求。

在后金融危机时代，国际贸易形势发生了新的变化，国际金融危机的深层次影响和欧洲主权债务危机共振，世界经济复苏不确定性、不稳定性上升。在此背景下，贸易保护又被提上各国政府的政策选项，使全球贸易保护主义情绪日益高涨，并且出现新的趋势与特征。反补贴政策是一把“双刃剑”，运用得当，有利于恢复和促进国际贸易的公平与自由；但运用不当，则会成为推行贸易保护主义的工具。近年来，我国商务部已经对部分反倾销案件的政策实施效果进行了评估，进而了解政策实施过程中出现的问题及反倾销政策实施以后到底对涉案国内产业救济效果如何。但是，由于反补贴政策实践经验的缺乏，其产业救济效果到底如何，亟须商务部门进行评估和论证。因此，结合新的国际贸易形势及国际金融环境，研究我国实施反补贴政策的评估问题，可满足我国政府贸易政策的现实需求。

反补贴政策的实施与评估也是一项跨学科交叉的系统工程，涉及管理、经济、法律、政治等多个学科。每一个具体的反补贴案件都有它独特的地方，但是对于一个国家整体而言，要在激烈的国际竞争中保护国内产业、提高国内产业国际竞争力、维护公平竞争的政策环境和贸易环境，就需要采用科学的理论和方法，建立一套完善的反补贴评估方法体系，为政府反补贴调查机关进行反补贴政策决策提供参考。同时，经济、信息全球化的深入发展，加快了我国经济改革和政府职能从计划到市场转变的步伐，制定完善的反补贴政策也成为我国贸易自由化、国际化、制度化的重要环节。“立足中国实践、促进合作发展、关注社会责任”是我国未来若干年解决管理科学问题的总体指导思想，伴随着我国公共管理基础理论与方法的不断深入发展，反补贴政策问题的研究将孕育新的变革方向。为此，我们需要重新审视与思考我国反补贴政策的理论内涵和现实意义，探索与创新设计我国反补贴政策产业救济效果的评估方法体系。

本书主要内容：第一，分析研究的国际背景、理论意义与实践意义，提出研究的核心问题，设计研究的思路与框架；第二，搜集、梳理、归纳总结研究的理论基础与相关文献综述，尤其是分析反补贴政策产业救济效果评估的相关国内外研究成果；第三，分析反补贴政策对产业救济的一般作用机理，通过产业经济模型和贸易均衡模型，分析得出反补贴政策措施的经济、法律和社会效果均得到了最大化体现，同时提出反补贴政策的贸易救济、产业救济、继发性保护、国家间的报复、贸易保护的政策示范、政策干涉与经济控制等影响效应；第四，统计分析世界主要国家和地区反补贴政策实施现状，尤其是重点分析和指出国外对华反补贴政策实施现状及我国对国外反补贴政策实施现状；第五，研究国际反倾销与反补贴即双反调查联动实施的现状特征和趋势；第六，构建反补贴政策产业救济效果评估指标体系，明确反补贴救济效果评估目标、评估原则和评估对象，从而为反补贴救济效果的评估提供理论框架；第七，设计反补贴政策产业救济效果评估标准，在救济适度原则下注重两个方面，一是国内产业是否得到恢复，二是国内产业是否得到发展；第八，从不同视角研究反补贴政策产业救济效果评估方法体系，构建基于评估标准与前后对比政策评估理论的反补贴政策产业救济效果评估方法内容体系；第九，选取不同的案件，应用构建的反补贴政策产业救济效果评估方法内容体系，并与实际案件发生情况相比较，实证检验构建的评估方法是否具有一定的可操作性；第十，基于研究内容，提出有针对性的政策建议。我们希望通过本书的介绍、分析与研究，使广大读者对补贴与反补贴相关理论、全球及其主要国家和地区反补贴实践、反补贴政策产业救济效果内涵与外延实践有更为深刻的理论和认识，同时为广大补贴与反补贴研究工作者提供研究平台，为国家反补贴调查机构的管理者提供决策参考。

本书的完成得到了北京理工大学何海燕教授贸易救济与竞争政策研究团队及国家社会科学基金青年项目“我国反补贴政策产业救济效果评估体系与方法研究”（12CGL088）全体课题组成员的大力支持和帮助，在此表示衷心的感谢！

作者衷心希望本书能够为我国补贴与反补贴研究略尽微薄之力，如有不足之处，敬请读者批评指正！

乔小勇

2016 年 4 月于北京

目　录

第1章 导　　言

1.1 研究背景与意义

1.1.1 新贸易保护趋势下我国政府实施反补贴的政策需求性与现实必要性

随着全球经济一体化的深入发展，国际社会的贸易摩擦已由企业微观层面的“反倾销”上升到了政府政策宏观层面的“反补贴”，反补贴已经成为我国与国外贸易摩擦新的焦点问题。目前，我国面临的反补贴形势主要为两个方面：一方面，全球反补贴案件中有70%以上是针对我国，我国已成为反补贴指控的头号对象国，截至2014年年底，美国、加拿大、澳大利亚、欧盟、南非、印度和墨西哥等国家和地区对我国出口产品进行了90起反补贴调查，其严重影响了我国宏观经济政策的制定和国家整体经济安全；另一方面，在应对国外高频度反补贴调查的同时，为保护国内产业、提高国内产业竞争力、维护公平的贸易秩序和国家经济安全，我国也开始合理规范地逐步使用反补贴政策，对国内产业造成损害的国外补贴进口产品进行反补贴立案调查。但是由于我国反补贴立法较晚、反补贴实践经验相比反倾销明显缺乏，加之我国一贯坚持反对贸易保护主义，截至2014年年底，我国仅对外发起7起反补贴调查，其说明基于WTO的合法规则，在全球贸易方式发生重大变化和贸易保护长期存在的形势下，我国政府反补贴也面临潜在的重大政策需求。

贸易保护是本次金融危机发生以来最主要的关键词之一。2008年由美国次贷问题引发的全球危机，使许多国家和地区为加强对本国产业和市场的保护，纷纷采取各种贸易保护政策加以限制进口。在后金融危机时代，国际贸易形势发生了新的变化，国际金融危机的深层次影响和欧洲主权债务危机共振，世界经济复苏不确定性、不稳定性上升。在此背景下，贸易保护又被提上各国政府的政策选项，使全球贸易保护主义情绪日益高涨，并且出现新的趋势与特征。反补贴政策是一把“双刃剑”，运用得当，有利于恢复和促进国际贸易的公平与自由；但运用不当，则会成为推行贸易保护主义的工具。目前，通过课题组人员参加商务部相关课题可知，我国商务部已经对部分反倾销案件的政策实施效果进行了评估，进而了解政策实施过程中出现的问题及反倾销政策实施以后到底对涉案国内产业救济效果如何。由前文可知，当前我国已经开始对国外补贴进口产品实施反补贴调查，但是，由于反补贴政策实践经验的缺乏，其产业救济效果到底如何，亟须商务部门进行评估和论证。因此，结合新的国际贸易形势及国际金融环境，研究我国实施反补贴政策的评估问题，可满足我国政府贸易政策的现实需求。

1.1.2 反补贴政策体现的动态性、系统性与学科交叉性

反补贴政策的实施与评估是一个动态复杂的系统性工作。一是从公共管理角度来看，反补贴政策的实施与评估是政府部门一个动态的行政管理决策过程；二是从反补贴政策实践的法律程序来看，反补贴政策是一个涉及申请、调查、立案、初裁、终裁、日落复审等环节的动态过程；三是从经济学角度来看，反补贴是补贴产品出口国实施补贴政策行为与补贴产品进口国实施反补贴政策行为之间的动态博弈过程。

反补贴政策的实施与评估也是一项跨学科交叉的系统工程，涉及管理、经济、法律、政治等多个学科。每一个具体的反补贴案件都有它独特的地方，但是对于一个国家整体而言，要在激烈的国际竞争中保护国内产业、提高国内产业国际竞争力、维护公平竞争的政策环境和贸易环境，就需要采用科学的理论和方法，建立一套完善的反补贴评估方法体系，为政府反补贴调查机关进行反补贴政策决策提供参考。

1.1.3 公共管理理论与方法的深入发展为我国反补贴政策赋予新的内涵和时代特征

公共管理的基础理论与方法是宏观管理和政策研究的基础，其研究进展是显示学科成熟程度和研究水平的重要标志。当代公共管理学呈现出一种多层次和多方向发展的趋势，其核心理论与研究思维正在向复杂、系统、综合集成的科学方向发展。其强调以跨学科综合交叉的知识背景为基础，运用科学规范的实证研究、案例分析与理论演绎相结合的方法，以问题为导向研究和解决复杂的公共管理、社会治理及公共政策问题。

经济、信息全球化的深入发展，加快了中国经济改革和政府职能从计划到市场转变的步伐，制定完善的反补贴政策也成为中国贸易自由化、国际化、制度化的重要环节。“立足中国实践、促进合作发展、关注社会责任”是我国未来若干年解决管理科学问题的总体指导思想，伴随着我国公共管理基础理论与方法的不断深入发展，反补贴政策问题的研究将孕育新的变革方向。为此，我们需要重新审

视与思考我国反补贴政策的理论内涵与现实意义，探索与创新设计我国反补贴政策产业救济效果的评估方法体系。

1.1.4 国际与国内反补贴背景

1. 国际背景

1995～2013年6月，全球共发起317起反补贴立案调查，其中实施最终反补贴措施（即获得肯定性终裁）的案件为182起，终裁比例为57.41%，详见图1.1。

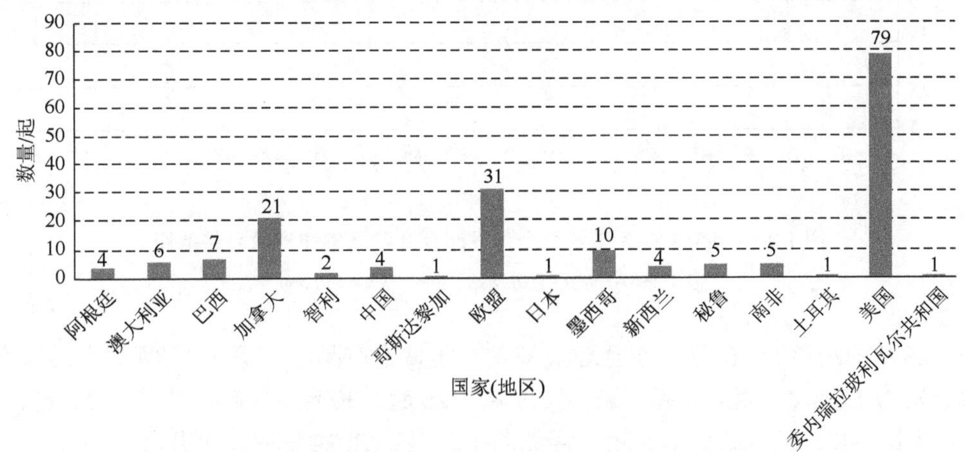

图1.1 1995～2013年6月各国家或地区实施最终反补贴措施案件数目比较图

资料来源：WTO官方网站，http://www.wto.org/

由图1.1可知，1995～2013年6月，美国、欧盟、加拿大、墨西哥实施最终反补贴措施的案件数分别为79起、31起、21起、10起，占实施最终反补贴措施案件总数182起的比例分别为43.41%、17.03%、11.54%、5.49%，其比例总和为77.47%；巴西、澳大利亚、秘鲁、南非实施最终反补贴措施的案件数分别为7起、6起、5起、5起，占实施最终反补贴措施案件总数182起的比例分别为3.85%、3.30%、2.75%、2.75%，其比例总和为12.64%；其余国家实施最终反补贴措施的案件数占比为9.89%。以上数据表明反补贴政策的使用国家或地区主要为欧美等发达国家或地区，发展中国家使用较少。

1995～2013年6月，全球各国家和地区发起的反补贴立案调查数总体呈阶段性波动趋势，详见图1.2。全球反补贴立案调查数由1995年的10起增长到1999年的41起，达到最高峰值。全球反补贴立案调查数自1999年达到最高峰值后开始呈现下降趋势，数量降至2000年的18起，后又于2001年增至27起达到另一峰值。2000～2003年，全球反补贴立案调查数总体呈“Z”字形趋势波动。2004～2009年，全球反补贴立案调查数总体呈上升趋势，2009年上升至28起。2011～2013年6月，全球反补贴立案调查数总体呈下降趋势。

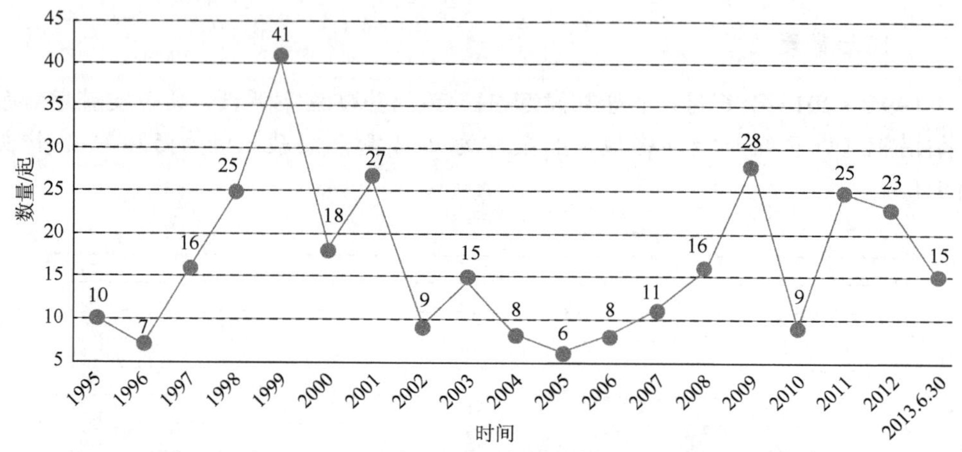

图1.2　1995～2013年6月全球发起反补贴立案调查数目趋势图

资料来源：WTO官方网站，http: //www.wto.org/

1995～2013年6月，在全球反补贴立案调查产品中，第Ⅰ～ⅩⅦ类产品涉案数分别为13起、9起、8起、31起、9起、26起、30起、5起、12起、19起、1起、4起、123起、22起、5起，详见图1.3。以上数据说明以下几点。

（1）全球反补贴调查涉案产品集中于第ⅩⅤ类（贱金属及其制品，123起）、Ⅳ类（食品，饮料、酒及醋，烟草及其制品，31起）、Ⅶ类（塑料及橡胶制品，30起）、Ⅵ类（化学工业制品，26起）、ⅩⅥ类（机械装备、电子设备、收或录音机、电视及音响设备，22起）产品，共232起，占立案总数的比例为73.19%。

（2）其次是第Ⅺ类（纺织制品，19起）、Ⅰ类（动物，13起）、Ⅹ类（制纸木浆及同类纤维木材，再生纸张、硬纸卡片，12起）产品，共44起，占立案总数比例为13.88%。

（3）最后是第Ⅱ类（蔬菜，9起）、Ⅴ类（矿物，9起）、Ⅲ类（动植物油及其分离制品、成品食用脂肪、动植物提取蜡，8起）、Ⅸ类（木及木制品，木炭，软木及软木制品，稻草、秸秆、针茅及其他编结材料制品，篮筐及柳条编织品，5起）、ⅩⅦ类（车辆、飞机、船舶及其他交通工具，5起）、ⅩⅢ类（石料、石膏、水泥、石棉、云母及类似原材料，陶制品，玻璃制品，4起）、Ⅻ类（鞋、帽、伞、杖鞭及其零件，已加工的羽毛及其制品，人造花，人发制品，1起）产品，共41起，占立案总数比例为12.93%。

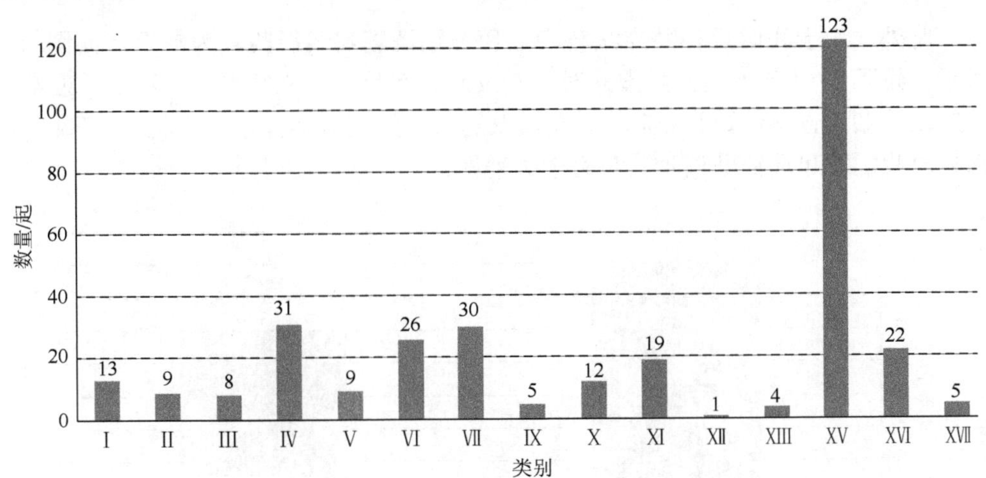

图 1.3 1995～2013 年 6 月全球反补贴立案调查涉案产品分类情况图

资料来源：WTO 官方网站，http: //www.wto.org/

2. 国内背景

目前，全球 70%以上的反补贴调查是针对中国，由图 1.4 可知，加拿大和美国是对中国发起反补贴调查的始作俑者和主要发起国，其做法也引起了别国的关注和效仿。2004～2013 年 6 月，美国、加拿大、澳大利亚、欧盟、南非、印度和墨西哥等七个国家或地区对中国出口产品进行了反补贴调查，其反补贴调查案件数目分别为 34 起、18 起、8 起、6 起、1 起、1 起、1 起，共 69 起。

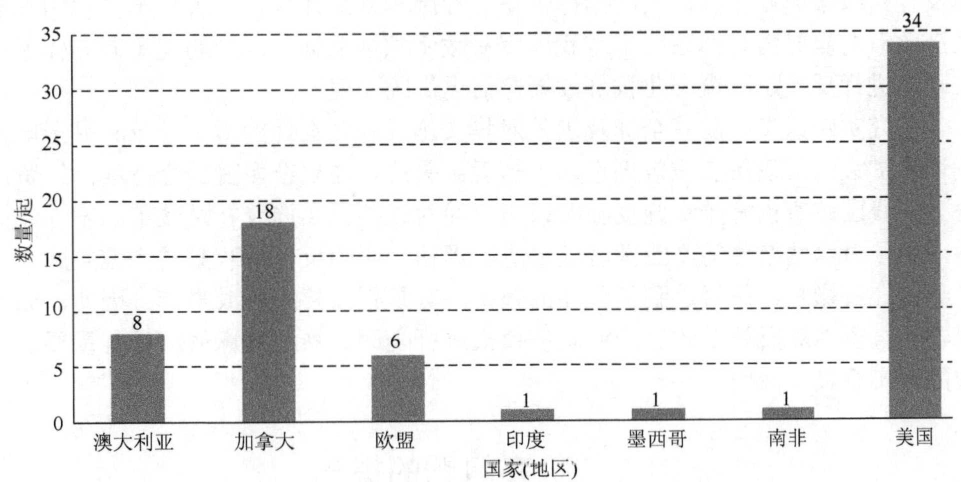

图 1.4 2004～2013 年 6 月部分国家或地区对中国发起反补贴调查案件数目图

资料来源：WTO 官方网站，http: //www.wto.org/

此外，由于我国反补贴立法较晚，反补贴调查实践经验较为缺乏，如图 1.5 所示，截至 2014 年 6 月，我国共对国外发起 7 起反补贴立案调查（其中，对美国发起反补贴调查案件数为 4 起，对欧盟发起反补贴调查案件数为 3 起），其数目与国外对我国发起反补贴调查数量有较大差距。

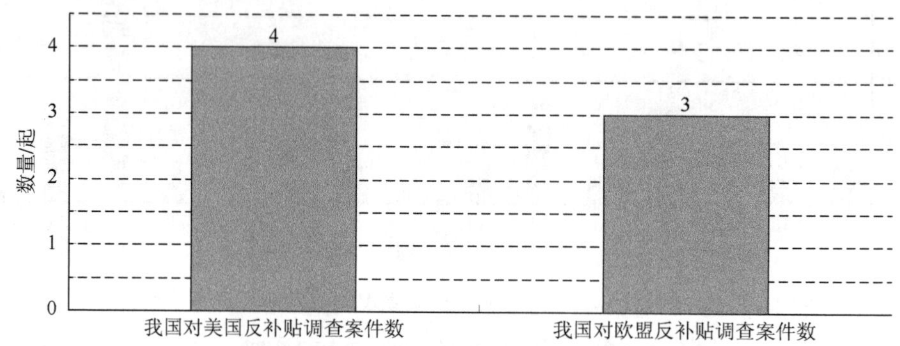

图 1.5 2004～2014 年 6 月我国对国外发起反补贴调查案件数目比较图

资料来源：WTO 官方网站，http: //www.wto.org/

1.1.5 研究的理论与实践意义

研究理论意义：从理论角度重新界定反补贴政策的内涵与外延，明确反补贴政策产业救济的作用机理；理论分析和审视思考我国反补贴政策产业救济效果评估将会面临的主要问题；基于公共政策分析的动态过程和系统视角，创新设计我国反补贴政策产业救济评估的指标体系、标准和方法体系，完善与丰富我国贸易救济政策的研究内容体系；丰富我国贸易救济领域反补贴政策的理论研究体系，为政府进行反补贴政策产业救济效果评估提供统一视角。

研究实践意义：随着全球及国外对华实施反补贴案件的增多，反补贴影响范围逐步扩大，其政策实施效果也越来越受到关注。在复杂多变的全球政治经贸形势下，我国政府也开始实施反补贴政策，面对这些已实施反补贴政策的案件，商务部亟须对这些案件的产业救济效果进行评估，明确反补贴政策的实施到底产生了哪些经济影响，是否达到了预期的效果，其是否需要终止或维持。因此，如何科学、合理地对反补贴政策产业救济效果进行全面、系统的评估，具有重要而紧迫的现实意义。

1.2 研究问题的提出

当前，世界政治经济格局正在发生着全新的变化，由此导致全球范围内的经济体利益关系日益复杂，而经济体实现利益的手段也多种多样。贸易摩擦是世界格局变革过程中的必然，将反补贴等贸易救济措施放在大的时代背景中进行考察，有助于理解其新的发展趋势、产生原因及其重要影响。

1. 全球经贸格局剧烈变化刺激贸易摩擦增多

从历史发展进程来看，世界经济波动较为频繁，并且呈现出周期性特征，而受金融危机影响，世界主要经济体波动幅度也存在着差异。强烈的经济波动导致贸易格局发展变化，而这种变化又放大了经济失衡情况，两者之间相互影响，使国际贸易摩擦持续增多。中国作为新兴大国，全球经济地位显著提升，对现有世界格局产生了颠覆性的影响，而由此涉及的贸易摩擦也变得更加复杂。出于长远发展的考虑，中国需要在国际规则的制定中拥有更多的话语权，需要在自身身份认同与国际压力之间实现一种巧妙的平衡，而实现这种平衡的关键是控制好程度和节奏，公正客观地参与并处理与世界经济贸易事务有关的问题。

2. 经济体间不同的发展模式引发贸易摩擦升级

进入21世纪以来，世界经济体贸易发展迅猛，国际贸易成为拉动经济增长的重要力量。金融危机对发达经济体的影响较为明显，而作为最大的发展中经济体，中国此时很容易成为发达经济体通过贸易摩擦转嫁危机的对象。不同国家间的经济发展模式存在差异，中国国有经济力量强大，对战略性资源的调控较为深入，这种模式符合中国现阶段国情，特别是在金融危机发生后，中国发展模式更是受到了广泛认同。然而在贸易实践操作中，一些国家认为中国政府为企业提供了大量补贴支持，企业对政府产生了依赖，这种根深蒂固的思想成为国外反补贴指控的重要原因；而在反补贴问题上，部分发达经济体又根据自身发展模式特点，将中国视为非市场经济国家，采取歧视性待遇，对国际公平贸易环境产生了极大的影响。

3. 政策冲突成为贸易摩擦的重要表现形式

经济全球化深入推进，国与国之间的联系更加紧密，与此同时，国家相互间的利益关系也日益复杂，各国及地区加强了在政策层面的多方博弈，导致全球贸易摩擦急剧增加。现阶段，各国政策之间的关联程度加深，任何一个经济体的政策变动都有可能影响到其他经济体利益，特别是使其主要贸易伙伴的政策冲突风险增加。金融危机爆发期间，发达国家经济下滑，财政赤字恶化，失业率显著升高，这些问题使发达国家国内利益团体政治压力陡增，不得不将频繁使用贸易限制措施作为解决危机的重要手段。通过对贸易伙伴的保护主义行动，虽然发达国家使国内存在的政治问题得以短暂释放，但却为未来国家体制层面和战略层面的贸易摩擦埋下了隐患。

4. 战略性新兴产业蕴涵贸易摩擦潜在危机

金融海啸发生以后，世界主要经济体都在大力寻求新的经济增长点，为此纷纷出台培育和发展战略性新兴产业的激励政策，并将发展重点放在新能源产业、节能减排技术等相关领域。2011 年 10 月，美国对中国出口的太阳能电池（板）进行反倾销反补贴联动调查在世界范围内引起了广泛关注，新能源领域开始成为美国贸易保护的新目标。新兴产业关系着一国未来在全球市场的竞争力，现阶段以美国为代表的发达经济体依靠资金和技术优势，控制着新兴产业关键领域，为了达到占领未来产业发展制高点的目的，发达经济体在新兴产业领域的贸易摩擦将会持续增多，这为中国新兴产业贸易增长和技术发展设置了多重障碍。

从上述分析及提炼搜集文献主要内容来看，反补贴已经成为国际社会贸易摩擦持续关注的焦点问题，其已由企业的微观层面上升到了政府的宏观政策层面。通过对已有反补贴研究的相关文献搜集与分析可知，总体来说对反补贴产业救济效果评估研究工作主要还处于理论研究层面，国内外实践经验都相对较少。从目前国内外研究现状可知，反补贴政策最直接的目的是保护国内产业和维护公平贸易秩序，其实施能产生多方面的影响，如对宏观经济、贸易、投资、企业战略决策、社会福利等产生直接或间接的影响，国内外学者也是围绕这些方面展开研究的，且积累了一定的研究成果，其中国外的研究成果相比国内更为成熟和丰富。但是，需要注意的是，这些研究还主要集中于反补贴对进口国国内产业某一方面、某一领域影响的实证研究，对于反补贴政策产业救济效果的综合评估，尚未形成完整的评估框架体系，也尚未提出科学的评估标准作为评估依据。并且研究思路、理论与方法也未达成共识，评估理论与方法尚有很大的探索与研究空间。反补贴产业救济效果评估涉及众多方面，这是一个复杂的系统工程。因此，如何建立反补贴政策产业救济效果评估的理论体系，使用何种评估方法对反补贴产业救济效果进行系统、全面的评估，并为未来反补贴提供政策建议，需要我们进行深入研究和积极开拓。

1.3 研究思路与框架

本书研究的思路如下，详见图 1.6。

（1）分析本书研究的国际背景、理论意义与实践意义，提出本书研究的核心问题，设计研究的思路与框架。

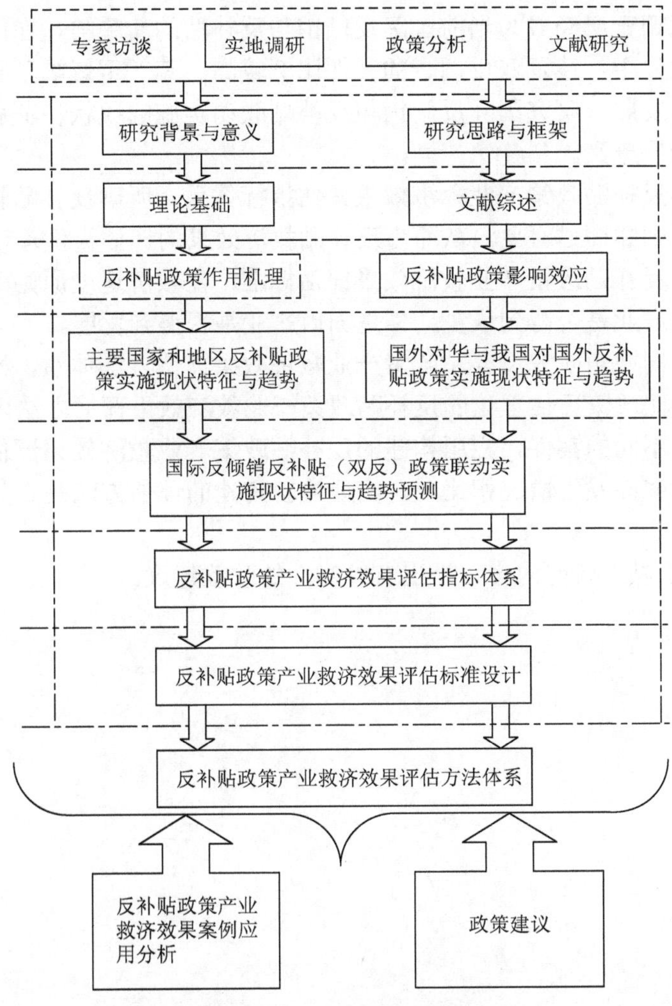

图 1.6 本书研究框架路线图

（2）搜集、梳理、归纳总结本书研究的理论基础与相关文献综述，尤其是分析反补贴政策产业救济效果评估的相关国内外研究成果，为本书研究提供借鉴。

（3）分析反补贴政策对产业救济的一般作用机理，通过产业经济模型和贸易均衡模型，分析得出反补贴政策措施的经济、法律和社会效果均得到了最大化体现，同时提出反补贴政策的贸易救济、产业救济、继发性保护、国家间的报复、贸易保护的政策示范、政策干涉与经济控制等影响效应。

（4）统计分析世界主要国家和地区反补贴政策实施现状，尤其是重点分析和指出国外对华反补贴政策实施现状及我国对国外反补贴政策实施现状。

（5）双反调查已经成为当前国际反倾销与反补贴的新趋势，在国外对华出口产品反补贴案件中，涉及双反调查的案件比例较高，其严重影响了我国涉案国内产业的生存与发展，研究国际反倾销与反补贴联动实施的现状特征和趋势，为本书提供现实指导意义。

（6）构建反补贴政策产业救济效果评估指标体系，明确反补贴救济效果评估目标、评估原则和评估对象，从而为反补贴救济效果的评估提供理论框架。

（7）设计反补贴政策产业救济效果评估标准，在救济适度原则下注重两个方面：一是国内产业是否得到恢复；二是国内产业是否得到发展。

（8）从不同视角研究反补贴政策产业救济效果评估方法体系，构建基于评估标准与前后对比政策评估理论的反补贴政策产业救济效果评估方法内容体系。

（9）选取不同的案件，应用构建的反补贴政策产业救济效果评估方法内容体系，并与实际案件发生情况相比较，实证检验构建的评估方法是否具有一定的可操作性。

（10）基于以上研究内容，提出有针对性的政策建议。

第2章　理论基础与文献综述

2.1　理论基础

2.1.1　公平贸易理论

公平贸易的提法始于19世纪七八十年代，是英国产业界为了应对美国和德国的崛起，保持其经济领导者的地位而提出的对策。1886年，英国一官方委员会的证词引用了许多发生在英国的倾销事例。大多数是针对德国和法国制造商的，也有专门针对美国棉纺织品制造商的。该委员会少数委员提出的一份报告建议征收10%或15%的进口从价税，以抵消外国制造商的倾销。该报告同意用“公平贸易政策”取代英国自由贸易政策的观点。该报告明确提出了公平贸易的概念。

对于公平贸易的内涵，在不同国家和地区及国际组织之间存在着许多不同的认识。英国经济学家C. J. Fuchs是把公平贸易与贸易保护政策区分开来。因为贸易保护政策的目的是要抵消生产条件的自然差异，保护国内产生者，而公平贸易的目的是阻止人为地造成国内外生产者在地位上的差异。C. J. Fuchs强调的公平贸易就是要在贸易中排除出口国人为因素对贸易双方贸易地位的影响。但是，他并没有强调人为因素对进口国国内同类产业造成的影响。

美国在《1988年综合贸易和竞争法案》中也提出了“公平贸易”的问题。该法案认为美国贸易伙伴的不公平贸易行为使美国贸易状况恶化，因而这些贸易伙伴应该在支持更开放的贸易制度方面负有重大义务。美国企业在公平、平等的竞争条件下具有足够的同任何外国企业进行竞争的能力，这就是公平贸易（马尚云，1999）。《1988年综合贸易和竞争法案》还规定，如果进口贸易中外商采取了不公平竞争方法和不公平行为，并对美国产业产生破坏或实质性损害，或阻止相同产业的建立等，就是不公平的贸易，美国将有义务维护公平贸易。显而易见，美国强调的不公平贸易行为并不是仅仅单纯地指某种进口贸易做法本身是否公平，它更强调的是这种做法给美国国内产业所产生的影响，即是否影响了美国企业的竞争条件及对美国贸易、产业产生了不良影响。只有损害美国产业时才断定为不公平贸易行为，进而采取相应措施。因此，美国更注重不公平贸易行为产生的结果，而不是这些行为本身是否公平。

发展中国家对公平贸易的看法也不完全一致。总体来讲，还是认为公平贸易措施可以消除不公平竞争，维护公正的贸易秩序和环境，有利于发展中国家发挥自身的比较优势，有利于与发达国家建立互惠的贸易关系。马来西亚前首相马哈蒂尔认为：公平贸易比自由贸易更为重要。因为较贫穷的国家有权利保护自身的“小生意”，直到能够与大国竞争为止。由此可见，马哈蒂尔的公平贸易观点就是维护贫穷国家和地区的比较优势与经贸发展。有损于国家经贸发展和比较优势发挥的贸易行为就是不公平贸易的行为，也是认定损害的标准。

2.1.2 产业损害理论

产业损害的概念在最初对倾销与反倾销的理论研究中就出现了，但是，当时并没有将其作为倾销与反倾销研究领域中的重要概念来展开系统的研究。在反倾销立法及实践发展的过程中，产业损害的概念及认定经历了不断演进、不断完善的过程。世界上最早的反倾销国内立法是 1904 年加拿大反倾销法及 1916 年美国反倾销法，它们规定反倾销无须证明国内产业受到倾销的损害，只需证明存在倾销即可采取反倾销措施。反补贴与反倾销同属于 WTO 认可的贸易救济措施，其产业损害内涵具有较大的延续性和相似性。

产业损害是贸易救济领域中的一个重要概念，它是实施反补贴政策的必要条件之一。由《补贴与反补贴措施协议》(*Agreement on Subsidies and Countervailing Measures*，ASCM）和补贴相关理论可知，存在补贴并不一定被进口国采取反补贴措施，关键要看补贴是否对进口国国内产业造成了损害。ASCM 规定了“损害”的三种表现形式：对国内产业造成实质性损害、对国内产业形成实质性损害的威胁及对国内产业的新建形成实质性阻碍。实质性损害是指对国内产业已经造成的、不可忽略的损害；实质性损害威胁是指对国内产业尚未造成实质性损害，但有证据表明如果不采取措施将导致国内产业实质性损害发生的明显可预见和迫近的情形；对建立国内产业的实质阻碍是指阻碍尚未建立的国内产业的形成和发展，致使该产业无法建立。

实际上，产业损害是多种因素影响而产生的状态和结果，但是这种状态往往表现为整个行业生产、经营、销售状况变差，如整体利润减少、工厂关闭、市场占有率下降、投资规划的取消或搁置、出口能力受损等明显特征。这种状态可能与补贴等不正当贸易行为和非关税壁垒有因果联系，也可能是受到诸如国内需求变化、消费模式变化、贸易政策变化、国内产业经营管理的变化、国内竞争状况和技术进步、不可抗力等非补贴因素的影响。WTO 允许实施反补贴政策的最终目的是维护公平贸易进而保护受损害的国内产业，而对公平贸易的诉求会直接影响到产业损害的内涵与认定标准。

2.1.3　反补贴与产业救济理论

补贴与反补贴研究历来是国际贸易关系中研究的重要问题。由补贴理论可知，补贴是一把“双刃剑”，它在促进一国社会和经济政策目标实现的同时，也可能破坏与其他有关国家产业、企业的公平竞争。基于补贴产生的不利影响，各国纷纷采取措施抵制补贴的侵害，保护本国产业，维护公平的竞争秩序，反补贴措施应运而生。所谓反补贴措施，是指进口方主管机构应国内相关产业的申请，对受补贴的进口产品进行反补贴调查，并采取征收反补贴税或价格承诺等方式，抵消进口产品所享受的补贴，维持公平的竞争秩序，保护受损的国内产业。

产业救济效应是指反补贴措施对进口国国内产业起到的一种救济效果。由于反补贴措施的主要形式是对来自反补贴涉案国的进口产品征收一定额度的反补贴税，这将降低进口产品的价格竞争优势，间接增加市场对国内产业产品的需求，进而改善其与补贴产品竞争所处的不利竞争环境，从而使国内产业摆脱补贴造成的负面影响，获得恢复和发展。现有的研究成果，不论是理论研究还是实证研究，都证明了反补贴措施产业救济效应的存在，即反补贴措施对进口国国内产业而言，能够起到一定的救济效果，通常表现为在反补贴作用的影响下，国内产业生产、经营、销售等各类经济指标的好转与改善。

实施反补贴措施最直接的目的就是通过贸易救济的手段保护国内产业，从而为国内产业的恢复与发展提供时间和空间。WTO 框架下对反补贴措施方面规定了可选择的两种途径，一种是采用 WTO 争端解决机制，另一种是采用与 WTO 规定相协调的国内反补贴制度。这两种途径可以平行援引，但只能采取一种形式的补救，或是经 WTO 争端解决实体（dispute settlement body，DSB）授权采取反措施，或是通过国内程序征收反补贴税。在国际反补贴实践中，征收反补贴税是最主要的反补贴措施，它是进口国在本国关境内对享有补贴的外国进口产品征收的一种进口附加税，其作用即是抵消进口产品因补贴而获得的不公平优势。

综上所述，产业救济是反补贴的一个重要特征，各个国家和地区在征收反补贴税时应以补贴造成产业损害的程度为限，这也与 WTO 规定的“低税征收”原则相一致。并且，进口国政府不能把反补贴措施当作贸易壁垒，不能把反补贴当作贸易报复措施，更不能把反补贴当作排挤竞争对手的工具，因为这不符合 ASCM 的根本宗旨和原则。

2.2 文献综述

2.2.1 反补贴政策实施相关国内外研究综述

1. 补贴政策实施的必要条件相关研究

根据 ASCM 和 WTO 各成员方的国内反补贴法可知，实施反补贴措施的三个必要条件为补贴、损害及其因果关系的存在。北京理工大学贸易救济与竞争政策研究中心的乔小勇和何海燕（2009）通过文献搜集、专家访谈和比较研究得出，基于ASCM的反补贴措施实施的必要条件及其概念相关研究是国内学者研究反补贴的主要内容之一。

1）基于 ASCM 的补贴定义及其认定要素相关研究

①基于 ASCM 的补贴定义相关研究

第一，有些学者对禁止性补贴（prohibited subsidy）、可诉补贴（actionable subsidy）和不可诉补贴（non-actionable subsidy）等定义进行综合研究，并且在阐释三种补贴定义的基础上进行其他内容的相关研究。Goetz 等（1986）对美国反补贴法律中的补贴的种类、定义及相关理论进行了研究，并且指出上游补贴是美国反补贴法所特有的。欧福永（2001）从补贴定义、补贴分类、补贴的救济措施、监督机构、通知义务等阐释了 ASCM 中的相关规定，并在以上分析基础上反思了我国禁止性、可诉补贴的立法与实践。袁晓东（2003）在分析 ASCM 中禁止性补贴、可诉补贴、不可诉补贴定义的基础上，研究了我国科技创新补贴与 ASCM 的冲突之处，并提出了相应的政策建议。卢荣蕾（2003）概述了补贴的定义与特征，比较分析了我国反补贴立法现状与 WTO 法律制度的差距，提出了我国补贴与反补贴的实践对策。

在分析补贴定义时，有些学者还从经济学角度进行了分析，如周荣新（2004）从经济学理论、主体利益、战略博弈等角度对补贴概念进行了经济学分析。张阿红（2008）阐述了工业补贴的定义和构成要素，以贸易扭曲理论和贸易损害理论等经济学观点为衡量标准，分析了禁止性补贴、可诉补贴、不可诉补贴的认定标准。

第二，有些学者是对某种补贴进行重点研究。禁止性补贴是指 WTO 成员不得授予或维持的补贴，其主要分为出口补贴和进口替代补贴。阳明华（2004）重点研究了出口补贴的相关法律问题，一是出口补贴案件审理过程中经常遇到的四个容易引起争议的先决问题；二是补贴的三要素，即政府或公共机构、财政资助、利益，其中详细分析了财政资助；三是出口补贴概念的认定等。张玉环（2005）从授予财政资助的主体、财政资助、利益、依赖于出口实绩的认定等方面研究了 ASCM 中对出口补贴的认定。韩纪男（2006）运用案例研究法对出口补贴认定中涉及的《农业协定》的相关条文进行了详细分析，归纳总结出了《农业协定》中出口补贴认定的基本规则。蒋婵（2007）以法律实证分析为基础，运用历史分析、公共政策分析、案例分析等方法研究了 WTO 框架下农产品出口补贴法律制度，并得出结论：发达国家的农业补贴是国际农产品贸易扭曲的根源。

可诉补贴，又称“黄箱补贴”，它是指那些既不被禁止，又不能免于质疑的补贴。蒋成华（2005）以巴西诉美国陆地棉补贴案件为例，评述了 WTO 的可诉补贴纪律，并指出根据法律解释逻辑，WTO 争端解决机构设立的专家组对财政资助、利益、专向性、可诉补贴认定的参考期间、相似产品、受补贴产品、相同市场、价格抑制、因果关系等问题进行了分析。王永杰（2003）重点研究了 ASCM 中的可诉补贴，主要研究内容包括：可诉补贴制度的产生，可诉补贴的特点，可诉补贴的认定，以及可诉补贴的立法缺陷及其改进。

不可诉补贴是指 WTO 允许的，不受其他国家反对的，也不受反补贴措施约束的各种补贴措施。王懿（2008）根据 ASCM 相关规定，从不利影响、累计计算和因果关系三个方面来研究如何确定不可诉补贴；在研究我国遭到美国申诉的补贴时指出，出口退税、人民币币值低估、出口信贷、贷款担保、原材料补贴等方面是美国向 WTO 申诉中所涉及的可诉性补贴。

②基于 ASCM 的补贴认定要素相关研究

部分学者对补贴的认定要素也进行了相关研究。向凯（2003）分析了 ASCM 中补贴的认定及损害救济制度，并在此基础上研究了欧美反补贴法律制度，包括实体规则与程序性规则。吕莹（2004）以 ASCM 有关条款为主线，从补贴形式、补贴的直接影响、出口实绩、专向性和产业损害等方面重点研究了影响补贴构成与认定的主要因素。尹德永（2004）对补贴与反补贴进行了经济学分析，以寻找对补贴与反补贴进行规范的合理性，并从政府提供的财政资助、利益、专向性标准三方面研究了补贴的定义与要素。

有些学者通过分析反补贴案例对补贴的认定要素进行研究。美国商务部国际贸易管理署（Department of Commerce International Trade Administration，1997）发布了关于进口智利大西洋鲑鱼的反补贴案件审理过程，从对出口提供援助、出口信贷、延期付款、免除关税、进口替代、促进和发展基金等方面裁定补贴的存在，但没有详细说明如何计算并得出裁定的反补贴税。白巴根（2007）以美国对中国出口铜版纸反补贴调查为例，对“转型经济国家”的反补贴调查与补贴的认定进行了研究，在补贴认定的过程中着重分析了“财政自主”与“利益”存在判定标准的选择。孙悦（2006）运用案例分析法分析了欧盟与韩国造船补贴争端案，通过研究 WTO 对此案的裁决结果，进一步明确了 WTO 对补贴的规定和认定方法，并指出案件争论焦点是关于公共机构的界定、市场比较基准的选择、APRG 和 PSL 计划。

③ASCM 补贴定义中“专向性”标准的相关研究

“专向性”（specificity）的概念是在美国行政与立法实施反补贴税法的过程中形成的，在美国《1979 贸易法》中首次出现。ASCM 引入“专向性”补贴的概念也是乌拉圭回合谈判相比东京回合谈判所取得主要成果之一。James Durling（德林，2007）在《美国贸易保护商务指南》的研究中指出，在美国有针对性的补贴是指政府专门针对一个企业或产业提供的有好处的计划，并且这项计划的目标是仅向特定的企业或者行业或者群体提供好处，而不是为整个经济提供某种更为普遍的好处。

王雪华和盛建明（2001）专门对 ASCM 中制裁“特向性”补贴进行了辨析，指出除非出口国补贴属于禁止性补贴，否则进口国对该补贴进行“反击”时，必须证明该补贴具有“特向性”。刘焕礼（2006）研究了 WTO 体制下补贴及其专向性的界定问题。余莹（2007）研究了 WTO 反补贴规则下我国国有企业补贴的相关特殊法律问题，通过研究指出专向性是采取反补贴措施的先决条件。齐瑶和周婷（2007）介绍了补贴成立的三个条件、补贴的四个专向性含义、补贴的基本类型，其中补贴的四个专向性包括企业、产业、地区和产品专向性。郭文利（2007）重点研究了 ASCM 中专向性问题，首先介绍了 ASCM 专向性标准的法律内涵、历史演变及其经济学理论依据；其次用类别和判定准则两个角度分析了 ASCM 中专向性的四个标准，即法律上的、事实上的、地理上的、拟制的专向性标准。王弈通（2009）分析了专向性标准在美国对华反补贴调查案中的适用问题，通过分析作者指出：美国商务部在对华反补贴调查中适用的“不利推定规则”，以对被调查方不利的推定方式得到的证据作为认定补贴专向性的基础，其做法违反了 ASCM 相关规定，导致了对补贴专向性的不当认定。

一些国内学者还通过分析国外对华反补贴案例对“专向性”进行研究。甘瑛（2003）根据 ASCM 规定和 DSB 的代表性案例论述了补贴的专向性。龚柏华和倪洁颖（2007）分析了中美有关铜版纸反倾销反补贴涉及的法律问题，通过分析认为美国对中国补贴指控缺乏专向性要素，在事实专向性上没有肯定性的证据。蒋春艳（2008）也通过对铜版纸反补贴案初裁的法律分析指出，美国对中国补贴指控缺乏专向性因素，尤其是在事实专向性上没有确凿证据。陈利强（2008）从经济、法律、ASCM 规定和案例相结合的角度，对专向性问题了研究，通过研究指出区分专向性补贴与非专向性补贴的关键是看补贴是否对经济具有扭曲作用，而判定经济扭曲主要是看补贴是否具有针对性或特定性，即补贴是否给予了特定的接受者；区分禁止性补贴、可诉补贴与不可诉补贴的分水岭就是补贴是否存在专向性。

综上所述，由相关研究文献可知，ASCM 相比《关税及贸易总协定》（*General*

Agreement on Tariffs and Trade，GATT）《补贴与反补贴守则》是目前比较规范、比较完善的法规协定，但是随着国际形势的变化、新的国际贸易政策的出台，该协定需要得到不断的补充与完善。尤其是在面对经济危机、金融风暴等方面，ASCM 还需具有更加灵活而完善的制度与措施。因此，部分学者对 ASCM 的有关内容提出了质疑。Hoda 和 Ahuja（2003）通过对发展中国家印度的调研，分析了 ASCM 的完善性，指出该协议的某些条文还存在缺陷，不利于发展中国家的贸易，并且希望在多哈回合谈判中，ASCM 能对像印度这样的发展中国家的有关规定进行澄清和改善。Nyahoho（2004）分析指出，ASCM 在解决一些商业争论时有一定的滞后性及 ASCM 有关规定未能充分考虑消费者的利益而着重强调了对国内产业的保护。

随着我国学者对 ASCM 研究的深入，部分学者对 ASCM 的有关规定也提出了质疑和改进建议。郭双焦（2005）针对 ASCM 中无“代表第三国的反补贴行动”规定的缺陷，分析了增加该规定的现实意义，并探讨了针对该规定应该增加的条款内容。高萍（2007）从补贴金额的计算方法不透明、出口补贴认定的复杂性、对发展中国家的特殊与差别待遇、对科研和落后地区以及环境保护的支持力度、反规避与反滥用规则的缺乏等方面研究了 ASCM 的缺陷之处，通过分析完善 ASCM 的进程与基础，提出了完善 ASCM 的具体措施。

2）基于 ASCM 的产业损害认定相关研究

由 ASCM 与我国反补贴条例可知，产业损害的认定是反补贴政策实施的主要内容之一。Sykes（1996）研究了美国国际贸易委员会（United States International Trade Commission，USITC）对产业损害的认定要素，从大量反倾销和反补贴案件中分析并总结了产业损害理论，且研究的主题是“损害调查”和“实质性损害调查”理论。甘瑛（2003）分析了“损害”的关键性概念及其表现形式。何海燕和杨悦（2006）对中国产业损害问题进行了研究综述，综述指出产业损害认定多从法律角度进行研究，缺乏对产业损害现状的数据分析，对国外产业损害认定的比较分析、经验借鉴和对中国产业损害认定细节及具体操作环节缺乏深入研究。

此外，部分学者也使用定量方法对补贴与产业损害认定的影响因素进行了分析。Tharakan 和 Waelbroeck（1994）首先指出欧盟在进行倾销、补贴和损害的确定时偏向于使用经济学分析，并运用 Finger-Hall-Nelson 联立方程组模型对欧盟进行倾销、补贴和损害确定时的政治、技术决定因素进行了比较说明，结果显示技术因素决定了倾销、补贴的确定，政治因素决定了损害的确定，同时结论暗示如果谁欲滥用反倾销和反补贴措施，有可能把注意力放在损害确定机制的研究上。Baldwin 和 Steagall（1994）研究了 USITC 在做出产业损害认定时的经济影响因素，作者利用 USITC 每次产业损害调查获得的经济数据和计量经济学回归分析方法，来进行国内产业是否受到损害、进口补贴产品与损害之间是否存在因果关系的确定，指出 USITC 非常强调根据案件的经济情况来对反补贴、反倾销和保障措施法律进行解释。逯曼（2007）对补贴、反补贴及产业损害进行了经济学分析，提出了运用模糊综合评判方法来确定反补贴产业损害程度，并结合加拿大对华反补贴案例进一步说明了模糊综合评判方法在反补贴产业损害程度中的应用。

3）基于 ASCM 的因果关系认定相关研究

补贴与产业损害间因果关系的认定也是反补贴政策实施的主要内容之一。Carter 等（1999）利用计量经济学格兰杰（Granger）因果检验的方法，从统计意义上说明了加拿大出口到美国的生猪数量并不是造成美国相关产业损害的原因，而是由于美国国内的相关经济因素。欧福永和杨陶（2005）通过研究美国反补贴法中“因果关系”的确定，指出美国反补贴法在因果关系上的用语与ASCM不同，并且存在两个重要的争议：一是因果关系是应存在于“进口”与“损害”之间，还是存在于“补贴”与“损害”之间；二是应同时决定还是分别决定损害与因果关系。在因果关系的具体分析方法上，我国可借鉴美国的“整体分析法”。段爱群（2005）在对 ASCM 进行实证分析中指出，因果关系的类型主要有两种：一种是主要因果关系，即进口产业的影响完全或主要是由补贴产品造成的，造成了进口国的直接影响；另一种是一般因果关系，即损害或影响是由补贴产品或其他有关因素共同作用的结果。单一（2007）从法律层面对补贴认定标准、禁止性补贴的规定、可诉补贴的规定、损害认定及补贴与损害之间的因果关系认定、反补贴措施的种类进行了研究。从上述文献综述可以看出，本部分内容以国内学者研究为主，这主要是由于我国反补贴立法相对发达国家较晚，并且反补贴实践经验较为缺乏，对反补贴的研究工作还处于基础和探索阶段。

2. 国外主要国家和地区反补贴政策实施状况相关研究

目前，继反倾销之后，反补贴已经成为国际社会贸易摩擦新的热点，且使用国家和地区主要为美国、欧盟和加拿大。反补贴措施的实施应当遵循有利于国际贸易、自由贸易、公平与公正、增加透明度、提高效率等基本原则（赵爱华，2003）。探索和研究 WTO 及其成员方（尤其是发达国家）的反补贴实践规律、特点等内容，有利于进口国政府积累反补贴调查的实践经验，也有利于出口国政府和企业了解在应对他国反补贴申诉时的具体做法和应对方式。ASCM 是各成员国和地区实施反补贴措施所遵循的基本准则。Waincymer（2001）指出各个国家实现 WTO 规则下的权利和义务都面临一定问题，特别是关于争端解决机制问题，并认为其主要原因是各个国家和地区反倾销与反补贴法的规定及其调查程序有所不同。

1）美国与欧盟反补贴政策实施状况相关研究

蓝海涛（2003）对 WTO 成员补贴与反补贴案件的特点进行了总结分析，结论为：发达成员比发展中成员更多运用反补贴措施；发达成员与发展中成员之间发生率最高；主要涉及金属原料及制品产业；总体趋势呈随机波动状。作为经济和政治影响力较大的美国和欧盟，由于反补贴法律制定上的先天优势及实践丰富等原因，在补贴和反补贴规则谈判中表现最为活跃，最具话语权，它们是目前 WTO 成员方中使用反补贴措施最为频繁的两个国家和地区。研究美国与欧盟反补贴实践的相关内容，将为中国反补贴政策的实施提供借鉴。

①美国反补贴实践的相关研究

Anderson（1984）在美国 1979 年贸易法案的背景下，对美国反补贴法律制度进行了研究，同时指出该法案规定了实质性损害标准及首次引入“补贴”概念。美国一方面对外强调自由贸易的指导思想，另一方面却在实际行动中对国内产业给予贸易保护，这种贸易政策的两面性在美国的反补贴政策和实践中都得到了充分的证实。侯若英（2008）以铜版纸案件为例分析了美国反补贴立法与实践的新发展，其中重点研究了以下几个问题：一是反补贴法对“非市场经济国家”的适用问题；二是美国对“非市场经济国家”计算补贴数额的两个新动向——替代国与可获得事实方法；三是双反调查与双重计税问题，在研究中作者指出双反合并调查并未违反 WTO 协定的规定，美国无论是在国内法律上还是在 WTO 协定方面均可以寻找到合理依据解决对“非市场经济国家”适用反补贴税的依据。阳源又（2008）研究了美国对华反补贴的法律问题，通过研究指出虽然美国对华反补贴调查在实体和程序方面“于法有据”，但双反调查有违 ASCM 公平贸易的基本原则。乔小勇和何海燕（2010）分析了中国入世以后美国反补贴立案的趋势，其总体上为先缓慢减少后急剧增加，并且 2006 年至今美国频繁对中国发起反补贴立案调查，对我国和国外都产生了深远的政治和经济影响。

②欧盟反补贴实践的相关研究

欧盟作为 WTO 的成员方，具有反补贴实践上的独特性，但与其他 WTO 成员方的反补贴国内规范一样，受到 WTO 这个国际组织的国际规范约束。杨仕辉和王红玲（2001）对欧盟进口反倾销、反补贴实践进行了实证研究，得出如下结论：欧盟反倾销反补贴在国际反倾销反补贴和对华反倾销中均占有十分重要的地位，同时欧盟又是国际出口反倾销反补贴的重要对象；欧盟进口反倾销和反补贴重点指控的产品有钢材及其他金属、化工产品、机电产品和纺织等产品。蒋小红（2003）在 GATT/WTO 规则框架下分析了欧洲共同体（以下简称欧共体）对来自第三国的补贴产品采取反补贴措施的实质要素和程序规定，同时在此基础上进一步研究了欧共体反补贴立法和实践与 WTO 规则的不一致之处。

湖南师范大学法学院欧福永副教授及其团队对欧盟的反补贴制度也做了较多研究。欧福永和冯素华（2006）重点分析了欧盟的进口反补贴调查程序，其主要内容涉及欧盟进口反补贴调查的发起及问卷调查、抽样调查、实地调查三种调查方式，以及听证和披露等。冯素华（2007）研究了欧盟反补贴法的程序性规则，其中调查程序包括调查的发起、立案、磋商、调查的展开；反补贴裁决包括临时措施、接受承诺、征税；反补贴复审包括中期、终期、新出口商复审。欧福永和冯寿波（2007）研究了欧盟反补贴法的中期和终期复审制度，并且从立法、应诉企业、应对策略等角度总结了欧盟反补贴中期和终期复审制度对我国的启示。

实际上，许多学者在研究美国和欧盟反补贴实践时，都是将它们综合在一起进行比较研究，进而找出差异与共性。陈为民（2002）在对补贴与反补贴法相关理论进行概况阐述的基础上，通过比较研究欧美等国家或地区的反补贴法律，对反补贴法的实体性和程序性规范进行了深入研究。于海霞（2004）在分析欧盟、美国反补贴立法历史的基础上，研究了它们采取反补贴政策的实质要素，其中欧盟采取反补贴政策的实质要素包括可诉补贴、补贴形式与计算、损害存在、欧盟利益，美国采取反补贴政策的实质要素包括征收反补贴税的条件、补贴事实的认定、补贴净额确定、因果关系。丛永俭（2004）在对美国、欧盟与 WTO 反补贴立法和实践的比较分析基础上研究了损害确定应当考虑的基本和特殊因素。于海霞和李丹丹（2006）在 GATT 和 WTO 框架下研究了美国、欧盟的反补贴立法过程和反补贴政策实施的实质要素，以及美国、欧盟反补贴法对中国的潜在适用，通过研究指出中国需要适当调整或在执行中加以注意补贴政策，以及采取相应对策以面对欧美等国家或地区的反补贴立案调查。

2）加拿大与澳大利亚反补贴政策实施状况相关研究

从 1984 年加拿大《特别进口措施法》颁布以来，加拿大已是全球运用反补贴措施最为频繁的国家之一，也是对我国发起进口反补贴调查的第一个国家。部分学者对这两个国家的反补贴实践进行了相关研究，但研究文献与美国和欧盟相比相对较少。

①加拿大反补贴实践的相关研究

朱榄叶（2005）以加拿大对我国实施反倾销反补贴调查为例，对中国面临的补贴与反补贴问题进行了研究，并对案件中发达国家的态度和双方纠纷焦点进行了阐述与说明。黄文旭（2007）研究了加拿大反补贴法的历史演进及其实施机构，通过研究指出加拿大反补贴法是以制定法形式出现，主要见于《特别进口措施法》《特别进口措施法实施细则》《加拿大国际贸易法庭法》《加拿大国际贸易法庭规则》等，加拿大的反补贴调查主要由边境服务署和国际贸易法庭负责。黄文旭（2008）研究了加拿大反补贴的实体规则与程序性规则，其中实体性规则包括补贴、损害及其因果关系的认定；程序性规则包括发起调查、初步调查、承诺、最终调查、重新调查、中期复审、期满复审、公共利益调查。

②澳大利亚反补贴实践的相关研究

Carroll（2000）分析了澳大利亚采取进口反倾销与反补贴措施的变化趋势，

并从了解澳大利亚立法与管理体制的变化、积极全面应对海关检查、修改国内法律法规、商业重组等方面为遭受澳大利亚反倾销与反补贴指控的出口商提供应对措施与建议。

3. 反补贴政策实施的影响因素与影响效果相关研究

由反补贴的含义和 WTO 成员方反补贴的实践可知，相比反倾销，反补贴贸易摩擦已由企业的微观层面上升到了政府的宏观层面，因此，各个国家或地区在对国外进行反补贴决策时将会受到宏观、微观等多种因素的影响。同时，反补贴政策作为一项贸易政策会产生多方面的影响，如对出口国宏观政策的影响、对出口国经济的影响、对进出口贸易的影响、对国内竞争产业的影响、对企业战略决策的影响、对福利的影响、对区域贸易政策的影响等。

1）反补贴政策实施的影响因素相关研究

①反补贴措施是否用于非市场经济国家的相关研究

反补贴措施是否适用于非市场经济国家一直都是各国贸易救济领域争论的主要问题之一。目前，美国、加拿大、欧盟等发达国家和地区已经通过修改国内反补贴法使其适用于非市场经济国家，一旦该措施频繁使用，将会产生“示范效应”并对发展中国家产生不利影响。

第一，国外关于反补贴措施是否用于非市场经济国家的相关研究。

尽管美国的反倾销法与反补贴法在调查程序上具有一定的相似性，但反补贴法并没有对是否向非市场经济国家进口补贴产品征收反补贴税做出具体规定；并且，2005 年之前，美国国际贸易管理署并没有对非市场经济国家发起过反补贴立案调查，为了改变这种状况，美国国会也建议修改国内反补贴法，使其适用于中国等非市场经济国家（Pregelj，2005）。Yager（2006）作为美国总审计署的发言人，从市场经济国家和非市场经济国家两个角度分析选择何种方案对中国征收反补贴税，并预测了方案实施后可能产生的结果。同时指出，由于商务部对进口中国产品进行补贴调查和最终征收反补贴税方面缺乏实践经验，商务部在对非市场经济国家进行反补贴立案调查时还面临较大的挑战。

China Daily[①]一则关于中国补贴出口纺织品的新闻指出，美国对于中国的铜版纸一案打破了反补贴不适用于像中国这样的发展中国家。此外，美国全国纺织组织也在与发起中国铜版纸反补贴案的律师联系，并准备对中国纺织业产品发出反补贴立案调查。Kaplanand 和 Cloutier（2007）针对美国对中国铜版纸发起反补贴立案调查做出了评论，指出这是美国对像中国这样的非市场经济国家发起的第一起反补贴立案调查，对两国都具有重要的政治意义。Jones（2007）指出相对于反

① China：subsidy charge looms on textiles export，*China Daily News*，2007。

倾销法，反补贴法没有对“非市场经济国家进口产品进行调查”的专项条款，但考虑到中美之间贸易赤字逐渐增大和中国拒绝汇率较大幅度变动，导致了美国国会修改反补贴税法以适用于像中国这样的非市场经济国家。Clark 等（2007）研究了美国对中国铜版纸发起反补贴立案调查产生的影响及意义，并指出美国商务部在对非市场经济国家征收反补贴税时应考虑以下因素：一是 1986 年乔治钢铁案中，美国商务部没有对非市场经济国家征收反补贴税；二是中国铜版纸案件中的补贴是否存在专向性；三是如何计算补贴幅度；四是是否可以同时发起反倾销和反补贴调查，对一个案件同时征收反倾销税和反补贴税。

第二，国内关于反补贴措施是否用于非市场经济国家的相关研究。

随着近年来许多国家相继承认我国的完全市场经济地位，再加上加拿大、美国两国相继修改国内反补贴法，将其适用于非市场经济国家，我国无疑将面临更多的反补贴诉讼，为应对国际反补贴诉讼，我们应深入了解 WTO 框架下的反补贴诉讼机制，并在完善国内反补贴立法的同时，尽早建构反补贴预警、执法、诉讼等机制（秦国荣，2006）。张昕宇（2007）从反补贴有关国际法和国内法规范入手，探讨了国外对华反补贴的理论依据，在剖析美国反补贴税法的基础上分析了反补贴是否适用于非市场经济国家这一法律问题的可行性，并指出在我国对外贸易顺差持续走高的条件下，国际对华反补贴趋势将逐渐增加。

卜伟和赵伟滨（2008）对我国获得完全市场经济地位后外国对我国反补贴与反倾销问题的变化展开研究，通过研究指出，获得外国对中国完全市场经济地位的认可，将对国外对华反倾销与反补贴产生重要的影响。张斌（2009）基于美国和加拿大对华反补贴案例，研究了两国在对华反补贴调查中确定反补贴价格比较基准的差异，通过研究指出主要差异为：两国确定反补贴价格比较基准的一般法律原则显著不同；两国在使用外部基准还是国内基准问题上对中国的基本待遇不同等。同时指出，两国在对华反补贴价格比较基准问题上也存在一个共同点，即是否适用外部基准取决于各自对中国市场经济地位的认定或在同一产品反倾销调查中对该产业是否具有市场经济导向进行认定。周艳（2008）从多边规则层面入手，剖析了美国反补贴税法及其重要案例，并对其反补贴法是否适用于非市场经济国家的问题做出法律可行性研究及实证分析，通过研究指出美国未来对非市场经济国家进行反补贴调查的可能性较大。

②反补贴措施实施的政治与经贸影响因素相关研究

国内外许多学者认为政治与经贸因素是一国进行反补贴决策的主要因素。胡麦秀和薛求知（2008）运用两国贸易模型和福利函数从经济学角度来分析美国对华实施反补贴措施的动机和原因，研究结果表明，国际贸易中的非均衡收益格局是美国对华出口产品进行反补贴调查的经济动因，而谋求政治利益最大化是其政治动因。何海燕和乔小勇（2010）研究了国外对华反补贴指控的原因和影响因素，指出达到一定的政治目的和贸易顺差较大等政治、经贸因素是国外对华反补贴最主要的原因。

第一，政治因素。van Duren 和 Martin（1989）通过研究指出一些涉及农产品的反补贴案件导致了国际社会的激烈争辩，并且案件涉及了相关的法律和政治因素。Baylis（2007）分析了战略性贸易政策的使用对出口国与进口国关系的影响，并指出政治压力是进行反补贴立案调查的一个主要因素。梅新育（2007）分析了美国对华出口产品进行反补贴立案的动机，认为除了经济动机之外还有深刻的政治动机。

在实际研究过程中，学者们通常是将政治与贸易因素联系在一起进行研究的。Krueger（1996）通过考察具有民主制度国家贸易政策的决定因素，表明贸易保护主义政策是通过一个政治过程实现的，这个政治过程允许最优化的代理人在经济活动中最大化自己的利益。李小明（2007）认为补贴问题在国际贸易纠纷中有时并非单纯的法律问题而是受到了政治因素和国与国之间贸易关系的影响。宋国友（2007）研究了中美贸易关系中新的问题——反补贴税，从贸易逆差、国内政治形势发生变化、预期中国在中美战略经济对话中做出让步等方面分析了美国对华出口产品进行反补贴立案调查的原因，指出美国如果想合理、合法对华征收反补贴税，应解决中国市场经济地位、反补贴与反倾销之间的关系这两个问题。陈利强（2008）对美国对华铜版纸反补贴立案调查案进行了法律探析，通过分析得出启示之一为：美国商务部对华出口产品进行反补贴立案调查在很大程度上是由国内贸易政治驱动的。

第二，经贸因素。随着贸易量的不断增长，中美之间的反补贴贸易摩擦将不可避免。而反补贴作为被 WTO 允许的保护本国产业的贸易救济措施，与反倾销一样，必然成为美国对华实行贸易保护主义的重要武器（彭育园，2006）。

Mah（2003）对在反补贴调查过程中美国 USITC 的角色和决策特点进行了分析，并运用建立在时间序列数据上的经验证据表明，进口反补贴决策与宏观经济变量之间有一个长期的均衡关系，这些宏观经济变量包括经济增长率和进口渗透率。张明祎和邓英杰（2008）在分析调整人民币汇率准则相关性问题和解释性问题的基础上，指出美国想通过 WTO 途径解决人民币汇率问题得不到合法的规则支持。张燕芳（2008）对中国纺织品遭受美国反补贴立案调查的可能性进行了研究，通过研究指出美国对中国纺织品发起反补贴调查的主要出发点不是在于对经济利益的考虑，而是侧重于美国自身根本的国际战略需要。

此外，影响反补贴措施的还有其他因素，如 Blonigen（2005）研究了北美自由贸易区争端解决小组对该地区成员国之间反倾销与反补贴行为的影响，指出对不公平贸易行为的处理已经成为优惠国地区讨论的主题等。作者对美国 1980～2000 年反倾销和反补贴数据库资料进行了分析，检验了美国建立的争端解决小组是否减少了美国和在北美自由贸易区内的其他成员国之间的不公平贸易行为，得出的结论是美国建立的争端解决小组对减少该地区不公平贸易行为的效力有限。

2）反补贴政策实施的影响效果相关研究

①反补贴措施实施对宏观经济政策影响的相关研究

进口反补贴调查的主体是政府，调查的内容为政府制定的经济政策和制度安排，反补贴调查将会使被调查国政府修改其国内产业政策、出口补贴政策等宏观经济政策，进而影响被调查国的经济走向和产业发展。

实践表明，全球进口反补贴立案调查主要是针对发展国家提起的，因此给发展中国家的政府和生产商带来很大压力。世界银行经济学家 Finger 和 Nogués（1987）通过分析 20 世纪 80 年代贸易保护案件的范围和数量，提出反补贴案件绝大部分是由美国针对发展国家发起的，并指出补贴定义、反补贴措施如何恰当使用在国际补贴与反补贴洽谈中都是非常模糊的，这给发展中国家的国内生产商带来很大的压力。Collie（1991，1994）通过分析进口国实行反补贴税的报复性措施对出口国政府出口补贴政策的影响，指出反补贴税的征收肯定会对出口国经济带来消极作用。面对进口国的反补贴行为，出口国政府的最优反应是征收出口税，从而增加出口商品的成本，达到限制出口的目的。

陆业（2006）研究了美国反补贴法修改对我国经济发展产生的影响，并指出调整和修改我国国家及各级地方财政补贴政策是应对国外反补贴调查的当务之急。高永富（2007）介绍了中美反补贴争端形成的历史过程，指出反补贴将成为美国对华贸易保护的新形式，作者认为美国政府对中国产品进行反补贴立案调查将影响到中国的国内经济政策和经济发展的走向。严辉和蔡珍贵（2008）在分析近年来湖南遭受国外反补贴立案调查现状的基础上，从产品出口、企业国际化进程、产业链、宏观经济政策、国际经贸环境等方面阐述了国外反补贴立案调查对湖南出口贸易的影响。

②反补贴措施实施对贸易影响的相关研究

反补贴政策在一定程度上提高了补贴进口产品的价格，限制或抑制了涉案国补贴产品的出口量和出口额，即对涉案国的出口贸易产生了一定的贸易限制或抑制效应。

部分学者对进口反补贴调查起到的贸易限制或抑制作用持肯定观点。Qiu（1995）进一步肯定了反补贴税在应对出口补贴方面的作用，指出在国际市场竞争的寡头市场结构中，进口国征收的反补贴税一般都会阻止出口国对出口继续进行补贴。Gallaway 等（1999）阐述了反倾销和反补贴法律已经成为美国贸易救济的主要方式，作者利用可计算一般均衡模型估计了现行的美国反倾销和反补贴规则的规模经济效应及 1993 年美国的净福利损失，并得出结论：在执行乌拉圭回合谈判的协定后，由于进行反倾销和反补贴要付出高额的成本，国内反倾销和反补贴法律规定仍是限制美国出口贸易的因素之一。

部分学者对进口反补贴立案调查起到的贸易限制或抑制作用作用持否定观点。美国政策分析师 Johnson 和 O’Quinn（1995）认为美国已有的反倾销和反补贴法已经失去原有的效果，它使美国不能有效地抵制国外那些低价且受到补贴的商品，其只是一种贸易保护手段，并指出美国政府不应当再继续执行这些法律，因为它损害了消费者的利益，破坏了同大国的贸易伙伴的关系。Spencer（1988）并没有直接研究反对反补贴行为，而是怀疑征收反补贴税对于限制出口补贴行为的作用。通过建立和研究关于资本补贴的不完全竞争模型得出结论：反补贴税能够抵消资本补贴而不能有效抵制出口补贴，也就是说征收反补贴税不是解决出口补贴问题的有效措施。Messerlin（1989）分析了乌拉圭回合谈判中补贴与反补贴措施在过去和未来的局限性，研究了 1980～1991 年美国和欧盟发起反补贴与反倾销的案件及企业如何使用这两种措施，作者认为美国和欧盟企业越来越多地使用反倾销措施进而替代了反补贴措施；在前面分析的基础上，作者指出根据厂商利润最大化原则反补贴措施对补贴政策或出口贸易有限制作用，所以反补贴不是一项很好的贸易保护措施。我国台湾学者 Wang（2005）分析了战略性贸易政策的相关文献，指出：Qiu（1995）通过报复延迟、反补贴水平、自愿出口限制三个要素研究了为什么反补贴措施不能有效地阻止国外的出口补贴行为。

③反补贴措施实施对企业战略决策影响的相关研究

企业是反补贴措施的直接承受者，面对进口反补贴调查，起诉企业与应诉企业都会采取相应的行动以做出反应，因而进口反补贴调查对企业的战略决策也会产生较大影响。

Dixit（1988）构建了一个寡头垄断模型来分析补贴产品进口国政府和企业对于国外政府补贴行为做出的最佳选择，研究了征收反补贴税的一些理论支持，如征收反补贴税能够部分抵消国外补贴，征税的最佳比例取决于补贴的影响范围及市场竞争程度。然而，Collie（1991）运用寡头垄断模型进一步分析了 Avinash Dixit 研究内容的不足之处，并指出当没有国内同类产品时，征收反补贴税是恰当的，而存在国内产品时，征收反补贴税并不是完全合适的。

林孝贵等（2006）将补贴与反补贴置于有限理性的博弈双方，构建了补贴与反补贴的博弈模型，通过研究指出由于做出肯定性反补贴立案决策需要较高成本，我国企业是否使用反补贴这一政策工具，可以从补贴与反补贴进化博弈分析中各比例变化结构来确定。Jones 和 Harvey（2006）通过事后分析方法进一步研究得出，如果对一个国家中的特定企业征收反补贴税，而那些企业又不是垄断厂商或在该国市场上占有重要的市场份额，那么反补贴税的征收是无效的。

④反补贴措施实施对社会福利影响的相关研究

进口反补贴调查的实施不仅关系着涉案产业的利益，而且会对其上下游产业、国内消费者及进口商的利益造成影响，这也就涉及公共利益问题。为解决这个问题，许多学者从一国福利角度考虑进口反补贴调查所造成的影响。

Spencer（1988）对政府反补贴行为对国内福利的影响进行了分析，认为政府实施反补贴立案调查时应注意两个问题：一是在 GATT 规则下反补贴立案调查是否能够阻止补贴进口产品给国内产业带来的损害；二是反补贴调查的实施是否是基于利润转移的动机。我国台湾学者 Wang（2005）分析了战略性贸易政策的相关文献指出，在没有报复的前提下，出口补贴将增加出口国福利。段圣娟（2007）从经济学角度分析了补贴、反补贴对一国福利的影响，通过分析指出补贴产品出口国的福利水平与补贴、反补贴密切相关，反补贴税额的征收会降低本国福利水平。

现实中，进口国反补贴调查机构无法完全掌握出口国政府具体的补贴额度，也不会刚好按照补贴额征收反补贴税，更多的情况下，进口国会把反补贴限制当作贸易保护手段，限制进口以保护国内的同类产业，即反补贴通常反映了一种背离自由贸易的意愿，而这将最终会对国内消费者利益造成损失（迟凯凯，2007）。李文梅（2008）在传统的国际贸易理论与战略性贸易理论视角下，构建了反补贴调查的经济效应模型，通过研究指出，进口国实施反补贴后，虽然达到了保护国内产业的目的，并且国内生产者福利有所改善，但是消费者由于支付较高的价格和减少的消费进口产品数量，造成福利损失。在此情况下，进口国可以得到反补贴税作为本国的财政收入，因此整体国民福利的影响就看这部分财政收入能否完全补贴到消费者身上。

许多学者还通过经济学方法，如利用完全市场竞争模型、寡头市场竞争模型、可计算一般均衡模型、局部均衡模型等对反补贴调查对福利的影响进行研究。Suranovic（1998）利用经济学中完全竞争市场模型，研究了实施出口补贴、征收反补贴税及实施两者联合政策对福利的影响，并指出出口补贴对出口国和世界福利都产生负面的影响；征收反补贴税对进口国和出口国福利的影响并不是单一的负面或正面影响，但对世界福利产生正面影响；实施出口补贴和征收反补贴税的联合政策对进口国福利产生正面影响，对出口国福利产生负面影响，由于其产生的正面和负面影响相等，对世界福利影响为零。唐宜红（2003）通过建立经济学中本国与外国的福利函数，结合市场结构的特点和报复现象，对本国和外国出口补贴的福利效应及其反补贴含义进行了分析。结论如下：第一，在国内存在垄断情况下，如果垄断程度非常高，外国出口补贴会降低本国的总体福利；如果垄断程度较低，外国补贴有可能提高本国总体福利，而在国内市场近乎完全竞争的情况下，外国补贴可以提高本国的总体福利水平。第二，如果国外实施报复的力度较小，本国出口补贴可以提高本国总体福利；但若外国的反补贴措施为百分之百抵消性的，出口补贴就不会提高本国福利水平等。

Gallaway 等（2000）利用可计算一般均衡模型对美国反倾销和反补贴法中计算福利成本容易出错的地方进行了分析，并且分析的内容主要包含在两个美国国际贸易委员会的公告中：一是 1995 年美国国际贸易委员会公告；二是 1991 年美国国家贸易委员会公告。Baylis（2007）首先运用两国局部均衡模型对出口国实施出口补贴和进口国实施反补贴措施产生的影响进行了分析，指出出口补贴降低了世界福利，如果补贴国是小国将对世界同类产品价格产生很小的影响。其次，利用双寡头古诺模型对出口补贴、征收反补贴税、国民福利三者的相互影响进行了分析，作者认为补贴产品进口国对补贴产品出口国征收适当的反补贴税能够给进口国带来一定的利润和福利，且二者能达到一种博弈的纳什均衡。

⑤反补贴措施实施对财务会计影响的相关研究

中国在遭受加拿大第一起反补贴立案调查时就已经或可能涉及会计问题。邢艳青（2006）分析了加拿大对我国发起反补贴立案调查的危害及影响，并结合会计在反补贴调查中的地位和作用，指出中国遭遇国外反补贴立案调查已经或可能涉及的会计问题。我国国内产业在申请反倾销与反补贴保护时或出口企业应诉国外反倾销与反补贴指控时，应在不违背 WTO 有关规则的前提下，重视财务信息的处理与披露（包括国内外），争取获得有利于我国企业的裁决（刘朝晖和娄权，2002）。张岩和刘君（2008）认为随着国际对华反补贴形势日趋严峻，我国出口企业要从容应对进口反补贴立案调查和起诉，会计知识和会计信息是必不可少的。

一些学者认为，会计在整个反补贴调查程序的所有环节并非都起着关键性作用，但在反补贴实务中会计作用不容忽视。徐剑锋（2006）结合 WTO 相关规则和欧美反补贴法律，从会计角度解读应诉国外反补贴立案调查所需要注意的问题，并指出反补贴会计并不对反补贴调查程序的所有环节发挥作用，企业会计师的作用主要体现在会计制度问卷调查、产品追溯及账簿体系内部控制三个环节上。刘晓艳（2007）结合 ASCM 及我国入世承诺，从补贴理论和反补贴实务两个层面分析了会计在应对反补贴调查中的作用，指出从补贴理论来看，会计信息所起作用有限，在反补贴实务中，会计所起作用不容忽视。

⑥美国与加拿大对我国出口产品实施反补贴措施对我国经济社会发展影响的相关研究

Neufeld（2001）分析了 WTO《反倾销协议》和 ASCM 是否滥用对发展中国家产生的影响。作者从反倾销与反补贴立案调查涉及的案件分布情况、持续时间、最终裁定结果等方面指出发展中国家仍是发达国家实施“双反”措施的主要对象，并认为两个协议的不完善及含糊不清的规定对发展中国家产生了负面影响。国外对华出口产品进行反补贴调查将会对中国出口贸易产生多方面的影响，包括反补贴调查将影响我国所有产业及产品；反补贴调查容易引起连锁反应，出现被其他国家滥用的趋势；反补贴调查会削弱我国出口产品竞争力，并在政治上造成负面影响（孙瑞华，2006）等。加拿大是首次对我国实施反补贴立案调查的国家，美国是对我国反补贴立案调查最为频繁的国家，并且两国都与中国互为主要贸易伙伴，因此，研究美国与加拿大对华出口产品进行反补贴立案调查的影响将具有重要的政治和经济意义。

反补贴调查的出现是中美贸易摩擦的新变化，根据战略性贸易政策理论，可以将其归结为美方进行利润转移的防御性手段，其目的是将中国企业获得的贸易利润转移到美方，是其为了解决对华贸易逆差问题而针对中国外贸行业进行的带有政治和经济双重性质的打压（王坦，2008）。美国对华反补贴调查行动可分为三步：第一步是 2006 年之前的理论酝酿阶段；第二步是适用国内法对我国出口产品发起反补贴立案调查阶段；第三步将是频繁地诉诸 WTO 争端解决机构阶段（栾信杰，2008）。许建军（2008）分析了美国反补贴立法与实践的最新动向及其对我国的影响，分析结果指出：一是美国国会可能在不改变中国“非市场经济地位”的前提下，明确授权商务部对中国适用美国反补贴法，并且这项授权将不影响反倾销法下中国“非市场经济地位”的认定；二是补贴的计算方法，明确授权商务部可以采用中国以外的市场条件作为衡量的基准。美国对华反补贴调查的真正重要性在于其引起的示范效应和政策宣示作用（宋国友，2007），并且美国首次对华实施反补贴立案调查具有法律依据上的不公平性，其实质是贸易保护主义（蔡春林，2007）。金芯蕾（2008）从政治角度和经济角度研究了美国对华反补贴立案调查背后的真正动机和原因。钱叶和马野青（2007）在分析反补贴含义、特点的基础上，从我国地方的补贴政策、我国产业可能面临双重计税、人民币面临升值压力、可能引发的新的中美贸易摩擦等方面研究了美国反补贴税法对中美贸易的影响。

铜版纸案件是美国对我国反补贴立案调查的第一起案件，部分学者通过对此案件的分析，来研究美国反补贴调查对我国产生的影响。谢辉（2007）以美国对华铜版纸反补贴案为基础，在考虑反补贴调查程序的基础上，建立两国策略的博弈模型，得出结论如下：反补贴难以成为贸易摩擦的主要方式；但是一旦启动调查程序，补贴行为被否定的概率极小；出口国对进口国的调查采取不回应的态度，并不必然导致结果的恶化。许多（2008）利用计量模型对铜版纸反补贴调查案件对行业的影响进行了实证分析，通过实证分析得出结论：美国纸品市场是中国纸品出口的主要市场；反补贴立案调查期间，中国纸品出口对美国纸品生产影响不大；美国市场纸品的价格变化对中国向美国出口纸品数量的影响比较大。

蓝海涛（2006）指出，随着加拿大对我国首次使用反补贴措施，我国出口产品将面临反补贴与反倾销的双重威胁，为此，既要积极防范国外对我国的反补贴行动，又要尽早准备并适时对外发起反补贴行动，以积极防御战略维护我国产业安全。在反补贴调查中，自由裁量行为的使用也会对我国企业和政府带来不利后果。李仲平（2007）以加拿大对华碳钢和不锈钢紧固件反补贴案为例，对 FA（facts available，即可获得事实）规则在该案件适用中存在的不足及 FA 规则自身的漏洞等进行了阐述与分析，并指出 FA 规则的滥用将会对我国企业和政府招致极为不利的后果。

除去以上研究，还有一部分学者研究了反补贴调查在其他方面的影响，如对农业、我国国有企业的影响。Herrmann 等（2006）研究了对挪威农业养殖鲑鱼征收反补贴税带来的影响，作者运用计量经济学模型描述了挪威农业养殖鲑鱼在被征收反补贴税后对世界鲑鱼市场的影响，并对其进行了检验，检验结果一方面指出美国鲑鱼养殖者的收益率是否提高主要取决于美国和欧盟是否对挪威农业养殖鲑鱼的不公平贸易行为发起起诉，另一方面指出如果欧盟征收的反补贴税多于美国，那么太平洋鲑鱼捕捞业将受到影响。赵立韬（2008）指出根据 WTO 反补贴相关判例规则，国有企业私有化必须是通过“公平交易和支付公正的市场价值”的方法来完成，我国国有资产的流失，将为国外采取反补贴立案调查措施埋下伏笔。

4. 反补贴政策实施的决策理论模型与方法相关研究

著名管理学家西蒙说过，管理就是决策，决策就是行政的心脏。政府部门在对进口反补贴进行行政管理的过程，其实就是关于如何科学、合理地进行反补贴决策的过程。反补贴政策的实施与否对进口国和出口国相关产业都将产生重要影响。目前，部分国外学者已对进口反倾销决策进行了相关研究，但研究成果相对较少，其多是基于统计方法与计量模型对进口反倾销决策的影响因素进行研究。例如，Mah 和 Kim（2000）使用 1987～2003 年的韩国反倾销案例的数据，采用实证方法验证了反倾销案件数同国内生产总值（gross domestic product，GDP)、外贸结余及进口份额之间的关系，值得注意的是作者并没有发现反倾销案件数同国内经济放缓之间的正向关系。

相比进口反倾销决策的研究，进口反补贴决策的相关理论与方法研究更是难得一见，出现这种情况的理由可能为：一是全球反补贴案件数低于反倾销案件数，对于反补贴决策的相关研究多是伴随反倾销研究而出现的，因此并未引起理论界的足够重视；二是相比反倾销，反补贴调查涉及一国的政治制度、经济政策等，因此关于反补贴决策的研究属于国家机密内容，并未允许公开；三是进行反补贴决策的理论和方法研究存在一定的困难，如原始数据的获得等。

美国俄勒冈大学的 Soderbery（2006）在 Bruce Blonigen 研究的进口反倾销决策模型的基础上，基于概率论和期望理论建立了进口反补贴决策模型，并进行了比较分析，得出：内生与外生变量的选择及其数据的获得成为关键性问题；最后，作者通过建立计量经济学模型对汇总的反补贴案件相关数据进行了回归分析，分析了美国计算反补贴税的影响因素。该模型虽然从成本、报复等因素探讨了如何影响企业是否申请反补贴调查以期对国内产业进行保护，但在进口反补贴决策的实践过程中是否具有可操作性值得进一步的探讨和研究。

综上所述，由反补贴理论可知，补贴确定、产业损害确定、补贴与产业损害间的因果关系的确定是实施反补贴措施的三个必要条件，对这三者的研究是进行反补贴问题研究的基础。由反补贴实践可知，虽然 ASCM 是各个国家和地区实施反补贴措施的法律准则和依据，但是其国内反补贴法或条例与 ASCM 都存在或多或少的差异，这就使各个国家和地区反补贴调查机关在进行反补贴决策时拥有较大的自由裁量空间，自由裁量行为的使用也使被调查国处于不利地位。根据该部分文献综述内容可知，在对补贴、产业损害、补贴与产业损害间的因果关系进行定量研究时还面临以下几个关键问题：一是缺乏对补贴认定的核心内容即计算补贴幅度的方法、计算补贴幅度的影响因素缺乏深入研究，虽然部分文献用联立方程组方法对补贴确定的影响因素进行了分析，但方法比较单一，影响因素也只涉及了政治和技术因素；二是缺乏对产业损害指标体系的构建及产业损害幅度计算方法的确定；三是相比补贴与产业损害的研究成果，从定量角度研究补贴与产业损害间的因果关系应进一步加强和深化。

反补贴作为贸易救济措施的一种，其实施也受多方面因素的影响。国内外学者认为，政治与经贸因素是影响反补贴措施实施的主要因素，但其相关研究文献较少，且多从法学分析和经济学分析角度进行展开研究。相对反补贴措施实施的影响因素而言，反补贴措施实施会对宏观经济政策、多边或双边贸易、进出口国国内产业发展、企业战略决策、社会福利等多方面产生重要的直接或间接影响，这也是反补贴措施实施的主要影响效果。国内外学者多从经济学角度并利用经济学模型来研究反补贴措施实施的影响效果，研究模型包括可计算一般均衡模型、局部均衡分析法、寡头垄断模型、完全竞争市场模型。但是，值得注意的是，在影响效果的研究中，国内外学者主要集中在对社会福利的影响研究。社会福利属于公共利益的范畴，虽然考虑公共利益问题是 WTO 与各国反补贴法所规定的合法条款，但是从本质来讲，用经济学理论从福利角度研究反补贴措施的实施效果具有一定的局限性。

目前，部分国外学者已对进口反倾销决策进行了相关研究，但研究成果相对较少，其多是基于计量模型对进口反倾销决策的影响因素进行研究。相比进口反倾销决策的研究，进口反补贴决策的相关理论与方法研究更是难得一见，出现这种情况的理由可能为：第一，全球反补贴案件数少于反倾销案件数，对于反补贴决策的相关研究多是伴随反倾销研究而出现的，因此并未引起理论界的足够重视；第二，相比反倾销，反补贴调查涉及一国的政治制度、经济政策等，因此关于反补贴决策的研究属于国家机密内容，并未允许公开；第三，进行反补贴决策的理论和方法研究存在一定的困难，如原始数据的获得等。

2.2.2 反倾销政策产业救济效果评估相关国内外研究综述

由反补贴相关国内外研究动态及我国反补贴、反倾销现状可知，1997～2014 年 3 月，我国对国外进口倾销产品共发起 82 起反倾销立案调查，远高于反补贴立案调查数目，并且我国商务部已经针对部分反倾销案件进行了反倾销政策实施效果评估工作，但是我国针对反补贴案件产业救济效果评估工作还尚未进入成熟的政策评估阶段，再加上反倾销与反补贴都是重要的贸易救济措施且具有一脉相承的理论基础，因此，了解与掌握已有反倾销政策产业救济相关研究现状就显得非常必要，且对本书的研究具有重要的理论借鉴意义。

由于反倾销政策效果包含在反倾销影响效应范围内，首先对反倾销影响效应相关研究成果进行综述。从反倾销的实践来看，反倾销产生了一系列的影响，包括对进口贸易的影响、对国内竞争产业的影响、对企业战略行为的影响、对进口国综合福利的影响、对国家间贸易关系的影响及其他方面的影响。

1. 反倾销政策对贸易的影响效应评估研究

反倾销对贸易产生的影响效应主要包括贸易限制效应和贸易转移效应。反倾销作为一种贸易政策，其实施提高了倾销产品的进口价格，减少了涉案国的进口量和进口额，从而产生了贸易限制效应。

Hartigan 等（1989）、Lichtenberg 和 Hong（1990）、Harrison（1991）等对反倾销对进口贸易的影响效果进行了早期的研究，但是他们的实证分析都基于较为宽泛的数据，通常是标准工业分类（standard industrial classification，SCI）四位码行业数据，基于如此宽泛数据的实证研究结果实践指导性较差。

随着实践发展的需求和理论研究的深入，Staiger 和 Wolak（1994）利用“迄今可能是反倾销研究领域最为复杂的计量经济模型”（Blonigen and Prusa，2001），以 1980～1985 年美国四位产业代码数据为样本，全面分析了这一时期内美国反倾销的贸易影响效果。计算出肯定性裁决、终止调查、反倾销诉讼撤除三种不同裁决结果使美国这一时期每年的进口减少额分别为 2536 万美元、2957 万美元、2495 万美元。综合计算分析的结论显示：这一时期的美国反倾销政策每年限制约 1055 万美元的进口，给国内产业带来了约 713 万美元的收益。可见，美国的反倾销政策贸易限制效应非常明显。Prusa（1996，1999）利用美国 1980～1988 年和 1980～1994 年两个时间段的反倾销案件数据进行了实证分析，得出了定性和定量两方面的结论。定性方面，反倾销措施的贸易破坏效果非常明显，即使最终不征收反倾销税，仍然对目标进口国的进口量产生负面影响，证实了调查效应（harassment effect）的存在；定量方面，在反倾销措施实施的前三年，涉案国对美国的进口下降 50%～70%，即使否定性的裁决也会使进口下降 15%～20%。可见，反倾销申诉一旦发起，涉案国的贸易进口量都将会受到严重影响，并且反倾销措施实施的过程中目标国的进口贸易量会急剧下降。另外，Ganguli（2005）、Niels（2003）、Vandenbussche 和 Zanardi（2007）分别利用印度、墨西哥等发展中国家的反倾销案件数据资料对反倾销措施的贸易影响效应进行了实证研究，同样得出了反倾销措施对涉案国的贸易具有很好的限制作用，贸易量和贸易额均大幅降低的结论。Vandenbussche 和 Zanardi（2007）甚至指出，对于某些国家来说，反倾销政策的贸易限制效应几乎抵消了它们从贸易自由化进程中获取的相关收益。

反倾销除了对涉案国的贸易产生直接影响外，基于国际市场机制的作用，反倾销也会对非涉案国的贸易产生间接影响。反倾销措施的实施会导致非涉案国进口贸易量和贸易额的上升，即产生了贸易转移（trade diversion）效应。

Prusa（1996）利用美国 1978～1993 年的反倾销案例数据，就反倾销对指控对象国、非指控对象国和总体进口贸易的影响进行了回归分析，得出了贸易转移效应存在的结论。Krupp 和 Skeath（2002）的研究也证实了美国反倾销中贸易转移效应的存在。Vandenbussche 等（2001）利用 1985～1990 年欧盟的 246 个反倾销调查案件共 9 年的观测数据（立案前 2 年、立案当年和立案后 6 年）进行面板回归分析，发现反倾销的贸易转移效应不如美国显著。Vandenbussche 等（2005）的研究也表明欧盟反倾销中出现的贸易转移比美国要少，但在一些市场集中度较高的行业，贸易转移的效果足以抵消反倾销措施提供的保护。Lasagni（2000）研究中发现，倾销指控国数量越多，范围越广，反倾销的贸易转移效应越小，这也是欧盟反倾销措施比美国的贸易转移效果较小的原因之一。Ganguli（2005）研究了印度 1992～2002 年 285 个反倾销案件后，指出印度的反倾销措施也存在一定的贸易转移效应，在一定程度上会削弱反倾销的保护效果。

但是也有些学者研究指出，反倾销的贸易转移效应并不是绝对发生的，有时甚至会使非涉案国做出减少对发起调查国出口的决策。Niels（2003）利用墨西哥 1992～1997 年 70 起反倾销调查案件数据，对墨西哥反倾销的贸易效果进行了研究，但是没有发现明显的贸易转移效应。Lee 和 Jun（2002）分析了美国 1980～1987 年的反倾销案件后指出，非涉案国不一定在反倾销调查后增加对美国的出口，有时为了避免被反倾销指控甚至会减少出口。另外，有些学者研究指出反倾销转移效应还会产生另外的一种转移方式，即涉案国在被进口国采取了反倾销措施后进而将贸易转向其他国家或地区。例如，Brown 和 Crowley（2006）经过对欧盟和美国的反倾销案件分析后指出，美国反倾销措施的实施每年使 1/4 至 1/3 的日本出口商品转向欧盟地区，同时，美国向日本出口商品每征收 1%的反倾销税大概能使日本向欧盟的出口产品价格下降 0.616%。

近几年国内也涌现出了大量关于反倾销贸易影响效应的研究文献。沈瑶和王继柯（2004）以我国丙烯酸酯反倾销案件为例，对其进口贸易数据进行描述性统计研究发现，只针对部分出口国的反倾销措施必然会产生贸易转移效应，在一定程度上抵消了贸易保护的效果，并且指出被起诉对象国的范围越广，贸易转移效应就越小。武新丽等（2005）对丙烯酸酯反倾销案的分析同样为贸易转移效应的存在提供了证据。周蔚（2004）利用海关统计数据，对我国新闻纸、铜版纸反倾销案对进口的影响进行了实证研究，发现反倾销有效抑制了进口数量，提高了进口品价格。但进口量上升、价格下降的情况又会出现反复。其可能是由于出口商或进口商的价格勾结与再次倾销；同时发现，贸易转移效应在新闻纸反倾销案中比较明显。胡麦秀和严明义（2005）从出口国的角度研究了反倾销的贸易限制效应，利用简单竞争模型对反倾销引发的出口国市场转移效应进行了理论分析，同时利用 1992～2003 年的中国彩电出口到欧盟的数据为样本，通过一元回归分析与描述性统计，得出结论：反倾销措施使中国的彩电对欧盟的出口量大幅下降从而转移到美国等其他地区。

鲍晓华（2007）以 1997～2004 年我国反倾销案例海关协调编码制度（harmonized system，HS）八位数税则号的涉案产品细分数据为样本，利用计量模型对反倾销措施对指控对象国和非指控对象国引发的贸易影响进行了实证研究。研究结论包括：反倾销税限制了涉案国的进口贸易，具有贸易限制效应；即使是无损害结案的反倾销指控仍然对涉案国的进口贸易有重要影响，具有调查效应；涉案国与非涉案国之间存在贸易转移效应，并且反倾销税率越高，转移效应越明显；反倾销造成进口产品价格整体上升，从而控制了进口总量，因此反倾销起到了救济国内产业的作用。张玉卿和杨荣珍（2008）通过对我国 1997～2008 年 6 月的对外反倾销情况的回顾与分析，得出定性的结论：反倾销措施具有明显的贸易救济效果，一般在立案调查当年，被调查产品的进口量和进口份额都会同时下降；反倾销对国内产业产生了显著的救济效果；然而，反倾销的贸易转移效应在一定程度上降低了反倾销税的保护效果。

刘玲和刘剑芸（2009）通过计算分析我国若干代表性涉案产品产业的贸易竞争力指数及其变化趋势，对不同产业的反倾销措施贸易救济效果进行判断，得出结论：肯定性裁决更可能产生较好的贸易救济效果，而否定性裁决、撤诉及非常规终止征税等反倾销措施一般不会改善产业的贸易竞争力指数，也就是，不存在所谓的调查效应；从行业角度来看，尽管化工产业的反倾销涉案产品较多，但贸易救济效果并不理想，而反倾销措施确实有助于提高纺织、造纸等产业的国际竞争力，对钢铁产业的贸易救济效果则不能确定。

杨仕辉等（2011，2012）基于美国、欧盟对外反倾销案的动态面板数据，应用一阶差分广义矩估计方法考察其关税和反倾销对被诉国出口贸易和贸易份额的影响，结果表明：美国、欧盟关税和反倾销措施在被诉国和被诉行业中都存在贸易破坏效应和贸易转移效应，其中，对中国反倾销的贸易效应最大；比较关税与反倾销措施对被诉国出口的影响，发现美国、欧盟实施反倾销措施的贸易破坏效应和贸易转移效应远大于关税，表明反倾销措施已经成为美国、欧盟取代传统关税控制进口的重要贸易政策。

综合分析上述研究文献得出，研究内容方面，国内外的研究比较统一，反倾销的贸易影响效应研究主要针对贸易限制效应和贸易转移效应；研究方法方面，国外的研究由于数据的可获得性多采用实证的研究方法，依据数据分析得出的结论较有说服力。而国内的研究大多属于定性分析，研究结论的说服力不足，并且，具有较大影响力的定量研究成果相对较少，鲍晓华（2007）的研究属于国内比较全面的具有一定影响的实证研究成果之一。

2. 反倾销政策对产业的影响效应评估研究

反倾销政策的主要目的就是救济进口国产业，因此，从其实质来看反倾销具有产业政策的作用。反倾销政策的实施必定会对产业产生一系列的影响效应。与反倾销贸易影响效应的研究文献相比，关于反倾销产业影响效应的研究文献较少。文献综述可以从反倾销对产业的直接影响效应研究和反倾销对关联产业的影响效应研究两个方面进行。

1）反倾销对产业的直接影响效应研究

基于企业微观层面研究反倾销政策的影响效应时，主要集中于研究反倾销措施对企业收益产生的影响。这一方面的研究主要采用资本市场事件研究法（capital market event study methodology），这主要源于相关数据可以从资本市场获得的优势。Hartigan 等（1989）通过对 20 世纪 80 年代美国钢铁行业 47 个反倾销案件的分析，发现反倾销对申请人的股票收益具有显著的正向作用，遗憾的是没有对这一影响幅度进行具体量化。Mahdavi 和 Bhagwati（1994）利用同样的方法对 80 年代中期美国与日本半导体产业的贸易争端进行了研究，其中包括美国采取的反倾销措施，但是没有发现反倾销对美国企业收益产生显著影响。Marsh（1998）使用资本市场事件研究法以美国 1980～1992 年 626 起反倾销申请者股票价格数据为样本，分析了反倾销调查过程的各个阶段对企业股价的影响。分析结论表明，反倾销初裁和终裁的肯定性结果对国内诉讼企业的股价并没有显著性影响，而反倾销终裁的否定性结果对国内诉讼企业的股价具有明显的负向影响。

我国台湾学者也进行了这方面的研究。陈坤铭（2000）使用该方法研究了钢铁行业反倾销措施对台湾钢铁产业及下游产业的影响效果，利用股票日报酬率数据进行 GARCH 估计，结果表明反倾销措施对台湾厂商产生了明显的保护效果，而对下游产业似乎产生了一些不利影响，但不是非常明显。另外，Chen K M 和 Chen T C（2003）利用我国台湾和美国企业股票收益率的数据实证分析了美国对我国台湾静态存储器发起的反倾销措施对我国台湾和美国企业的影响效果，结果表明，反倾销措施对美国企业产生了明显的保护效果，而出口企业的获益状况则取决于企业的战略。

当然，也可以利用其他的实证方法分析反倾销措施对国内企业/产业的影响。例如，Konings 和 Vandenbussche（2003）以 1992～2000 年欧盟大约 4000 家涉及反倾销案的企业数据为样本，通过 Roeger 方法实证研究了欧盟反倾销保护对进口竞争企业的影响，得出了反倾销保护对企业的价格增长具有积极而显著影响的结论。Konings 和 Vandenbussche（2009）利用双重差分计量方法（dif-in-dif）评估了反倾销措施对国内受保护产业出口的影响，得出结论，当反倾销措施提高受保护市场的份额 5%时，就会对相似产品的出口产生负面影响。

国内一些学者也对反倾销的直接产业救济效应进行了研究。其中绝大多数采用对数据资料进行描述性统计的方法，进行定性研究与分析。原国家经济贸易委员会产业损害调查局通过实地调研及产业数据的分析对 1997～2002 年年底我国反倾销效果进行全面评估，报告中数据表明反倾销法律手段对国内产业的保护已初见成效，新闻纸、不锈钢冷轧薄板、聚酯切片和涤纶短纤产业及邻苯二酚产业发展明显受益。可见，反倾销对产业救济的短期效果明显，为企业的发展创造了有利的时机。2003 年由于首例新闻纸反倾销案件面临复审，出现了一批关于新闻纸反倾销救济效果评估的研究成果，认为反倾销措施实现了预期效果，保护了国内产业。刘蕾等（2008）全面分析了反倾销对经济的影响，认为反倾销措施的实施要综合权衡各方面的利益。杨悦和何海燕（2008）利用反事实分析方法，构建了反倾销对产业价格指数影响的研究框架。应用时间序列模型（autoregressive integrated moving average model，ARIMA 模型）和多元回归模型的组合预测模型预测反倾销对该产业价格指数变化的影响，依据产业价格指数的变化考察反倾销措施的产业影响效应，为定量研究反倾销的产业直接影响效应提供了思路。苏振东和刘芳（2009，2010）、苏振东等（2010）选取了 1997 年 3 月～2009 年 6 月我国对外反倾销案例的涉案产品的贸易、投资和国内相关进口竞争性产业数据，通过动态面板数据计量模型的构建对反倾销的经济救济效果进行了定量评估。结果表明，尽管存在投资跨越效应和贸易转移效应，但是反倾销措施对我国相关进口竞争性产业的救济效果仍然显著，然而贸易转移效应和上下游产业继发性损害效应在一定程度上削弱了上述产业救济效果，并且对外实施反倾销措施也极易引发指控对象国的报复现象，从而影响我国的出口贸易。尽管如此，反倾销措施对国内产业存在正向的救济效果。向洪金和赖明勇（2010）基于 COMPAS 模型利用铜版纸案例数据对我国反倾销措施的产业救济效果进行了实证研究。研究结果表明，仅在 2002 年，反倾销措施使得国产铜版纸产量增加 24.7%，产品价格大约上涨 7.6%，全行业收益增加 34.3%。该研究为反倾销措施实施效果的评估提供了一种量化方法。另外，陈振凤和何海燕（2008）从会计学角度对反倾销政策的产业影响效应进行了较深入的分析。研究指出，出口企业应该构建相应的会计核算体系，并呼吁会计界在会计准则国际化协调方面充分考虑反倾销的影响。

2）反倾销对关联产业的影响效应研究

有一些学者专门研究了反倾销措施对关联产业的影响效应。每一个产业都处于特定的产业链中，上游产业获得反倾销措施保护，产品价格提高，导致下游产业的采购成本上升，这样会对下游产业的福利产生不利影响，下游产业有时会申请继发性贸易保护。

Feinberg 和 Kaplan（1993）以一个具有垂直市场联系的美国化学制品产业及其下游产业为例对上下游市场之间的关系进行了实证分析。对美国 20 世纪 80 年代反倾销和反补贴案例进行了研究，利用曼-惠特尼 U 检验法，对反倾销保护影响结果沿着产业链传递的情况进行了检验，并且指出上游进口保护波及下游行业，下游行业跟随上游行业提出诉讼的倾向在化工和金属行业的确存在。Sleuwaegen 等（1998）在 Hoekman 和 Leidy（1992）的“垂直市场结构模型”的基础上，利用博弈论对上下游行业中继发性反倾销保护行为进行了分析，得出以下结论：与下游行业相比，针对倾销损害的贸易保护出现在“进口损害集中发生”的上游行业的可能性相对较高，同时“对上游行业的保护会使这种损害转移到下游行业上”，增加了下游企业申请保护的可能性，这必然会进一步扩大福利损失。Krupp 和 Skeath（2002）通过对 1977～1992 年美国反倾销案件相关的产业数据进行实证研究后指出，上游产业的反倾销措施会对上游产业的国内产量和价格产生正面影响，对下游产业产生负面影响，同时会对涉案国上游产业的出口量产生不利影响，对非涉案国产品的出口量产生积极影响。Fetzer（2005）通过建立修整得到的 CES COMPAS 模型研究了美国平卷钢案件中反倾销措施对上下游产业的影响。通过比较没有考虑上下游影响和考虑上下游影响两种情况下反倾销措施对平卷钢市场的影响，得出以下结论：在考虑后者的情况下，反倾销措施使国内产业的产品数量和价格将提高更大的幅度。

国内学者研究反倾销措施对上下游产业的关联影响效应大多采用投入产出分析方法。朱钟棣和鲍晓华（2004）以化工行业为例，利用投入产出表的价格影响模型分析了化学工业征收反倾销税对其他行业的关联影响。研究表明，最终产品行业中的日用化学产品和医药制造业给居民服务业和卫生事业带来的价格影响幅度分别为 6.11%和 39.08%，中间品行业的基本化学原料价格上升对化学农药的影响幅度在 8.48%～10.71%，对种植业则为 12.02%。沈瑶等（2005）利用朱钟棣和鲍晓华（2004）的研究结论，进一步计算了聚氯乙烯价格变化对其他产业价格的影响幅度，指出反倾销导致的进口聚氯乙烯价格的上升对几乎所有下游产业都有显著影响。周蔚（2004）、马永华（2006）、邹超（2007）等也先后运用投入产出分析法研究了反倾销措施对关联产业的影响。寇琳（2006）以 9 个反倾销案件上下游产业的产量数据为统计样本，建立联立方程组，使用两阶段最小二乘估计方法，实证研究了反倾销措施在反倾销立案、初裁及终裁不同阶段对上下游产业产生的关联影响。刘向丽和魏馨（2010）利用化工行业的反倾销涉案数据对我国的反倾销绩效进行了实证研究，结果表明，反倾销在对涉案化工产品进口数量和进口价格产生较为明显影响的同时，对下游产业带来了一定的冲击。尤其要提到的是，北京理工大学杨悦博士在其博士学位论文中以国民经济中重要的中间产品提供者——钢压延加工企业为例，利用反倾销直接价格效应测度方法和以产业关联特征为基础的价格传递效应机制分析方法，研究了反倾销直接价格效应的规模和方向，以及在关联产业价格指数、收益、成本、消费者支出水平和政府财政收入等方面的规模和方向。以价格为轴线对反倾销的产业影响效应进行了实证研究。

综上所述，关于反倾销对产业的影响效应的研究国内学者还处于起步阶段，较深入的理论或实证研究成果较少。事实上，国内外关于反倾销对国内产业的影响效应的理论与实证研究成果都不够丰富。原因主要在于：第一，由于反倾销涉案产业通常是某一特定型号或规格产品，隶属于某大类产品目录下，囿于统计口径等方面的限制，涉案产品的直接相关产业数据经常很难获得，并且由于具体产品的产业数据多属于企业的商业秘密，获得难度更大。因此，相关的实证研究也就无从谈起。第二，反倾销对贸易的影响是直接的，而对国内产业的救济效果是间接的，另外，反映国内产业状况的指标较多而不集中，因此限于分析理论与方法的局限性，这一方面的理论研究还不多见。

3. 反倾销政策实施效果评估方法的相关研究

从目前的研究现状来看，国内外学者对反倾销政策效果评估方法的研究展开得较少。尽管如此，我们依然能够从国内外学者对一般性政策效果评估的研究和对倾销影响效果评估方法的研究中找到共通之处。反倾销作为一项贸易保护、产业保护政策，其评估本身具备政策评估的特点。学者们对一般性政策效果评估的研究将会为我们展开反倾销救济效果评估提供有益借鉴。另外，对于倾销的影响效果评估方法，国内外学者也已经做了比较深入的研究，形成了大量的研究成果。考虑到倾销和反倾销的共通性，我们也可以从该类研究中汲取有益经验。

1）一般性政策评估方法研究

政策评估是公共政策学中的一个重要内容。从 20 世纪 50 年代开始，随着各国政府越来越重视公共政策，政策评估方法在近些年来不断涌现。韦斯亨豪斯公司总结了各类政策评估方法，并把各种政策评估方法分成以下八大类（表 2.1）。

表 2.1　政策评估方法分类表

模型	主要对象	一致意见	方法论	产出	典型问题
系统分析	经济学家，经理	目标，已知原因和效果，定量变量	规划，计划和预算系统，线性计划，规划改进，成本效益分析	效率	获得了预期效果吗？可以用更经济的方法获得该效果吗？效率的最高计划是什么？
行为目标	经理，心理学家	预先确定的目标，定量产出变量	行为目标，成就测试	生产率，责任	获得预期效果了吗？计划起作用了吗？
决策制定	决策者	一般目标，指标	调查问卷，采访，自然改进	效果，质量控制	计划有效吗？哪些部分有效？
无目标	消费者	结果，指标	偏见控制，逻辑分析，做法	消费者选择，社会效用	全部效果是什么？
技术评论	内行，消费者	批评意见，标准	评论总结	提高标准，增强意识	批评家会同意计划吗？听众的赞赏增加了吗？
专业总结	专业人员，公众	指标，工作程序	专门小组总结，自学	专业接受	专业人员认为计划的等级是什么？
准法律	陪审团	程序和判断	准法律程序	判定事实	决议支持和反对计划的观点是什么？
案例研究	客户，实践者	谈判，活动	案例研究，采访，观察	理解多样性	对于不同的人，计划有什么不同？

在涉及定量性的政策评估方法时，主要包括 BACME（before-after comparative method extended）分析法、投射实施后对比分析法、ENCME（existence-nonexistence comparative method extended）分析法、控制对象-实验对象对比法，成本效益分析法、成本效率分析法、统计抽样法、成本效能法、综合分析法等。随着我国政府机构对政策量化评估越来越重视，我国学者关于政策效果量化评估的研究也越来越多。目前，该类研究主要集中在产业政策和环境政策上。例如，李淑艳（2006）在其博士学位论文中对贵州省的退耕还林政策效果进行了定量评估，她主要使用了统计抽样分析法、BACME 分析法、机会成本分析法和控制对象-实验对象对比法，从经济效益、生态效益、社会效益等不同角度度量了退耕还林政策效果，获得了定量性的结论。宗义湘（2006）则在其博士学位论文中使用经济合作与发展组织（Organization for Economic Co-operation and Development，OECD）农业支持政策分析框架对我国农业支持水平和政策效果进行了评估，其模型本质上是一个多指标的综合评估框架。于娟（2008）在其硕士学位论文中对环境政策评估方法做了总结。她把环境政策评估方法分为四大类，第一类是社会学评估方法，包括目标评估方法、SWOT 分析、利益相关者方法、政策执行力方法、参与式监测评估和第三方评估方法；第二类是环境经济评估方法，主要是成本收益分析法；第三类是数学评估方法，包括层次分析法（analytic hierarchy process，AHP）和模糊

综合评判方法；第四类是综合评估方法，指的是以上三种的混合。于颖在其硕士学位论文中对高新技术产业的政策效果进行了评估，主要使用的是基于灰色系统的模糊综合评判法。从以上的研究可以看出，政策评估关注的角度不同，评估方法会大相径庭。另外，由于基础数据的缺乏，目前关于政策效果的量化评估大多集中于某一方面，综合性的评估较少。并且，由于政策评估对象存在大量的模糊性和不确定性，在定量评估政策效果上仍存在相当难度。

2）倾销效应评估方法研究

根据 WTO《反倾销协议》有关条款的规定，各成员国采取反倾销措施时必须满足三个基本条件：倾销的事实、实质性损害及两者之间的因果关系。其中，倾销造成的产业损害的测度及与倾销的因果关系的验证是反倾销措施实施中的难点。因此，学术界和实务界对倾销影响的评估方法进行了广泛而深入的研究和实践。

①两阶段法

两阶段法（Kelly and Morkre，2006）又称两分法或趋势分析法，两分法或两阶段法指的是将产业损害的确定分成两个不同的问题和步骤：第一步调查本国产业是否受到实质性损害，第二步确定产业损害是否由倾销等非公平贸易因素引起，即是否存在因果关系。调查机关进行上述两步骤检查时，首先确定能够反映调查期内国内产业发展状况的一系列指标和因素。这些指标因素主要包括：国内涉案产品价格、相关产业产能、产量、销量、销售收入、存货、就业、工资、资产回报率、投资等（何海燕，2003）。调查机关在确定调查的指标因素后，对其在调查期内的绝对量和相对量变化发展作趋势变动分析。如果出现绝对下降或相对下降的趋势，调查机关就可以认定国内产业受到了损害。同时，对调查期内影响国内产业变化趋势的其他因素进行调查，这些因素包括需求变化、消费模式变化、经营管理变化、贸易政策变化、技术情况及其他不可抗力因素。如果调查机关能够排除以上因素对国内企业在反倾销调查期内的影响，就可以认定其损害与国外公司的倾销行为之间存在因果关系。

这种方法通过观测有关行业的产出、就业及产品的价格等指标的变化情况来确定倾销对产业的损害程度，其调查结果带有很大的主观性，另外对倾销与产业损害之间的因果关系没有进行严格的论证（Oykes，1996）。

②指标体系评估法

指标体系评估法主要源于反倾销协议对产业损害确定列举的 15 个考察指标，但是对于如何度量和利用这 15 个指标并未做出明确说明。针对该问题，许多学者围绕指标体系建构、综合评估方法选择及指标筛选等做了广泛研究。我国学者对该方法的研究做出了主要贡献。

关于指标体系构建研究的典型代表当属我国学者何海燕（2003）的研究，她首次构建了多层次产业损害评估指标体系，并对倾销因素、非倾销因素、定性指标、定量指标进行了综合考虑。此后，一些学者纷纷在此基础上进行了扩展研究。根据研究的侧重点不同，这些学者在各自的研究中重新构建了指标体系。以清华大学于永达为组长的“中国产业损害标准计算方法”课题组提出了基于层次分析法的产业损害测度方法。何海燕（2003）、常明和何海燕（2007）等探讨了反倾销中产业损害测算指标体系构建及相关性的消除问题。姜国庆和凡刚领（2004）利用相关矩阵等方法对如何消除指标体系中不同指标之间的相关性问题进行了研究。王明明和隋伟莹（2004）、寇琳（2005）等尝试利用多层模糊综合评判方法构建判定产业损害及损害程度的模型。王明明等（2003）利用一个寡占竞争模型对倾销与损害的因果关系问题进行了理论研究。

总的来说，指标体系评估法是一种定量与定性相结合的方法。它在一定程度上能够弥补两分法的不足，通过对各指标变化的综合评估得出定量化的总体结论。但这一方法评估结论的准确性仍存在不确定性。

③反事实分析法

两阶段法和指标体系评估法相对来说缺乏一定的理论基础，并且在去除其他影响因素方面具有较明显的局限性。于是，学者们基于经济学建模理论构建了反事实分析法。其基本原理是根据微观经济学中的供需理论，结合供需价格弹性等概念，考察进口产品的价格变化如何影响进出口国相关产业的产出、价格及收益等指标。利用该方法确定产业损害主要分三个步骤：第一，利用倾销幅度及其他相关信息计算当倾销不存在时会对进口产品的价格产生的影响。第二，利用上一步计算出来的进口产品价格的变化来估算其对国内同类产品的需求所产生的影响，需求变动的幅度主要取决于以下因素：倾销品的价格增加幅度、倾销品与国内相似产品的经济替代性、倾销品的市场份额、非倾销进口品的供给弹性。第三，使用国内需求的变化来估算倾销对国内同类产品的价格和数量造成的影响。事实上，该方法对产业损害进行分析时所使用的经济学模型是 Armington 模型，它是一种较为常用的对贸易政策进行实证分析的模型，具有较为完善的经济理论基础（Jung，2004）。目前，美国负责产业损害调查的 USITC 根据经济学建模方法的实质，设计了一种 COMPAS 计算机软件，可以同时输入多组经济变量的数值，从而增加分析结论的多样性，最大限度地减少由变量数值的误差引起的产业损害分析结论的错误。国内学者栾信杰（1998）对产业损害的经济学方法做了简要的介绍，向洪金等（2009）基于 COMPAS 模型对产业损害的经济学确定方法进行了有益的探索。

然而，该方法由于其模型中各种经济参数变量数值的难获得性和不可靠性而引起了一些学者的指责。另外，一些学者也对模型本身提出了质疑。Prusa 和 Sharp（2001）认为反事实分析法基于的需求模型过于简单，不能只考虑涉案产业自身的需求变化因素，因为实际上影响产品需求因素相当多，包括上游原材料供应、下游需求、替代品需求等，因而不能仅以涉案产品的价格作为需求变化影响的唯一因素。尽管如此，由于其模型推理简单且 COMPAS 系统使用方便，在理论界和实践界还是相当流行。

④计量经济学方法

为了克服上述三种方法的弊端，使评估结果更具客观性，Grossman（1986）最先利用计量经济学方法来分析倾销造成的产业损害问题，作者将度量产业损害的某个指标（如本国产业的产出）看作是进口价格、原材料的价格及代表整体经济状况的宏观指标（如 GDP）的函数，然后利用美国钢铁行业的有关数据进行回归分析，以度量进口钢铁产品的倾销对美国钢铁行业的影响大小。Pindyck 和 Rotemberg（1987）建立了一个分析框架用于检验各类内生和外生因素对国内产业的影响，与 Grossman（1986）不同的是，他们使用了 Granger 因果检验方法验证各类变量因素引起的损害程度。

目前，计量经济学方法在倾销影响评估领域应用较多的是联立方程组模型法（simultaneous equations model）。该方法通常将国内产品价格作为国内产业表现的衡量指标。通过构建供给与需求的联立方程组，对影响国内产业的所有因素进行回归分析，从而得出包括倾销在内的各种因素对国内产品价格和数量的影响程度。Prusa 和 Sharp（2001），Durling 和 McCullough（2005）利用该方法分析了美国冷轧钢反倾销案中倾销对美国国内产业的影响，结论表明：倾销导致国内价格下降的幅度仅为 2.2%，因此不是主要原因；而其上、下游产品的价格对冷轧钢价格产生的影响巨大，影响幅度分别高达 0.918 和 0.675。Sharp 和 Zantow（2005）利用同样的方法分析了美国虾倾销案中倾销对国内产业造成的影响，得出结论：对虾价格影响最大的是渔具及冰块的价格，其次是捕捞成本，而倾销进口对国内市场价格的影响程度较小。

然而，需要指出的是，应用计量经济学方法分析倾销的影响也存在一定的障碍。其中，最大的问题是缺乏基础数据（Prusa and Sharp，2001）。使用该方法需要各个变量一段时期内的数据作为基础分析数据，而反倾销涉案产品经常是一类特定的产品，因此往往难以获得详尽的数据资料，使计量经济学方法的使用受到一定的限制。

对以上几种方法综合分析可知，根据各种方法所依据的理论基础可以划分为非经济学方法和经济学方法。非经济学方法简单直观，但是缺乏一定的理论基础，主观性比较强，判断结果相对不够客观，如两阶段法和指标体系评估法。而经济学方法如反事实分析法和计量经济学方法依据经济学理论，具有坚实的理论基础，评估结果具有一定的客观性和准确性，然而该方法分析所依据的数据资料却较难获得，使其使用受到一定的限制，我国在这一方面的研究相对缺乏。

总体来说，目前从产业政策角度评估反倾销影响效果在理论界几乎难以见到，关于反倾销政策效果系统评估方法的研究更是少之又少。这里尤其需要提到的是常明（2008）、赵飞（2009）、陈振凤（2011）关于反倾销救济效果评估体系和评估方法的研究。常明（2008）在其博士学位论文中，首次系统地提出了反倾销产业救济效果的评估体系，并建立了包括国内产业的实际发展趋势评估（actual）、反事实预测评估（counter-factual）及理想状态模拟评估（ideal）三方面的ACI评估方法框架。该方法通过比较企业发展实际趋势与不存在反倾销情况下的企业发展虚拟趋势，计算得出反倾销措施的救济幅度，同时通过比较企业发展实际趋势与理想状态趋势计算得出反倾销措施的救济水平，最后根据救济幅度和救济水平对反倾销的影响效果进行评估。赵飞（2009）在其博士学位论文中，结合一般性政策效果评估方法和反倾销政策的特点设计了反倾销政策有-无对比分析法和反倾销政策前-后对比分析法两种反倾销救济效果评估方法，在这两种方法的分析中分别就综合评估方法的选择、趋向线的确定及评估标准的确定进行了研究，提出了“救济有效度”和“救济达标度”两层次的评估结论，并对其他相关影响因素的去除进行了研究。陈振凤（2011）在其博士学位论文中，根据一般政策效果评估原理和反倾销政策的特性，设计了反倾销政策效果评估的ECM（experiment comparative method）法和ICACM（industry counter-factual condition and actual condition comparative method）法，并基于企业层面数据利用计量经济学方法构建计量模型对反倾销政策企业层面的效果进行评估研究，基于产业层面数据利用时间序列预测等方法及各评估指标之间的钩稽关系确定评估指标预测的趋向线对反倾销产业层面的影响效果评估进行了研究。

第3章　反补贴政策产业救济的作用机理分析

3.1　反补贴政策实施条件分析

反补贴措施是指进口方反补贴调查机关应国内相关产业的申请，对受补贴的进口产品进行反补贴调查，并采取征收反补贴税或承诺等方式增加进口产品成本，抵消进口产品所享受的补贴，维持公平的竞争秩序，保护受损的国内产业。从各个国家和地区反补贴立法和实践来看，反补贴措施在抵消补贴不利影响的同时，因各个国家和地区对补贴定义、允许程度、实施程序不同，加之其灵活性较强和自由裁量空间大的特性，很容易被政府滥用，成为限制进口的手段和推行贸易保护主义的工具，使反补贴措施成了事实上的非关税壁垒，并使反补贴措施具有双重性质：一方面是维护国际贸易正常秩序的工具，另一方面也可能成为贸易保护主义的武器。

3.1.1　反补贴政策实施的前提

由ASCM和我国反补贴条例可知，在进口国或地区采取反补贴措施之前，反补贴调查机关需要确定补贴、损害及补贴与损害之间的因果关系三个方面因素，即反补贴措施实施的三个要件。

3.1.2　反补贴政策实施的法律程序

1. ASCM中反补贴措施实施的程序规定

随着WTO各成员方使用反补贴措施经验的积累和反补贴规则的发展，并且逐步改革现有的ASCM，建立更为合理、完善、针对性更强的补贴与反补贴规则将成为必然。总体来说，目前ASCM规定的反补贴调查一般程序为：发起申请、审查、磋商、发起及展开调查、调查中止/终止、反补贴措施及司法审查等七个主要阶段。图3.1是WTO反补贴调查的一般程序图。

发起申请
审查
磋商
发起及展开调查
磋商未果
司法审查
反补贴措施
调查中止/终止

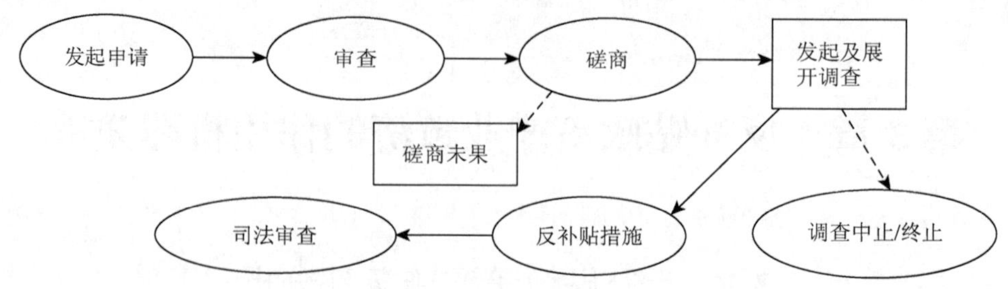

图 3.1 WTO 反补贴调查一般程序图

2. 《中华人民共和国反补贴条例》中反补贴措施实施的程序规定

中国反补贴法的一般程序和 ASCM 规定的相似，图 3.2 是中国反补贴调查的一般程序图。

发起申请
提出申请：申请书应当包括申诉规定的内容和证据
审查
标准审查：申请书包括内容和证据的审查
审查通过
磋商
磋商成功，终止反补贴调查
磋商未果
立案调查
反补贴调查时间：自立案调查决定公告之日起12个月内结束；特殊情况下可以延长，但延长期不得超过6个月
调查终止
详见我国反补贴条例第28条规定
反补贴措施
包括临时措施、承诺和征收反补贴税
复审
详见我国反补贴条例第五章

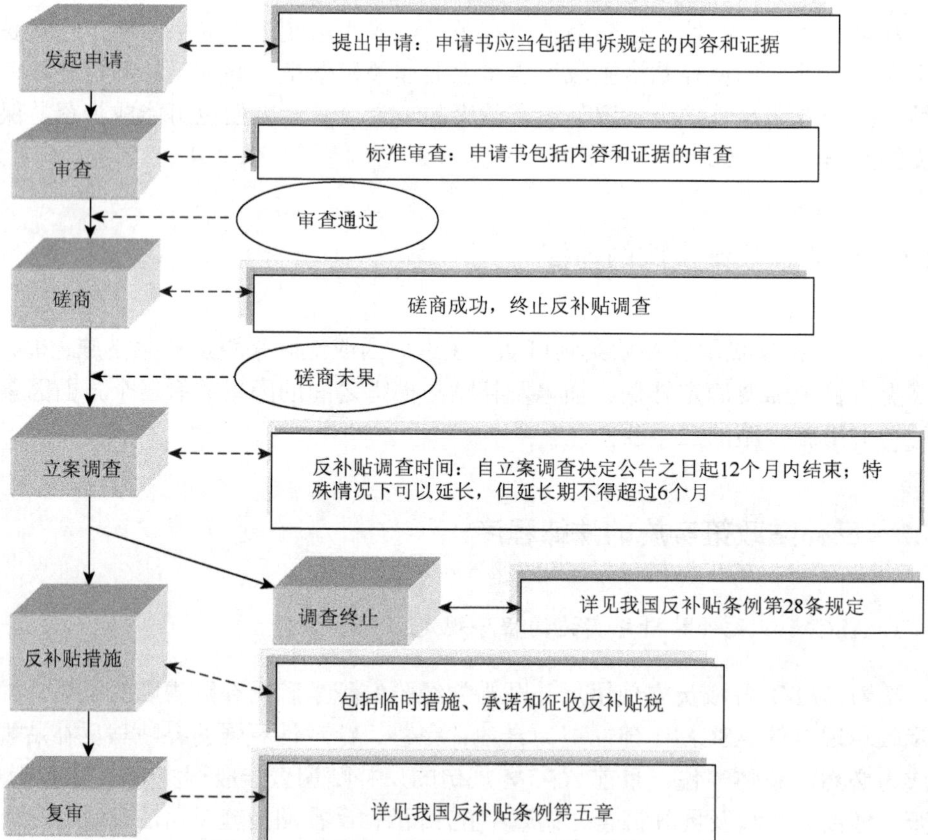

图 3.2 中国进口反补贴调查的一般程序图

（1）发起申请：根据我国反补贴条例，对国外进口产品进行反补贴调查是由申请人即国内产业或者代表国内产业的自然人、法人或者有关组织向商务部提出反补贴调查的书面申请。在表示支持申请或者反对申请的国内产业中，支持者的产量占支持者和反对者的总产量的50%以上的，应当认定申请是由国内产业或者代表国内产业提出，可以启动反补贴调查；但是，表示支持申请的国内生产者的产量不足国内同类产品总产量的25%的，不得启动反补贴调查。①

（2）审查：审查是反补贴调查主管机关对有关指控国外补贴存在的申请中所涉证据进行的判断和核查，其作用在于阻碍反补贴程序的滥用。但同时审查也增加了申请人的成本。但是，考虑到企业申请发起程序和反补贴调查机关主动发起程序的不同，这种成本是存在的。我国反补贴条例规定只有通过申请书、申请书证据及申请代表性的审查，调查机关才可以发起调查。

（3）磋商：与反倾销不同，磋商阶段是反补贴调查特有的环节。我国反补贴调查机关在决定立案调查前，应当就有关补贴事项向产品可能被调查的国家（地区）政府发出进行磋商的邀请，以澄清申请中所涉事项并寻求双方满意的解决方法。如果出口国或地区政府拒绝磋商、磋商失败或在规定时间内达不成协议的，不影响反补贴措施程序的进一步进行。磋商对于解决双边贸易争端具有一定的积极推动作用。

（4）立案调查：由以上三个阶段所涉及的内容可知，在双边磋商未果②和申请书、申请书证据及申请代表性的审查通过的情况下，调查机关可以进行反补贴立案调查。立案调查的决定，由商务部予以公告，并通知申请人、已知的出口经营者，进口经营者以及其他有利害关系的组织、个人和出口国（地区）政府。立案调查的决定一经公告，商务部应当将申请书文本提供给已知的出口经营者和出口国（地区）政府。

（5）调查的终止：我国反补贴条例第 28 条也规定了在以下情况下反补贴的调查应该终止：一是申请人撤销申请的；二是没有足够证据证明存在补贴损害或者二者之间有因果关系的；三是补贴金额为微量补贴的；四是补贴进口产品实际或者潜在的进口量或者损害属于可忽略不计的；五是通过与有关国家（地区）政府磋商达成协议，不需要继续进行反补贴调查的；六是商务部认为不适宜继续进行反补贴调查的。

（6）实施反补贴措施：通过反补贴立案调查，在补贴、损害及其两者之间因

---

① 参见《中华人民共和国反补贴条例》（2004 年 3 月 31 日修订）第 17 条。

②《中华人民共和国反补贴条例》（2004 年 3 月 31 日修订）第 24 条规定："在反补贴调查期间，应当给予产品被调查的国家（地区）政府继续进行磋商的合理机会。磋商不妨碍商务部根据本条例的规定进行调查，并采取反补贴措施。"

果关系得到确定后，便可以对来自出口国的补贴产品采取反补贴措施，以弥补由补贴造成的损害。但是，反补贴措施的实施不能滥用，应当遵循的一定的原则。我国反补贴条例规定的反补贴措施有三种，即临时措施、承诺和征收反补贴税。

（7）复审：反补贴税一般有效期为从其开始征收之日起 5 年，但是通过复审可能将其延长或者缩短。征收反补贴税是以弥补或抵消补贴造成的损害为目的的，它不应具有惩罚或制裁性质。因此，一旦证明补贴所造成的损害已经被抵消或损害程度正在下降或出现了新的情况，则反补贴税也应进行相应的调整。ASCM 赋予了利害关系方向原调查机关申请复审的权力，进口国调查机关也可以主动提起复审。这种复审统称为行政复审。

我国反补贴条例规定，反补贴税生效后，商务部可以在有正当理由的情况下，决定对继续征收反补贴税的必要性进行复审；也可以在经过一段合理时间，应利害关系方的请求并对利害关系方提供的相应证据进行审查后，决定对继续征收反补贴税的必要性进行复审。在国外反补贴实践中，复审形式包括年度复审、新出口商复审①、情势变更复审、中期复审、日落复审等。

3.1.3 反补贴政策实施的一般原则

虽然反补贴是 WTO 规定的合法的贸易救济措施之一，但是在使用该措施时也应遵循一定的原则。

（1）有利于国际贸易原则：反补贴措施从根本上应有利于国际经济贸易关系的健康发展，有利于扩大世界资源的充分利用，有利于推动商品生产和交换，有利于提高人民生活水平。这是关贸总协定和 WTO 的宗旨，也是各国实施反补贴措施时必须遵循的最基本原则。各国在反补贴措施立法和实施反补贴措施的实践中，都应体现和维护以上述精神。

（2）“贸易公平”原则：根据“贸易公平”原则，补贴作为一种不公平贸易行为打破了国际贸易正常的市场竞争秩序，扭曲了正常的市场经济行为，对进口国国内产业造成冲击；反补贴行为则通过制止补贴行为的继续发生，恢复国际贸易的正常秩序，弥补国内产业造成的损害。各国反补贴机构在实践中也应严格遵循法律规定的程序，对来自任何国家的产品都应当遵循同样的程序，保证反补贴措施及其实施的公平性、公正性、统一性。

---

① 所谓新出口商复审，是指对来自同一国家的新出口商的同类进口产品实施补贴或补贴损害调查，以便确定其产品的单独补贴幅度。这种复审制度为在欧盟反补贴调查结束后才开始向欧盟出口被征收反补贴税产品的生产商或出口商提供一次重新确定有无补贴及反补贴税率的机会。这是对反补贴调查的一种补充，是对初始反补贴调查期间没有向欧盟出口同类产品的新出口商提供的一种不完全的法律救济制度。只对申请复审的新出口商单独进行，不影响其他中期复审或终期复审。

(3)“救济适度”原则：ASCM 和各国反补贴法律规定一国在进行产业损害救济时，救济程度只要弥补补贴给国内产业造成的损害即可。也就是说，救济幅度不宜过大也不宜过小，如果救济幅度过大，反补贴的效果可能将适得其反，并且违反“贸易公平”原则；如果救济幅度过小，则反补贴措施难以发挥对受损产业应有的救济作用。

(4)“自由贸易”原则：反补贴措施应有助于推动贸易自由化，取消不必要的贸易障碍。因此，采取反补贴措施必须符合各国法律规定的条件，对 WTO 成员方来说，这些条件不得低于 ASCM 规定的标准，即确定存在对某项出口产品的补贴，而该补贴造成了进口成员方同类产业的损害，或存在损害威胁，或阻碍进口成员方同类产业的建立，或消除、妨碍了进口成员方在关贸总协定中直接或间接享有的利益，特别是根据关税减让获得的利益，或严重影响了另一成员方的利益。只有在以上情况都得到确认后，一国才可以采取反补贴措施。

(5)“效率”原则：反补贴措施的实施应当有利于迅速、有效地解决贸易纠纷，不能激化或拖延贸易纠纷的解决。一经开始反补贴调查，决定采取反补贴措施，对受补贴产品的进口会造成不利影响。因此，各国反补贴机构特别是在决定开始反补贴调查时要严格遵循实体和程序规定，如果涉案双方磋商成功，就应在不影响国家利益的前提下，终止反补贴调查程序。

(6)“特殊待遇”原则：采取反补贴措施应当对发展中国家给予特殊待遇。发展中国家处于经济发展的初级阶段，实行补贴对其经济发展规划、调整国内经济布局、维持人民的生活水平、促进国民经济稳定发展都有非常重要的作用。在决定和实施反补贴措施时，各国政府，特别是发达国家政府应当考虑到发展中国家的特殊情况，在程序上和实体上考虑和兼顾发展中国家的利益。

(7)“公共利益”原则：根据“公共利益”原则，反补贴措施的实施不仅要考虑产业自身的发展情况，还要适当考虑反补贴措施对上下游产业、外商投资等各方面利益的影响。

3.2　反补贴政策实施的作用机理

反补贴政策与反倾销政策相似，其将直接作用于贸易环节，其根本目的在于通过对贸易活动的干预，使进口国及出口国政府和企业战略决策间接获得改变，从而保护进口国竞争产业免受不公平贸易的损害，促进产业的可持续发展。

3.2.1　反补贴政策实施价格作用机制

反补贴政策的主要实施形式是征收反补贴税，而税率能够影响进出口厂商的定价和进口国国内市场环境，引起出口国被诉产品价格上升，因此价格机制是反补贴贸易救济措施的核心机制，其价格机制作用方式如图 3.3 所示。

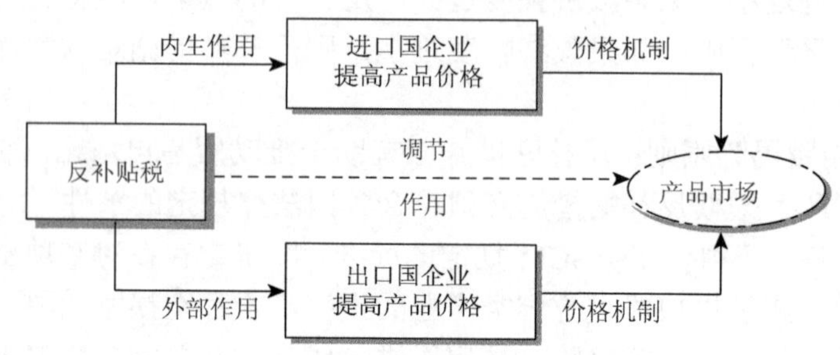

图 3.3　反补贴政策价格机制作用图

反补贴政策措施的内生作用是提高国内相同或相似产品价格，通过价格机制使企业自动调整其经济行为进而影响产业及整个国民经济，实现保护国内产业的目的。由政治经济学原理可知，价格机制是价格作为市场信号调节资源配置的机制，为此价格机制与供求机制密切相关，即供求关系变动会引起价格变动，而价格变动又引导了社会生产和消费活动，使市场主体从价格变化中获得信息，自发调节自身经济行为。当某种商品价格上升，相关企业会扩大商品生产、增加供给，而对其需求和消费却得到抑制，产生供过于求的状况，商品价格随之下降并逐步达到均衡；反之，当商品价格下降时，企业会缩小生产规模减少供给。反补贴政策措施正是利用价格机制这种最灵敏的经济调节手段，通过贸易政策干预，提高进口竞争产品价格，刺激国内厂商迅速恢复生产、增加供给，自发地调节资源在社会各个生产部门和企业之间的分配。

反补贴政策的外部作用是进口国通过征收反补贴税来提高进口产品价格，限制国外厂商进口量，为国内企业迅速增加市场份额创造机会。反补贴政策会使涉案出口国减少补贴或取消补贴、出口国企业主动调整产品价格，且征收反补贴税会使进口产品价格发生变动，其供求关系随之发生变动从而影响国内产业价格，因此反补贴政策的影响表现为价格的直接传递效应和间接传递效应，即反补贴政策措施对企业产生的直接价格效应，可以通过经济技术关联机制，传递给上下游产业，引发产品价格、收益等变动，导致国内整体物价水平、供求状态、消费者生活水平、政府财政收入等的变化。

3.2.2　反补贴政策实施效果传导过程

根据反补贴政策调查涉案产业的关联作用关系，反补贴措施传导过程可以划分为产业自身、公共利益体与垂直关联产业三个不同作用阶段。反补贴政策实施效果传导过程如图 3.4 所示。

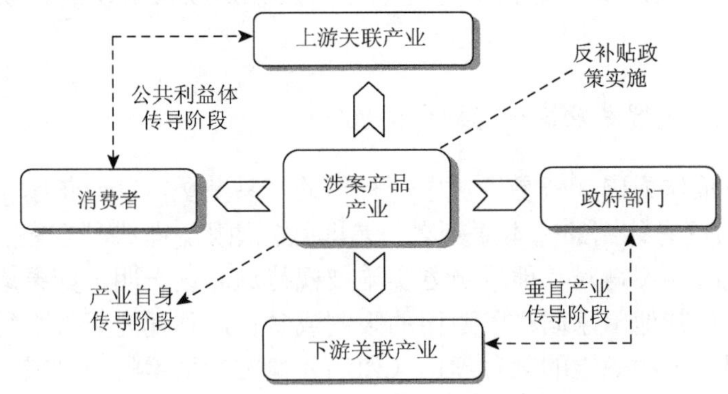

图 3.4　反补贴政策实施效果传导过程示意图

在产业自身传导阶段，由于贸易救济措施的直接作用效果，涉案企业会及时根据贸易政策做出行为调整，使整体产业的产品价格上升、国内市场销售份额增加。在市场价格机制的进一步作用下，进口国涉案产业受损情况得以恢复，整体发展形势出现好转；在公共利益体传导阶段，反补贴政策措施对产业价格指数等经济指标的影响逐步趋于平稳，产业收益开始恢复，此时政府收入和消费者支出水平发生变化；在垂直关联产业传导阶段，贸易救济措施对国民经济系统的影响效果逐渐显现，产品库存的存在导致其他产业的产品价格调整滞后，反补贴税所产生的直接价格效应主要波及垂直市场结构中的直接关联产业，这些产业的成本和收益会由于涉案产业的贸易救济措施作用而发生显著变化，同时政府收入也会受到相应影响。

由反补贴政策实施传导过程示意图可知，反补贴政策影响效果传导机制的关键部分在于贸易层面的直接影响效果在产业经济层面进行传递与整合，并在国民经济系统的其他组成部分之间进行传递。反补贴政策实施效果在产业间的传递路径主要就是产业之间的联系方式，由于产业传递措施的影响效果总是通过已有的产业间通道，即产业关联的联系状态来发生的，措施效果的传递必然是依据产业间的联系方式和纽带所规定的线路一轮一轮地影响下去，这种传导机制不仅包括传递的路径，还包括产业的关联程度。

3.2.3　反补贴政策实施直接贸易效果

贸易是促进经济增长的重要方式，由于全球经济贸易系统具有复杂性和关联性特点，反倾销、反补贴等贸易救济措施必然会对进口国、涉案出口国及非涉案出口国均产生深远影响。从贸易政策作用效果来看，反补贴政策的政治示范效应将广泛扩散；从贸易救济过程来看，反补贴政策引发的贸易变化程度将显著增强。

1. 全球范围内贸易政策示范效应扩散

反补贴政策作为国际贸易领域中一种新的贸易壁垒，其政策示范效应日渐凸显。WTO 多边贸易体制的基本原则之一是非歧视原则，即成员方在实施某种限制或禁止性措施时，不得对其他成员方实施歧视待遇。这表明，如果成员方对另一方不采用对任何其他国家同样不适用的限制或禁止，则视为无歧视待遇；此外，如果成员方根据公约规定的某种理由（如例外情况）采用的限制或禁止同样适用于其他国家时，也符合非歧视待遇原则。基于 WTO 及其非歧视待遇原则的相关法律规定，反补贴政策将在全球范围内快速蔓延扩散。

2004 年，加拿大打破反补贴措施不适用于非市场经济国家的规则，第一次对我国发起反补贴调查的行动使美国受到很大启发，美国随即运用相类似手段对我国发动贸易救济攻势，而由于美国本身是世界上最大的经济体，其一举一动又转而成为其他国家及地区的动态方向标，这就使反补贴调查在全球范围内产生了更强大的实践示范效应，如图 3.5 所示。

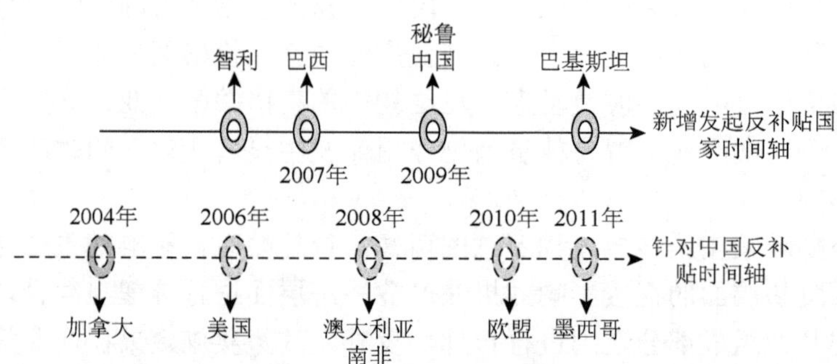

图 3.5　反倾销反补贴联动调查全球政策示范效果图

图 3.5 显示，2004～2011 年，全球新增 5 个发起反补贴调查的国家，面对越来越多的反补贴调查，发达国家积极跟进，南非等发展中国家也开始尝试使用反补贴措施，而印度、土耳其等国都在跃跃欲试；另外，针对中国发起反补贴调查的国家及地区自 2004 年之后也明显增多，卷入反补贴调查的产业范围也越来越大。从整体上来看，全球范围内的反补贴调查有着愈演愈烈的趋势，尤其是针对中国出口产品，政策措施示范效应显而易见。

2. 双反调查视角下反补贴政策产业救济干涉作用显著升级

反倾销和反补贴都是针对不公平贸易行为的救济手段，两者之间的构成要件非常相似，并且存在鲜明的因果关系，即补贴在一定条件下就是造成倾销的重要原因，因此目前国际上使用的双反（反补贴与反倾销）调查可以弥补单项措施的局限性，其贸易效应会大于单独进行反倾销调查或者反补贴调查的效应，实现1+1>2 的贸易抑制效果。

假定 A、B 两国生产同一种产品，A 国是净进口国，B 国是净出口国。B 国生产的产品除了满足本国消费外全部提供给 A 国。在 A 国实施自由贸易条件下，B 国在 A 国市场的出口量和出口价格由这两个国家的超额供需曲线交点 E 决定，当达到市场均衡时，B 国对 A 国的出口量为 Q_{BE}，此时市场均衡价格为 P_{BE}，如图 3.6 所示。

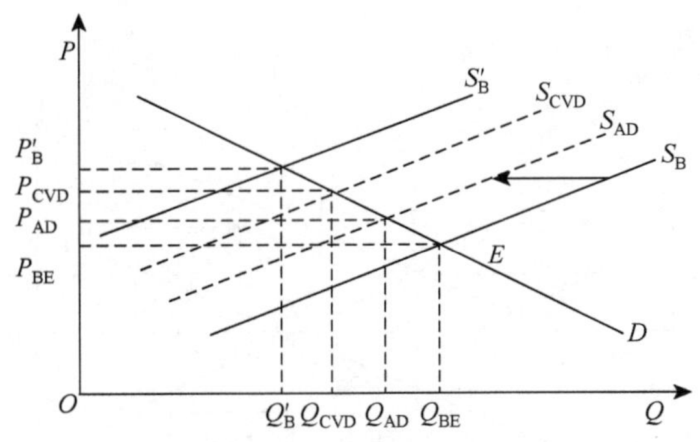

图 3.6　反补贴政策与反倾销政策贸易作用升级原理图

若 B 国在 A 国市场的销售价格低于本国市场价格，A 国对 B 国同时征收反倾销税 t_{AD} 和反补贴税 t_{CVD}，则在 A 国市场上，B 国产品出口价格将会发生系列变化。当 A 国仅征收反倾销税时，B 国产品出口价格由 P_{BE} 上升到 $P_{AD}=P_{BE}+t_{AD}$，价格上升后在 A 国的销售量下降值为 $Q_{BE}-Q_{AD}$，超额供给曲线由 S_B 移动到 S_{AD}；当 A 国仅征收反补贴税时，B 国产品出口价格由 P_{BE} 上升到 $P_{CVD}=P_{BE}+t_{CVD}$，在 A 国的销售量下降值为 $Q_{BE}-Q_{CVD}$，超额供给曲线相应由 S_B 移动到 S_{CVD}；鉴于贸易实践，当 A 国采取联动措施时，B 国出口产品的价格是双重税率与原价格的叠加，因此 B 国出口产品价格将迅速上升至 $P'_B=P_{BE}+t_{AD}+t_{CVD}$，由此导致出口量大幅下降至 Q'_B。

只要 B 国厂商因支付高额税费而提高产品价格使出口量下降，则 A 国该产品生产者的利益便获得了双重有效保护。此外，双反调查引起的效果还体现在由于补贴调查时间较长，耗费时间具有不确定性，在这段未到终裁程序的调查时间段内，进口国可以根据倾销损害效果，采取各种临时措施限制进口，不仅保护了国内市场和产业，同时又能为深入调查得到肯定性仲裁结果争取更多时间。

3. 贸易抑制与贸易转移效应共同存在

从保障进口国国内产业安全的角度来看，由反补贴措施产生的直接贸易抑制效果对进口国具有正向积极作用；然而反补贴政策也是一把“双刃剑”，在全球化的贸易环境中，反补贴政策会间接提高对非涉案国产品的需求，出现产品市场份额向非涉案国转移的现象。贸易转移效应在一定程度上削弱了贸易抑制效果，对进口国具有反向消极作用，反补贴政策正负双向贸易效应作用原理如下所述。

假定A、B、C三国生产同一种产品，其中A国是净进口国，B、C两国是净出口国。在A国市场，产品供不应求，但A国国内产品供给量在短期内既定；B、C两国生产的产品除了满足本国消费，还有超额部分提供给A国，对A国出口量分别为Q_B（图3.7中横轴从左向右表示增加）和Q_C（图3.7中横轴从左向右表示减少），如图3.7所示。

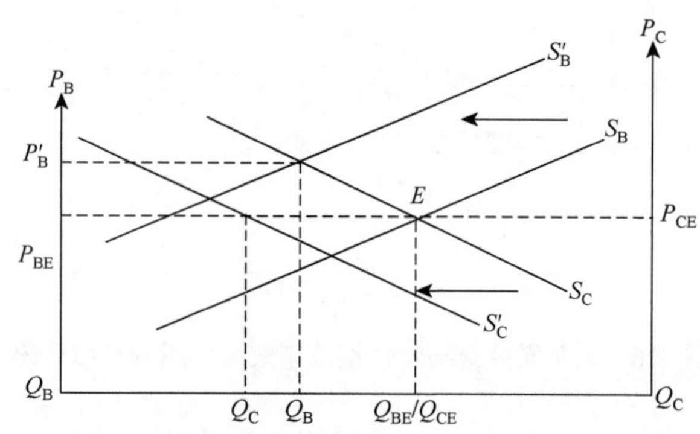

图3.7　反倾销政策与反补贴政策双向贸易作用原理图

B、C两国在A国市场上的销售价格较低，低于两国国内市场产品价格，两国的超额供给曲线分别为S_B、S_C。在A国实施自由贸易条件下，B、C两国在A国市场的出口量和出口价格由这两个国家的超额供给曲线交点E决定，当达到市场均衡时，两国对A国的出口量分别为Q_{BE}和Q_{CE}，此时两国市场均衡价格相等，即$P_{BE}=P_{CE}$。

若A国对B国出口产品同时征收反倾销税t_{AD}和反补贴税t_{CVD}，而此时仍对C国的出口产品实行自由贸易政策，那么在A国市场上，B国的产品出口价格将由P_{BE}上升到$P'_B=P_{BE}+t_{AD}+t_{CVD}$，B国产品价格上升后，在A国的销售量下降，超额供给曲线由S_B移动到S'_B。基于A国产品供不应求但国内供给短期既定的假设，B国对A国产品的超额供给量下降至Q'_B，则A国超额产品需求就会由C国的产品进行填补，此时 C 国出口价格 P_{CE} 不变，对 A 国的出口量会增加至 Q'_C。反补贴反倾销双反措施使 B 国明显减少了对 A 国的产品出口，这是贸易救济最直接的效果体现，然而短期内，B 国被挤出的产品市场份额很可能会由未受到救济措施限制的 C 国迅速占领，这种贸易转移效应会给进口国产品市场带来更为激烈的竞争。A 国发生转移的产品销售量只有在国内产业得以恢复发展、国内供给量稳步增加的情况下才能得到消除。

3.2.4 反补贴政策实施间接经济效果

反补贴政策与反倾销政策措施在产业层面的经济效果是通过直接贸易作用产生的。倾销及补贴行为都是通过调整产品价格水平获得比较竞争优势，反倾销对象是企业，实施反倾销能够给进口国国内企业带来收益，增强其市场竞争力；反补贴对象是政府，实施反补贴将政府宏观政策的调控作用传递到相关产业，使其经济水平发生变化。

1. 申诉国竞争产业主体利益发生变化

反补贴政策措施通过抑制国外产品进口量，弥补进口国国内竞争性产业由涉案国产品补贴而造成的不合理损失，从而使国内进口竞争性企业和相关产业具备生存和可持续健康发展的条件。通过建立两国产业经济分析模型，能够描述反补贴政策措施对进口国国内竞争产业相关利益主体的经济作用。

假设 A、B 两国生产同质产品，A 国是净进口国，B 国是净出口国。B 国产品除了满足本国消费外全部提供给 A 国。A 国生产的该产品数量为 x，B 国向 A 国出口该产品数量为 y，在本国市场上的供应量为 y'，不考虑其他交易成本。根据假设，A、B 两国企业仅在 A 国市场上存在竞争，两国市场对于该产品的需求函数如下：

$$P_A = a_1 - b_1(x+y), \quad P_B = a_2 - b_2 y' \tag{3.1}$$

其中，P_A、P_B 分别为 A 国和 B 国市场上该产品的价格；a_1、a_2、b_1、b_2 为大于零的常数；$x+y$、y' 分别为 A 国和 B 国市场上该产品的总供给量。

设定 C_A、C_B 分别为 A 国和 B 国厂商生产该产品的固定成本，C'_A、C'_B 分别为 A 国和 B 国厂商生产该产品的平均可变成本，则两国厂商的利润函数分别为

$$\pi_A = [a_1 - b_1(x+y)]x - C'_A x - C_A \tag{3.2}$$

$$\pi_B = [a_1 - b_1(x+y)]y + [a_2 - b_2 y']y' - C'_B(y+y') - C_B \tag{3.3}$$

鉴于理性厂商通常根据利润最大化原则来确定产量，因此将上述式（3.2）、式（3.3）分别对产量 x、y、y' 求导，得出 A 国和 B 国最优产量及产品价格分别为

$$x=(a_1+C'_{\mathrm{B}}-2C'_{\mathrm{A}})/3b_1,\quad P_{\mathrm{A}}=(a_1+C'_{\mathrm{A}}+C'_{\mathrm{B}})/3 \tag{3.4}$$

$$y=(a_1+C'_{\mathrm{A}}-2C'_{\mathrm{B}})/3b_1,\quad P_{\mathrm{B}}=(a_2+C'_{\mathrm{B}})/2 \tag{3.5}$$

$$y'=(a_2-C'_{\mathrm{B}})/2b_2 \tag{3.6}$$

由式（3.4）、式（3.6）知，当 $a_1<(3a_2+C'_{\mathrm{B}}-2C'_{\mathrm{A}})/2$ 时，B 国厂商向 A 国低价销售该产品。若 A 国政府对 B 国产品同时征收反补贴税 t_{CVD}（t_{AD} 表示此种情况下同时反倾销税），则 B 国厂商利润函数变为

$$\pi_{\mathrm{B}t}=[a_1-b_1(x+y)]y+[a_2-b_2y']y'-C'_{\mathrm{B}}(y+y')-(t_{\mathrm{AD}}+t_{\mathrm{CVD}})y-C_{\mathrm{B}} \tag{3.7}$$

再由利润最大化原则，可以得出征收反倾销税和反补贴税后该产品在 A 国和 B 国的最优产量及产品价格分别为

$$x_t=(a_1+C'_{\mathrm{B}}-2C'_{\mathrm{A}}+t_{\mathrm{AD}}+t_{\mathrm{CVD}})/3b_1,\quad P_{\mathrm{A}t}=(a_1+C'_{\mathrm{A}}+C'_{\mathrm{B}}+t_{\mathrm{AD}}+t_{\mathrm{CVD}})/3 \tag{3.8}$$

$$y_t=[a_1+C'_{\mathrm{A}}-2C'_{\mathrm{B}}-2(t_{\mathrm{AD}}+t_{\mathrm{CVD}})]/3b_1,\quad P_{\mathrm{B}t}=(a_2+C'_{\mathrm{B}})/2,\quad y'_t=(a_2-C'_{\mathrm{B}})/2b_2 \tag{3.9}$$

由式（3.7）～式（3.9）联立得出，A 国厂商产量及价格、B 国厂商出口量及其在本国市场上的供应量及价格，在征收反倾销税和反补贴税后与未实施前的变化值如下：

$$\Delta x=(t_{\mathrm{AD}}+t_{\mathrm{CVD}})/3b_1,\quad \Delta P_{\mathrm{A}}=(t_{\mathrm{AD}}+t_{\mathrm{CVD}})/3 \tag{3.10}$$

$$\Delta y=-2(t_{\mathrm{AD}}+t_{\mathrm{CVD}})/3b_1,\quad \Delta P_{\mathrm{B}}=0,\quad \Delta y'=0 \tag{3.11}$$

从式（3.10）、式（3.11）可以看出，征收反补贴税（同时考虑反倾销税）后，A 国产品供应量和价格均增加，厂商利润也上升；而 B 国厂商的出口量减少，由于 B 国是净出口国，其国内市场需求和供给不受 A 国影响，因此 B 国在本国市场上的产量和价格均未变化。

在现实经济生活中，反补贴税与由征税引起的国内产品价格上涨之间的数量关系并不必然如上述准确，但申诉国国内产业向着良好预期发展的趋势是肯定的。征收反补贴税使生产者剩余增加，但消费者由于需要支付较高的产品价格，消费者剩余减少，并进一步引起申诉国国内整体福利水平发生变化。

2. *涉案产品上下游产业发展受到影响*

产品根据不同的生产和消费用途，可以被划分为初级产品、中间产品和终端消费产品。当初级或中间产品受到反补贴政策措施保护时，进口国国内市场价格上升，企业利润增加，而利用该产品作为原料的下游生产企业生产成本增加，企业利润和市场竞争力下降，最终消费者的利益将会受损；如果终端消费品受到保护，那么就会增加消费者的购买成本，使消费者的利益受损，而使生产这种产品的上游企业受益。

1）反补贴政策措施对进口国上游产业的经济影响

假设 A、B 两国均生产上游产品和中间产品，其相应产品是同质的。A 国是

净进口国，B 国是净出口国。B 国产品除满足本国消费外全部提供给 A 国。两国生产一单位中间产品需要一单位上游产品，不考虑其他交易成本。根据假设，两国企业仅在 A 国市场上存在竞争，A 国和 B 国市场对于该中间产品的需求函数如下：

$$P_{\mathrm{A}} = a_1 - b_1(M_{\mathrm{A}} + M_{\mathrm{BA}}),\quad P_{\mathrm{B}} = a_2 - b_2 M_{\mathrm{B}} \tag{3.12}$$

其中，P_{A}、P_{B} 分别为 A 国和 B 国市场上中间产品的价格；a_1、a_2、b_1、b_2 为大于零的常数；M_{A} 为 A 国进口竞争厂商中间品的供给量；M_{B} 为 B 国厂商在本国市场上的中间品供给量；M_{BA} 为 B 国厂商向 A 国市场出口的中间品产量。

设定 P'_{A}、P'_{B} 分别为 A 国和 B 国市场的上游产品价格，C_{A}、C_{B} 分别为 A 国和 B 国厂商生产中间产品除上游产品外的其他固定成本，C'_{A}、C'_{B} 分别为 A 国和 B 国厂商中间产品的平均可变成本，则两国厂商的利润函数分别为

$$\pi_{\mathrm{A}} = [a_1 - b_1(M_{\mathrm{A}} + M_{\mathrm{BA}})]M_{\mathrm{A}} - (P'_{\mathrm{A}} + C'_{\mathrm{A}})M_{\mathrm{A}} - C_{\mathrm{A}} \tag{3.13}$$

$$\pi_{\mathrm{B}} = [a_1 - b_1(M_{\mathrm{A}} + M_{\mathrm{BA}})]M_{\mathrm{BA}} + (a_2 - b_2 M_{\mathrm{B}})M_{\mathrm{B}} - (P'_{\mathrm{B}} + C'_{\mathrm{B}})(M_{\mathrm{BA}} + M_{\mathrm{B}}) - C_{\mathrm{B}} \tag{3.14}$$

为了便于表述，用 P'_{BA} 表示 B 国向 A 国出口中间品上游产品的价格，用 P'_{BB} 表示 B 国在本国市场上生产销售的中间品上游产品价格；同时，设定 x_{AA} 为 A 国本国生产的中间品上游产品产量，y_{AA} 为 B 国上游产品出口至 A 国后，A 国国内又用于生产中间品的上游产品产量，y_{BA} 为 B 国直接出口至 A 国的中间品上游产品产量，y_{BB} 为 B 国本国生产的中间品上游产品产量。根据原始假设，若一单位上游产品最终将生产出一单位中间产品，则满足

$$M_{\mathrm{A}} = x_{\mathrm{AA}} + y_{\mathrm{AA}},\quad M_{\mathrm{B}} = y_{\mathrm{BB}},\quad M_{\mathrm{BA}} = y_{\mathrm{BA}} \tag{3.15}$$

鉴于理性厂商利润最大化原则，将式（3.13）、式（3.14）分别对产量 M_{A}、M_{BA}、M_{B} 求导，并将式（3.15）带入，得出 A 国市场上游产品需求函数、B 国市场向 A 国出口生产中间品的上游产品需求函数、B 国本国生产上游产品需求函数分别为

$$P'_{\mathrm{A}} = (a_1 - C'_{\mathrm{A}}) - b_1[2(x_{\mathrm{AA}} + y_{\mathrm{AA}}) + y_{\mathrm{BA}}] \tag{3.16}$$

$$P'_{\mathrm{BA}} = (a_1 - C'_{\mathrm{B}}) - b_1[(x_{\mathrm{AA}} + y_{\mathrm{AA}}) + 2y_{\mathrm{BA}}] \tag{3.17}$$

$$P'_{\mathrm{BB}} = (a_2 - C'_{\mathrm{B}}) - 2b_2 y_{\mathrm{BB}} \tag{3.18}$$

若 F_{A}、F_{B} 分别为 A 国和 B 国上游产品厂商的固定成本，V_{A}、V_{B} 分别为两国上游产品厂商的平均可变成本，则 A 国和 B 国上游产品生产厂商的利润函数分别为

$$\pi'_{\mathrm{A}} = \{(a_1 - C'_{\mathrm{A}}) - b_1[2(x_{\mathrm{AA}} + y_{\mathrm{AA}}) + y_{\mathrm{BA}}]\}x_{\mathrm{AA}} - V_{\mathrm{A}}x_{\mathrm{AA}} - F_{\mathrm{A}} \tag{3.19}$$

$$\begin{aligned}\pi'_{\mathrm{B}} = {} & \{(a_1 - C'_{\mathrm{A}}) - b_1[2(x_{\mathrm{AA}} + y_{\mathrm{AA}}) + y_{\mathrm{BA}}]\}y_{\mathrm{AA}} + \{(a_1 - C'_{\mathrm{B}}) - b_1[(x_{\mathrm{AA}} + y_{\mathrm{AA}}) + 2y_{\mathrm{BA}}]\}y_{\mathrm{BA}} \\ & + [(a_2 - C'_{\mathrm{B}}{}') - 2b_2 y_{\mathrm{BB}}]y_{\mathrm{BB}} - V_{\mathrm{B}}(y_{\mathrm{AA}} + y_{\mathrm{BA}} + y_{\mathrm{BB}}) - F_{\mathrm{B}}\end{aligned} \tag{3.20}$$

根据利润最大化原则，可以得出 A 国和 B 国、B 国向 A 国出口的上游产品及

中间产品的最优产量与产品价格分别为

$$x_{AA}=(a_1-C'_A-2V_A+V_B)/6b_1,\quad P'_A=(a_1-C'_A+V_A+V_B)/3 \tag{3.21}$$

$$y_{AA}=(a_1-3C'_A+2C'_B+2V_A-3V_B)/12b_1 \tag{3.22}$$

$$y_{BA}=(a_1+C'_A-2C'_B-V_B)/6b_1,\quad y_{BB}=(a_2-C'_B-V_B)/4b_2 \tag{3.23}$$

$$M_A=(3a_1-5C'_A+2C'_B-2V_A-V_B)/12b_1 \tag{3.24}$$

$$M_{BA}=(a_1+C'_A-2C'_B-V_B)/6b_1,\quad M_B=(a_2-C'_B-V_B)/4b_2 \tag{3.25}$$

$$P_A=(7a_1+3C'_A+2C'_B+2V_A+3V_B)/12,\quad P_B=(3a_2+C'_B+V_B)/4 \tag{3.26}$$

由式（3.24）～式（3.26）得出，当 $P_B<P_A$ 时，B 国厂商接受补贴或直接向 A 国倾销该产品。若此时 A 国政府对进口 B 国的每单位产品同时征收反倾销税 t_{AD} 和反补贴税 t_{CVD}，则 B 国中间产品厂商利润函数变为

$$\begin{aligned}\pi_{Bt}=&[a_1-b_1(M_A+M_{BA})-(t_{AD}+t_{CVD})]M_{BA}+[a_2-b_2M_B]M_B\\&-(P'_B+C'_B)(M_{BA}+M_B)-C_B\end{aligned} \tag{3.27}$$

将式（3.27）对 M_{BA} 求导，用于 B 国出口到 A 国中间品的上游产品的需求函数为

$$P'_{BAt}=(a_1-C'_B-t_{AD}-t_{CVD})-b_1[(x_{AA}+y_{AA})+2y_{BA}] \tag{3.28}$$

根据利润最大化原则，可以得出对中间产品征收反倾销税和反补贴税后上游产品供给量与价格，以及中间产品的各供给量分别为

$$x_{AAt}=(a_1-C'_A-2V_A+V_B)/6b_1,\quad P'_{At}=(a_1-C'_A+V_A+V_B-t_{AD}-t_{CVD})/3 \tag{3.29}$$

$$y_{AAt}=(a_1-3C'_A+2C'_B+2V_A-3V_B+2t_{AD}+2t_{CVD})/12b_1 \tag{3.30}$$

$$y_{BAt}=(a_1+C'_A-2C'_B-V_B-2t_{AD}-2t_{CVD})/6b_1,\quad y_{BBt}=(a_2-C'_B-V_B)/4b_2 \tag{3.31}$$

$$M_{At}=(3a_1-5C'_A+2C'_B-2V_A-V_B+2t_{AD}+2t_{CVD})/12b_1 \tag{3.32}$$

$$M_{BAt}=(a_1+C'_A-2C'_B-V_B-2t_{AD}-2t_{CVD})/6b_1,\quad M_{Bt}=(a_2-C'_B-V_B)/4b_2 \tag{3.33}$$

$$P_{At}=(7a_1+3C'_A+2C'_B+2V_A+3V_B+2t_{AD}+2t_{CVD})/12 \tag{3.34}$$

由式（3.24）～式（3.26）、式（3.32）～式（3.34）联立得出，对于中间产品 A 国和 B 国对 A 国出口的厂商产量及价格在征收反倾销税和反补贴税后与实施前的变化值如下：

$$\Delta M_A=(t_{AD}+t_{CVD})/6b_1,\quad \Delta P_A=(t_{AD}+t_{CVD})/6,\quad \Delta M_{BA}=-(t_{AD}+t_{CVD})/3b_1 \tag{3.35}$$

由式（3.21）～式（3.23）、式（3.29）～式（3.31）联立得出，对于上游产品 A 国和 B 国厂商产量及价格在征收反倾销税和反补贴税后与实施前的变化值如下：

$$\Delta x_{AA}=0,\quad \Delta P'_A=-(t_{AD}+t_{CVD})/3 \tag{3.36}$$

$$\Delta y_{BA}=-(t_{AD}+t_{CVD})/3b_1 \tag{3.37}$$

$$\Delta y_{AA}=(t_{AD}+t_{CVD})/6b_1,\quad \Delta y_{BB}=0 \tag{3.38}$$

从式（3.36）～式（3.38）可以看出，对中间产品征收反倾销反补贴税后，A 国生产的用于中间品的上游产品供给量未变，B 国向 A 国直接出口的上游产品供

给量减少，但出口的用于生产中间品的上游产品却增加，进而导致 A 国上游产品供给量增加，价格下降，而 A 国国内上游产品供给量未变，意味着上游产品生产厂商利润减少。

根据以上分析，征收反补贴税（同时考虑反倾销税）虽然会增加进口国中间产品对上游产品的需求，但同时也会刺激国外上游产品的进口，以致国内上游产品的价格下降。当国内上游产品的生产厂商不具有竞争优势时，进口国国内对上游产品需求的增加量将被国外上游产品的生产厂商抢占，国内上游产品的生产厂商受损。

2）双反联动措施对进口国下游产业的经济影响

假设 A、B 两国厂商都生产中间产品和下游产品且对应产品同质。A 国是净进口国，B 国是净出口国，B 国产品除满足本国消费外全部提供给 A 国。A、B 国生产一单位下游产品均需要一单位中间产品，不考虑其他交易成本。根据假设，两国下游生产企业仅在 A 国市场上存在竞争，两国市场对于下游产品的需求函数分别为

$$P_{\mathrm{A}} = a_1 - b_1(M_{\mathrm{A}} + M_{\mathrm{BA}}), \quad P_{\mathrm{B}} = a_2 - b_2 M_{\mathrm{B}} \tag{3.39}$$

其中，P_{A}、P_{B} 分别为 A 国和 B 国市场下游产品的价格；a_1、a_2、b_1、b_2 为大于零的常数；M_{A} 为 A 国进口竞争厂商下游产品的供给量；M_{B} 为 B 国厂商在本国市场上的下游产品供给量；M_{BA} 为 B 国厂商向 A 国市场出口的下游产品产量。

对前文进口国上游产业厂商均衡模型稍作改动，此时原模型上游产品替换为中间产品，原中间产品置换为下游产品，即可得出对中间产品征收反补贴税对下游产业的影响。鉴于推导原理完全相同，在此仅列出重要结论。对于中间产品，征收反补贴税后，A 国本国中间产品供给量增加，B 国向 A 国出口中间产品的总供给量减少，达到反补贴政策实施预期效果。A、B 两国厂商中间产品产量及价格在征收反补贴税后与实施前的变化值如下：

$$\Delta x_{\mathrm{AA}} = (t_{\mathrm{AD}} + t_{\mathrm{CVD}})/6b_1 \tag{3.40}$$

$$\Delta y_{\mathrm{AA}} = -5(t_{\mathrm{AD}} + t_{\mathrm{CVD}})/12b_1 \tag{3.41}$$

$$\Delta y_{\mathrm{BA}} = (t_{\mathrm{AD}} + t_{\mathrm{CVD}})/6b_1, \quad \Delta y_{\mathrm{BB}} = 0 \tag{3.42}$$

对于下游产品，A 国和 B 国厂商产量及价格在征税后与实施前的变化值如下：

$$\Delta M_{\mathrm{A}} = -(t_{\mathrm{AD}} + t_{\mathrm{CVD}})/4b_1, \quad \Delta P_{\mathrm{A}} = (t_{\mathrm{AD}} + t_{\mathrm{CVD}})/12 \tag{3.43}$$

$$\Delta M_{\mathrm{BA}} = (t_{\mathrm{AD}} + t_{\mathrm{CVD}})/6b_1, \quad \Delta M_{\mathrm{B}} = 0 \tag{3.44}$$

从式（3.43）、式（3.44）可以看出，对中间产品征收反补贴税后，A 国本国下游产品供给量减小，价格上升，导致 B 国向 A 国直接出口的下游产品供给量增加。从总体来看，A 国下游产品总供给量是减小的。B 国中间产品受到反补贴措施的抑制，转向增加向 A 国下游产品的出口，进而容易使下游产业发生继发性保

护。综上所述，对中间产品征收反补贴税，加大了将中间产品作为生产投入品的下游生产成本，使下游产业利润遭遇负面影响，产业竞争力受到削弱。

由此，通过以上分析，反补贴政策实施产生的影响效应示意图如图 3.8 所示。概括起来，可以分为贸易救济效应、产业救济效应、继发性保护效应、国家间的报复效应、贸易保护的示范效应、政策干涉与经济控制效应。

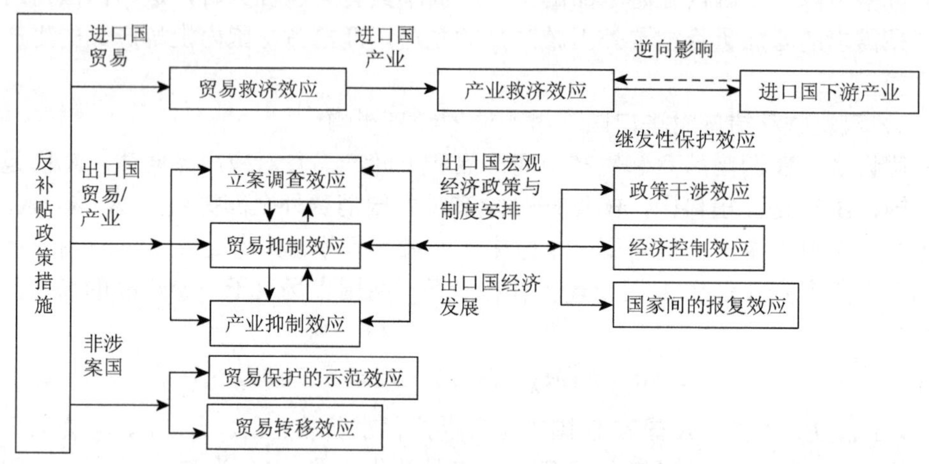

图 3.8　反补贴政策实施的影响效应示意图

3.3　反补贴政策产业救济影响效应

3.3.1　贸易救济和产业救济效应

1）贸易救济效应

反补贴首先是一种贸易救济政策，通过一系列的反补贴调查程序，以及采取的反补贴措施，反补贴行为直接作用于进口贸易环节。通过征收现金保证金、反补贴税或者接受价格承诺协议，反补贴提高了进口产品的价格、增加了进口产品的成本，阻止了补贴行为的继续发生，维护了公平贸易的环境，从而起到了贸易救济的作用。根据国内外学者的理论研究，反补贴的贸易救济效应还可以划分为立案调查效应、贸易限制/抑制效应及贸易转移效应。

立案调查效应：反补贴措施的实施是一个动态过程，立案是进行反补贴调查和实施反补贴措施的必经阶段。在提起诉讼的部分反补贴案件中，虽然最终没有采取反补贴措施，但是仅反补贴立案调查就足以对补贴产品出口国的出口贸易产生一系列影响，这就是反补贴措施实施前的一种威慑效应。

贸易限制/抑制效应：反补贴措施通常能够提高补贴进口产品的价格并增加其

成本，从而抑制从涉案国的补贴产品进口量，限制涉案国政府的补贴行为，最终限制/抑制涉案国补贴产品的出口。

贸易转移效应：反补贴是针对补贴产品出口国即涉案国发起的，但在国际市场机制的作用下，反补贴也会对非涉案国的贸易产生影响。由于反补贴措施通常会提高涉案国出口产品的价格，这相当于间接降低了非涉案国出口产品的价格、提高了对非涉案国产品的需求，往往会出现采取反补贴措施以后，非涉案国出口量增多的现象，这就是反补贴措施引发的贸易转移效应。此外，对于涉案国为多个国家的情况，被征收反补贴税较低的国家也容易出现贸易转移效应。

2）产业救济效应

产业救济效应是指反补贴措施对进口国国内产业起到的一种救济作用。由于反补贴措施的主要形式是对来自反补贴涉案国的补贴出口产品征收一定额度的反补贴税，这将降低补贴出口产品的出口竞争优势，间接增加市场对国内产业同类产品的需求，进而改善其与补贴产品竞争所处的不利竞争环境，使国内产业摆脱涉案国补贴行为造成的负面影响，从而获得恢复和发展的时间与空间。从国内外的研究成果来看，不论是理论研究还是实证研究，都证明了反补贴措施产业救济效应的存在，即反补贴措施对进口国国内产业而言，能够起到一定的救济效果，通常表现为在反补贴作用的影响下，国内产业生产、经营、销售等各类产业指标的好转与改善。

3.3.2　继发性保护效应和国家间的报复效应

1）继发性保护效应

按照反补贴保护的对象不同，可以将其划分为针对初级或者中间（即上游）产品的反补贴保护，以及针对最终（即下游）产品的反补贴保护。反补贴的继发性保护效应是指，当上游产业获得了反补贴保护后，这种保护会从上游产业延展到同其垂直关联的下游产业。也就是说，反补贴措施对上游产品的保护，加大了将上游产品作为投入品的下游产业的生产成本，从而降低了下游产业的竞争力。在满足一定条件的情况下，下游产业也会进行反补贴申诉，当这种申诉的保护被授予时，最初由上游产业提起的反补贴就产生了继发性保护效应。反补贴措施产生的继发性保护效应使反补贴措施在上下游产业间发生了传递，且很可能加大进口国实施反补贴措施的成本，尤其对进口国的消费者而言，将承受较大的福利损失。

实际上，下游产业的继发性保护的存在可能会引发上游产业提起更多的诉讼。如果这种对下游产业造成的损害加大了下游产业提起并获得反补贴保护的可能性，并且这种保护足以补偿损失的话，上游产业的保护实际上反倒使下游产业受益。

2）国家间的报复效应

相比反倾销而言，反补贴措施实施的影响更大，因为反补贴调查已经由企业的微观层面上升到了国家的宏观层面，并且与政治挂钩[①]。由此，很多国家在实施反补贴措施时，其目的不仅仅是保护本国产业免受不公平竞争的损害，而是由于其自身特定的政治和经济动因，报复其他国家对本国出口产品实施的反补贴限制，以此来遏制其他国家滥用反补贴措施，保护本国的出口利益，即当一国实施反补贴措施后，将引发国家间的报复效应。随着越来越多的国家和地区加入到反补贴使用国的“俱乐部”，某一国家或地区发起反补贴措施，很容易引发其针对国采取报复性措施。

3.3.3 贸易保护的示范效应

当出口产品在一国遭到反补贴调查后，其他国家担心出口产品转向，也会对其发起反补贴调查，并出现滥用的趋势，严重破坏国际市场秩序。从反补贴措施实施结果的效应来看，反补贴的示范反应主要体现在两个方面：一是只要有一个案件被认定有政府补贴行为，那么证据就有可能会被用到其他产品上以至于影响整个产业链；二是由于 WTO 成员国使用反倾销措施由来已久，反补贴调查是新的贸易摩擦热点，一旦一国对我国产品实施反补贴措施成功，就将对其他国家引起很强的示范效应，严重影响我国产品在国际市场上的地位和竞争力。

3.3.4 政策干涉与经济控制效应

反倾销和反补贴都是以低于正常价值在进口国市场销售，属于“不公平竞争”。不过反倾销调查所针对的一般是私人企业的行为造成单一企业的“点杀伤”，而反补贴调查针对的是政府行为，涉及大量政府政策层面的问题。改革开放以来，为促进我国宏观经济的稳定增长、产业或行业的快速发展，各级政府制定许多补贴及税收优惠等宏观经济政策和产业政策，一旦国外提起反补贴调查，势必影响我国对宏观经济的调控和产业政策的调整，势必造成对我国整体行业、整体产业、整个区域的“全面杀伤”，由此以来，将阻碍我国经济产业政策的顺利实施及影响我国经济政策稳定和产业结构升级，使我国政治、经济利益遭受重大损失。如人民币升值问题，在处理中美贸易失衡问题上，美国国会和政府倾向于把贸易问题

① 就美国针对中国发起铜版纸反补贴调查而言，可谓用心良苦。铜版纸作为占双方国内经济比重较轻的行业，美国选择它作为其 23 年来首例对非市场经济地位国家进行反补贴调查，不仅是对中国的一次试探，更是美方的一场低成本博弈，它的发起是在国会尚未明确授权商务部的前提下进行的，很大程度上是由国内贸易政治驱动的，即政治动因是美国对华实施反补贴措施的本质原因。

政治化，将贸易失衡的矛头指向中国，归因于对人民币汇率的低估。通过启用反补贴这一贸易救济措施，美国可以对我国政府施加压力，干预我国的贸易和产业政策，影响我国的宏观调控政策，这无疑进一步增加了人民币升值的压力①。人民币的升值并不一定能够解决中美贸易结构性失衡问题，相反会增加我国出口成本，降低我国出口企业或产品的竞争力。

① 美国国会议员 2007 年 3 月 29 日在一场听证会上表示，中国人为地压低人民币币值等于是给出口到美国的产品 40%的出口补贴，造成美国和中国之间贸易严重失衡。这不仅对美国工人和制造业造成影响，对美国国家安全也造成影响。

第4章 国际反补贴政策实施现状特征及趋势

4.1 世界主要国家和地区反补贴政策实施现状特征及趋势

4.1.1 美国反补贴政策实施的现状与特征研究

美国反补贴税法的立法进程完全反映了美国在各个时期的不同的经济需求和发展重点，反映了美国积极倡导自由贸易和实施贸易保护主义做法的相互交错过程。

1. 美国反补贴立法演进特征及其反补贴调查程序

美国最早的反补贴法《1897 年关税法》于 1897 年通过并生效，此后又颁布了《1974 年贸易法》《1979 年贸易协定法》《1984 年贸易和关税法》《1988 年综合贸易和竞争法》《1994 年乌拉圭回合协定法》《2000 年持续倾销与补贴抵消法》。美国反补贴案件的调查程序可以分为五个阶段（图 4.1），每个阶段以商务部或 USITC 做出一个决定而结束：商务部发起调查；委员会初步调查阶段；商务部初步调查阶段；商务部最后调查阶段；委员会最后调查阶段。

此外，在反补贴案件调查过程中，美国反补贴法还提出了上游补贴的概念，即上游补贴是根据产品的投入物是否获得了可制裁补贴来判定的，即获得了可制裁补贴的产品是作为生产某一出口商品的投入物，则该出口商品为反补贴的对象商品。尽管出口商品及其生产者本身并未获得直接的补贴，由于对投入物补贴的存在，使该出口商品获得了竞争利益，并且对投入物的补贴对制造或生产出口商品的成本有相当的影响，则构成上游补贴。

2. 美国反补贴政策实施的现状与特征研究

作为发达的市场经济国家之一，美国的贸易救济法律制度历经百余年的发展演变，指导美国的商务部和国际贸易委员会开展反倾销、反补贴、保障措施等相关的调查实践工作。目前美国是开展反补贴调查案件数量最多的国家，其实施贸易救济措施强调国家利益和政治利益优先的原则；在贸易救济法律领域，强调国内法优先于国际法。并且其反补贴措施的实施往往配合本国的经济政策，这样会在许多情况下违背 WTO 精神及其规则，所以美国也是在补贴与反补贴问题上存在争议最多的国家。通过研究与分析，美国反补贴措施实施的特征与趋势主要有以下几个方面。

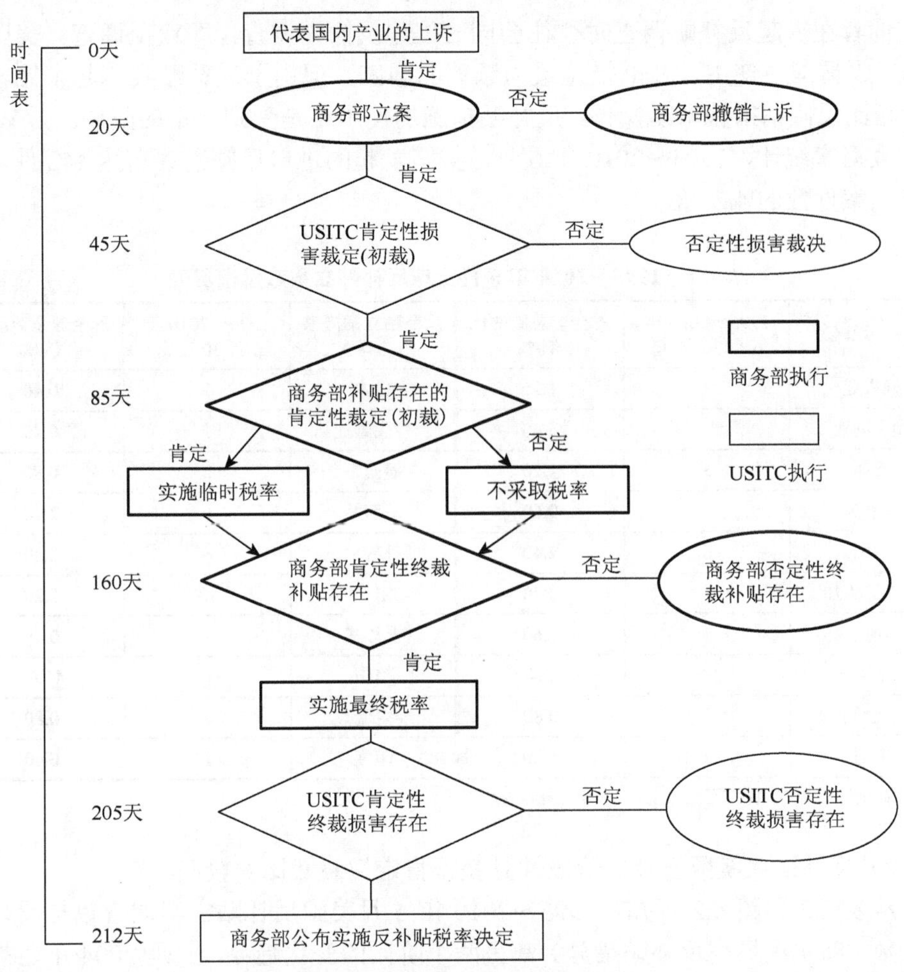

图4.1　美国反补贴调查程序图

资料来源：美国商务部网站，www.commerce.gov

1）反补贴立案调查数量最多及反补贴措施实施最为频繁的国家

进口国反补贴调查机关对国内产业申请的反补贴案件决定立案调查之后，将会对补贴产品出口国产生一定的立案调查效应和反补贴措施实施效应[①]。从表4.1可知，1995～2010年6月，全球发起反补贴立案调查共250起，其中美国发起104起，占全球总和的41.60%，居世界各国之最。美国在反补贴调查的实践中，反补

① 由《中华人民共和国反补贴条例》可知，反补贴立案包含于反补贴措施实施前的反补贴调查阶段，因此，国内产业申请的案件一旦立案，即使最终证明补贴不存在或没有实施反补贴措施，其也将会在一定程度上威慑补贴产品出口国政府和企业，进而产生立案调查效应和反补贴措施实施效应。

贴上诉者在提起反补贴调查时往往会同时提起反倾销调查，即双反调查。美国是WTO 成员国中使用反补贴措施最为频繁的国家，但由于反补贴实施起来比较复杂，相比反倾销措施不易操作，反补贴措施的使用还是受到一定的限制。据 WTO 官方数据库统计，1995～2010 年 6 月，美国发起的进口反倾销案高达 442 件，为反补贴案件数的 4.25 倍。

表 4.1 1995～2010 年 6 月全球反补贴立案数量情况表

国家（地区）	1995～2010 年6 月 30 日/起	占全球总数的比例/%	反补贴立案国家（地区）	1995～2010 年6 月 30 日/起	占全球总数的比例/%
阿根廷	3	1.20	日本	1	0.40
澳大利亚	11	4.40	拉脱维亚	1	0.40
巴西	3	1.20	墨西哥	2	0.80
加拿大	24	9.60	新西兰	6	2.40
智利	6	2.40	秘鲁	6	2.40
哥斯达黎加	1	0.40	南非	13	5.20
埃及	4	1.60	土耳其	1	0.40
欧盟	56	22.40	美国	104	41.60
以色列	2	0.80	委内瑞拉	2	0.80
中国	3	1.20	印度	1	0.40

资料来源：WTO 官方网站，http: //www.wto.org/

2）反补贴立案数量存在阶段性且获得肯定性终裁比例较高

从表 4.2 和图 4.2 可知，1995～2010 年 6 月美国反补贴立案调查数与反补贴终裁数（即实施最终反补贴措施）都呈两个阶段的变化趋势，一是 2004 年之前总体呈波浪式起伏趋势，二是 2004 年之后总体呈上升趋势，且美国反补贴调查的实施也配合美国阶段性的对外贸易政策。其中，1999～2001 年，美国反补贴立案数量迅速增加，这与当时亚洲经济危机引发的全球贸易保护主义抬头有关，由此推断，现在美国次贷危机引发的全球金融危机可能会引发新一轮使用反补贴措施的高潮。由表 4.2、表 4.3 可知，1995～2010 年 6 月美国反补贴调查终裁数占立案总数的 59.62%，与全球反补贴调查的终裁比例 57.20%相比，相对较高。

表 4.2 1995～2010 年 6 月美国反补贴立案与终裁情况表

时间	1995 年	1996 年	1997 年	1998 年	1999 年	2000 年	2001 年	2002 年
反补贴立案数/起	3	1	6	12	11	7	18	4
反补贴终裁数/起	5	2	0	1	11	2	10	10
终裁比例/%	—	—	0	8.3	100	28.6	55.6	—

续表

时间	2003 年	2004 年	2005 年	2006 年	2007 年	2008 年	2009 年	2010 年 1～6 月
反补贴立案数/起	5	3	2	3	7	6	14	2
反补贴终裁数/起	2	2	0	2	2	7	6	2
终裁比例/%	40	66.7	0	66.7	28.6	—	42.86	100
立案总数：104 起。终裁总数：62 起。终裁比例：59.62%								

资料来源：WTO 官方网站，http: //www.wto.org/

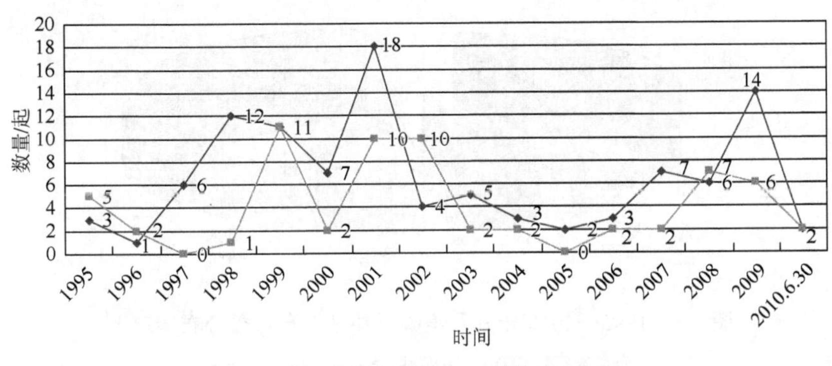

图 4.2　1995～2010 年 6 月美国反补贴立案与终裁数量趋势图

资料来源：WTO 官方网站，http: //www.wto.org/

表 4.3　1995～2010 年 6 月全球反补贴立案与终裁情况表

时间	1995 年	1996 年	1997 年	1998 年	1999 年	2000 年	2001 年	2002 年
反补贴立案数/起	10	7	16	25	41	18	27	9
反补贴终裁数/起	19	5	3	6	14	19	14	14
终裁比例/%	—	71.4	18.8	24	34.2	—	51.9	—
时间	2003 年	2004 年	2005 年	2006 年	2007 年	2008 年	2009 年	2010 年 1～6 月
反补贴立案数/起	15	8	6	8	11	16	28	5
反补贴终裁数/起	6	8	4	3	4	11	9	4
终裁比例/%	40	100	66.7	37.5	36.4	68.75	32.14	80
立案总数：250 起。终裁总数：143 起。终裁比例：57.2%								

资料来源：WTO 官方网站，http: //www.wto.org/

3）反补贴措施实施的涉案对象国比较集中

从表 4.4 和图 4.3 可知，1995～2010 年 6 月，美国前六大反补贴调查对象依次是中国、印度、加拿大、韩国、印度尼西亚和意大利。同期，美国共发起 104

起反补贴调查，针对这六个国家发起的案件数就占了案件总数104起的64.42%。

表4.4　1995～2010年6月美国反补贴调查对象情况表

国家	中国	印度	加拿大	韩国	印度尼西亚	意大利	其他	总计
反补贴立案数/起	25	13	8	8	7	6	37	104
反补贴案件比例/%	24.04	12.50	7.69	7.69	6.73	5.77	35.58	100

资料来源：WTO官方网站，http: //www.wto.org/

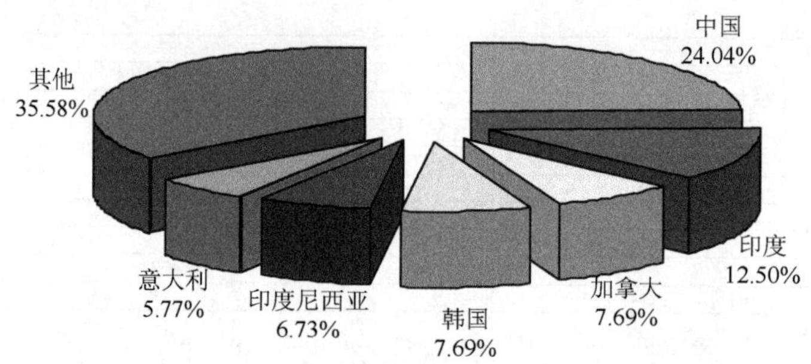

图4.3　1995～2010年6月美国反补贴调查对象分布情况图

资料来源：WTO官方网站，http: //www.wto.org/

4）反补贴措施实施的涉案产品较为集中

由表4.5和图4.4可知，1995～2010年6月，在美国反补贴立案调查产品中，第Ⅰ～ⅩⅦ类产品涉案数分别为4起、3起、0起、3起、4起、10起、7起、0起、2起、8起、2起、0起、1起、0起、54起、6起、0起。以上数据表明美国反补贴调查涉案产品主要集中于第ⅩⅤ类（贱金属及其制品）产品，共54起，占立案总数的51.92%，高于其他所有产品的总和。其次是第Ⅵ类（化学工业制品）、Ⅶ类（塑料及橡胶制品）、Ⅹ类（制纸木浆及同类纤维木材，再生纸张、硬纸卡片）和ⅩⅥ类（机械装备、电子设备、收或录音机、电视及音响设备）产品，共31起，占立案总数的29.81%。

表4.5　1995～2010年6月美国反补贴立案调查产品分类情况表

涉案产品分类	Ⅰ	Ⅱ	Ⅲ	Ⅳ	Ⅴ	Ⅵ	Ⅶ	Ⅷ	Ⅸ
反补贴立案数/起	4	3	0	3	4	10	7	0	2
占总数比例/%	3.85	2.88	0	2.88	3.85	9.63	6.73	0	1.92
涉案产品分类	Ⅹ	Ⅺ	Ⅻ	ⅩⅢ	ⅩⅣ	ⅩⅤ	ⅩⅥ	ⅩⅦ	总计立案数：104起
反补贴立案数/起	8	2	0	1	0	54	6	0	
占总数比例/%	7.69	1.92	0	0.96	0	51.92	5.77	0	

资料来源：WTO官方网站，http: //www.wto.org/

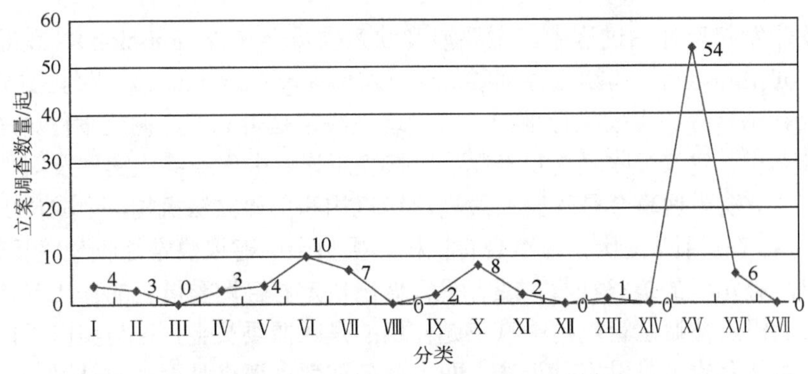

图 4.4　1995～2010 年 6 月美国反补贴立案调查产品分类情况图

资料来源：WTO 官方网站，http: //www.wto.org/

4.1.2　欧盟反补贴政策实施的现状与特征研究

欧盟是中国重要的贸易伙伴，欧盟的反补贴立法和实践是其对外贸易制度中不可忽视的一个方面。从规则制定上看，欧盟根据 ASCM 的要求对自身原有的反补贴规则做了大幅度修订，从表面措辞上看已经基本符合与 WTO 规则保持一致的要求。从实践上看，尽管欧盟对世界经济具有很大影响力，但它在处理所谓“不公平贸易”问题时极度侧重于反倾销手段的运用，所处理的反补贴案件比较稀少，远远少于美国。但随着我国对外反倾销措施使用力度的加大，反补贴将会成为欧盟对我国进行贸易救济的“新宠”，它将会和反倾销一起在很大程度上阻碍我国对外贸易的发展。

1. 欧盟反补贴条例的修正及其反补贴调查程序

在欧共体（1993 年 11 月 1 日更名为欧盟）建立之前及其初期，各国有自己单独的反补贴法，它们内容各不相同，实体规则时有冲突。1958 年的罗马公约是欧共体反补贴法的重要法律依据，并在第 113 条中规定：在共同体形成以后，共同体有权根据统一原则制定共同贸易政策，包括反补贴、反倾销措施等。1968 年 4 月 5 日，全称为《欧洲经济共同体关于防止来自非欧共体成员国的倾销与补贴进口产品的条例》的 4591/68 号条例得以公布，它也是欧共体第一部统一各成员国反补贴和反倾销的欧共体法。由于第一部欧共体反补贴反倾销法还很不完善，对许多重大问题，诸如执行机构等并未明确规定，另外由于欧共体自身不断地演变，其成员国不断增多，欧共体反倾销法在之后的时间里，经过了多次修订。1997 年 10 月 6 日，欧共体通过全新的反补贴条例，即 2026/97 号条例，该条例之后又被欧盟理事会 2002 年 11 月 5 日第 1973/2002 号条例和 2004 年 3 月 8 日第 461/2004 号条例小幅修改；修改后的条例即是现行的反补贴条例。

在欧盟发起反补贴过程中，主要涉及欧盟委员会（Commission）、欧盟理事会（Council of Ministers）和欧盟咨询委员会（Advisory Committee）。欧盟委员会是处理欧盟反补贴事务的主要执行部门，负责最终决定是否立案、调查案件、是否征收临时反补贴税、建议征收最终反补贴税、接受承诺、中止或终止案件及案件复审等一系列工作。欧盟理事会是欧盟的最高决策机构和主要立法机构，由成员国的部长级代表组成。在反补贴领域，理事会有权根据委员会的建议决定征收最终反补贴税，命令临时反补贴税的最终征收，或者另行做出决定。咨询委员会的作用是磋商。实际上，在欧盟反补贴主管机构中真正起作用的是欧盟委员会，这与美国不同，在美国由两个机构负责反补贴案件调查，即由商务部负责调查是否存在补贴，由国际贸易委员会负责调查是否造成损害或损害威胁，欧、美的做法形成鲜明的对比，前者是一种单轨运行机制，而后者则是双轨运行机制。图 4.5 为欧盟反补贴调查程序图。

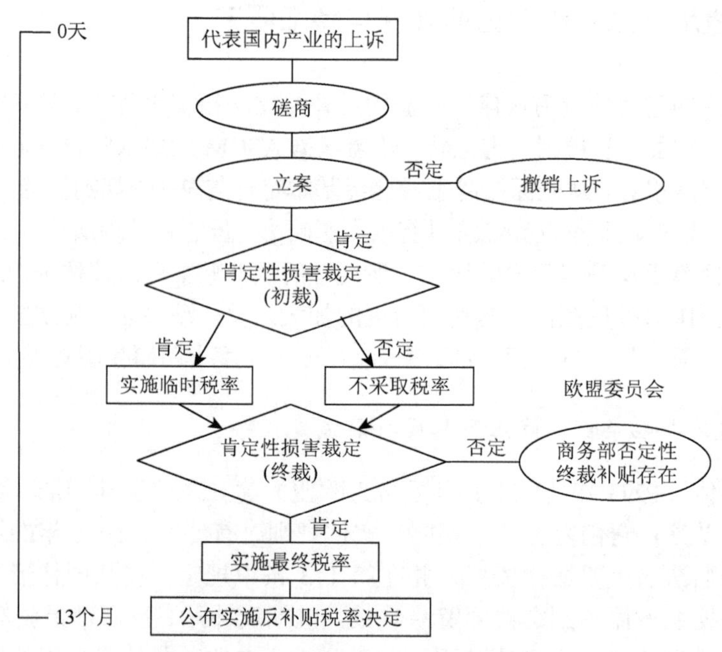

图 4.5　欧盟反补贴调查程序图

资料来源：欧盟委员会网站，http: //ec.europa.eu/

2. 欧盟反补贴政策实施的现状与特征研究

相对欧盟频繁使用反倾销的贸易保护工具来看，欧盟相对较少使用反补贴措施，这主要是由反补贴措施的特性决定的。经过研究与分析，欧盟反补贴措施实施的特征与趋势主要具有以下几个方面。

1）反补贴立案调查数量增长迅速

从表 4.1 可知，1995～2010 年 6 月，全球进口反补贴立案调查共发起 250 起，美国占案件总数的 41.60%，欧盟占了 22.40%，两者共发起 160 起反补贴立案调查，占了全部案件中的 64.00%。1985～1995 年，欧共体发起反补贴案件总数只有 2 起，占世界同期反补贴调查案件总数的 0.71%左右，而在 1995～2010 年 6 月，欧盟发起反补贴调查案件 56 起，占同期发起的反补贴案件总数的比例约为 22.40%。1994 年年底，随着欧盟第一部单独的反补贴条例（即 3284/94 号条例）的诞生，其逐步完善反补贴制度，并通过运用反补贴措施来保护国内产业。所以，在 1994 年以后，欧盟开始较多地实施反补贴措施，成为目前世界上频繁使用反补贴措施的 WTO 成员方之一。

2）反补贴措施的实施有潜在的增长趋势

从表 4.6 和图 4.6 可知，1995～2010 年 6 月欧盟反补贴立案调查数与反补贴终裁数总体上都呈波浪式增长或下降趋势，但反补贴立案调查数在 2001 年之后总体上有缓慢增长趋势，1999 年和 2001 年，反补贴立案数量迅速升高，这与当时亚洲经济危机引发的全球贸易保护主义抬头有关。同时，随着加拿大、美国等对我国展开反补贴调查以后，其在一定程度上会对欧盟产生示范效应，欧盟已经开始收集和研究我国企业获得政府补贴的情况，以期在反倾销措施有所收敛的同时，抡起“反补贴大棒”。根据美国、加拿大对华实施反补贴措施的数量和频率可知，一旦欧盟开始对我国实施反补贴措施，必然会引发欧盟对外实施反补贴措施的又一个高潮（欧盟已于 2010 年 4 月 17 日开始对中国铜版纸发起反补贴立案调查）。1995～2010 年 6 月欧盟反补贴调查终裁数占立案总数的 44.64%，略低于美国。

表 4.6　1995～2010 年 6 月欧盟反补贴立案与终裁情况表

时间	1995 年	1996 年	1997 年	1998 年	1999 年	2000 年	2001 年	2002 年
反补贴立案数/起	0	1	4	8	19	0	6	3
反补贴终裁数/起	0	0	1	2	3	9	0	2
终裁比例/%	—	0	25	25	15.8	—	0	66.7
时间	2003 年	2004 年	2005 年	2006 年	2007 年	2008 年	2009 年	2010 年 1～6 月
反补贴立案数/起	1	0	3	1	0	2	6	2
反补贴终裁数/起	3	2	1	0	0	0	1	0
终裁比例/%	—	—	33.3	0	—	0	16.67	0
立案总数：56 起。终裁总数：25 起。终裁比例：44.64%								

资料来源：WTO 官方网站，http: //www.wto.org/

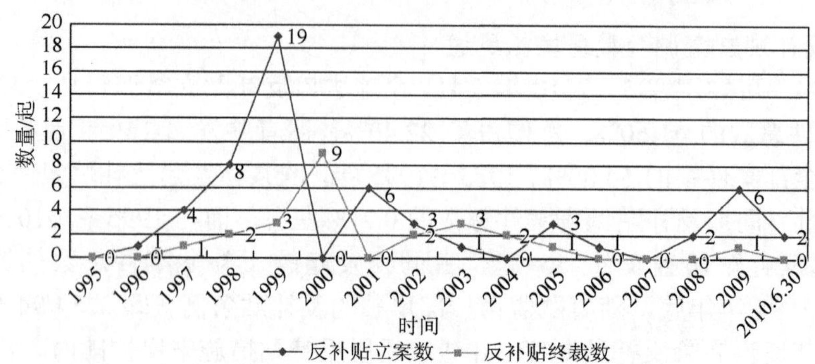

图 4.6 1995～2010 年 6 月欧盟各年反补贴立案与终裁数量趋势图

资料来源：WTO 官方网站，http: //www.wto.org/

3）反补贴措施实施的涉案对象国或地区比较集中

从表 4.7 和图 4.7 可知，1995～2010 年 6 月，欧盟前五大反补贴调查对象国或地区依次是：印度、韩国、中国台湾地区、泰国和印度尼西亚。同期，欧盟共发起 56 起反补贴调查，针对这五个国家或地区发起的反补贴案件数占案件总数的 69.64%，其中对印度发起的反补贴的数量要远高于其他四个国家或地区。在经贸领域，欧盟是印度第一大贸易伙伴。据欧洲统计局公布的数据，2010 年 1～9 月，欧盟对印度货物贸易重拾升势。与 2009 年 1～9 月相比，2010 年 1～9 月，欧盟 27 国对印度货物出口额从 197 亿欧元增至 251 亿欧元；同时，欧盟 27 国自印度的货物进口额也从 191 亿欧元增至 243 亿欧元，并进而使欧盟 27 国对印度货物贸易顺差维持在 7 亿欧元的水平。近年来，印度在欧盟 27 国对外贸易中的比重不断提高。

表 4.7 1995～2010 年 6 月欧盟反补贴调查对象情况表

国家/地区	印度	韩国	中国台湾	泰国	印度尼西亚	其他	总计
反补贴立案数/起	17	7	6	5	4	17	56
反补贴案件比例/%	30.36	12.50	10.71	8.93	7.14	30.36	100

资料来源：WTO 官方网站，http: //www.wto.org/

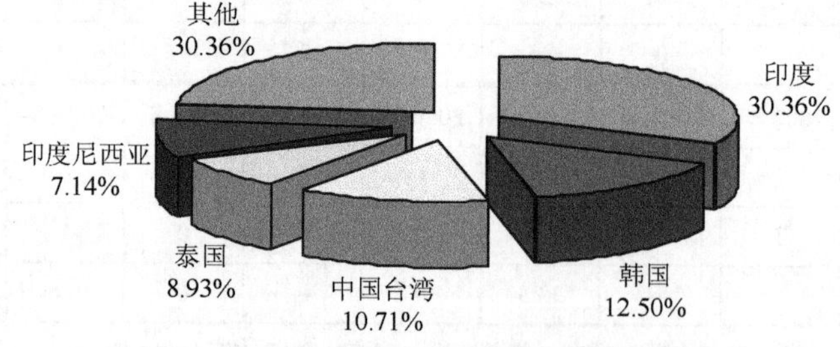

图 4.7 欧盟反补贴调查对象分布情况图

资料来源：WTO 官方网站，http: //www.wto.org/

4）反补贴措施实施的涉案产品较为集中

由表 4.8 和图 4.8 可知，1995～2010 年 6 月，欧盟反补贴立案调查产品中，第Ⅰ～ⅩⅦ类产品涉案数分别为 1 起、0 起、0 起、0 起、1 起、6 起、14 起、0 起、0 起、1 起、10 起、0 起、2 起、0 起、16 起、5 起、0 起。以上数据表明欧盟反补贴调查涉案产品集中于第Ⅶ类（塑料及橡胶制品）、Ⅺ类（纺织制品）和ⅩⅤ类（贱金属及其制品）产品，共 40 起，占立案总数的 71.43%，高于其他所有种类产品的总和。其次是第Ⅵ类（化学工业制品）和ⅩⅥ类（机械装备、电子设备、收或录音机、电视及音响设备）产品，共 11 起，占立案总数的 19.64%。

表 4.8　1995～2010 年 6 月欧盟反补贴立案调查产品分类情况表

涉案产品分类	Ⅰ	Ⅱ	Ⅲ	Ⅳ	Ⅴ	Ⅵ	Ⅶ	Ⅷ	Ⅸ
反补贴立案数/起	1	0	0	0	1	6	14	0	0
占总额比例%	1.79	0	0	0	1.79	10.71	25.00	0	0
涉案产品分类	Ⅹ	Ⅺ	Ⅻ	ⅩⅢ	ⅩⅣ	ⅩⅤ	ⅩⅥ	ⅩⅦ	总计：56 起
反补贴立案数/起	1	10	0	2	0	16	5	0	
占总额比例/%	1.79	17.86	0	3.57	0	28.57	8.93	0	

资料来源：WTO 官方网站，http: //www.wto.org/

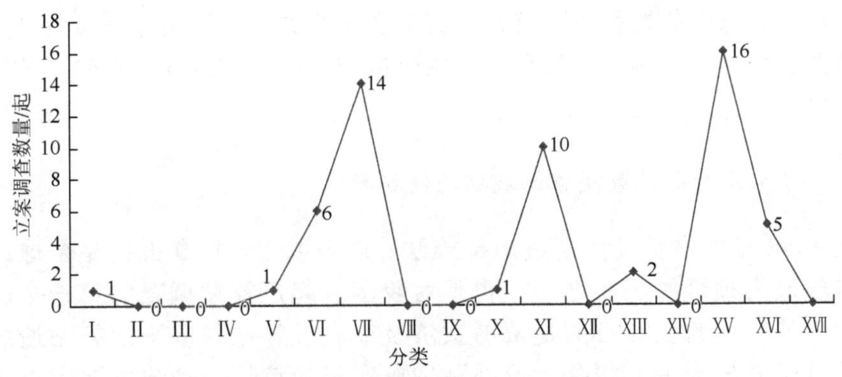

图 4.8　1995～2010 年 6 月欧盟反补贴立案调查产品分类情况图

资料来源：WTO 官方网站，http: //www.wto.org/

4.1.3　加拿大反补贴政策实施的现状与特征研究

加拿大是一个对外贸易依存度较高的国家，同时，它又是个贸易保护主义色彩较浓的国家。随着国际市场竞争日趋加剧，加拿大越来越多地诉诸反倾销、反补贴及保障措施等非关税壁垒来保护本国工业的发展。虽然与美国和欧盟相比，加拿大的反补贴法律制度形成较晚，但却是第一个对中国发起反补贴措施的国家。

1. 加拿大反补贴法的历史演进及其反补贴调查程序

加拿大是英联邦成员国，法律制度深受英国的影响，除魁北克省之外，总体上可划分为普通法国家。因此，判例法是加拿大法律的基本渊源。然而，自加拿大独立以来，制定法在加拿大获得了迅速发展。在 1977 年 2 月 4 日以前，加拿大就已有了 1.4 万件生效的联邦法规。而截止于 1989 年 3 月 31 日的一年时间里，就诞生了 2867 件联邦法规和制定法文件。随着制定法的数量越来越多，其地位日益重要。根据加拿大的议会主权原则，制定法的法律效力要高于判例法，其可以推翻、修改或补充判例法。加拿大反补贴法就是以制定法形式出现的，加拿大法律中有关反补贴的规定主要见于《特别进口措施法》《特别进口措施法实施细则》《加拿大国际贸易法庭法》《加拿大国际贸易法庭规则》。此外，《海关法》《加拿大边境服务署法》《联邦法院法》《联邦法院程序规则》《执行世界贸易组织协定法》也与加拿大反补贴调查有关。

加拿大的反补贴调查主要由加拿大边境服务署和国际贸易法庭负责。边境服务署负责与补贴有关的调查工作，国际贸易法庭则负责与损害有关的调查工作。其具体步骤见图 4.9。加拿大反补贴制度的一个很大特点就是其双轨分权制，即由加拿大边境服务署和国际贸易法庭两个相互独立的机构分别负责补贴和损害的调查工作，分工制约，只有在这两个机构都做出肯定性决定时，才能征收反补贴税。

2. 加拿大反补贴政策实施的现状与特征研究

从 1984 年加拿大《特别进口措施法》颁布以来，加拿大已是全球运用反补贴措施最为频繁的国家之一，也是对我国发起反补贴调查的第一个国家。加拿大反补贴法的主要目的是贸易救济及征收反补贴税以平衡补贴造成的影响。通过研究与分析，加拿大反补贴措施实施的特征与趋势主要有以下几个方面。

1）反补贴立案数量相对较多，且立案与终裁数都呈先降后升趋势

从表 4.1 可知，1995～2010 年 6 月，全球进口反补贴立案调查共发起 250 起，美国占案件总数的 41.60%，欧盟占了 22.40%，加拿大占了 9.60%，三者共发起 184 起反补贴立案调查，占了全部案件总数的 73.60%。这一比例远高于其他国家发起反补贴立案数目的总和，这三个国家和地区是目前采用反补贴贸易救济措施最为活跃的国家和地区。

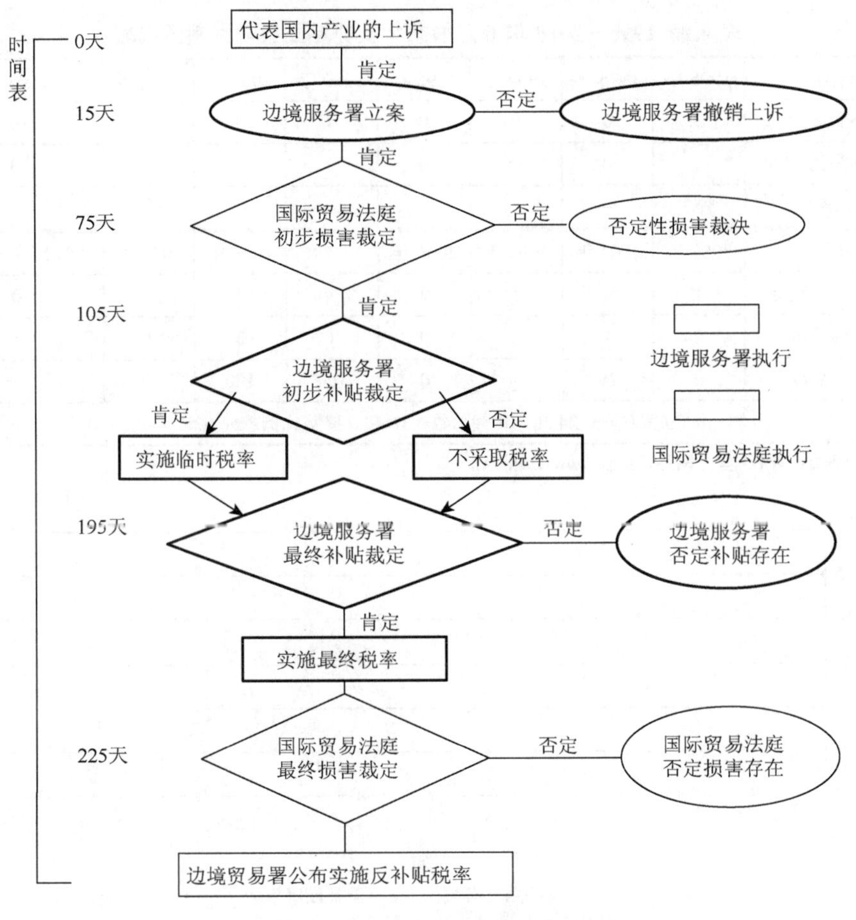

图 4.9　加拿大反补贴调查程序图

资料来源：加拿大国家贸易法庭网站

从表 4.9 和图 4.10 可知，1995～2010 年 6 月，加拿大反补贴立案调查数与反补贴终裁数都呈阶段性波动特征，其中，反补贴立案调查数可分为 1995～2000 年、2000～2004 年、2004～2010 年 6 月三个阶段；反补贴终裁数可分为 1995～2000 年、2000～2005 年、2005～2010 年 6 月三个阶段。2000 年和 2004 年加拿大运用反补贴数量较多，而其他年份运用的数量相对较少。与美国和欧盟一样，1997 年亚洲金融危机影响下，加拿大为保护其国内产业，1999～2000 年其进口反补贴调查比较频繁。而 2004～2008 年 6 月，加拿大连续对我国发起 7 起反补贴案件，其中 2004 年发起 3 起，因此 2004 年加拿大反补贴调查案件数又出现一个高峰。加拿大反补贴调查终裁数占立案总数的 66.67%，该比例与全球反补贴调查终裁数占立案总数的 57.20%相比，相对较高。

表 4.9 1995～2010 年 6 月加拿大反补贴立案与终裁情况表

时间	1995 年	1996 年	1997 年	1998 年	1999 年	2000 年	2001 年	2002 年
反补贴立案数/起	3	0	0	0	3	4	1	0
反补贴终裁数/起	1	0	0	0	0	5	1	0
终裁比例/%	33.3	—	—	—	0	—	100	—
时间	2003 年	2004 年	2005 年	2006 年	2007 年	2008 年	2009 年	2010 年 1～6 月
反补贴立案数/起	1	4	1	2	1	3	1	0
反补贴终裁数/起	0	1	2	0	1	3	1	1
终裁比例/%	0	25	—	0	100	100	100	—
立案总数：24 起。终裁总数：16 起。终裁比例：66.67%								

资料来源：WTO 官方网站，http: //www.wto.org/

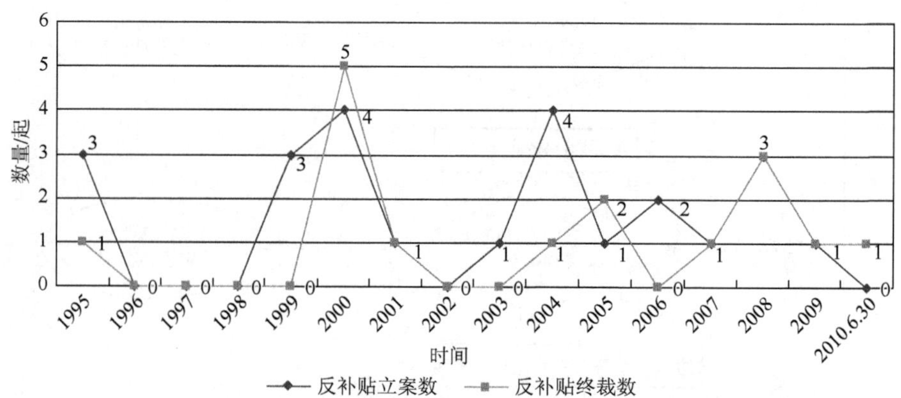

图 4.10 1995～2010 年 6 月加拿大反补贴立案与终裁数量趋势图

资料来源：WTO 官方网站，http: //www.wto.org/

2）反补贴措施实施的涉案对象国或地区比较集中

从表 4.10 和图 4.11 可知，1995～2010 年 6 月，加拿大前两大反补贴调查对象分别是中国和印度。加拿大在该期间总共发起 24 起反补贴调查，其中对中国发起调查案件数为 10 起（包含中国台湾地区），占总案件总数的 41.67%。同期，对印度发起了 5 起反补贴调查，占总案件总数的 20.83%。

表 4.10 1995～2010 年 6 月加拿大反补贴调查对象情况表

国家/地区	中国内地	印度	美国	巴西	中国台湾	欧盟	印度尼西亚	意大利	泰国	总计
反补贴立案数/起	9	5	3	2	1	1	1	1	1	24
反补贴案件比例/%	37.50	20.83	12.50	8.33	4.17	4.17	4.17	4.17	4.17	100

资料来源：WTO 官方网站，http: //www.wto.org/

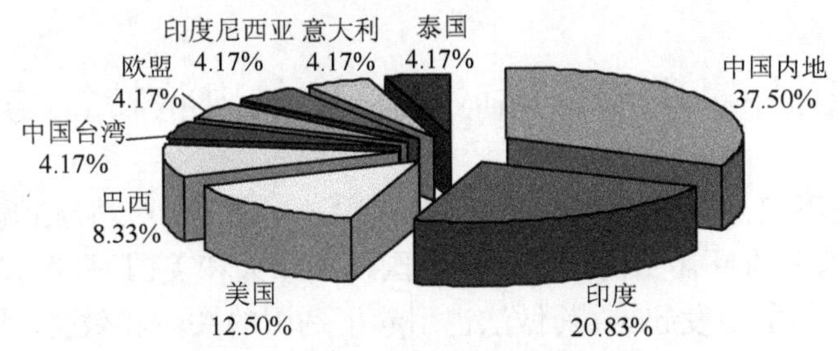

图 4.11 加拿大反补贴调查对象分布情况图

资料来源：WTO 官方网站，http: //www.wto.org/

3）反补贴措施实施的涉案产品较为集中

由表 4.11 和图 4.12 可知，1995～2010 年 6 月，加拿大反补贴立案调查产品中，第Ⅰ～XⅦ类产品涉案数分别为 0 起、2 起、0 起、3 起、0 起、0 起、0 起、0 起、1 起、0 起、0 起、0 起、0 起、0 起、17 起、1 起、0 起。以上数据表明加拿大反补贴调查涉案产品集中于第XV类(贱金属及其制品)产品，共 17 起，占立案总数的 70.83%，高于其他所有种类产品的总和。其余的基本均分在第Ⅱ类（蔬菜）、Ⅳ类（食品，饮料、酒及醋，烟草及其制品）、Ⅸ类（木及木制品，木炭，软木及软木制品，稻草、秸秆、针茅及其他编结材料制品，篮筐及柳条编织品）和XⅥ类（机械装备、电子设备、收或录音机、电视及音响设备）产品。

表 4.11 1995～2010 年 6 月加拿大反补贴立案调查产品分类情况表

涉案产品分类	Ⅰ	Ⅱ	Ⅲ	Ⅳ	Ⅴ	Ⅵ	Ⅶ	Ⅷ	Ⅸ
反补贴立案数/起	0	2	0	3	0	0	0	0	1
占总额比例/%	0	8.33	0	12.5	0	0	0	0	4.17
涉案产品分类	Ⅹ	Ⅺ	Ⅻ	XⅢ	XⅣ	XⅤ	XⅥ	XⅦ	总计：24 起
反补贴立案数/起	0	0	0	0	0	17	1	0	
占总额比例/%	0	0	0	0	0	70.83	4.17	0	

资料来源：WTO 官方网站，http: //www.wto.org/

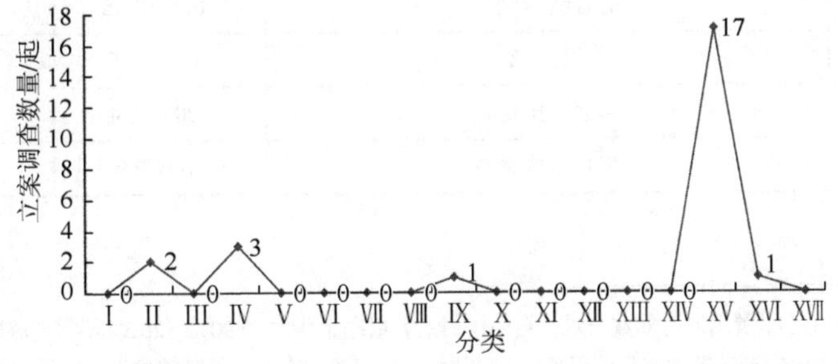

图 4.12 1995～2010 年 6 月加拿大反补贴立案调查产品分类情况图

资料来源：WTO 官方网站，http: //www.wto.org/

4.2 国外对华反补贴政策实施的现状特征与趋势

目前，中国不仅是全球反倾销的最大受害国，也是全球反补贴调查的最大目标国，全球70%以上的反补贴调查是针对中国，加拿大和美国[①]是对我国发起反补贴调查的始作俑者和主要发起国，其做法也引起了别国的关注和效仿。由图4.13可知，2004～2013年6月，美国、加拿大、澳大利亚、欧盟、南非、印度和墨西哥等七个国家或地区对中国出口产品进行了反补贴调查，其反补贴调查案件个数分别为34起、18起、8起、6起、1起、1起、1起，共69起。案件基本情况详见表4.12。

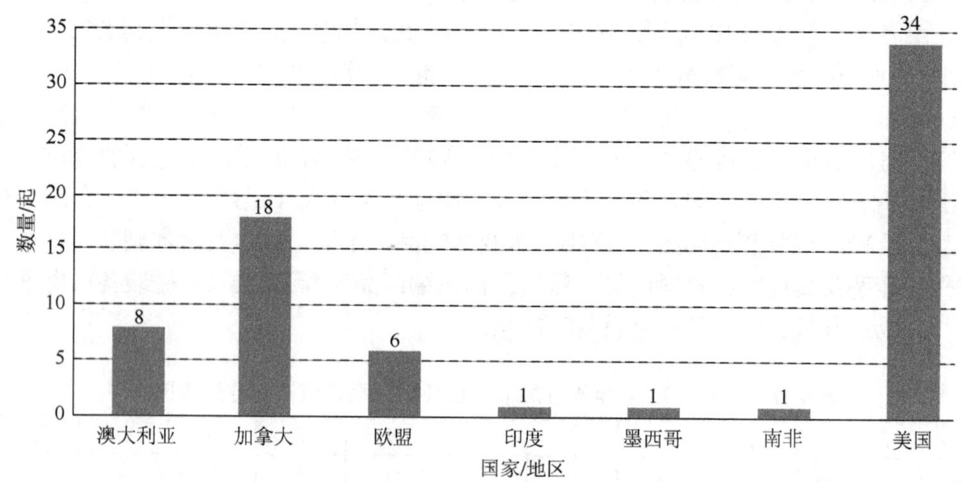

图4.13　2004～2013年6月各国家和地区对中国发起反补贴调查案件数目图

资料来源：WTO官方网站，http://www.wto.org/

表4.12　2004～2013年中国出口产品遭遇国外反补贴调查基本情况表

国家/地区	调查产品	立案时间	是否双反调查
澳大利亚	空心结构钢材	2008/12/18	是
澳大利亚	卫生纸	2008/3/26	是
澳大利亚	铝挤压材	2009/6/24	是
澳大利亚	空心结构钢材	2009/9/9	是

① 2007年3月30日，美国商务部宣布对来自中国的铜版纸产品征收10.90%～20.3%不等的临时反补贴税，首次对中国（非市场经济体）出口到美国的产品使用了反补贴措施。根据美国商务部的初裁结果，由于向美国出口的中国铜版纸生产商获得了政府给予的补贴支持，美国将对中国的铜版纸出口企业初步征收18.16%的平均税率，其中，对中国金东纸业征收的税率高达20.35%。金东纸业是目前我国规模最大的铜版纸生产企业，2006年出口量达到40万吨左右。

续表

国家/地区	调查产品	立案时间	是否双反调查
澳大利亚	焊缝管	2011/9/19	是
澳大利亚	鞍钢镀锌板和镀铝锌板	2013/10/4	是
加拿大	厚度为 5.5～13 毫米的复合地板	2004/10/4	是
加拿大	室外用烤肉架	2004/4/13	是
加拿大	螺钉、螺母、螺栓等紧固件	2004/4/28	是
加拿大	铜制管件	2006/6/8	是
加拿大	无缝钢制油气套管	2007/8/13	是
加拿大	碳钢焊接钢管	2008/1/23	是
加拿大	半导体冷热箱	2008/5/16	是
加拿大	铝型材	2008/8/18	是
加拿大	石油管材	2009/8/24	是
加拿大	钢格板	2010/9/20	否
加拿大	石油管材短节	2011/9/12	否
加拿大	钢管桩产品	2012/5/4	否
加拿大	铝制单元式幕墙	2012/7/16	是
美国	铝制车轮	2011/11/1	是
美国	铜版纸	2006/11/21	是
美国	未加工橡胶磁	2007/10/12	是
美国	低克重热敏纸	2007/10/29	是
美国	亚硝酸钠	2007/11/29	是
美国	环状焊接碳素钢管	2007/6/27	是
美国	薄壁矩形钢管	2007/7/14	是
美国	复合编织袋	2007/7/19	是
美国	非公路用工程轮胎	2007/7/9	是
美国	不锈钢焊接压力管	2008/2/20	是
美国	环形碳素管线管	2008/4/24	是
美国	柠檬酸及柠檬酸盐	2008/5/5	是
美国	后拖式草地维护设备	2008/7/15	是
美国	厨房用金属架（筐）	2008/8/13	是
美国	铜版纸	2009/10/14	是
美国	无缝碳钢和合金钢标准管、管线管和压力管	2009/10/14	是
美国	钠磷酸盐	2009/10/15	是

续表

国家/地区	调查产品	立案时间	是否双反调查
美国	油井管	2009/4/28	是
美国	预应力混凝土结构用钢绞线	2009/6/17	是
美国	钢格板	2009/6/19	是
美国	金属丝网托盘	2009/6/26	是
美国	钢丝层板	2009/6/26	是
美国	带织边窄幅织带	2009/7/30	是
美国	镁碳砖	2009/8/19	是
美国	复合木地板	2010/11/18	否
美国	铝型材	2010/4/21	是
美国	钻管产品	2010/7/27	否
美国	晶体硅光伏电池（无论是否组装入模块）	2011/11/8	是
美国	高压钢瓶	2011/5/31	否
美国	应用级风电塔	2012/1/18	否
美国	硬木装饰胶合板	2012/10/18	是
美国	华厨房用金属架（筐）	2012/10/31	否
美国	不锈钢拉制水槽	2012/3/22	是
美国	铝型材	2012/7/10	否
美国	新充气工程机械轮胎（新充气非公路用轮胎）	2012/8/1	否
美国	低克重热敏纸	2013/10/1	否
美国	取向电工钢	2013/10/31	否
美国	谷氨酸钠	2013/10/31	否
美国	无取向电工钢	2013/11/14	否
美国	环形碳素管线管	2013/12/2	否
美国	1, 1, 1, 2-四氟乙烷	2013/12/9	否
美国	石油管材	2013/2/28	否
美国	未加工橡胶磁	2013/8/1	否
美国	暖水虾	2013/8/13	否
美国	三氯异氰尿酸	2013/9/4	否
南非	不锈钢水槽	2008/7/25	是
欧盟	有机涂层钢板	2012/2/1	否
欧盟	自行车	2012/4/1	否
欧盟	铜版纸	2010/4/17	是

续表

国家/地区	调查产品	立案时间	是否双反调查
欧盟	数据卡	2010/9/16	是
欧盟	晶体硅光伏组件及关键零部件	2012/11/8	否
欧盟	聚酯短纤维	2013/12/19	是
欧盟	太阳能玻璃	2013/4/27	是
欧盟	光伏产品	2013/8/7	否
印度	亚硝酸钠	2009/1/14	否

资料来源：中国贸易救济信息网，http: //www.cacs.gov.cn/cacs/

注：表中双反调查为反补贴、反倾销调查

通过研究发现，国外对华实施反补贴措施的特征与趋势主要有以下几个方面。

1. 中国遭遇国外反补贴立案调查数呈快速上升趋势

由表 4.13、图 4.14 可知，2004～2013 年年底，中国遭遇国外反补贴立案数总数为 74 起，且中国出口产品遭遇国外反补贴立案调查数呈现逐步增长趋势。2004～2009 年，中国出口产品遭遇国外反补贴立案调查数呈现快速增长模式，其中 2009 年为最高峰 14 起；2010～2011 年，中国出口产品遭遇国外反补贴立案调查数开始下降，降至 2011 年的 5 起，但截止至 2013 年中国出口产品遭遇国外反补贴立案调查数又开始呈现快速增长，增加至 14 起。

表 4.13　2004～2013 年中国遭遇国外反补贴立案数表（单位：起）

年份	2004	2005	2006	2007	2008	2009	2010	2011	2012	2013	总计
中国遭遇国外反补贴立案数	3	0	2	8	11	14	6	5	11	14	74

资料来源：中国贸易救济信息网，http: //www.cacs.gov.cn/cacs/

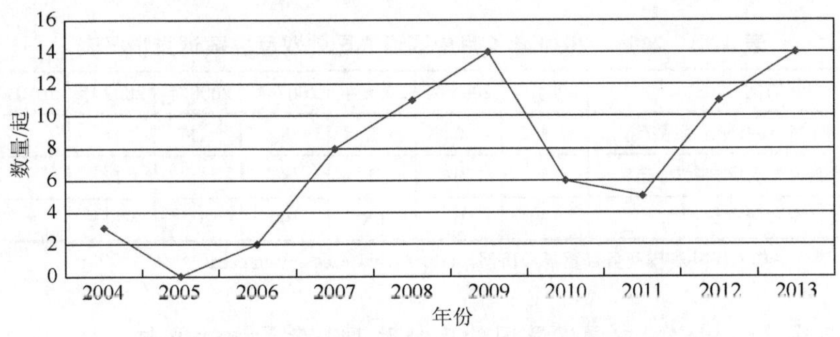

图 4.14　2004～2013 年中国遭遇国外反补贴立案数表

资料来源：中国贸易救济信息网，http: //www.cacs.gov.cn/

与反倾销调查以企业为主要目标不同，反补贴调查的对象包括政府和企业，而且主要矛头指向政府的经济政策和制度安排。因此，WTO 成员对发起反补贴调查通常持审慎态度。

2. 涉案产品种类增多，部分案件涉案金额较大

在国外对我国反补贴立案调查个数增长的同时，我国遭受国外反补贴调查的涉案产品种类明显增多，部分涉案金额也较大。对于涉案产品，主要集中在贱金属制品（如烤肉架、钢管、铜管件、紧固件、铝型材、厨房金属架、空心结构钢材、钢格板、钢丝层板钢绞线、铝挤压材）、机电产品（如电子冷热箱、半导体冷热箱、不锈钢水槽），其次是纸制品（如铜版纸、卫生纸、低克重热敏纸）、化工制品（如亚硝酸钠、柠檬酸盐）、木质品（如复合地板）、纺织品（如复合编织袋）、橡胶制品（未加工橡胶磁）等。而当前的全球金融危机使我国出口产品面临更为严峻的贸易形势。

对于涉案金额，部分被调查产品涉案金额较大。2006 年，在美国对中国铜版纸反补贴案件中，涉案金额达 1.2 亿美元。2007 年，在美国对中国非公路用轮胎中，涉案金额达 3.4 亿美元。2008 年，加拿大先后对我国碳钢焊管、半导体冷热箱和铝型材发起三起反倾销反补贴合并调查，涉案金额达 1.61 亿美元。随着国外反补贴调查的范围不断扩大和涉案金额的增加，我国涉案企业的合法利益将会受到损害、发展将会受到阻碍。

3. 双反立案调查数占案件总数比例较高

由表 4.14 可知，2004～2010 年 6 月，我国加入 WTO 以后国外共对我国发起反补贴立案调查数为 39 起，其中涉及双反调查的立案个数为 38 起，占案件总数的比例高达 97.44%，反补贴和反倾销的同时调查，容易被裁定高额的双反关税，进而使我国出口贸易面临新的严峻形势，出口企业面临更为苛刻的竞争环境，对外贸易工作面临很大的压力。

表 4.14　2004～2010 年 6 月中国遭遇国外双反立案调查情况表

时间	2004 年	2005 年	2006 年	2007 年	2008 年	2009 年	2010 年 1～6 月
中国遭遇国外反补贴立案数/起	3	0	2	8	11	14	1
中国遭遇国外双反立案数/起	3	0	2	8	11	13	1
双反立案数所占比例/%	100	0	100	100	100	92.86	100

资料来源：中华人民共和国商务部贸易救济网，http: //www.cacs.gov.cn/cacs/

4. 与反倾销相比，中国遭遇国外反补贴调查数量相对较少

相对于中国遭遇的反倾销诉讼，反补贴案件数量较少，但是针对中国出口产

品反补贴案件立案比例迅速增高。1995～2013 年 6 月，全球对华反倾销案件总量为 950 起，居世界第一。2004～2013 年 6 月，全球对华反补贴案件总量为 69 起，也居世界第一。以上数据表明反补贴案件在总数上大大少于反倾销案件，但是针对中国的反补贴立案比例却不断升高。这是因为反补贴针对的是政府行为，技术要求高，程序较为复杂，涉及其他国国内法律和经济政策，被调查国家政府提供给生产商或出口商补贴的详细资料很难获得，同时还要考虑本国或国与国的整体利益。而且，补贴作为一种增强本国企业竞争力的手段，在各国也广泛存在。

5. 高新技术产业已经成为反补贴等贸易摩擦的新对象

高新技术产业是未来各国经济发展的“必争之地”。比如，光伏产业就是我国部分高新技术产业备受国际贸易保护“重点关照”的一个缩影。近些年来，欧美等对我国贸易救济措施已经呈现出明显的由低向高趋势，即从传统钢管、农产品等转向新能源、新材料等我国战略性新兴产业，同时配备其他辅助措施，来势汹汹。从商务部公布的信息看，目前我国高新技术产业遭受贸易摩擦最集中的是通信产业和清洁能源两大领域，且案件规模大、措施严。例如，在通信领域，欧盟先后对从我国出口的集装箱检测设备大型扫描仪和数据卡发起贸易救济调查；而在新能源领域，美国先后启动对华清洁能源 301 调查、对我国晶硅光伏电池产品和风塔进行双反调查等，其中仅最后一项就涉及产品金额 30 亿美元，是 2010 年以来美国对华高科技产品发起的最大贸易救济案之一。同时，欧美的贸易保护措施日益系统化、制度化。为能够顺利发起贸易调查，美国 2012 年启动了跨部门的贸易稽查中心，“统一行动”应对“不公平贸易行为”，矛头直指中国。美国众议院 2012 年 3 月通过《1930 年关税法》修订案，扫清了美国对中国和越南等所谓非市场经济国家商品征收惩罚性关税的法律障碍，政策重心之一就是我国的高新产业。

从涉案区域看，目前我国高新技术产业遭遇贸易摩擦的主要区域集中于欧美地区。但不少专家认为，高新技术产业贸易摩擦向新兴市场蔓延的风险在增大。欧美的贸易调查有很强的示范性作用，易被其他国家和地区“跟风”。据了解，继欧盟对我国通信产业发起反倾销等调查后，印度也在密切关注，并多次传出将发起调查的信息。

4.3　基于与反倾销比较的我国反补贴政策实施现状特征

由表 4.15、表 4.16 可知，1997～2014 年 3 月，我国共发起 82 起反倾销立案调查，然而我国发起反补贴立案调查的时间是 2009 年 6 月，截至 2013 年 7 月，共发起 7 起反补贴立案调查。以上数据表明我国在反补贴这一贸易救济措施的运用上较为薄弱，需要我国针对该项贸易救济措施吸取国外先进经验，加快发展步伐。相比反倾销，我国在反补贴的实践方面缺乏相关经验，但为保护我国国内产业安全、保持与国外平等对话的权利、维护我国贸易大国的形象、促进我国经济持续发展，加强反补贴措施的运用促进其发展，存在较强的政策需求。

表 4.15 1997～2014 年 3 月我国发起的反倾销案件

涉案产品名称	立案	终裁
光纤预制棒	2014/3/19	2014/12/17
特丁基对苯二酚	2013/8/22	2014/8/21
单模光纤	2013/8/14	2014/8/13
葡萄酒	2013/7/1	2014/3/24
四氯乙烯	2013/5/31	2014/5/30
相关高温承压用合金钢无缝钢管	2013/5/10	2014/5/9
浆粕	2013/2/6	2014/4/4
太阳能级多晶硅	2012/11/1	2014/4/30
吡啶	2012/9/21	2013/11/20
太阳能级多晶硅	2012/7/20	2014/1/20
甲苯胺	2012/6/29	2013/6/27
间苯二酚	2012/3/23	2013/3/22
甲苯二异氰酸酯	2012/3/23	2013/3/12
涂布白卡纸	2011/11/18	2013/5/16
乙二醇和二甘醇单丁醚	2011/11/18	2013/1/25
高性能不锈钢无缝钢管	2011/9/8	2012/11/8
干玉米酒糟	2010/12/28	2012/6/21
未曝光的摄影感光纸及纸板（简称“相纸”）	2010/12/23	2012/3/22
非色散位移单模光纤	2010/4/22	2011/4/21
己内酰胺	2010/4/22	2011/10/18
小轿车和越野车（排气量在 2.0 升及 2.0 升以上）	2009/11/6	2011/5/5
X 射线安全检查设备	2009/10/23	2011/1/23
白羽肉鸡	2009/9/27	2010/9/27
甲醇	2009/6/24	2010/12/23
电工钢（冷轧取向硅钢）	2009/6/1	2010/4/10
锦纶 6 切片	2009/4/29	2010/4/20
核苷酸类食品添加剂	2009/3/24	2010/9/21
对苯二甲酸	2009/1/12	2010/8/12

续表

涉案产品名称	立案	终裁
碳钢紧固件	2008/12/29	2010/6/28
己二酸	2008/11/10	2009/11/1
聚酰胺-6, 6 切片	2008/10/14	2009/10/12
1, 4-丁二醇	2008/9/25	2009/12/24
气相色谱－质谱联用仪	2008/6/5	2009/4/20
初级形态二甲基环体硅氧烷	2008/5/28	2009/5/27
丙酮	2007/3/9	2008/6/9
甲乙酮	2006/11/22	2007/11/21
双酚 A	2006/8/30	2007/8/29
磺胺甲噁（恶）唑	2006/6/16	2007/6/15
电解电容器纸	2006/4/18	2007/4/17
马铃薯淀粉	2006/2/6	2007/2/5
壬基酚	2005/12/29	2007/3/28
丁醇	2005/10/14	2007/3/1
辛醇	2005/9/15	2007/1/31
耐磨纸	2005/6/13	2006/12/12
PBT 树脂	2005/6/6	2006/7/22
邻苯二酚	2005/5/31	2006/5/22
氨纶	2005/4/13	2006/10/13
环氧氯丙烷	2004/12/28	2006/6/28
核苷酸类食品添加剂	2004/11/12	2006/5/12
呋喃酚	2004/8/12	2006/2/12
三元乙丙橡胶	2004/8/10	2006/2/9
初级形态二甲基环体硅氧烷	2004/7/16	2006/1/16
双酚 A	2004/5/12	2005/11/7
三氯乙烯	2004/4/16	2005/7/22
未漂白牛皮箱纸板	2004/3/31	2005/9/30
水合肼	2003/12/17	2005/6/17
氯丁橡胶	2003/11/10	2005/5/10
锦纶 6、66 长丝	2003/10/31	2005/4/28
非色散位移单模光纤	2003/7/1	2005/1/1
三氯甲烷	2003/5/30	2004/11/8

续表

涉案产品名称	立案	终裁
乙醇胺	2003/5/14	2004/11/14
二苯基甲烷二异氰酸酯、多亚甲基多苯基异氰酸酯（MDI）	2002/9/20	2003/11/28
苯酚	2002/8/1	2004/2/1
甲苯二异氰酸酯（TDI）	2002/5/22	2003/11/22
聚氯乙烯	2002/3/29	2003/9/29
冷轧板卷	2002/3/23	2003/9/23
丁苯橡胶	2002/3/19	2003/9/9
邻苯二甲酸酐（苯酐）	2002/3/6	2003/9/3
邻苯二酚	2002/3/1	2003/8/27
铜版纸	2002/2/6	2003/8/6
己内酰胺	2001/12/7	2003/6/6
丙烯酸酯	2001/10/10	2003/4/10
聚酯切片	2001/8/3	2003/2/3
涤纶短纤维	2001/8/3	2003/2/3
饲料级L－赖氨酸盐酸盐	2001/6/19	2002/9/29
聚苯乙烯	2001/2/9	2001/12/6
二氯甲烷	2000/12/20	2002/6/20
丙烯酸酯	1999/12/10	2001/6/9
不锈钢冷轧薄板	1999/6/17	2000/12/18
聚酯薄膜	1999/4/16	2000/8/25
冷轧硅钢片	1999/3/12	2000/9/11
新闻纸	1997/12/10	1999/6/3

资料来源：中国贸易救济信息网，http: //www.cacs.gov.cn/

表 4.16　2009～2013 年 7 月我国发起的反补贴案件

涉案产品名称	立案	终裁
葡萄酒	2013/7/1	2014/3/24
太阳能级多晶硅	2012/11/1	2014/4/30
太阳能级多晶硅	2012/7/20	2014/1/20
马铃薯淀粉	2010/8/30	2011/9/16
小轿车和越野车（排气量在 2.0 升及 2.0 升以上）	2009/11/6	2011/5/5
白羽肉鸡	2009/9/27	2010/8/30
电工钢（冷轧取向硅钢）	2009/6/1	2010/4/10

资料来源：中国贸易救济信息网，http: //www.cacs.gov.cn/

第 5 章　国际反倾销反补贴政策联动实施现状特征及趋势预测

由第 4 章分析可知，双反调查（反倾销、反补贴）已经成为当前国际反倾销与反补贴的新趋势，它具有双重征税特点，具有更强的影响性。目前，在国外对华出口产品反补贴案件中，是双反调查的案件比例较高，其严重影响了我国涉案国内产业的生存与发展，阻碍了我国经济社会发展的制度安排与政策制定。因此，研究国际反倾销与反补贴即双反调查联动实施的现状特征与趋势，对本书具有很强的现实指导意义。

5.1　全球反倾销反补贴联动实施现状

在以关税壁垒为代表的传统贸易壁垒保护力度日益减弱的情况下，反倾销反补贴联动措施开始进入国际贸易救济领域，并逐步成为继反倾销措施、反补贴措施、保障措施壁垒、技术性贸易壁垒、知识产权保护之后的新兴贸易政策工具，对反倾销反补贴联动实施现状进行全面梳理与总结是未来进行贸易战略决策的必然选择。

5.1.1　反倾销反补贴联动实施总体状况

WTO 是一个独立于联合国的永久性国际组织，其基本原则是通过实施市场开放、非歧视和公平贸易等原则，建立一个完整的、更具有活力的和永久性的多边贸易体制，从而实现世界贸易自由化的目标。自 1995 年 1 月 1 日 WTO 正式运作以来，截至 2012 年 6 月 1 日，全球范围内共发起反倾销调查 4042 起，反补贴调查 301 起。在上述贸易救济措施案件中，全球发起反倾销反补贴联动调查共计 232 起，占全球反倾销立案调查总数的 5.74%，占全球反补贴立案调查总数的 77.08%，案件统计结果如表 5.1 所示。

表 5.1　1995～2012 年上半年全球反倾销反补贴立案总数表（单位：起）

年份	1995	1996	1997	1998	1999	2000	2001	2002	2003
反倾销调查数	157	226	246	266	358	298	371	315	234
反补贴调查数	10	8	16	26	45	23	24	10	16
双反联动调查数	7	4	10	17	33	19	20	5	11

续表

年份	2004	2005	2006	2007	2008	2009	2010	2011	2012
反倾销调查数	220	202	203	165	213	209	167	153	39
反补贴调查数	9	5	8	11	16	30	8	25	11
双反联动调查数	7	5	7	10	15	24	7	21	10

资料来源：由 WTO 官方网站 http: //www.wto.org/、世界银行官方网站 http: //econ.worldbank.org/整理得出，第 5 章中图表如未做特别说明，则数据来源同此处一致

反倾销反补贴联动措施涉及政治、经济等多种因素，调查过程相对复杂，认定影响较为广泛。从反倾销反补贴联动立案调查与反补贴单项立案调查的对比图中可以看出，双反联动立案调查与反补贴立案调查的变化趋势完全一致，在整体上受经济性危机的影响作用较为明显，如图 5.1 所示。

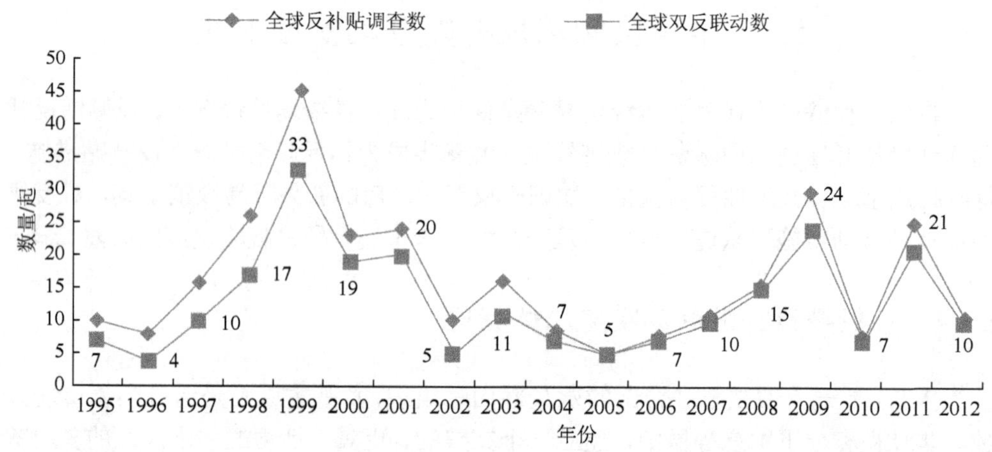

图 5.1 1995～2012 年上半年全球反倾销反补贴联动调查对比图

1995～2012 年上半年，反倾销反补贴联动立案调查数呈现不稳定波动，而在 1999 年和 2009 年存在明显波峰，这与周期性经济危机存在必然联系。1998 年亚洲金融危机和 2008 年全球性金融危机对世界经济贸易产生了深远影响，各国家或地区充分利用各种形式的贸易措施以维护自身产业安全。金融危机当年，国际贸易环境恶化、贸易摩擦加剧，双反联动措施出现增加趋势，伴随经济危机影响范围扩大和影响程度加深，贸易救济措施在经济危机次年达到爆发最高峰后显现回落。

从反倾销反补贴联动调查的相关主体来看，涉案国家或地区指向对象较为全面，包括发达国家或地区对发达国家或地区发起的双反调查（如美国对加拿大），发达国

家或地区对发展中国家或地区发起的双反调查（如欧盟对印度），发展中国家或地区对发达国家或地区发起的双反调查（如中国对美国），同样也包括发展中国家或地区对发展中国家或地区发起的双反调查（如南非[①]对中国）。

从反倾销反补贴联动调查的最终裁决结果来看，在已经做出终裁的 207 起[②]案件中，反倾销反补贴均为肯定性终裁的调查为 112 起，仅对反倾销做出肯定性终裁的调查为 22 起，仅对反补贴做出肯定性终裁的调查为 9 起，反倾销反补贴均为否定性终裁的调查为 48 起，联动调查中申请方主动撤诉的案件为 16 起，分别占已做出终裁判决案件总数的 54.11%、10.63%、4.35%、23.19%和 7.72%，如图 5.2 所示。

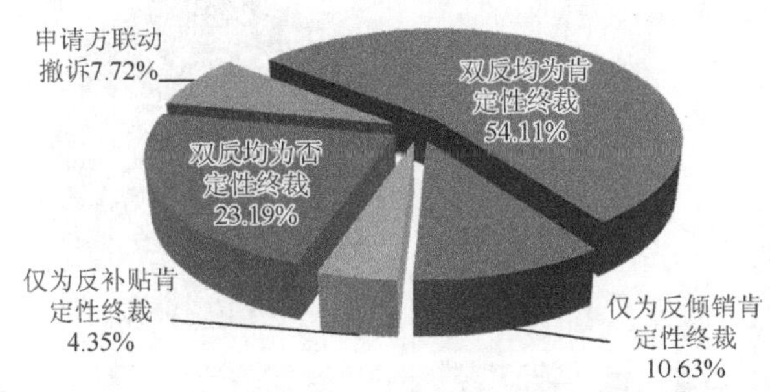

图 5.2　1995～2012 年上半年反倾销反补贴终裁结果比例图

从图 5.2 可以看出，不论单项救济措施还是双反联动救济措施，做出肯定性终裁的案件高达终裁案件总数的 76.81%，这就表明对反倾销、反补贴进行联合调查大大提高了贸易救济措施的有效性。如果双反联动措施没有获得肯定性裁决，反倾销、反补贴措施也可能分别获得单项裁决的成功，因此两条路径同时进行，保障了案件裁决结果向着有利于进口国国内产业利益的方向发展。

5.1.2　反倾销反补贴联动措施分布差异

虽然反倾销反补贴联动措施属于新兴的贸易救济手段，但通过整理研究发现，全球反倾销反补贴联动调查在发起国家及地区、遭遇国家及地区，以及行业类型等方面均具有不同的时间和空间分布特点。

---

① 依据联合国开发计划署（United Nations Development Programme，UNDP）发布的 2011 年人类发展指数（human development index，HDI），南非、中国属于中等发展水平国家。

② 根据不同国家及地区的反倾销、反补贴调查立法规定，案件终裁时间略有差异，并且在调查中可以根据特殊情况适当延长，截至 2013 年 6 月，反倾销反补贴联动调查尚未做出最终裁定的案件共计 25 起。

1. 反倾销反补贴联动调查发起国家及地区分布

从反倾销反补贴联动措施发起方层面来看，发达国家及地区是最主要的双反联动调查发起主体。在全球范围内，已有 14 个国家或地区发起过双反联动调查，其中美国、欧盟、加拿大是发起双反调查最多的国家或地区，分别发起双反调查 117 起、46 起、30 起，占全球双反调查总数的 50.43%、19.83%、12.93%。全球双反联动调查发起国家及地区分布情况如图 5.3 所示。

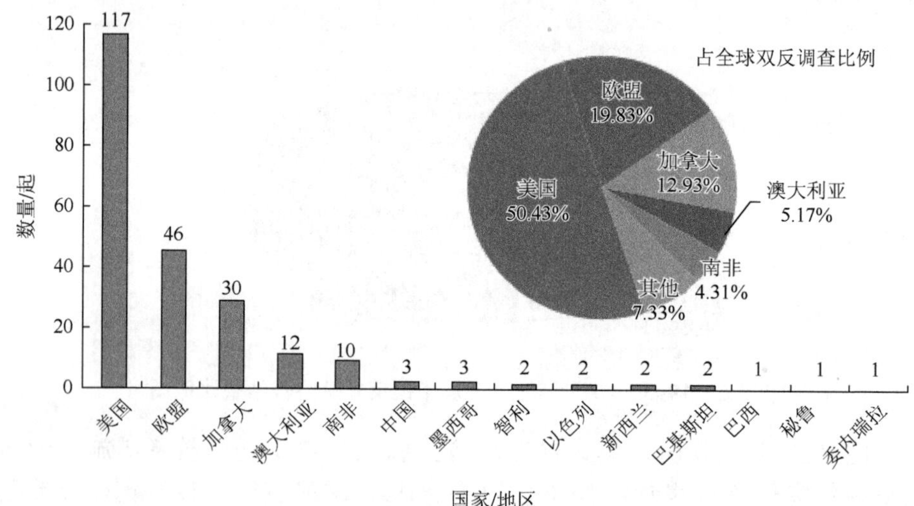

图 5.3　1995～2012 年上半年全球发起双反联动调查国别/地区分布图

由于国际政治、经济影响力较大，并且反倾销、反补贴法律制定具有独特优势及实践经验丰富等原因，美国和欧盟在贸易救济谈判及运用中表现最为活跃。近期，美国、欧盟等发达国家和地区纷纷修改国内反补贴立法，使国内法律规则适用于对非市场经济国家进行反补贴调查的做法对国际公平贸易环境产生了极大影响。美国和欧盟充分享受 WTO 反倾销、反补贴措施的自由裁量权，频繁采取双反联动措施给其他国家和地区造成了连锁示范效应，加拿大、澳大利亚、南非等一些国家和地区纷纷效仿，使反补贴政策在抵消倾销、补贴不利影响的同时，转变为部分发达国家及地区贸易保护主义的重要工具。

2. 反倾销反补贴联动调查遭遇国家及地区分布

从全球反倾销反补贴联动调查遭遇方层面来看，发展中国家或地区，尤其是亚洲的发展中国家或地区成为双反联动调查的最大受害者。在全球范围内，已有 39 个国家或地区遭遇了他国的双反调查，其中中国和印度是受到双反调查最多的两个国家，分别遭遇双反调查 54 起、42 起，占全球双反调查总数的 23.28%、18.10%。全球遭遇双反联动调查国家及地区分布情况如图 5.4 所示。

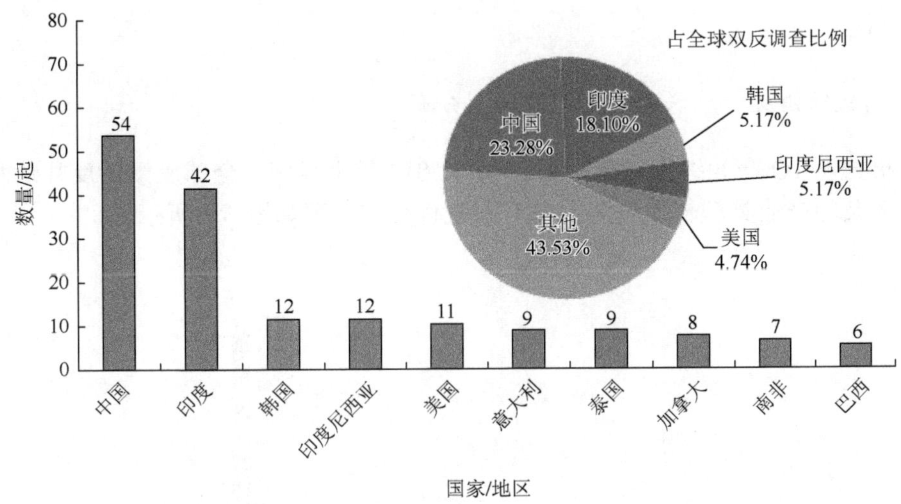

图 5.4　1995～2012 年上半年全球遭遇双反联动调查国别/地区前十位分布图

进入 21 世纪以来，中国与印度经济发展逐步速度加快，两国均保持较高的经济增长率，世界地位稳步提升，引致发达国家对中国和印度贸易战略的转变。中国与印度虽然同为发展中大国，但由于对外贸易政策不同，两国在遭遇双反调查方面存在明显差异：第一，中国和印度在 2003 年与 2004 年存在分界点，如图 5.5 所示。

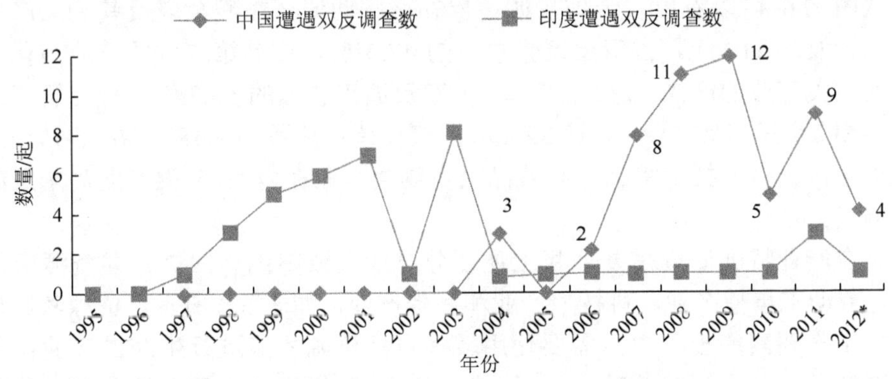

图 5.5　1995～2012 年上半年中国与印度遭遇双反联动调查分布图

2003 年之前，印度主要以保护和发展国内民族产业为重，对外贸易壁垒设置严格，容易引起他国反制调查，而 2004 年后调查数量迅速下降并趋于稳定；自 2004 年加拿大打破反补贴措施不适用于非市场经济国家的规则，首次对中国发起双反调查以来，中国在印度之后已连续多年成为遭遇双反调查最多的国家。第二，从发起双反调查的主体国家或地区来看，欧盟、美国、南非和巴西分别是对印度发起双反最多的国家及地区，而针对中国双反调查主要来自美国、加拿大和澳大利亚。

3. 反倾销反补贴联动调查产业类型分布

根据 WTO 产业细分标准，在 1995～2012 年上半年，全球反倾销反补贴联动调查涉及的产业类型较为广泛，各产业案件分布情况如图 5.6 所示。

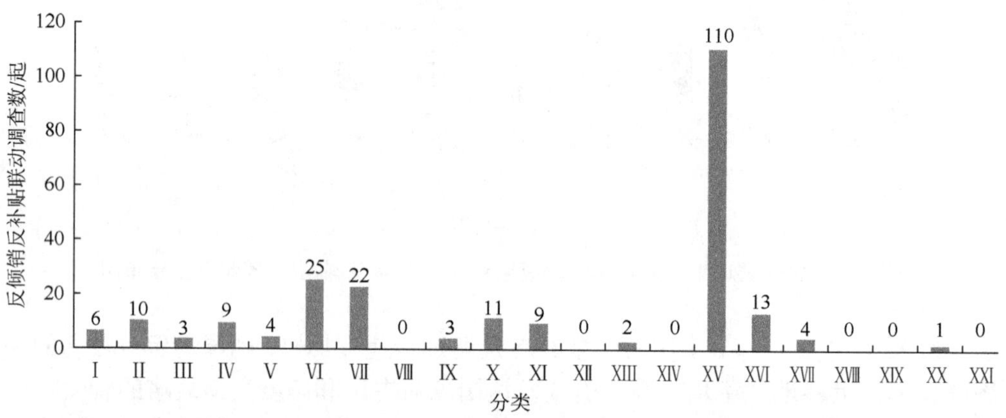

图 5.6　1995～2012 年上半年全球双反联动调查细分产业分布图

从图 5.6 可以看出，全球反倾销反补贴联动调查在贱金属及其制品产业最多，总计发起 110 起，占双反调查总数的 47.41%，排名第二位的产业为化学工业及其相关工业的产品，总计 25 起，占双反调查总数的 10.78%；排名第三位为塑料、橡胶及其制品产业，总计 22 起，占双反调查总数的 9.48%。在 1995～2012 年上半年，仅有包括艺术品、收藏品及古物类产业在内的 6 类产业尚未发起过双反调查。

结合产业特征研究需要，将上述细分产业大致归纳为四类，即资源密集型产业、劳动密集型产业、科技型产业和其他产业，如表 5.2 所示。资源密集型产业是在生产要素的投入中，需要使用较多自然资源才能进行生产的产业；劳动密集型产业是一个相对范畴，一般来说，劳动密集型产业需要投入较多的劳动力资源；科技型产业技术含量较高，产品具有核心竞争力。由于其他产业双反调查总数为 0，主要分析资源密集型、劳动密集型和科技型产业的双反调查分布情况。

表 5.2　反倾销反补贴联动调查产业类型属性表

产业类型	产业类型代码
资源密集型产业	Ⅰ，Ⅱ，Ⅲ，Ⅳ，Ⅴ，Ⅷ，Ⅸ，Ⅹ，XIII，XV
劳动密集型产业	XI，XII，XIV，XX
科技型产业	Ⅵ，Ⅶ，XVI，XVII，XVIII
其他产业	XIX，XXI

产业大类反倾销反补贴联动调查数占双反调查总数的比例如图 5.7 所示，从产业大类分布来看，1995～2012 年上半年，全球在资源密集型产业发起的双反联动调查最多，总计 158 起；在科技型产业发起的双反调查数为 64 起；在劳动密集型产业发起的双反调查最少，总计 10 起。在经济危机余波未尽的今天，发达国家及地区对资源密集型产业频繁实施贸易救济措施，主要目的在于否认出口国资源禀赋优势，同出口国展开世界资源的争夺，将资源密集型产业的生产由国外转移到本国，从而能够保障国内产业产能的提升和国内剩余劳动力的充分就业。此外，发达国家针对科技型产业发起的双反联动调查一般涉案金额巨大，对出口国相关产业的合法利益造成严重损害，技术发展受到明显阻碍。发达国家在资源密集型产业和科技型产业的不公平救济方式是包括我国在内的发展中国家需要坚决予以抵制的。

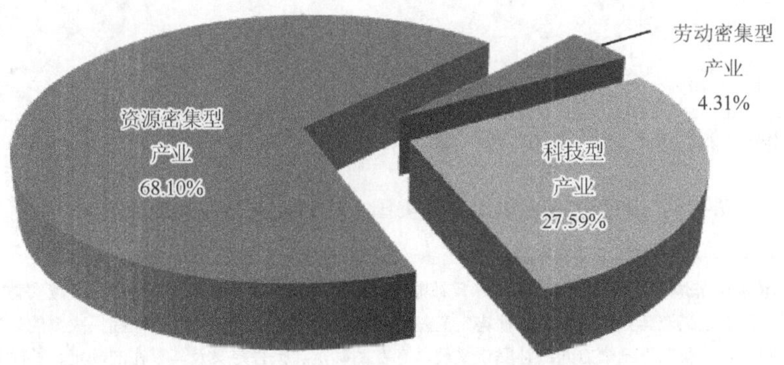

图 5.7　1995～2012 年上半年全球双反联动调查产业大类分布图

5.2 典型国家及地区反倾销反补贴联动实施特征

发达国家及地区率先建立了比较完备的反倾销、反补贴法律制度①，占据了先行优势。作为贸易救济措施体系较为完善的国家及地区，美国和欧盟丰富的反倾销反补贴联动实施经验能够与我国贸易救济实践工作形成比较借鉴。

5.2.1 美国反倾销反补贴联动实施概况

美国是世界上较早制定反倾销、反补贴制度的国家之一，这不仅为美国国内贸易政策提供了良好的服务，同时也成功地影响了国际范围内的多项贸易制度。长期以来的贸易救济实践使美国在反倾销反补贴联动实施方面具有较为丰富的积累。

美国实施贸易救济措施时，强调国家利益和政治利益优先的原则，其中反补贴措施的实施往往配合本国的经济政策，在多数情况下有违救济初衷，在贸易领域存在较多争议。经过梳理与分析，美国双反联动实施的特征主要表现在下述方面。

1. 美国双反调查周期性波动，联动肯定性终裁比例较高

美国是发起双反调查最为频繁的国家，由于美国在双反调查中具有主导作用，美国与全球的双反调查走势一致，伴随经济危机出现不稳定波动，如图 5.8 所示。

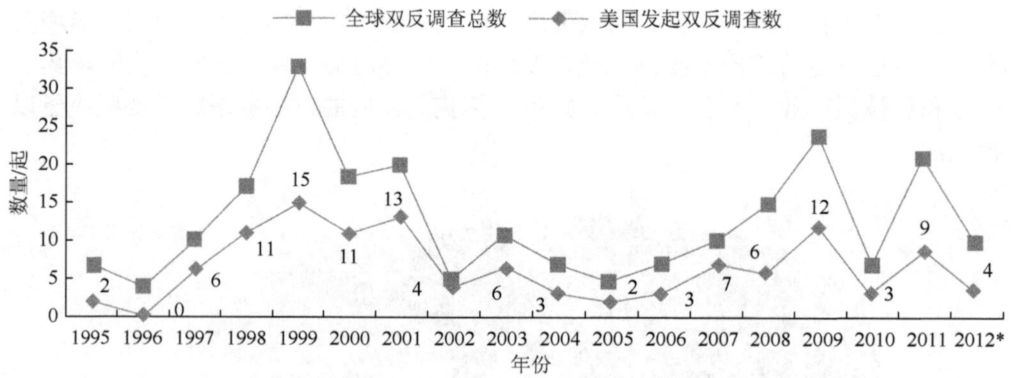

图 5.8 1995～2012 年上半年美国反倾销反补贴联动调查趋势图

① WTO 贸易救济体系是典型国家反倾销、反补贴法律制度的溯源。各国家反倾销法律制度实体规则主要涉及以下三个方面：倾销定义及其存在的确定、损害定义及其存在的确定、倾销和损害之间因果关系的认定。反补贴法律制度实体规则主要涉及以下三个方面：补贴定义及其存在的确定、损害定义及其存在的确定、补贴和损害之间因果关系的认定。不同国家的反倾销、反补贴法律实体规则基本都包含了上述内容，仅仅在某些表述内容上存在细微差异。在反倾销、反补贴程序规则方面，虽然各国基本流程都按照 WTO 规则进行设定，但在具体的操作方面有较大差异，主要体现在调查过程中各步骤环节控制的时间差异、价格承诺时效的不同约束等。

在经济危机当年，美国经济增长势头发生逆转，贸易环境恶化，工人失业比例大规模增加，美国国内的经济衰退和高失业率必然会导致某些利益团体向政府施压，使双反调查呈现增加趋势；随着经济危机影响范围的扩大，贸易救济措施在爆发最高峰后逐渐显现回落，并随世界经济走势变化进入下一阶段的周期循环。

在美国已做出终裁的 104 起双反调查中①，反倾销反补贴均为肯定终裁的调查为 67 起，反倾销肯定终裁 5 起，反补贴肯定终裁 3 起，双反均为否定终裁 26 起，申请方主动撤诉的案件为 3 起，分别占美国终裁判决案件总数比例如图 5.9 所示。

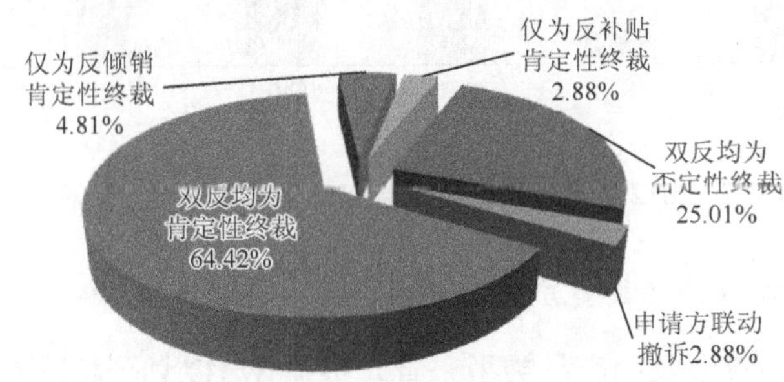

图 5.9 1995～2012 年上半年美国反倾销反补贴终裁结果比例图

从图 5.9 可以看出，不论是单项救济措施还是双反联动救济措施，美国做出肯定性终裁的案件比例高达终裁案件总数的 72.11%，特别是美国反倾销反补贴均为肯定终裁的比例相对全球双反肯定性终裁比例高出 10 百分点，使双反措施作用力度更强。

2. 美国双反调查涉案国较多，中国是最大的目标对象国

在研究统计期内，美国已对 30 个国家及地区发起过双反调查，其中对前六位国家发起双反调查共计 74 起，占其双反调查总数的 63.25%，如图 5.10 所示。

从图 5.10 中可以看到，中国是美国双反联动调查的最大受害国。中美互为重要贸易伙伴，近年来中国对美国存在较大的贸易顺差，为了维护国内企业利益，美国政府采取了许多限制中国产品出口美国的措施。2012 年 3 月 22 日，美国商务部对中国不锈钢拉制水槽发起双反调查，这是在短短三天内（3 月 19～21 日），美国针对中国产品发起的第五起贸易救济案。美国充分享受 WTO 反倾销、反补贴政策自由裁量权，频繁发起双反联动调查，对世界经济、贸易环境均产生了极其重要的影响。

① 截至 2013 年 6 月，美国反倾销反补贴联动调查尚未做出最终裁定的案件共计 13 起。

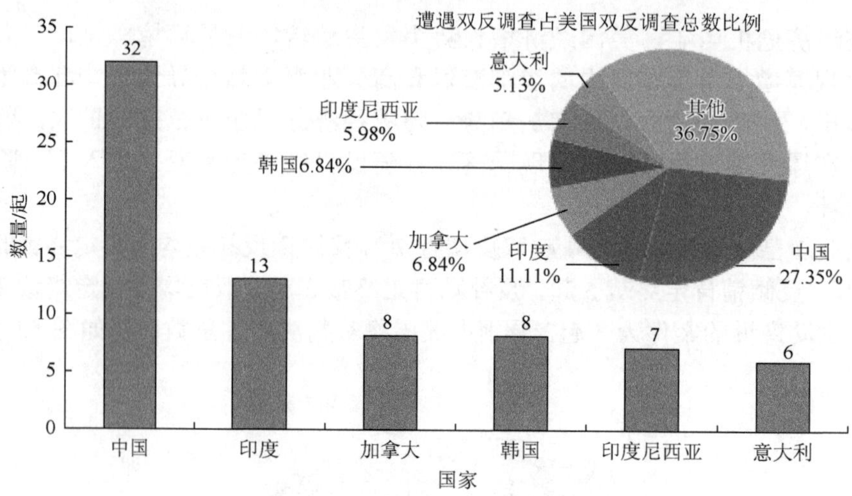

图 5.10 1995～2012 年上半年美国发起双反联动调查前六位对象国分布图

3. 美国双反调查产品类型广泛，涉案产业分布较为集中

从美国双反调查涉及的产品类型来看，根据 WTO 划分标准在 21 类产品中，美国已对 12 类产品发起过双反调查，且涉案产品主要集中在贱金属及其制品行业，发起调查数占美国双反调查总数的 52.99%，美国双反调查涉案产品比例如图 5.11 所示。

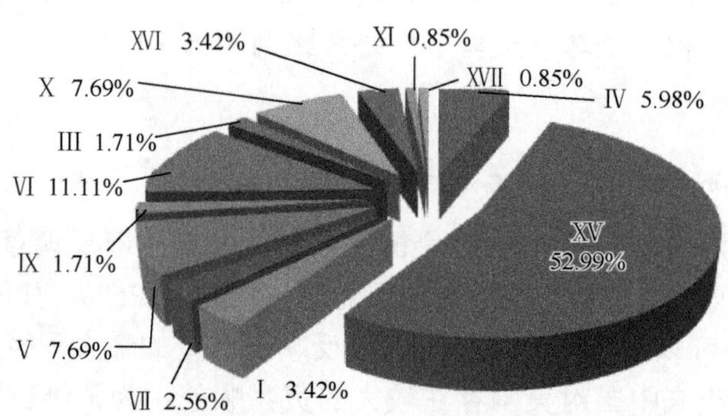

图 5.11 1995～2012 年上半年美国双反联动调查细分产业所占比例图

结合产业大类分布情况，美国双反调查主要集中于资源密集型产业，发起调查数占美国双反调查总数的 81.20%。虽然早期美国对科技型产业的双反调查仅占美国双反调查总数的 17.95%，但随着时间的推进，面对国外日益增强的高端核心技术产品生产能力，美国贸易制裁的商品类型将逐渐向科技型拓展和转移。

5.2.2　欧盟反倾销反补贴联动实施概况

欧盟反倾销、反补贴立法和实践是其对外贸易制度中不可忽视的重要方面。根据 WTO 规则，欧盟对自身原有的救济法律制度做了大幅度修订，虽然表面措辞已与 WTO 规则基本符合，但在具体操作中仍具有较大的自主实施影响力。

相对于欧盟频繁使用反倾销工具，欧盟早期反补贴措施实施较少，但随着全球经济一体化进程的加快，近年来欧盟双反联动实施次数呈现增加趋势。经过梳理与分析，欧盟双反联动实施的特征主要表现在下述方面。

1. 欧盟双反调查起伏性波动，肯定性终裁低于平均水平

欧盟在全球双反调查发起国家及地区中位列第二，对世界范围内的双反调查实践具有先驱指导作用。虽然欧盟也倾向于在经济危机次年高频率使用贸易救济手段，但与美国双反调查周期性表征相异，欧盟双反调查在总体上呈现不规律起伏波动，如图 5.12 所示。近年来，欧盟发起双反调查显著增加，其原因在于受债务危机影响，欧盟复苏步伐缓慢，失业率居高不下，欧盟希望通过贸易保护手段改善区域内产业发展环境，而美国频繁发起双反调查的举动引起了欧盟的积极效仿。

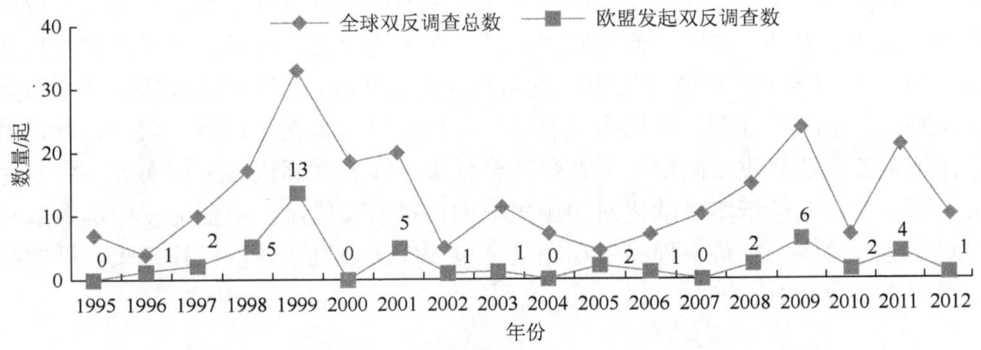

图 5.12　1995～2012 年上半年欧盟反倾销反补贴联动调查对比图

在欧盟已终裁的 43 起双反调查中①，反倾销反补贴均为肯定终裁为 16 起，仅为反倾销肯定终裁 7 起，仅为反补贴肯定终裁 5 起，双反均为否定终裁 5 起，申请方主动撤诉的案件为 10 起，占欧盟终裁判决案件总数的比例如图 5.13 所示。

① 截至 2013 年 6 月，欧盟反倾销反补贴联动调查尚未做出最终裁定的案件共计 3 起。

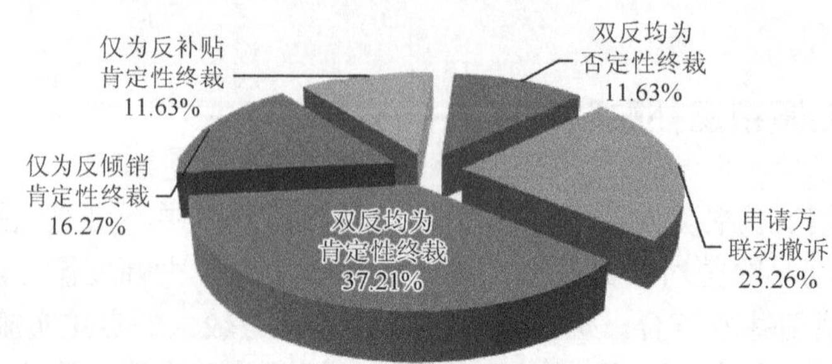

图 5.13 1995～2012 年上半年欧盟反倾销反补贴终裁结果比例图

从图 5.13 可以看出，欧盟整体做出肯定性终裁的案件占终裁案件总数的65.11%，不论是单项救济措施还是双反联动救济措施，欧盟肯定性终裁比例均低于全球肯定性终裁平均水平，这是由于欧盟的重要特点是政治驱动，也就是说，欧盟发起双反调查更倾向于战略扼制目的，企图利用双反案件来增加国际贸易谈判的筹码。

2. 欧盟双反调查涉案国零散，印度是最大的目标对象国

在统计期内，欧盟已对 16 个国家及地区发起过双反调查，印度是欧盟双反联动调查最多的国家，遭遇双反联动调查 15 起，占欧盟双反联动调查总数的 32.61%。印度电子信息产业的发展带动了国内工业的信息化，也拓展了信息产品的出口市场。作为欧盟的主要贸易伙伴，印度早期较为封闭的外贸体制容易引致贸易救济调查。除印度以外，欧盟双反调查对象国分布较为分散，各国家遭遇欧盟双反调查分别在 1～3 起，其中欧盟对中国发起双反调查 2 起，占欧盟双反联动调查总数的 4.35%。2011 年 5 月，欧盟委员会就对华铜版纸双反案做出终审裁决，裁定对中国铜版纸企业征收反倾销和反补贴混合税率，涉案金额达 1.3 亿美元，涉及企业上百余家。铜版纸案是欧盟对中国采取的首例双反措施，欧盟无视中国铜版纸市场化运作事实，在裁决程序中存在诸多与 WTO 规则不符的法律瑕疵，严重损害了中国企业利益。

3. 欧盟双反调查产品较为集中，涉案产业为科技型主导

从欧盟双反调查涉及的产品类型来看，根据 WTO 划分标准，在 21 类产品中，欧盟仅对 7 类产品发起过双反调查，且涉案产品主要集中在塑料、橡胶及其制品和贱金属及其制品两类行业，发起调查数分别占欧盟双反调查总数的 30.43%、28.26%，欧盟双反调查涉案产品分布比例如图 5.14 所示。

结合产业大类分布情况，欧盟对资源密集型和劳动密集型产业发起的双反调查比例分别为 32.61%和 15.22%，而调查主要集中于科技型产业，发起调查数占

欧盟双反调查总数的 52.17%，这是由于国外技术附加值高的产业与欧洲内部产业形成了激烈的竞争，为此欧委会在对外贸易中，开始尝试双反联动这种新的救济实现路径。

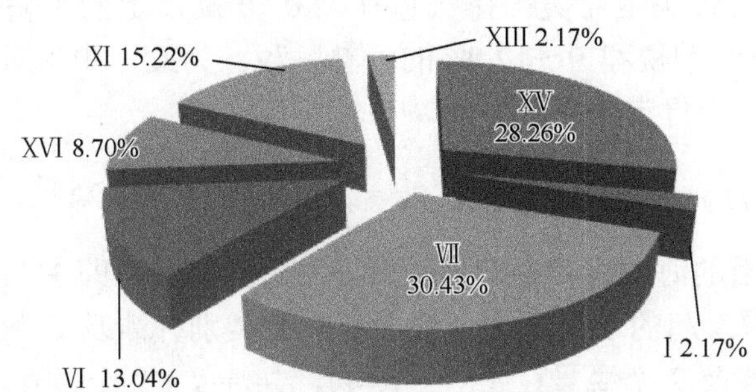

图 5.14　1995～2012 年上半年欧盟双反联动调查细分产业所占比例图

5.2.3　中国反倾销反补贴联动实施概况

WTO 贸易规则是各国家贸易救济工作的首要准则，反倾销措施是通行的维护公平竞争的手段，也必然成为中国政府和产业界优先考虑与选择的贸易救济方式，然而由于国内反补贴立法较晚，我国反补贴调查实践经验较为缺乏。反倾销反补贴联动实施是进口国与出口国双方利益博弈的结果，我国应在学习借鉴国外双反联动措施先进经验的基础上，结合我国自身对外贸易特点，科学客观地指导我国政府部门运用 WTO 贸易规则，合理使用各种措施解决现实中的贸易问题。

1. 中国双反调查目标公正，贸易救济手段公平合理

中国频繁遭受反倾销反补贴联动调查，使我国主管部门和相关产业界得到历练和成长。2009 年，面对日益严峻的贸易形势和苛刻的竞争环境，我国相关产业开始运用正当法律武器捍卫自身的合法权益，并在取向电工钢案件中，取得了中国对外双反调查的首次胜利。并且，2012 年 6 月，WTO 发布了美国对中国取向电工钢反倾销和反补贴措施争端案的专家组报告。报告在使用“可获得事实”计算应诉企业补贴率、应诉企业倾销幅度的信息披露、与政府采购有关的补贴利益的信息披露等具有争议的问题上，支持了中方主张，裁定中方做法符合 WTO 规则。

2. 中国双反调查涉案国唯一，案件裁决结果较为肯定

我国在 2009 年同年，针对原产于美国的取向电工钢、白羽肉鸡、排气量在 2.0 升及以上的进口小轿车和越野车连续发起 3 起反倾销反补贴联动调查。2010

年 4 月，我国对美取向电工钢做出终裁，决定征收 7.8%～64.8%反倾销税和 11.7%～44.6%的反补贴税；2010 年 8 月、9 月，我国对美白羽肉鸡分别做出最终裁决，决定征收 4.0%～30.3%反补贴税和 50.3%～105.4%的反倾销税；2011 年 12 月，商务部发布公告决定对美国排气量在 2.0 升及以上的小轿车和越野车征收 2.0%～21.5%的反倾销税和 0～12.9%的反补贴税。为此，中国对美国发起的双反联动调查全部以获得肯定性终裁结论。

3. 中国双反调查产业分类细致，涉案产品类目清晰明确

依据世界通用的海关《商品名称及编码协调制度》，即 HS 产品编码的细分类别，中国对美国发起的双反联动调查包括三个类别并涉及多个税号：XV——贱金属及其制品，涉及 2 个税号；Ⅰ——动物，共涉及 12 个税号。XVII——车辆、飞机、船舶及其他交通工具，共涉及 19 个税号。上述产品相应归属于资源密集型产业和科技型产业。由于 HS 是供海关、统计、进出口管理及与国际贸易有关各方共同使用的商品分类编码体系，在我国发起的双反案件中，对白羽肉鸡和汽车产品进行的全面归类，能够保障将倾销和补贴产品最大限度地列入调查范围。

5.3 反倾销反补贴联动实施趋势分析

通过全球反倾销反补贴联动措施实施现状可以看出，部分发达国家在世界范围内的前驱示范作用使当代贸易救济手段发生了深刻变化，全球多边贸易体制面临新的挑战。现阶段，贸易对经济增长的拉动作用更加明显，而贸易自由化和保护主义的斗争却愈演愈烈，在此背景下，反倾销反补贴联动措施演变态势更值得关注和思考。

5.3.1 反倾销反补贴联动措施时间序列预测

ARIMA 是一种精度较高的时间序列预测方法。由于 ARIMA 模型不需要对时间序列的发展模式做出先验的假设，同时方法本身保证了可以通过反复识别修改直到获得满意的模型，ARIMA 模型在现实经济问题分析中已经得到广泛的应用。本书根据双反调查实际情况，研究建立 ARIMA 模型，对全球反倾销反补贴联动措施趋势进行预测。

1. ARIMA 模型一般形式和建立方法

ARIMA（p，d，q）模型又被称自回归求积移动平均模型，是以随机理论为

基础的时间序列分析方法，其中 AR 是自回归项，p 为模型的自回归项数；MA 为移动平均项，q 为模型的移动平均项数；d 为时间序列成为平稳之间必须取其差分的次数。ARIMA 模型的一般表达式为

$$Y_t = c + \phi_1 Y_{t-1} + \phi_2 Y_{t-p} + \varepsilon_t + \theta_1 \varepsilon_{t-1} - \theta_2 \varepsilon_{t-2} - \theta_q \varepsilon_{t-q} \tag{5.1}$$

其中，Y_t 为时间序列在 t 时刻的观察值，也称被解释变量或因变量；Y_{t-1}，Y_{t-2}，Y_{t-p} 为时间序列在 $t-1, t-2, t-p$ 时刻的观察值，也称解释变量或自变量；ε 为误差项，表示不能用模型说明的随机因素，ε_t 是一个白噪声过程，$\varepsilon_t, \varepsilon_{t-1}, \varepsilon_{t-2}$，$\varepsilon_{t-p}$ 是 ARIMA 模型在 t 期、$t-1$ 期、$t-2$ 期、$t-p$ 期的误差；$c,\phi_1,\phi_2,\phi_p,\theta_1,\theta_2,\theta_q$ 为参数。

建立 ARIMA 模型的基本思想和一般方法可以归纳为如下四步：第一，检验原序列的平稳性。若序列不满足平稳性条件，则可通过差分变换等方法使其满足平稳性条件。第二，通过计算能够描述序列特征的统计量，如自相关系数和偏自相关系数，确定模型的阶数 p 和 q，并根据一定准则，综合考虑确定模型的参数。第三，估计模型的未知参数，并通过参数的 t 统计量检验其显著性及模型的合理。第四，进行诊断分析，检验模型的拟合值和实际值的残差序列是否为白噪声序列。

2. 基于 ARIMA 模型的全球双反联动调查预测

基于上述一般方法描述，本节建立 ARIMA 模型对全球反倾销反补贴联动调查进行短期预测。为了保证数据预测的精度和准确度，将 1995～2012 年全球反倾销反补贴联动调查案件按照上、下半年分布情况进行整理，原始分类数据如表 5.3 所示。

表 5.3　1995～2012 年全球双反调查按半年分布总数表（单位：起）

年份	1995	1996	1997	1998	1999	2000	2001	2002	2003
上半年	3	3	6	12	18	2	8	3	5
下半年	4	1	4	5	15	17	12	2	6
年份	2004	2005	2006	2007	2008	2009	2010	2011	2012
上半年	6	2	1	4	7	7	5	7	10
下半年	1	3	6	6	8	17	2	14	?

注：“?”表示 2012 年下半年待预测的值

1）数据平稳性处理

对表 5.3 中的原始数据进行单位根（ADF）平稳性检验，结果显示原始数据

为非平稳时间序列。经过二次差分后，原数据序列平稳，满足模型建立要求。反倾销反补贴联动调查数经过差分后的 ADF 单位根平稳性检验结果如表 5.4 所示，由于经过二次差分序列平稳，得到 ARIMA 模型中 d 取值为 2。

表 5.4　双反联动调查时间序列二次差分 ADF 平稳性检验结果表

ADF Test Statistic	−6.054	1% Critical Value	−3.689
Prob.	0.000	5% Critical Value	−2.972
		10% Critical Value	−2.625

2）模型识别

为了确定时间序列预测模型中的 p 和 q，作出二次差分后的时间序列自相关图和偏自相关图，分别如图 5.15 所示。

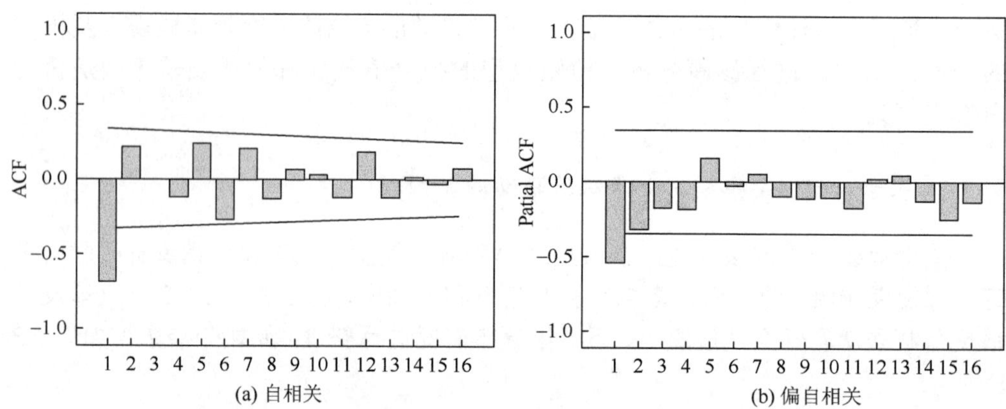

图 5.15　双反联动调查时间序列自相关与偏相关结果截图

ACF：auto correlation function，自相关函数

图形显示二次差分后时间序列的自相关与偏自相关图均为截尾，根据赤池信息量较小准则（Akaike information criterion，AIC），取 p=3，q=1，建立 ARIMA（3，2，1）模型。

3）模型建立

利用统计软件 ARIMA 模块采用非线性最小二乘估计，由低阶向高阶逐次检索，确定最终全球反倾销反补贴联动措施总数短期预测模型为

$$Y_t = -0.044 + 1.481Y_{t-1} + 0.038Y_{t-2} - 0.519Y_{t-3} + \varepsilon_t - 0.966\varepsilon_{t-1} \tag{5.2}$$

上述模型中各参数的 t 统计量检验及其显著性检验结果见表 5.5 所示，其中

R^2=0.875，AIC=6.108，S.E=4.706。

表 5.5　双反联动调查时间序列 ARIMA 模型参数检验结果表

Variable	Coefficient	Std.Error	t-Statistic	Prob.
C	−0.004	1.502	−2.972	0.001
AR（1）	1.481	0.200	4.943	0.000
AR（2）	0.038	0.278	1.430	0.014
AR（3）	−0.519	0.199	−2.642	0.023
MA（1）	−0.966	0.071	−5.683	0.000

4）模型预测与检验

作出预测模型的拟合值和实际值残差序列的自相关图及偏自相关图，分别如图 5.16 所示。图形显示自相关函数和偏自相关函数均落在置信区间内，模型的拟合值和实际值的残差序列为白噪声序列。

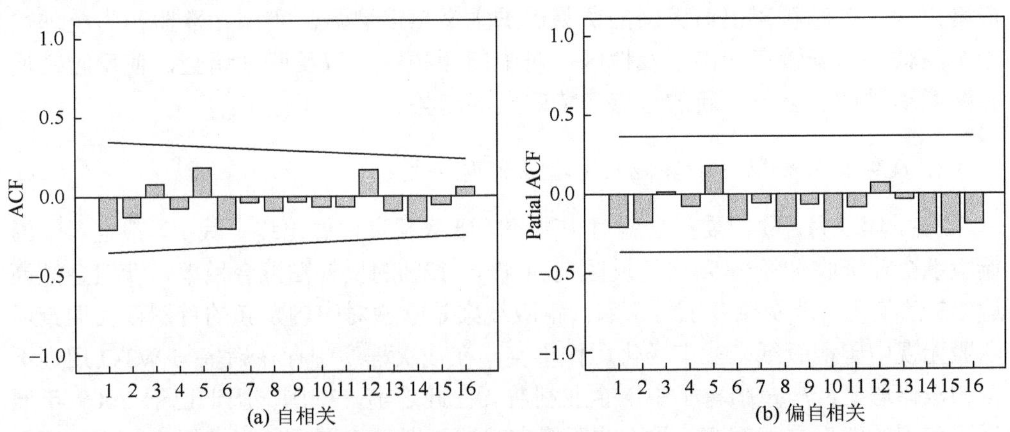

图 5.16　双反联动调查时间预测模型残差白噪声检验结果截图

将运用 ARIMA 模型得出的预测值与实际双反联动调查观测值进行对比，两者对比结果如图 5.17 所示。在图 5.17 中可以看出，由 ARIMA 模型得到的预测值与实际值拟合程度较好，上述结果说明 ARIMA 模型对全球反倾销反补贴联动调查数的预测科学可信，对现实贸易救济实践具有参考价值。根据式（3.2）预测 2012 年下半年及 2013 年上半年，全球将继续发起反倾销反补贴联动措施共计 12 起、9 起。虽然全球双反调查预测数与 2012 年上半年相比基本保持持平，但金融危机过后，在全球双反调查出现回落的大形势下，中国出口产品遭遇国外反倾销反补贴联动立案调查数呈快速增加的趋势需要引起我国相关部门的高度重视与关注。

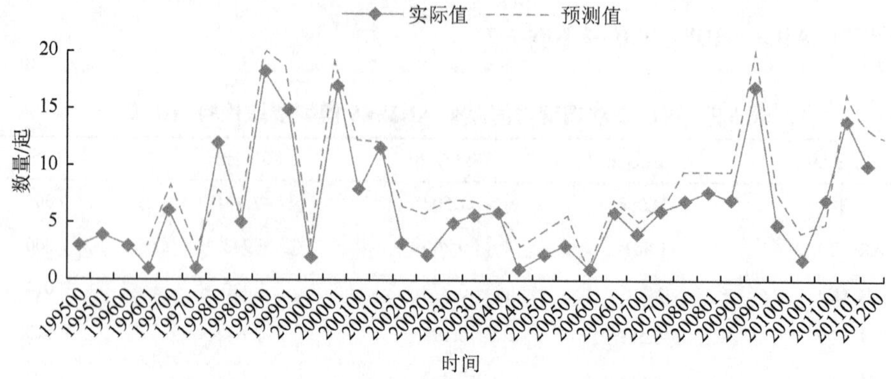

图 5.17 全球双反联动调查预测值与实际值对比图

横坐标年份后两位代码——00 表示上半年，01 表示下半年，预测值已做取整数处理

5.3.2 反倾销反补贴联动实施趋势演变

现阶段，全球贸易竞争日趋激烈，发达国家及地区对自由贸易裁量权的行使极度充分，针对新兴出口大国的贸易保护主义愈演愈烈。美国、欧盟作为全球实施贸易救济措施较多的国家及地区，对中国频频发起双反联动调查，使反倾销反补贴联动措施也呈现出新的特点和特殊发展趋势。

1. 反倾销反补贴联动实施频率增强密度加大

2011 年 5 月，欧盟委员会就对中国铜版纸双反案件做出终审裁决，裁定对中国铜版纸企业征收 8%～35.1%的反倾销和 4%～12%的反补贴混合税率，涉案金额高达 1.3 亿美元，涉及企业上百余家。铜版纸案是欧盟对中国发起的首例双反调查，欧盟无视中国铜版纸企业市场化运作事实，在裁决程序中存在诸多与 WTO 规则不符的法律瑕疵，严重损害了中国企业利益。在此之前，中国铜版纸已于 2009 年遭遇了美国的双反立案调查，此次欧盟终审裁决无疑使中国铜版纸业雪上加霜。债务风险、高失业率及经济增速缓慢等原因，促使发达国家及地区不断将内部矛盾向外转化，随着产业升级、市场经济地位逐步得到各国认同，美国、欧盟和其他国家使用反倾销反补贴联动工具的频率将日益增加，对他国出口商品造成沉重打击。

2. 反倾销反补贴联动实施手段多样且形式升级

在经济全球化和贸易自由化进程当中，中国与欧盟互为重要战略贸易伙伴，经贸合作关系日益紧密，然而，随着全球金融危机的影响趋于平稳，欧盟开始竭力寻求经济的恢复与发展。为了保护成员国国内产业利益，欧盟对华频繁采取各种形式的救济措施，其贸易保护主义意图尽显无疑。2010 年下半年，欧盟对中国无线网络数据卡产品同时发起反倾销、反补贴和保障措施三项联合调查，严重扰乱了中欧双边正常的贸易秩序。数据卡属于不断更新换代的高科技产品，中国制造的数据卡促进了科学技术进步，给欧盟市场的消费者带来了实际福利，但欧盟对一种产品同时实施三种救济措施在 WTO 各成员方贸易救济实践中极为罕见，不仅阻碍欧盟自身经济复苏进程，损害中国企业利益，更不利于科学技术的发展。

3. 反倾销反补贴联动实施涉案产品种类延伸

后金融危机时代，发达国家纷纷出台培育和发展战略性新兴产业的激励政策，同时，战略性新兴产业也是我国解决当前经济问题、实现经济结构战略性调整、完成经济发展方式转变的有效途径，然而美国双反调查涉案产品种类延伸，对我国贸易安全造成了极大的威胁。2011 年 10 月，美国对中国出口的太阳能电池（板）进行双反联动调查在世界范围内引起了广泛关注，新能源领域乃至战略新兴产业开始成为美国双反联动贸易保护的新目标。在美国对我国光伏产品提出双反调查之后，商务部已经关注到个别欧洲太阳能企业在积极推动对中国产品提起贸易救济调查申请。欧盟如果对中国的光伏产品设限，不仅不利于欧盟光伏产业的上下游总体发展，更不利于欧盟低碳战略的推进和双方太阳能电池企业的合作。

第6章 反补贴政策产业救济效果评估指标体系构建

由于反补贴的影响较为复杂，其对进口国贸易、国内产业、投资、社会福利、政策安排、政治形势等都将产生影响，从系统学的角度来说，反补贴是一个复杂的系统工程。在评估反补贴产业救济效果时就需要考虑如何才能全面反映反补贴的实际效果。尽管在反补贴的损害调查里，WTO 的专家们提供了考察进口国国内产业受损的各项指标作为参考，然而，在反补贴救济效果评估时仅把这些指标的变化情况列明是远远不够的，因为这些经济指标数据只能作为分析反补贴救济效果的部分依据，反补贴措施引起的其他效果也应一一说明。另外，把反补贴产业损害调查中的调查指标列入反补贴救济效果评估中是否合适、是否全面，本身也是一个值得探讨的问题。

鉴于以上原因，本章旨在明确反补贴救济效果评估目标、评估原则和评估对象，并在此基础上构建反补贴救济效果评估的指标体系，从而为反补贴救济效果的评估提供理论框架。

6.1 评估目标、原则与对象

6.1.1 评估目标

反补贴政策效果评估的目标就是明确反补贴政策所起到的效果是否达到反补贴调查机关的预期，是否弥补了补贴造成的损害、促进了国内产业的健康发展，从而为反补贴案件的日落复审提供必要的依据，为反补贴政策的修正、调整、继续或中止提供决策参考，并为未来反补贴政策的实施及反补贴政策的制定提供理论依据与政策建议。

6.1.2 评估原则

反补贴政策实施效果的评估应当遵循“公平贸易”原则、“损害补偿”原则、“产业发展”原则及“公共利益”原则。

根据“公平贸易”原则，补贴作为一种不公平贸易行为破坏了国际贸易公平的正常市场竞争秩序，影响了进口国国内竞争产业的正常发展，损害了进口国国内生产商的利益；而实施反补贴政策用以制止补贴行为的继续发生，恢复国际贸易的正常秩序，弥补补贴对国内进口竞争产业造成的损害。因此，反补贴政策效果的评估应当依据“公平贸易”原则，重点评估反补贴政策的实施是否弥补了国内产业的损害。

根据“损害补偿”原则，ASCM 和各国反补贴法律规定一国在进行产业损害救济时，救济幅度以弥补倾销给国内产业造成的损害为限，不宜过大和过小。也就是说，救济幅度应当适中，如果救济幅度过大，不仅会损害到下游产业的利益，而且救济效果可能适得其反，进而违反“公平贸易”原则；如果救济幅度过小，则反补贴措施难以发挥对受损产业应有的救济作用。

根据“产业发展”原则，从反补贴政策对受损产业救济的目的出发，在“损害救济”原则的基础上，反补贴政策不仅要弥补国内进口竞争企业和产业所遭受的损害，也要为企业和产业的恢复与发展提供时间、空间和机会，使受损企业和产业在反补贴政策的合法保护下提升国际竞争力，实现又好又快的发展。

根据“公共利益”原则，反补贴政策效果的评估不仅要考虑进口竞争企业和产业的自身发展情况，还要适当兼顾反补贴政策对上下游产业、外商投资等其他各方利益的影响。但是在评估过程中仍应当以国内进口竞争企业和产业利益为主，不应过分强调公共利益问题，应当做到突出重点、有所兼顾。

6.1.3　评估对象

顾名思义，反补贴政策效果评估的对象是反补贴政策效果。尽管反补贴政策的作用对象是进口国的国内产业，然而，由于反补贴政策作用的方面很多，单纯的产业救济效果不能包括反补贴政策效果的全体，因此，反补贴政策效果包含的具体内容需要进一步分析。而要搞清楚什么是反补贴政策效果，首先要从反补贴措施的采取目的着手。

根据我国反补贴实践，不难发现，我国反补贴措施实施的目的至少有以下几个。

（1）维护市场公平竞争秩序，阻止补贴行为的进一步发生，表现为国外涉案企业的销售价格迅速上升，进口量下降。

（2）使国内受损产业得到较快康复和发展，表现为国内受损产业的各生产经营指标得到明显改善和提高。

（3）使国内产业的产业结构和产品技术结构得到优化和调整，表现为产业生产设备更新、技术能力提高和产品种类增多等。

（4）促进增加就业，保持国内社会稳定，表现为国内产业的就业水平显著提高，失业人数急剧下降。

（5）维护国内产业经济安全，表现为对国内产业的控制力增强，国内资本控制高新技术的能力增强。

因此，反补贴政策效果不是某个领域的单一效果，也不是反补贴措施的全部影响，而是包括贸易、产业经营效率、产业结构和技术、员工就业及产业安全等五个方面的反补贴影响效果。

6.2 评估指标体系初步构建

6.2.1 指标选择原则

为建立科学的反补贴政策效果评估指标体系，依据 ASCM、《中华人民共和国反补贴条例》及反补贴调查机关的实践经验，结合评估目标和反补贴案件的实际与特点，遵循以下原则构建评估指标体系。

（1）可依性。评估指标的选取依据 ASCM 和《中华人民共和国反补贴条例》的相关规定进行。

（2）可行性。考虑到实际收集数据在途径和时间上的困难，设计指标体系时，将充分考虑指标的可操作性，尽量选取那些能够在反补贴政策实施过程中短期内直接或间接获得数据的指标。

（3）系统性。考虑到反补贴政策实施效果本身是一个多方面因素综合作用的系统，所以在指标体系构建时对指标体系的系统性加以关注。在设计指标体系时，将采用系统设计、系统评价的原则，避免单个指标孤立化，从系统角度考虑指标设置的合理性，同时按照层次化的思想，逐层系统地设计评价指标。

（4）科学性。为正确客观地描述反补贴政策的实施效果，建立的评估指标体系应符合指标构建和设计的科学性，并对建立的指标体系进行科学化处理。本章依据国内外现有反补贴政策的研究成果和反补贴实践，同时认真听取专家学者的建议，仔细挑选指标，使其能够真实反映反补贴政策实施效果的全面情况，尽量减少人为因素的干扰。

（5）完备性。为全面评估反补贴政策的实施效果，建立的评估指标体系应尽可能反映反补贴政策对进口竞争企业和产业各方面的影响。同时选取指标时应做到宏观与微观相结合，定性与定量相结合，经济效益与公共利益相结合，综合描述反补贴政策的影响。

（6）实践性。根据反补贴政策的特点，本章将在积极征求有关专家、律师和被调研企业的建议的基础上进行政策效果评估指标的选取。

（7）动态性。考虑到反补贴政策的实施时间跨度比较长，因此，其政策效果的显现也必将是一个动态变化的过程。所以，在指标的设计上，将选取反映一定时间跨度之内政策效果的评估指标，使建立的评估指标体系能够动态反映反补贴政策效果的全过程。

（8）客观性。反补贴措施的评估涉及贸易各方的利益关系，评估工作必须坚持客观的态度和公正的立场，才能使其结果真实可靠地反映客观情况，维护投资贸易各方的合法权益。评估应当严格按照评估目的、评估程序及事先设计的评估方案进行，不能任意偏离或者变更；同时应当以获取的企业和产业相关数据、文件、资料等作为评估的客观依据，不能以主观判断代替客观评估行为。评估者在评估过程中应当尽可能地排除自己主观上的偏见，更不能主观意愿预设结论，影响评估的客观性和公平性。

6.2.2　指标体系内容与各指标含义

按照上述指标选取原则，作者根据 ASCM、《中华人民共和国反补贴条例》中关于反补贴国内产业损害评估的指标，在国内学者已有的研究成果并听取相关专家学者的意见基础上，初步构建了反补贴政策效果的评估指标体系。

与反补贴政策效果内涵一致，整个反补贴政策效果的评估指标分为贸易作用效果和产业作用效果两个大方面，其中产业作用效果又可分为产业运行、产业安全、产业就业和产业产品结构四个小方面。指标体系主要内容如图 6.1 所示。

贸易作用效果指标 C_1 下包含 3 个二级指标，分别是涉案出口企业的进口价格、进口额和进口量，用以描述反补贴措施实施后进口国国内的贸易状况，以观测反补贴措施实施后涉案出口企业是否停止补贴行为、进口国国内正常贸易秩序是否恢复。

产业作用效果指标 C_2 下包含 4 个二级指标，分别是产业运行程度指标 C_{21}、产业安全程度指标 C_{22}、产业就业程度指标 C_{23} 和产业产品结构优化程度指标 C_{24}。

其中，产业运行程度指标 C_{21} 用于描述国内产业的实际运行状态，其下又包含 12 个三级指标，分别为产能 C_{211}、产量 C_{212}、产能利用率 C_{213}、劳动生产率 C_{214}、销售量 C_{215}、销售价格 C_{216}、销售收入 C_{217}、市场份额 C_{218}、库存 C_{219}、税前利润 C_{21a}、现金净流量 C_{21b} 和投资收益率 C_{21c}。

产能 C_{211} 表示考察期内国内产业的平均实际生产能力，计算公式为产能=（期初实际生产能力+期末实际生产能力）/2。

产量 C_{212} 表示按照公认计量单位统计的由国内产业生产的产品数量。

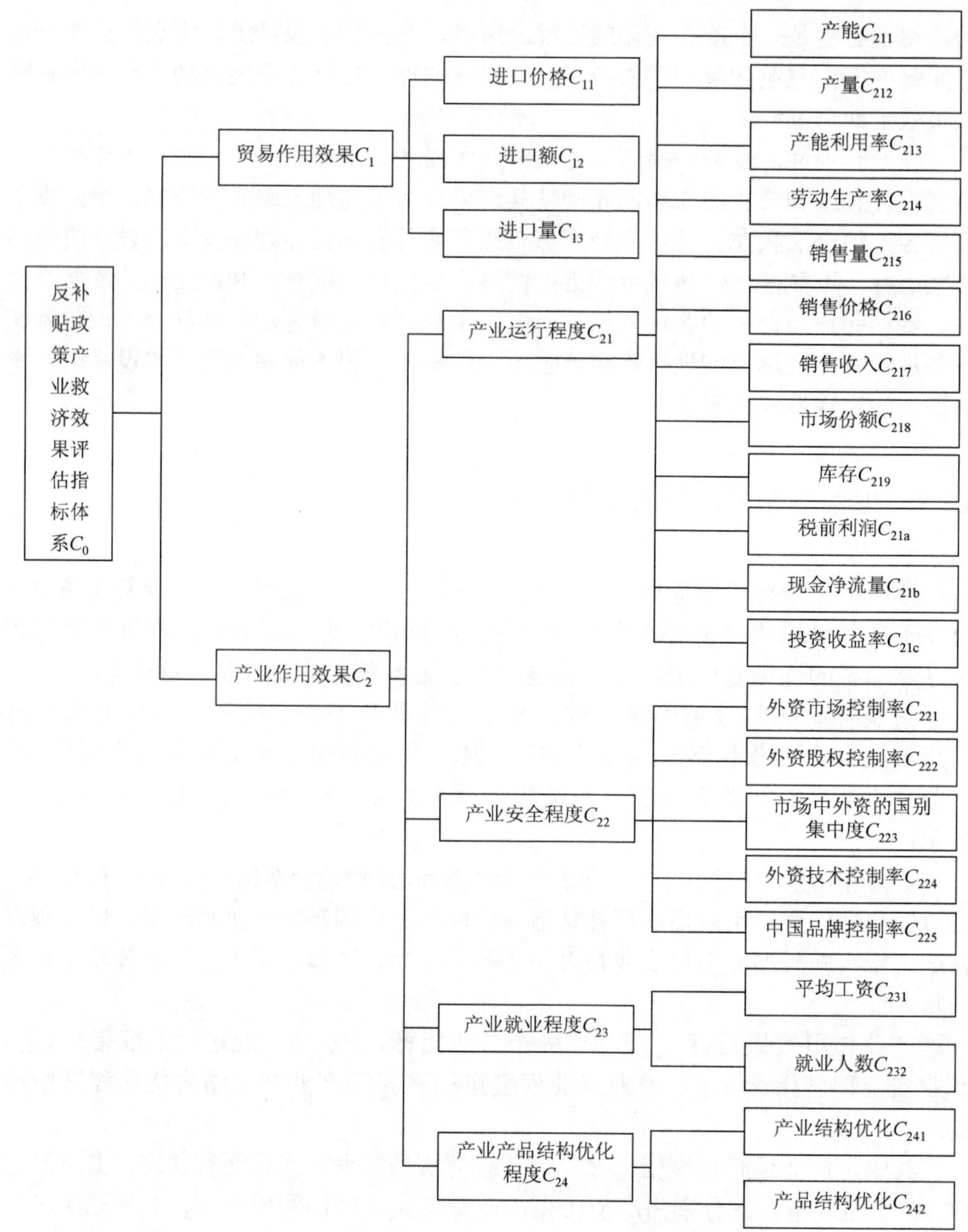

图 6.1 反补贴政策实施效果的初步评估指标体系图

产能利用率 C_{213} 是指国内产业在生产过程中实际利用的生产能力占总生产能力的比例，其计算公式为产能利用率=产量/产能×100%。

劳动生产率 C_{214} 表示员工生产效率，劳动生产率=产量/员工总人数×100%。

销量量 C_{215} 是指国内产业销售全部同类产品的数量，包括进口国国内销售量和出口量两部分。

销售价格 C_{216} 为考察期内所售产品的平均销售价格。

销售收入 C_{217} 是指国内产业销售涉案产品的销售收入所得。

市场份额 C_{218} 是指国内产业销售涉案产品数量所占进口国涉案产品市场上总销售量的份额。

库存 C_{219} 用于衡量是否出现产品积压或库存减少的现象，一般用期末库存数据表示。

税前利润 C_{21a} 是指企业销售产品所得业务收入扣除其成本、费用、税金后的利润，该指标能有效反映该行业的获利情况。其计算公式为税前利润=销售收入－销售成本－应摊的销售税金及附加－应摊的期间费用。

现金净流量 C_{21b} 反映的是国内产业的资金运转情况，用运营过程中现金流入和流出量的差额表示，其计算公式为现金净流量=现金流入量－现金流出量。

投资收益率 C_{21c} 是指国内产业生产同类产品所得的投资收益与生产同类产品所投入的投资成本之间的比例。具体处理时应按照产品生产的数量比例作分摊处理。

产业安全程度指标 C_{22} 用于描述国内产业是否处于安全状态、是否对产品市场拥有控制力。其下又包含 5 个三级指标，分别是外资市场控制率 C_{221}、外资股权控制率 C_{222}、市场中外资的国别集中度 C_{223}、外资技术控制率 C_{224} 和中国品牌控制率 C_{225}。

外资市场控制率 C_{221} 用来反映国内产业市场受外资企业控制的程度，可用外资控制企业的市场份额与国内产业总市场份额的比例表示。国际反垄断法中把该指标的警戒线定为 20%。

外资股权控制率 C_{222} 可用外资股权控制企业的产品价值与国内产业生产的总产品价值的比例表示。根据国际惯例，该指标的警戒线在 30%。

市场中外资的国别集中度 C_{223} 可用产业中受外商直接投资前 5 名国家控制的企业生产同类产品的价值与国内产业生产的总产品价值的比例表示。国别集中度越高，国内产业越不安全。根据国际惯例，该指标的警戒线在 70%。

外资技术控制率 C_{224} 可用国内产业的平均技术国有化率与 1 的差值来决定。

中国品牌控制率 C_{225} 可用外资品牌市场份额与国内产业市场份额的比值来衡量。

产业就业程度指标 C_{23} 用于衡量产业在解决就业和工资待遇方面的状况。其下包括平均工资 C_{231} 和就业人数 C_{232} 两个指标。

平均工资 C_{231} 是指国内产业中生产同类产品的相关人员的平均工资，可用与生产同类产品有关的人员总工资与就业人数的比例表示。

就业人数 C_{232} 是指国内产业中与生产同类产品相关的就业总人数，包括同类产品生产人员及相关辅助人员和管理人员。

产业产品结构优化程度指标 C_{24} 用于衡量产业在反补贴政策实施后产业结构调整和产品结构优化的状况。其下包括两个指标——产业结构优化指标 C_{241} 和产品结构优化指标 C_{242}。这两个指标均为定性指标，需要经过定量化处理。

6.3 评估指标的筛选与构建

本节将从主观与客观两个视角来分析反补贴政策产业救济效果评估指标体系的构建，即主观是从国内产业 21 个内部发展指标出发，客观是从影响反补贴政策实施的外围因素出发。

6.3.1 基于（主观）聚类分析的评估指标筛选与构建

由于初步建立的指标体系之间可能存在信息重叠，为确保各项指标之间保持最大程度的相互独立，不相互交叉，不互为因果，保证评估结论的科学性和合理性，就需要采用筛选方法对指标中体现的信息进行分析，删除不必要的指标，简化整个指标体系。一般来说，指标筛选方法有两大类：一类是根据专家的主观判断来筛选指标，主要有德尔菲法等；另一类是根据指标体系中各指标的实际数据来寻找指标之间的相关性，从而达到筛选指标的目的，目前应用较广泛的有主成分分析法和因子分析法等。而对于本节评估分析过程来说，由于目前我国的反补贴政策实施效果评估工作开展不久，反补贴调查机关评估的案件数目较少，如果在评估中采用各指标的客观数据分析来筛选指标的话，分析样本的数目太少，达不到客观筛选指标方法的要求。另外，由于各案件的反补贴政策实施效果评估中，调查数据均为国内外企业机密，受法律保护，要想获取已评估案件的全部数据在途径上不具备条件。因此，在本节评估分析过程中，对评估指标进行筛选应采用指标的主观筛选法。

尽管评估条件决定了目前的反补贴政策实施效果评估只能采用指标的主观筛选法，然而众所周知，依靠专家建议进行判断存在随意性、主观性太强的缺点，因此对于指标的主观筛选方法要使用一定的手段进行处理，使专家的主观判断更为合理。基于以上考虑，本节评估分析过程中采用模糊聚类的分析方法来对指标进行筛选。

1. 模糊聚类分析方法的原理

聚类分析是依据某种方法及准则对一组样本或变量进行分类的一种多元统计

分析方法。模糊聚类分析正是在聚类分析的基础上加入模糊元素而形成的一种分析方法。在对事物的主观评估过程中通常会出现要对事物的某项属性进行定性判断的情况，然而由于事物之间的界限不全都是确切的，有些是模糊不清的，这就导致主观评估时很难判断。当聚类分析涉及事物之间这种模糊的界限时，就需要运用到模糊聚类分析方法。

根据目前国内外学者已经取得的成果来看，模糊聚类分析方法大致可分为三类。

（1）分类数不定，根据不同要求对事物进行动态聚类，此方法是基于模糊等价矩阵聚类的，称为模糊等价矩阵动态聚类分析法。

（2）分类数给定，找出对事物的最佳分类方案，此类方法是基于目标函数聚类的，称为模糊 C 均值聚类算法或称为模糊 ISODATA 聚类分析法。

（3）在摄动有意义的情况下，根据模糊相似矩阵聚类进行聚类，称为基于摄动的模糊聚类分析法。

根据反补贴政策实施效果评估的特点和指标性质，本评估选择基于模糊等价矩阵的聚类分析法进行评估。

模糊聚类分析方法的基本步骤如下。

（1）论域表征。待分类对象作为论域 $U=\{u_1,u_2,\cdots,u_m\}$，每个元素均有 n 个统计指标作为分类依据，向量表示为 $u_i=(x_{i1},x_{i2},\cdots,x_{in})$。

（2）确定模糊关系。按评分标准对各评估指标的重要度进行模糊打分，形成影响因素评分矩阵 $X=(x_{ij})_{m\times n}$。然后对评分矩阵进行归一化，并计算相关程度系数 r_{ij}，建立模糊相似关系矩阵 R。确定相似系数 r_{ij} 的最常用方法是贴近度法，本节采用距离贴近度

$$r_{ij}=1-c\sum_{k=1}^{m}\left|x_{ik}-x_{jk}\right| \tag{6.1}$$

（3）计算模糊等价关系矩阵。模糊相似关系矩阵 $R=(r_{ij})_{m\times m}$ 只满足自反性和对称性，而不满足传递性，为了进行模糊聚类分析，本节采用对 R 进行布尔乘传递闭包运算，直到 $R^k=R^{2k}$ $(k=2,4,\cdots,2^n)$。取 $R^*=R^k$ 为模糊等价关系矩阵。模糊等价关系矩阵应同时满足自反性、对称性和传递性。

（4）聚类。对模糊等价关系矩阵 R^* 求其在不同阈值 λ 下的截矩阵，通过 λ-截矩阵分析评估要素的相似程度，可以将各评估要素指标进行聚类。不同阈值 λ 下的截矩阵为 $R_\lambda=\lambda(r_{ij})$，其中：

$$\lambda(r_{ij})=\begin{cases}1, r_{ij}\geqslant\lambda\\0, r_{ij}<\lambda\end{cases} \tag{6.2}$$

不同的λ值可以得到不同的截矩阵R_λ，当λ由大到小逐渐下降时，分类也由细变粗，这样就能得到一个动态聚类图。根据实际情况的需要，选取最优的λ值，就可以实现相应的分类结果。

2. 模糊聚类分析的问题论域的确定

要对评估体系中的指标进行聚类处理，首先要形成模糊聚类分析的论域。由于我们是要利用聚类方法解决指标筛选的问题，本节评估分析过程的论域就是上文所初步创建的反补贴政策实施效果评估体系中的各指标。其次，要确定指标筛选的原则，以此作为反补贴政策实施效果指标聚类的评判标准。根据上文中确定的反补贴救济效果评估指标选择原则，本节评估分析过程选择科学性、客观性、可行性和动态性四个指标原则作为各政策实施效果评估指标的评估维度，并把各政策实施效果评估指标在各评估维度上的反映程度设定为“很合理、较合理、不合理”三个等级，每个等级相对应的权重分别为 3、2、1。本节评估分析过程将根据来自反补贴调查机关、行业协会、国内企业和科研机构的20位专家的意见，进行反补贴救济效果评估指标的筛选工作。

3. 基于模糊聚类分析的反补贴政策实施效果评估关键指标识别

本节以反补贴政策实施效果评估指标体系中产业运行程度指标为例，研究其下各分指标模糊聚类分析模型的构造问题，其余指标的分析过程可照此方法进行。选取产业运行程度要素指标作为论域$U=\{u_1,u_2,\cdots,u_{12}\}$，根据问卷结果，将每个要素按照科学性、客观性、可行性和动态性四个维度，对 12 个指标进行评判，就“很合理、较合理、不合理”三个合理程度等级进行评分，并按人数予以累加，可得到每个评估指标合理程度的原始评分人数统计表，见表 6.1。

表 6.1　产业运行程度指标评分人数统计表

指标	科学性			客观性			可行性			动态性		
	很合理	合理	不合理	很合理	合理	不合理	很合理	合理	不合理	很合理	合理	不合理
C_{211}	10	10	0	14	6	0	14	6	0	0	2	18
C_{212}	12	8	0	16	4	0	16	4	0	14	6	0
C_{213}	4	8	8	16	4	0	16	4	0	0	2	18
C_{214}	16	4	0	15	5	0	16	4	0	14	6	0
C_{215}	15	5	0	14	6	0	18	2	0	18	2	0
C_{216}	18	2	0	16	4	0	18	2	0	20	0	0
C_{217}	2	6	12	17	3	0	17	3	0	6	10	4

续表

指标	科学性			客观性			可行性			动态性		
	很合理	合理	不合理	很合理	合理	不合理	很合理	合理	不合理	很合理	合理	不合理
C_{218}	16	4	0	4	10	6	18	2	0	1	5	14
C_{219}	0	4	16	6	10	4	17	3	0	12	8	0
C_{21a}	15	5	0	8	10	2	16	4	0	6	10	4
C_{21b}	3	5	12	14	6	0	15	5	0	14	4	2
C_{21c}	12	7	1	15	5	0	16	4	0	1	4	15

对于表 6.1 的统计结果，需要进一步分析，以确定统计的有效性。例如，市场份额指标 C_{218} 的客观性评价存在很合理和不合理评价相当的情况。在实际案例中，存在国内产业中各企业市场份额清晰和不清晰的情况，故专家评价在该指标上呈现两极分化是合理的。又如，销售收入指标 C_{217} 和税前利润指标 C_{21a} 在动态性评价上存在很合理和不合理评价相当的情况。实际情况中这两个指标的动态性与统计数据的更新程度有关，有些行业更新速度快，有些行业更新速度慢，故专家评价在该指标上呈现两极分化也是合理的。因此，表 6.1 的统计结果可直接用于下一步的计算。

根据表 6.1 的统计结果，可以计算各指标在各评估维度上的平均值并采用极大值标准化法对数据进行标准化处理，结果如表 6.2 所示。

表 6.2　产业运行程度指标评分计算结果表

指标	科学性	客观性	可行性	动态性
C_{211}	0.86	0.95	0.93	0.37
C_{212}	0.9	0.98	0.97	0.9
C_{213}	0.62	0.98	0.97	0.37
C_{214}	0.97	0.96	0.97	0.9
C_{215}	0.95	0.95	1	0.97
C_{216}	1	0.98	1	1
C_{217}	0.52	1	0.98	0.7
C_{218}	0.97	0.67	1	0.45
C_{219}	0.41	0.74	0.98	0.87
C_{21a}	0.95	0.81	0.97	0.7
C_{21b}	0.53	0.95	0.95	0.87
C_{21c}	0.88	0.96	0.97	0.43

基于表 6.2 中的数据，对产业运行程度指标下的分指标按以下公式进行计算。

$$S = 0.4S_{科学性} + 0.1S_{客观性} + 0.4S_{可行性} + 0.1S_{动态性} \tag{6.3}$$

式（6.3）体现了在指标取舍时主要考虑科学性和可行性，兼顾客观性和动态性的原则。

计算平均加权得分值，从大到小排列，结果如表 6.3 所示。

表 6.3　产业运行程度指标得分排列表

指标	C_{216}	C_{215}	C_{214}	C_{212}	C_{21a}	C_{218}	C_{21c}	C_{211}	C_{213}	C_{21b}	C_{217}	C_{219}
得分	0.998	0.972	0.962	0.936	0.919	0.9	0.879	0.848	0.774	0.771	0.77	0.717

根据公式 $r_{ij}=1-c\sum_{k=1}^{m}\left|x_{ik}-x_{jk}\right|$，取 c=0.5，计算论域中元素之间的相似系数，得到模糊相似关系矩阵 R，结果如下所示：

$$R=\begin{bmatrix}
1 \\
0.68 & 1 \\
0.85 & 0.6 & 1 \\
0.66 & 0.96 & 0.55 & 1 \\
0.62 & 0.91 & 0.51 & 0.94 & 1 \\
0.56 & 0.89 & 0.48 & 0.91 & 0.95 & 1 \\
0.62 & 0.7 & 0.77 & 0.65 & 0.62 & 0.59 & 1 \\
0.73 & 0.57 & 0.62 & 0.62 & 0.59 & 0.55 & 0.48 & 1 \\
0.4 & 0.62 & 0.52 & 0.59 & 0.56 & 0.51 & 0.73 & 0.47 & 1 \\
0.7 & 0.79 & 0.59 & 0.82 & 0.78 & 0.73 & 0.69 & 0.78 & 0.61 & 1 \\
0.58 & 0.77 & 0.68 & 0.75 & 0.72 & 0.66 & 0.87 & 0.41 & 0.82 & 0.63 & 1 \\
0.94 & 0.75 & 0.83 & 0.72 & 0.68 & 0.63 & 0.66 & 0.79 & 0.43 & 0.76 & 0.59 & 1
\end{bmatrix} \tag{6.4}$$

应用模糊传递闭包法对产业运行程度指标的模糊相似关系矩阵 R 进行运算，得到模糊等价关系矩阵 T，结果如下所示：

$$T=\begin{bmatrix}
1 \\
0.78 & 1 \\
0.85 & 0.78 & 1 \\
0.78 & 0.96 & 0.78 & 1 \\
0.78 & 0.94 & 0.78 & 0.94 & 1 \\
0.78 & 0.94 & 0.78 & 0.94 & 0.95 & 1 \\
0.77 & 0.77 & 0.77 & 0.77 & 0.77 & 0.77 & 1 \\
0.79 & 0.78 & 0.79 & 0.78 & 0.78 & 0.78 & 0.77 & 1 \\
0.77 & 0.77 & 0.77 & 0.77 & 0.77 & 0.77 & 0.82 & 0.77 & 1 \\
0.78 & 0.82 & 0.78 & 0.82 & 0.82 & 0.82 & 0.77 & 0.78 & 0.77 & 1 \\
0.77 & 0.77 & 0.77 & 0.77 & 0.77 & 0.77 & 0.87 & 0.77 & 0.82 & 0.77 & 1
\end{bmatrix} \tag{6.5}$$

由矩阵 T 可知 λ 的取值范围由大到小为 λ={1，0.96，0.95，0.94，0.87，0.85，0.82，0.79，0.78，0.77}

对于以上 λ 值分别进行聚类，可形成动态聚类图，如图 6.2 所示。

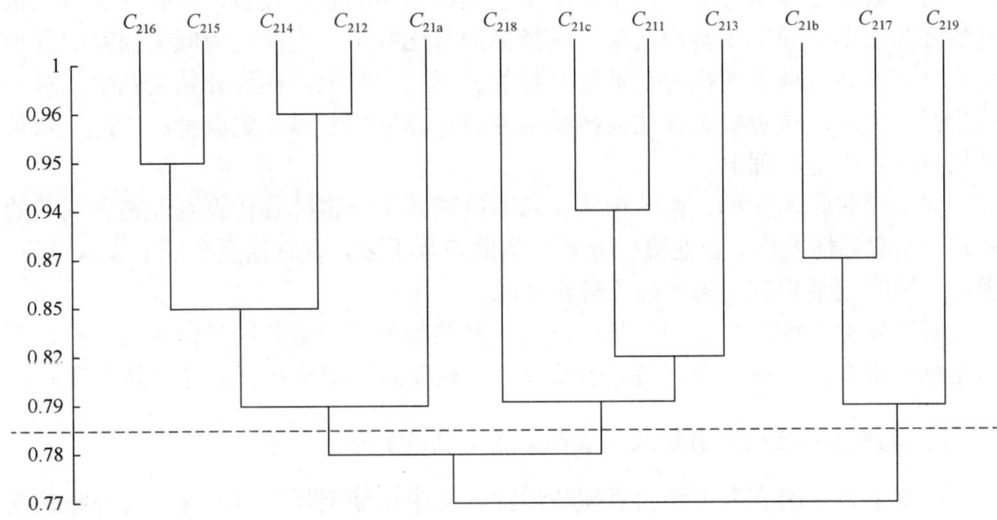

图 6.2　动态聚类图

当 λ=0.79 时，12 项产业运行程度指标聚为三类，聚类分析结果如表 6.4 所示。

表 6.4　产业运行程度评估要素分析结果表

评估要素	聚类结果	
	分类	评估程度
销售价格	第一类	很合理
销售量		
劳动生产率		
产量		
税前利润		
市场份额	第二类	较合理
投资收益率		
产能		
产能利用率		
现金净流量	第三类	不合理
销售收入		
库存		

以上计算过程可以使用 Matlab 编程实现。

从表 6.4 中可以看出，12 项产业运行程度指标聚为三类后可以去除第三类的现金净流量指标、销售收入指标和库存指标。下面依次对聚类结果予以分析说明。

对于现金净流量指标，由于实际中影响该指标的因素较多，如企业借贷或融资的行为会明显影响现金净流量，该指标的恶化并不一定能视为倾销损害的有力证据，其好转也就不能视为反补贴有效的证据。实际上，在反补贴实践中，对于该指标的处理，调查机关往往会根据案件的实际情况予以一定取舍。因此，聚类结果将其舍去是合理的。

对于销售收入指标，由于销售收入的提高并不一定能够代表企业销售状况的好转，在实际情况中，企业降价处理存货的现象很多，有时甚至会低于成本销售。因此，聚类结果将其舍去也是比较合理的。

对于库存指标，由于库存是产量与销量的差值，产量和销量指标已经在合理的指标范围之内，故考虑到指标的重叠性，聚类结果把该指标去除也是合理的。

4. 筛选指标后的反补贴政策实施效果评估指标体系

按照上述关键要素识别的原理和步骤，应用模糊聚类分析方法对反补贴政策实施效果各指标要素进行有效识别，给出各指标的重要度排序，并选取聚类结果中属于“很合理”和“较合理”层次的评估要素指标作为最终的评估指标，可以得到重构的反补贴政策实施效果评估指标体系。具体如图 6.3 所示。

5. 反补贴政策实施效果评估指标的标准化

在综合评估系统中，一般各个指标值的单位和量级是不相同的，反补贴政策实施效果评估指标体系也是如此，各指标间可能会存在差异性，给反补贴政策实施效果评估带来不便。因此，为了尽可能地反映实际情况，排除由于各项指标的单位不同及其数值数量级之间的悬殊差别所带来的影响，必须对反补贴政策实施效果评估指标进行标准化处理，以避免不合理的情况出现。对评估指标进行标准化处理，一般包括两个主要内容：一是一致化处理；二是无量纲化处理。

1）一致化处理

一致化处理指的是统一评估指标类型。由于评估指标体系中一般存在四种类型的指标：极大型指标、极小型指标、居中型和区间型指标。各类型指标的特点不同，这就使在综合评估对象时容易产生分歧，因此必须在进行综合评估之前，将评估指标的类型做一致化处理，尽可能地将指标类型数量减少。在本节评估分析过程中，极大型指标有进口价格、产量、产能、产能利用率、劳动生产率、销售量、销售价格、市场份额、税前利润、投资收益率、就业人数、产业结构优化；极小型指标有进口量和外资技术控制率；区间型指标有市场中外资的国别集中度。

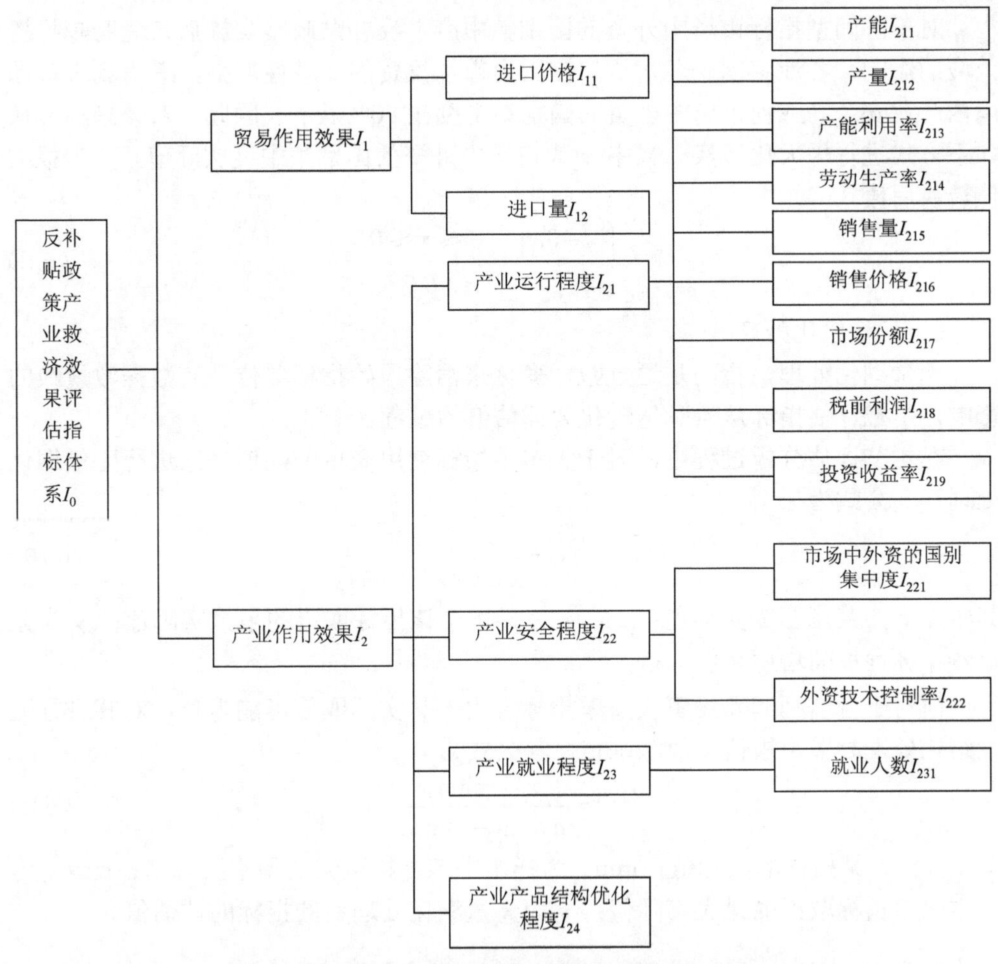

图 6.3　重构后的反补贴政策实施效果评估指标体系图

考虑到反补贴政策实施效果应该越明显越好，也就是评估分值越高越好，应对极小型指标和区间型指标进行转换处理。

对于极小型指标进口量，反补贴政策实施后，由于贸易阻止效应，进口国涉案产品市场中来自涉案出口国企业的产品销量会大幅度减小，进口量越小，说明反补贴措施的贸易阻止效应越明显。因此，把进口量指标做极大型指标转换时可以采用求其倒数的方法，如果出口企业彻底退出进口国市场，进口量下降为 0，转换后进口量指标应取 1。

对于极小型指标外资技术控制率，反补贴政策实施后，随着国内产业经营情况的好转，产业的平均技术能力应能够得到提升，国外引进技术的国产化程度应该提高，外资对技术的控制率应下降。因此，在把外资技术控制率做极大型指标转换时可以采用引进技术的国产化程度来代替。

对于区间型指标市场中外资的国别集中度，反补贴政策实施后，受跨越投资效应的影响，各涉案国企业对进口国国内市场投资的驱动性增强，考虑到进口国国内产业安全，应使市场中外资的国别集中度在70%以下。因此，对该指标应按如下方式进行极大化转换。式中 x 为市场中外资的国别集中度实际值，Y 为极大值转换后值。

$$Y=\begin{cases}|x-0.7|, & 0\leqslant x\leqslant 0.7\\ 0, & x>0.7\end{cases} \tag{6.6}$$

2）无量纲化处理

无量纲化处理，指的是通过数学变化来消除原始指标单位及其数据数量级的影响，是把评估指标从实际值转化为评估值的过程。

在本节评估分析过程中，对于大多数指标使用简单的阈值法来进行无量纲化处理，其公式为

$$y_i=\frac{x_i}{\max x_i} \tag{6.7}$$

其中，x_i 为某指标的实际值；$\max x_i$ 为样本中该指标取得的最大实际值；y_i 为无量纲化处理后的指标的评估值。

而对于税前利润和投资收益率指标，由于其实际取值可能为负，对其进行无量纲化处理时采用极值差值法确定，其公式为

$$y_i=\frac{x_i-\min x_i}{\max x_i-\min x_i} \tag{6.8}$$

其中，x_i 为某指标的实际值；$\min x_i$ 为样本中该指标取得的最小实际值；$\max x_i$ 为样本中该指标取得的最大实际值；y_i 为无量纲化处理后的指标的评估值。

6.3.2 基于（客观）关键影响因素的评估指标筛选与构建

由 6.3.1 小节的内容可知，模糊聚类指标筛选法是一种主观筛选法，但是由于反补贴调查的对象与反倾销不同，即反补贴调查的是一国补贴政策，将涉及一国产业政策、经济政策等宏观基本面的影响，再加上国外对华反补贴立案调查数目多、国内实施反补贴政策数目少的基本事实，本节选择国外对华实施反补贴政策的 39 起案件及其相关立案、调查、终裁数据，从影响评估的客观关键因素出发、从实际发生过的国外对华反补贴案件出发，基于客观关键影响因素研究反补贴政策产业救济效果的评估指标体系。

国内外学者多从法学分析、经济学分析角度概括提出政治、经济是反补贴政策实施的主要宏观影响因素，但由于相关研究文献相对较少，针对本部分的研究在两个方面还值得深入探讨：第一，研究影响反补贴政策实施的关键因素指标具

体包括哪些内容；第二，基于反补贴自身特性，研究影响反补贴政策实施的关键因素指标具体包括哪些内容，以及这些具体因素指标对反补贴政策实施的影响程度如何。实际上，反补贴政策的实施是受多种因素影响的，且每种因素影响的程度也各不相同。因此，本书基于系统思维，运用政策评估理论、管理统计方法，系统、深入地分析了反补贴政策实施的关键外围影响因素。

本章基于第 4 章、第 5 章的研究内容，结合反补贴自身特性，构建了“BN-L”[二元选择模型（binary choice model）、负二项分布模型（negative binomial distribution model），滞后变量模型（lagged variable model）] 组合模型，同时运用美国、欧盟、加拿大、澳大利亚、南非、印度对中国发起的 39 起反补贴调查案件相关数据，深入分析与研究了反补贴政策实施的关键客观外围影响因素。

与反倾销相比，反补贴已由企业的微观层面上升到了政府政策的宏观层面，反补贴调查的对象涉及一国政府的宏观经济政策和制度安排，企业是反补贴调查的直接承受者，并且反补贴措施的实施也容易对被调查国的整体产业、整个区域造成“全面杀伤”。因此，反补贴调查机关在对反补贴决策与评估时，往往要考虑本国所处的宏观政治、经济、贸易等环境，即决策环境。

1. 关键客观影响因素“BN-L”组合模型构建

1）反补贴政策实施的关键客观影响因素“BN-L”组合模型构建的基本思想

线性回归模型的一个局限性是要求被解释变量是定量变量而不能是定性变量。但是在许多实际问题中，经常出现被解释变量是定性变量的情况。二元选择模型是被解释变量可以为定性变量且被解释变量只有两种选择的模型，即被解释变量只取两个值，表示一种决策或一种结果的两种可能性。例如，一件事情发生与否，分别用 1 和 0 来表示。二元选择模型通常包括广义线性、逻辑斯蒂、极值模型，其中二项逻辑斯蒂模型较为常用。应用于被解释变量为非负整数值的情况，此时被解释变量通常表示事件发生的次数。滞后变量模型考虑了时间因素的作用，使静态分析的问题成为动态分析的问题，进而提高研究结果的动态性和科学性。

反补贴政策实施的关键客观影响因素“BN-L”组合模型构建和运用的基本思想为：①对于调查的反补贴案件，反补贴调查机关的决策有两种结果，要么实施反补贴措施、要么不实施反补贴措施，其满足二元选择模型中被解释变量只取两个值的要求，且被解释变量为定性变量。②利用反补贴政策实施的案件数量作为被解释变量进行研究反补贴政策实施的客观影响因素。反补贴政策实施的案件数量属于非负的离散变量，其满足负二项分布模型对被解释变量表示事件发生次数的要求。使用此模型时，被解释变量表示某年反补贴政策实施的案件数量，但值得注意的是，被解释变量与解释变量的研究时间长度应符合模型的要求，不应太小。③如果获取的案件样本数据对于两个模型的要求都符合，那么就可以利用二元选择模型和负二项分布模型来共同验证反补贴政策实施的关键客观影响因素，这样可以提高研究结果的准确性和科学性。④一般来说，在宏观经济运行过程中，广泛存在着滞后效应问题，某些经济变量不仅受当期各种因素的影响，而且受过去某些时期甚至自身值的影响。因此，本章在研究时考虑了被解释变量与解释变量的滞后变量，从而从动态分析角度来研究反补贴政策实施的客观影响因素。

2）反补贴政策实施的关键客观影响因素“BN-L”组合模型样本及变量的选取

本章采用2004～2009年美国、加拿大、澳大利亚、南非、印度对我国发起的38起反补贴案件为研究对象，从而更好地为我国反补贴调查机关提供借鉴。从中华人民共和国商务部贸易救济网获取的资料可知，这38起案件已有32起做出肯定性终裁，即最终实施反补贴措施。在分析关键客观影响因素时，将每一起案件是否已经做出肯定性终裁［F_i（i=1, 2, …, 38）表示第 i 个案件］作为案件的被解释变量，对其赋值为1和0。对于已经做出反补贴肯定性终裁的案件赋值为1，而将除此之外的情况赋值为0。表6.5为国外对华反补贴措施实施的终裁情况表。

表6.5　国外对华反补贴措施实施的终裁情况表

发起国	立案时间	涉案产品	是否终裁
加拿大	2004/4/13	室外用烤肉架	0
加拿大	2004/4/28	碳钢和不锈钢紧固件	1
加拿大	2004/10/4	复合地板	1
加拿大	2006/6/8	铜质管件	1
美国	2006/11/21	铜版纸	0
美国	2007/6/28	环状焊接碳素钢管	1
美国	2007/7/9	新充气工程机械轮胎	1
美国	2007/7/17	薄壁矩形钢管	1
美国	2007/7/18	复合编织袋	1
加拿大	2007/8/13	无缝钢制油气套管	1
美国	2007/10/11	未加工橡胶磁	1
美国	2007/10/29	低克重热敏纸	1
美国	2007/11/30	亚硝酸钠	1
加拿大	2008/1/24	碳钢焊接钢管	1
美国	2008/2/20	不锈钢焊接压力管	1

续表

发起国	立案时间	涉案产品	是否终裁
澳大利亚	2008/3/26	卫生纸	0
美国	2008/4/23	环形碳素管线管	1
美国	2008/5/6	柠檬酸及柠檬酸盐	1
加拿大	2008/5/15	半导体冷热箱	1
美国	2008/7/21	后拖式草地维护设备及相关零部件	1
南非	2008/7/25	不锈钢水槽	0
美国	2008/8/13	厨房用金属架（筐）	1
加拿大	2008/8/18	铝型材	1
澳大利亚	2008/12/18	空心结构钢材	0
印度	2009/1/14	亚硝酸钠	0
美国	2009/4/15	油井管	1
美国	2009/6/17	预应力混凝土结构用钢绞线	1
澳大利亚	2009/6/24	铝挤压材	1
美国	2009/6/19	钢格板	1
美国	2009/6/26	金属丝网托盘	1
美国	2009/6/26	钢丝层板	1
美国	2009/7/30	带织边窄幅织带	1
美国	2009/8/18	镁碳砖	1
加拿大	2009/8/24	石油管材	1
美国	2009/10/14	铜版纸	1
美国	2009/10/14	无缝碳钢和合金钢标准管	1
美国	2009/10/15	钠磷酸盐	1
美国	2009/10/15	钾磷酸盐	1

资料来源：中华人民共和国商务部贸易救济网，http: //www.cacs.gov.cn/cacs/

反补贴调查涉及政府的宏观层面，由反补贴自身特点及世界主要国家和地区反补贴实践的特征和趋势可知，客观影响因素对于反补贴政策效果起到了重要影响作用。根据已有的研究成果及国际反补贴立法与实践，本章研究的关键客观影响因素包括政治、经济、贸易等影响因素，其中经济、贸易等影响因素在一定程度上可以转化为政治影响因素，如是否承认一国的市场经济地位、经济增长缓慢、贸易顺差持续增长、汇率问题、失业问题等都可以上升到政治层面。根据以上分析，本章选取的关键客观影响因素指标共六个，其分别为：是否承认一国的市场经济地位（DM_{it}，此变量为虚拟变量，承认一国的市场经济地位取值为 1，反之取值为 0）、汇率同比变动率（ERC_{it}）、贸易差额变化率（TC_{it}）、反补贴政策实施国 GDP 变化率（$GDPC_{it}$）、进口渗透率同比变动率（$IPRC_{it}$）和反补贴政策实施国失业率同比变动率（URC_{it}），其中 i 表示第 i 个案件，t 表示第 t 年。

加入 WTO 之前，许多国家把中国视为非市场经济国家，认为反补贴不适用于中国。但随着我国加入 WTO 和对外贸易工作的积极开展，越来越多的国家承认中国完全市场经济地位，一旦我国市场经济地位得到普遍认可，国外对华反补贴调查将会不断增多。特别是美国、欧盟、加拿大等发达国家和地区在不承认我国市场经济地位的情况下修改国内反补贴法律并适用于我国，这势必极大影响我国政治、经济、社会的和谐发展。但是，从目前国外发起的反补贴调查案件来看，在不承认一国市场经济地位的情况下对该国使用反补贴政策的主要对象为中国。以上分析表明两种情况：一是一国被视为市场经济国家，则容易被别国提起反补贴诉讼或实施反补贴实施；二是虽然一国不被视为市场经济国家，但由于该国经济社会的发展等其他原因，也容易被别国提起反补贴诉讼或实施反补贴实施（如中国）。因此，作为解释变量（虚拟变量）之一的“是否承认一国的市场经济地位”（DM_{it}）对被解释变量的影响显著性并不确定。

从理论上来讲，一国国内的宏观经济不景气、失业率高、产业竞争力下降，将使得任何进口竞争都可能对该国国内产业生产、销售经营情况产生较大的压力。在此条件下，国内生产商、行业协会等将通过游说或对政府施压以保护本国国内产业，结果会导致反补贴立案调查案件数量上升，最终做出肯定性的终裁的概率上升。本章选择反补贴案件发起国 GDP 变化率（$GDPC_{it}$）和案件发起国失业率（URC_{it}）来反映。前者表示案件发起国总产出变动对反补贴政策实施的影响，后者代表案件发起国内部市场需求变动对反补贴政策实施的影响。

从汇率的角度来看，它不单单是经济层面的问题，在某些方面会涉及一国的政治层面。比如，美国将人民币汇率问题政治化等。事实上，汇率问题并非是导致中美贸易问题的主要原因，但美国奥巴马政府并没有停止进一步要求人民币升值。并且，在中美贸易关系日趋紧张之际，美国还可能考虑征收人民币汇率反补贴税，从而使人民币汇率同出口补贴联系起来。从理论上来讲，当进口国货币升值时，进口商品的本币价格下降，这将在一定程度上降低进口国相同行业生产商的利润，进而增加对他们国内产业造成实质性损害的可能性；反之，若进口国货币贬值将减少实质性损害的可能性。因此，汇率升高将增加进口国提起反补贴诉讼的可能性。本章选择汇率同比变动率（ERC_{it}）来反映。

我国正处于经贸快速发展时期，逐渐崛起为世界贸易大国，随着我国经贸的快速发展，我国对许多国家处于巨额贸易顺差地位[①]，尤其是欧美等发达国家和地

① 2001～2008 年我国对美国的贸易顺差额分别为（单位为 10 亿美元）：28.1、42.7、58.6、80.29、114、3、144.3、163.32、266.33。

区。美欧等发达国家和地区面对这种不利的贸易形势和迫于国内或区域内贸易保护注意的压力，就会利用反倾销、反补贴等各种贸易保护手段来限制中国产品的出口。并且，贸易逆差和进口渗透率的上升意味着国内厂商面临国外的竞争更加激烈。进口渗透率升高，表明进口国产业市场份额的减少、生产规模的缩减和利润的下降等，在这种情况下，国内产业对贸易保护的需求将会增加，对政府的压力也将加大，因而容易增加进口国发起反补贴调查和实施反补贴政策的可能性。

综上所述，本章对以上各变量对反补贴政策实施效果影响的预期方向做出预期，具体如表 6.6 所示。

表 6.6 各变量对反补贴政策实施效果影响的预测期方向表

变量	DM_{it}	ERC_{it}	$GDPC_{it}$	URC_{it}	TC_{it}	$IPRC_{it}$
预期符号	?	+	–	+	+	+

3）反补贴政策实施的关键客观影响因素“BN-L”组合模型

根据“BN-L”组合模型构建的基本思想、样本及变量的选取，反补贴政策实施客观影响因素的“BN-L”组合模型如下。

（1）当被解释变量为定性变量时，模型为（二项 Logistic 回归和滞后变量组合模型）

$$\ln\left(\frac{p_i}{1-p_i}\right)=\beta_0+\beta_1\mathrm{DM}_{it}+\beta_{2j}\sum_{j=1}^{m}\mathrm{ERC}_{it-m}+\beta_{3j}\sum_{j=1}^{m}\mathrm{GDPC}_{it-m}+\beta_{4j}\sum_{j=1}^{m}\mathrm{URC}_{it-m}+\beta_{5j}\sum_{j=1}^{m}\mathrm{TC}_{it-m}+\beta_{6j}\sum_{j=1}^{m}\mathrm{IPRC}_{it-m}+\varepsilon_t \tag{6.9}$$

其中，$p_i=P(Y_i=1)$， $Y_i=\begin{cases}1, & \text{做出肯定性裁决，即实施最终反补贴政策}\\ 0, & \text{做出否定性裁决，即不实施最终反补贴政策}\end{cases}$；$m$ 为最优滞后期，其可以通过计量经济学中的极大似然准则、似然比准则（likelihood ratio，LR）、最终预测误差准则（final prediction error，FPE）、AIC、施瓦兹准则（Schwarz criterion，SC）、汉南–奎因准则（Hannan-Quinn，HQ）等来确定最优滞后期；ε_t 为特定误差或截面单元异方差，且 $\varepsilon_t=\ln v_t$，v_t 为未观察到的影响因素。对式（6.9）进行估计，就是求使 $\theta(p)=\ln\left(\frac{p_i}{1-p_i}\right)$ 达到最大的 β 值。令

$$\theta(p)=\ln\left(\frac{p_i}{1-p_i}\right)=\beta_0+\beta_1\mathrm{DM}_{it}+\beta_{2j}\sum_{j=1}^{m}\mathrm{ERC}_{it-m}+\beta_{3j}\sum_{j=1}^{m}\mathrm{GDPC}_{it-m}+\beta_{4j}\sum_{j=1}^{m}\mathrm{URC}_{it-m}+\beta_{5j}\sum_{j=1}^{m}\mathrm{TC}_{it-m}+\beta_{6j}\sum_{j=1}^{m}\mathrm{IPRC}_{it-m}+\varepsilon_t \tag{6.10}$$

p 由 θ 来表示，可以得出：

$$p=\frac{e^{\theta(p)}}{1+e^{\theta(p)}} \tag{6.11}$$

p 表示事件的发生概率，Logit（p）是因变量 $Y=1$ 的差异比或似然比的自然对数，$\theta(p)$ 以 Logit（0.5）=0 为中心对称，$\theta(p)$ 在 p =0 或 p =1 的附近变化幅度很大，而且当 p 从 0 变化到 1 时，$\theta(p)$ 从 $-\infty$ 变到 $+\infty$，$\frac{p_i}{1-p_i}$ 称为事件的发生比，可以用 Ω 来表示。p 与 Logit（p）之间的对照关系详见表 6.7。

表 6.7　p 与 Logit（p）之间的关系表

p	0.3	0.4	0.5	0.6	0.7	0.8	0.9	0.95	0.99
Logit（p）	−0.847	−0.405	0	0.045	0.847	1.386	2.197	2.944	4.595

式（6.9）中的解释变量（虚拟变量除外）均为变化率。并且，解释变量的数据来源主要为：国际货币基金组织（www.imfstatistics.org/imf）、OECD（http://stats.oecd.or-g）、中国海关统计（www.haiguan.info）、国家外汇管理局（http://www.safe.gov.cn/mo-del_safe/index.html）、中国商务部贸易救济网（http://www.safe.gov.cn/model_safe/inde-x.html）等官方数据库。此外，模型中回归系数的意义为，第 j 个解释变量增加一单位将导致发生比 Ω 变为原来的 e^{β_j} 倍。但在该模型中，各解释变量都是相对指标，在实际中没有增加一单位的可能性，所以，通过转化即可发现，当第 j 个解释变量增加 0.01 单位时，将导致发生比 Ω 变为原来的 $e^{0.01\beta_j}$ 倍。也就是说，在计算得到模型各解释变量的回归系数以后，可得出各解释变量对于被解释变量是否显著性影响及影响程度。

（2）当被解释变量表示事件发生次数时，模型为负二项分布和滞后变量的组合模型，其中泊松与负二项分布模型都为计数模型。由于被解释变量反补贴数量为非负的离散变量，且是统计某国在 t 年对中国发起的反补贴最终措施实施数量，为计数变量，可以使用计数模型来进行估计。理论上，泊松模型是概率论中一种常用的离散型概率分布，其分布的参数 λ 为衡量单位时间内随机事件的平均发生率。以 CV_{it} 表示 i 国在 t 年对中国发起的反补贴数量，CV_{it} 去非负整数值，是一种典型的离散型计数模型。本章使用泊松分布计数模型扩展到负二项回归计数模型来进行分析与研究。其中，对于泊松模型，被解释变量关于解释变量的条件密度就是泊松分布，即

$$f(CV_{it}|x_t,\ \beta)=\frac{e^{-\lambda(x_t,\ \beta)}\lambda(x_t,\ \beta)^{CV}}{CV_t!} \tag{6.12}$$

其中，$\lambda(x_t,\ \beta)$ 为一个指标变量，衡量 i 国对中国发起反补贴调查的平均发生率，

$\lambda(x_t，\beta)$ 与解释变量 x_t 的关系式为

$$\lambda(x_t，\beta) = \exp(x_t，\beta) = \exp(\beta_0 + \beta_1 x_{1t} + \beta_2 x_{2t} + \cdots + \beta_k x_{kt}) \tag{6.13}$$

由于泊松分布的特点，被解释变量的期望值和方差是

$$E(\mathrm{CV}_{it} | x_t) = \mathrm{Var}(\mathrm{CV}_{it} | x_t) = \lambda(x_t，\beta) = \exp(x_t，\beta) \tag{6.14}$$

可由对数似然函数最大化得到参数 β 的估计，得到：

$$E(\mathrm{CV}_{it} | x_t) = \exp(x_t，\beta) = \exp(\beta_0 + \beta_1 x_{1t} + \beta_2 x_{2t} + \cdots + \beta_k x_{kt}) \tag{6.15}$$

对式（4.7）取自然对数得到：

$$\ln[E(\mathrm{CV}_{it} | x_t)] = \beta_0 + \beta_1 x_{1t} + \beta_2 x_{2t} + \cdots + \beta_k x_{kt} \tag{6.16}$$

式（6.16）与计数模型具有一致的形式。泊松分布的假设对模型施加了一些限制，它们在实证应用中经常得不到满足。比如，最重要的条件就是均值等于方差，即式（6.14）满足的条件。据此，当离散程度较人时，对泊松模型建议选择普遍的负二项分布模型，通过引入为观察到的影响因素 v_t 进入条件均值 μ_t，可将泊松模型扩展得到：

$$\ln[E(\mathrm{CV}_{it} | x_t，v_t)] = \ln\mu_t = \ln\lambda_t + \ln v_t \tag{6.17}$$

由此可以得出负二项回归计数模型为

$$\ln[E(\mathrm{CV}_{it} | x_t，v_t)] = \ln\mu_t = \beta_0 + \beta_1 x_{1t} + \beta_2 x_{2t} + \cdots + \beta_k x_{kt} + \varepsilon_t \tag{6.18}$$

其中，ε_t 为特定误差或截面单元异方差，且 $\varepsilon_t = \ln v_t$，exp（ε_t）服从 γ 分布。由此，i 国对中国反补贴的关键客观因素的负二项分布多变量计数模型为

$$\begin{aligned}\ln[E(\mathrm{CV}_{it} | x_t，v_t)] = {} & \beta_0 + \beta_1 \mathrm{DM}_{it} + \beta_2 \mathrm{ERC}_{it} + \beta_3 \mathrm{GDPC}_{it} + \beta_4 \mathrm{URC}_{it} + \beta_5 \mathrm{TC}_{it} \\ & + \beta_6 \mathrm{IPRC}_{it} + \varepsilon_t\end{aligned} \tag{6.19}$$

由上文可知，在宏观经济运行过程中，广泛存在着滞后效应问题，某些经济变量不仅受当期各种因素的影响，而且受过去某些时期甚至自身值的影响。式（6.19）引入最优滞后期 m，可以通过计量经济学中的 LR、FPE、AIC、SC、HQ 等准则来确定最优滞后期。引入 m 以后，式（6.19）变为

$$\begin{aligned}\ln[E(\mathrm{CV}_{it} | x_t，v_t)] = {} & \beta_0 + \beta_1 \mathrm{DM}_{it} + \beta_{2j} \sum_{j=1}^{m} \mathrm{ERC}_{it-m} + \beta_{3j} \sum_{j=1}^{m} \mathrm{GDPC}_{it-m} \\ & + \beta_{4j} \sum_{j=1}^{m} \mathrm{URC}_{it-m} + \beta_{5j} \sum_{j=1}^{m} \mathrm{TC}_{it-m} + \beta_{6j} \sum_{j=1}^{m} \mathrm{IPRC}_{it-m} + \varepsilon_t\end{aligned} \tag{6.20}$$

根据计算结果，给定解释变量变动 1 个单位，则 i 国对中国反补贴的期望值的比例变化为 $[\exp(\beta_k) - 1]$。通过负二项回归可计算出参数的估计值 β_k，将 $[\exp(\beta_k) - 1]$ 乘以 100 后变为百分数，可得出各解释变量对被解释变量是否显著性影响及影响程度。

2. 实证研究

由于国外对华发动第一起反补贴案件调查的时间为 2004 年，截至 2010 年共七年时间，当被解释变量表示某国某年反补贴政策实施的案件数量时，被解释变量与解释变量的研究时间长度为 7，相对较小且不符合负二项分布计数模型的要求。本章采用被解释变量为定性变量时的反补贴政策实施客观影响因素研究模型，选取的被解释变量及其数据如表 6.5 所示。

1）最优滞后期的选择与确定

本章采用被解释变量为定性变量时的反补贴政策实施关键客观影响因素研究模型。由计量经济学软件 EViews 计算可知，式（6.9）中的变量 TC_{it}、GDPC_{it} 最优滞后期 m 取值为 1。

2）反补贴政策实施的关键客观影响因素的确定

为了分析结果的有效性和分析过程的简化性，根据计算的最优滞后值，本章构建的确定反补贴政策实施的关键客观影响因素模型为

$$\ln\left(\frac{p_i}{1-p_i}\right)=\beta_0+\beta_1\mathrm{DM}_{it}+\beta_2\mathrm{ERC}_{it}+\beta_3\mathrm{GDPC}_{it-1}+\beta_4\mathrm{URC}_{it}+\beta_5\mathrm{TC}_{it-1}+\beta_6\mathrm{IPRC}_{it}+\varepsilon_t \tag{6.21}$$

根据国外对华发起反补贴调查的 38 起案件的具体情况，对选取的各项指标数据进行分类汇总，运用统计分析软件 SPSS13.0 对各指标进行整体的二项 Logistic 回归计算。以下将对回归的结果进行具体分析。

对数似然比检验与 Hosmer-Lemeshow 检验是二项 Logistic 回归模型整体检验常用的两种方法。由表 6.8 可知，当模型中含有虚拟变量 DM 时，模型的似然比卡方统计量为 15.941，自由度为 6，对应 p 值为 0.014，小于选取的显著性水平 0.05，所以认定该模型是整体显著的。但表 6.9 显示，Hosmer-Lemeshow 卡方统计量为 3.203，对应的 p 值为 0.866，大于选取的显著性水平 0.05，即认定模型不是整体显著的，与表 6.8 所示结果相矛盾。由表 6.10 可知，变量 ERC、TC_{-1}、GDPC_{-1}、IPRC、URC、DM、Constant 的 Wald 统计量对应的 p 值均大于显著性水平 0.05，即以上变量对被解释变量均无显著性影响，这与实际情况在很大程度上不相吻合，说明模型中某些变量的加入影响了整体的回归效果。

表 6.8　模型整体显著性的对数似然比检验结果表（一）

		Chi-square	df	Sig.
Step 1	Step	15.941	6	0.014
	Block	15.941	6	0.014
	Model	15.941	6	0.014

表 6.9　模型整体显著性的 Hosmer-Lemeshow 检验结果表（一）

Step	Chi-square	df	Sig.
1	3.203	7	0.866

表 6.10　回归系数估计值及其显著性检验结果表（一）

		B	S.E.	Wald	df	Sig.	Exp（*B*）
Steps	ERC	−29.481	27.385	1.159	1	0.282	0.000
1[a]	TC_{-1}	4.752	5.924	0.644	1	0.422	115.865
	$GDPC_{-1}$	19.141	32.316	0.351	1	0.554	2×10^{8}
	IPRC	−0.938	6.825	0.019	1	0.891	0.391
	URC	31.266	27.001	1.341	1	0.247	4×10^{13}
	DM（1）	8.993	6.755	1.772	1	0.183	8043.982
	Constant	−6.208	5.712	1.181	1	0.277	0.002

a. Variable（s）entered on step 1：ERC，TC_{-1}，$GDPC_{-1}$，IPRC，URC，DM

作为解释变量（虚拟变量）之一的“是否承认一国的市场经济地位”（DM_{it}）对被解释变量的影响显著性并不确定。因此，本章剔除变量 DM_{it} 重新进行回归分析。由表 6.11 和表 6.12 可知，在剔除变量 DM_{it} 后，模型的似然比卡方统计量对应 *p* 值与 Hosmer-Lemeshow 卡方统计量对应的 *p* 值均小于显著性水平 0.05，即认定模型是整体显著的。

表 6.11　模型整体显著性的对数似然比检验结果表（二）

		Chi-square	df	Sig.
Step 1	Step	20.795	5	0.001
	Block	20.795	5	0.001
	Model	20.795	5	0.001

表 6.12　模型整体显著性的 Hosmer-Lemeshow 检验结果表（二）

Step	Chi-square	df	Sig.
1	12.803	7	0.047

对于二项 Logsitic 回归模型的拟合优度评价，通常选取统计量 Cox-Snell R^2 统计量和 Nagelkerke R^2 统计量。Cox-Snell R^2 统计量类似于一般线性模型中的 R^2 统计量，统计量的值越大表明模型的拟合优度越高。而 Nagelkerke R^2 统计量是 Cox-Snell R^2 统计量的修正，使其取值范围限定为 0～1，其值越接近于 1 表明

模型拟合优度越高，而越接近于 0，说明模型拟合优度越低。表 6.13 列出了本次模型回归的 Cox-Snell R^2 统计量和 Nagelkerke R^2 统计量的值分别等于 0.42 和 0.60，也就是说模型解释了被解释变量 62%以上的变动，说明该模型拟合优度相对较好。

表 6.13　模型拟合优度评价结果表

Step	–2 Log likelihood	Cox-Snell R^2	Nagelkerke R^2
1	30.93[a]	0.42	0.62

a. Estimation terminated at iteration number 7 because parameter estimates changed by less than 0.001

根据得到的错判矩阵表 6.14 可知，在 6 起未做出肯定性终裁的反补贴案件中，有 2 起案件被正确预测，4 起被错判，正确率为 33.3%；在 32 起做出肯定性终裁的反补贴案件中，有 31 起案件被正确预测，1 起案件被错判，正确率达到 96.9%；模型总体的预测正确率为 86.8%，说明模型的预测效果较为理想。

表 6.14　错判矩阵表 [a]

Observed			Predicted		
			Logit（*p*）		Percentage Correct
			0.000 00	1.000 00	
Step 1	Logit（*p*）	0.000 00	2	4	33.3
		1.000 00	1	31	96.9
	Overall Percentage				86.8

a. The cut value is 0.500

根据表 6.15 中 Wald 统计量及其对应的 p 值可知，除常数项和变量 URC 外，变量 ERC、TC_{-1}、$GDPC_{-1}$、IPRC 的 Wald 统计量对应的 p 值分别为 0.032、0.029、0.048、0.030 均小于选取的显著性水平 0.05，说明这四个变量均通过了显著性检验，即对被解释变量有显著性影响。综上分析，该模型的回归方程为

$$\ln\left(\frac{p_i}{1-p_i}\right)=89.426\mathrm{ERC}_{it}-55.175\mathrm{GDPC}_{it-1}+24.283\mathrm{TC}_{it-1}+11.896\mathrm{IPRC}_{it}+\varepsilon_t \quad (6.22)$$

式（6.22）通过以 e 为底的幂函数变换可得

$$\frac{p_i}{1-p_i}=\mathrm{e}^{89.426\mathrm{ERC}_{it}-55.175\mathrm{GDPC}_{it-1}+24.283\mathrm{TC}_{it-1}+11.896\mathrm{IPRC}_{it}+\varepsilon_t} \quad (6.23)$$

表 6.15　回归系数估计值及其显著性检验结果表（二）

		B	S.E.	Wald	df	Sig.	Exp（B）
Step	ERC	89.436	45.313	3.896	1	0.032	7×10^{38}
1[a]	TC_{-1}	24.283	11.117	4.771	1	0.029	4×10^{10}
	$GDPC_{-1}$	−55.175	25.714	4.604	1	0.048	0.000
	IPRC	11.896	5.467	4.736	1	0.030	146 714.1
	URC	−5.837	2.982	3.831	1	0.052	0.003
	Constant	−2.957	1.813	2.661	1	0.103	0.052

a. Variable（s）entered on step 1：ERC，TC_{-1}，$GDPC_{-1}$，IPRC，URC

由上文可知，模型中回归系数意义为，当第 j 个解释变量增加 0.01 个单位时，将导致事件发生比 Ω 变为原来的 $e^{0.01\beta_j}$ 倍。表 4.25 中回归系数估计值及符号的具体分析如下。

在 5%的显著性水平上，变量 ERC 对反补贴政策的最终实施具有统计上的显著正效应，影响系数为 89.436，表示变量 ERC 每变化 1 百分点时，补贴产品进口国最终实施反补贴政策的概率将变为原来的 2.44 倍，即补贴产品进口国汇率上升将导致实施反补贴政策的可能性增大。

变量 TC_{-1} 对反补贴政策的最终实施具有统计上的显著正效应，影响系数为 24.283，表示变量 TC_{-1} 每变化 1 百分点时，补贴产品进口国最终实施反补贴政策的概率将变为原来的 1.27 倍，即补贴产品进口国与国外存在较大贸易逆差额时将导致实施反补贴政策的可能性增大。

变量 $GDPC_{-1}$ 对反补贴政策的最终实施具有统计上的显著负效应，影响系数为−55.175，表示变量 $GDPC_{-1}$ 每变化 1 百分点时，补贴产品进口国最终实施反补贴政策的概率将变为原来的 0.57 倍，即补贴产品进口国国内宏观经济形势较好将导致实施反补贴政策的可能性减小。

变量 IPRC 对反补贴政策的最终实施具有统计上的显著正效应，影响系数为 11.896，表示变量 IPRC 每变化 1 百分点时，补贴产品进口国最终实施反补贴政策的概率将变为原来的 1.13 倍，即补贴产品进口国进口渗透率的升高将导致实施反补贴政策的可能性增加。

综上所述得出的主要结论如下：①在补贴产品进口国国内货币升值压力较大、宏观经济形势较为低迷、对外贸易环境较为严峻等情况下，其做出反补贴政策的概率将会上升，这充分验证了之前的猜想，即与表 6.6 的预期方向相一致；②解释变量“是否承认一国的市场经济地位”对反补贴政策最终实施的影响显著性并不确定，其作为反补贴调查机关的一种自由裁量行为，很容易导致反补贴政策的滥用；③反补贴政策实施的关键客观影响因素为 GDP 的变动情况、汇率的变动情况、贸易差额的变动情况、进口渗透率的变动情况及是否承认一国的市场经济地位，其覆盖了政治、经济、贸易等层面。

根据以上研究，本章构建反补贴政策实施效果的关键客观影响因素指标体系，详见图 6.4。

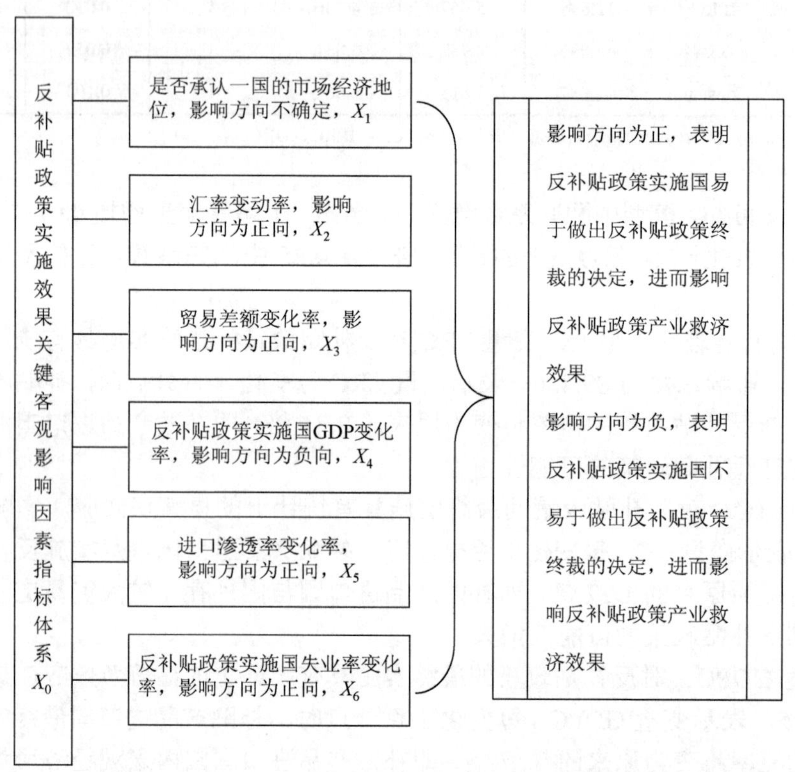

图 6.4　反补贴政策实施效果的关键客观影响因素指标图

第7章　反补贴政策产业救济效果评估标准体系设计

任何科学性评估都需要有一套科学、合理的评估标准，据此对评估结果进行分析与讨论，否则将无法得出最终的评估结论。对于反补贴产业救济效果的评估同样如此。在国内外已有研究文献中，尚未对此问题展开专题研究。因此，建立反补贴产业救济效果的评估标准，具有重要的理论与实践意义。

具体到反补贴政策实施效果评估上，就是要使评估标准既能全面反映反补贴政策目标实现与否，又能反映目标实现的程度，实现政策作用程度的量化。由于反补贴政策采取的主要目标就是要制止国外企业的补贴行为，弥补国内产业由于国外企业补贴所遭受的损害，实现国内产业的恢复和发展。因此，反补贴政策实施效果评估标准应包括两个方面的内容：一是国内产业是否得到恢复；二是国内产业是否得到发展。

对于该问题，过去的评估者们往往把以上两方面的内容合成一个，即使用同一个评估标准来同时判定产业恢复和产业发展。他们认为，产业恢复本身就是一种发展，因而判定了国内产业是否恢复，恢复到何种程度，同时也就解决了产业是否发展，发展到何种程度的问题。于是他们在应用评估标准时，把产业损害弥补以上的都称为救济过度，把产业损害弥补以下的都称为救济不足。实际上，这种做法是否恰当有待商榷。对一些案件来说，反补贴后国内产业的发展根本达不到损害恢复的程度，使用单一标准判定其救济不足自然不会出现问题。但是在一些政策实施效果十分明显的案件中，使用以上单一标准进行评估就可能会出现一些问题。

第一个问题就是救济过度是否存在的问题。在救济效果十分明显的案例中，按照单一标准的做法我们很容易把针对国内产业的救济措施效果归为救济过度，然而实际情况中并非如此。反补贴政策与别的保护措施不同，它有时间限制，也不允许调查机关随意更改措施内容，除非出现法律规定的补充情况，从这个角度上说，单个具体的反补贴政策并不存在救济过度的问题，调查机关实施反补贴政策从本质上来说是为了保护国内产业，因而不能因为国内产业发展良好就把反补贴政策说成是救济过度。实际上，这不仅不是过度，反而是救济效果十分明显的表现。而所谓的救济过度更多地指的是一国反补贴政策的频繁使用，是一种宏观层次上的使用过度。因此，简单使用单一评估标准无法满足不同案件的需求。

第二个问题就是评估档次拉不开的问题。就目前已经实施的反补贴政策实施效果评估来看，绝大部分的评估报告最终都得出了反补贴政策实施效果明显的结论。然而在这些案件中，国内产业的发展状况是不一样的，有的是特别好，有的是较好，还有的是一般。如何把这些效果明显的案件进行分类，在政策措施达到恢复损害目的的基础之上继续划分评判等级是一个需要深入研究的问题。

根据以上分析，本章把过去的单一评估标准分开，设立两个标准形成标准带：一个被称为恢复标准，用来判定最基本的反补贴政策是否有效果；另外一个被称为发展标准，用来把实现基本反补贴目标的案件档次分开。通过设立以上两个不同的标准，我们就能够满足反补贴政策实施效果评估目的的层次性特点。下面分别说明该两类标准设立的方法。反补贴政策实施效果的评估依据详见图 7.1。

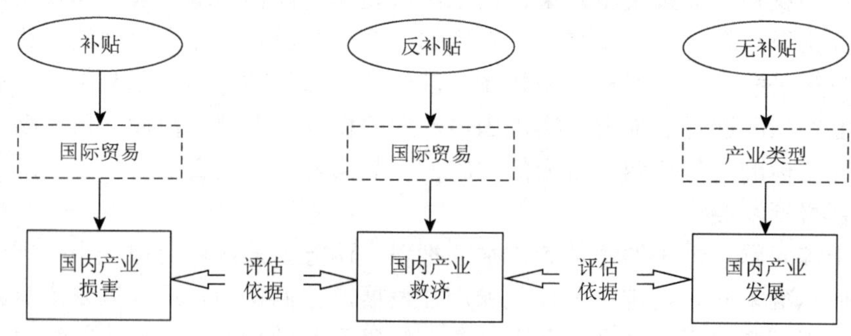

图 7.1　反补贴政策实施效果的评估依据

反补贴政策实施的主要影响因素包括关键客观评估影响因素和 S-I-C（subsidy-injury-causality）关键评估影响因素。由反补贴的理论、立法与实践经验可知，补贴、产业损害及其因果关系的认定是实施反补贴政策的三个必要条件，并且 ASCM 和各国反补贴条例也从法律角度规定了补贴、产业损害及其因果关系认定标准的相关条款。由此可见，补贴的认定标准、产业损害的认定标准、补贴与产业损害间因果关系的认定标准将成为构建与研究反补贴政策实施组合评估标准的核心与关键。

本章源于法律、基于实践，从管理评估和系统分析视角，围绕和依据反补贴政策实施的三个必要条件提出了反补贴政策实施的 FS-IR-PC 组合评估标准，其中 FS（fact speciality）为“事实专向性标准”，IR（injury remedy）为“损害救济标准”，PC（primary causality）为“主要原因标准”。同时，在明确反补贴政策实施的评估环境（主要为关键宏观评估影响因素）和 FS-IR-PC 组合评估标准的基础上，本章构建了反补贴政策实施的 FS-IR-PC 组合评估标准理论研究框架，如图 7.2 所示。

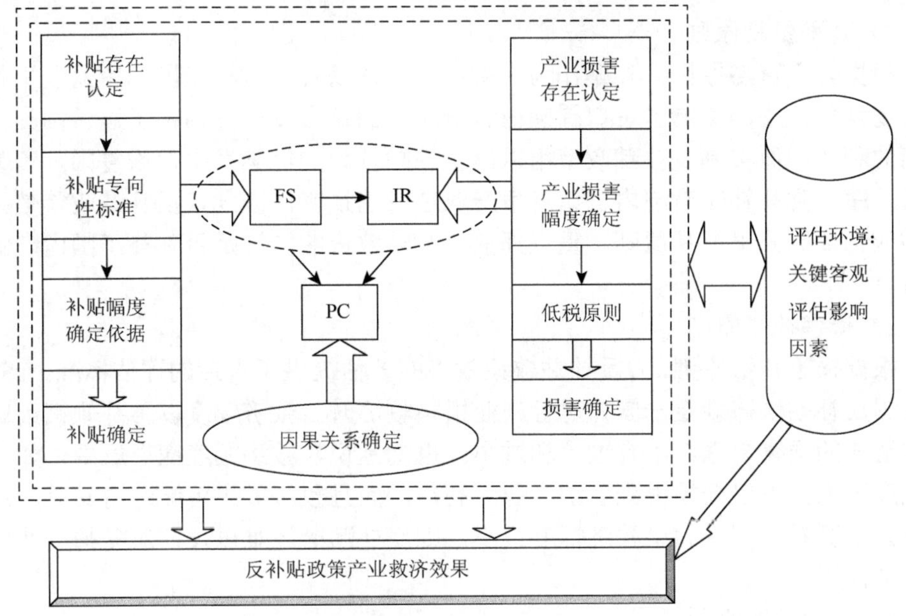

图 7.2　反补贴政策实施的 FS-IR-PC 组合评估标准理论研究框架图

7.1　评估标准的构建原则

阐明公共部门的评估原则是公共部门评估理论的首要任务。反补贴政策实施的相关评估问题，也是公共部门评估的一种。因此，构建反补贴政策实施的组合评估标准，需遵循一定的公共部门评估原则。公共部门评估要关注两个方面：一是共性的一面，要求必须遵循评估的一般性原则，即科学性原则；二是个性的一面，要求必须遵循评估的特殊性原则，即价值性原则。FS-IR-PC 组合评估标准构建原则示意图如图 7.3 所示。

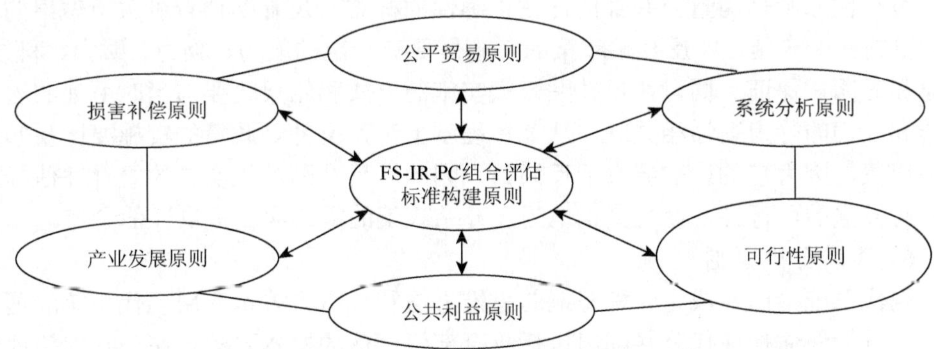

图 7.3　FS-IR-PC 组合评估标准构建原则示意图

1）公平贸易原则

根据公平贸易原则，补贴作为一种不公平贸易行为破坏了国际贸易公平的正常市场竞争秩序，影响了进口国国内竞争产业的正常发展，损害了进口国国内生产商的利益；而实施反补贴政策用以制止补贴行为的继续发生，恢复国际贸易的正常秩序，弥补补贴对国内进口竞争产业造成的损害。因此，反补贴政策效果的评估应当依据公平贸易原则，重点评估反补贴政策的实施是否弥补了国内产业的损害。

2）损害补偿原则

根据损害补偿原则，为反补贴政策效果的评估提供了直接的评估标准，ASCM和各国反补贴法律规定一国在进行产业损害救济时，救济幅度以弥补倾销给国内产业造成的损害为限，不宜过大和过小。也就是说，救济幅度应当适中，如果救济幅度过大，不仅会损害到下游产业的利益，而且救济效果可能适得其反，进而违反公平贸易原则；如果救济幅度过小，则反补贴措施难以发挥对受损产业应有的救济作用。

3）产业发展原则

根据产业发展原则，从反补贴政策对受损产业救济的目的出发，在损害补偿原则的基础上，反补贴政策不仅要弥补国内进口竞争企业和产业所遭受的损害，也要为企业和产业的恢复和发展提供时间、空间和机会，使得受损企业和产业在反倾销政策的合法保护下提升国际竞争力，实现又好又快的发展。

4）公共利益原则

根据公共利益原则，反补贴政策效果的评估不仅要考虑进口竞争企业和产业的自身发展情况，还要适当兼顾反补贴政策对上下游产业、外商投资等其他各方利益的影响。但是在评估过程中仍应当以国内进口竞争企业和产业利益为主，不应过分强调公共利益问题，应当做到突出重点、有所兼顾。

5）可行性原则

可行性原则是衡量公共部门评估正确性的标志。反补贴调查机关所做出的评估，目的在于实施，即反补贴政策的实施需要有一定的人力、物力、财力、科技、信息和时间做保证。同时，反补贴政策实施的方式和结果还要与当时所处的宏观环境和人们的行为习惯相关联。从某种程度上讲，反补贴政策的实施要比反倾销更为谨慎，因为它的影响要大于反倾销。因此，反补贴政策实施的组合评估标准要具有较强的可行性，使之真正地为反补贴政策的最终实施提供评估参考。

6）系统分析原则

现代系统论已经成为一种普遍的思维方法和分析方式，应用现代系统的理论和方法进行评估是现代公共部门包括政府部门评估的根本要求，在公共部门评估中遵循系统分析原则，就是要求评估者从系统的角度去把握评估中的各个要素及其相互之间的关系，研究各个要素在系统中的地位和作用，从而达到系统完整与平衡。现代公共管理本质上是一种系统管理，其管理过程中的每一个因素都不是孤立的，这些因素相互联系并组成一个大系统，各个因素都在系统中运动和变化。系统分析的另一个要求是，在对评估问题进行分析研究时，必须把定性分析与定量分析结合起来，这也是现代公共部门评估科学化的标志。反补贴是一项系统工程，从系统观点建立反补贴政策的组合评估标准具有很强的理论和现实意义。

7.2　组合评估标准的确定依据

一国政府采取反补贴政策需要具备一定的条件。当一国政府考虑是否对补贴进口产品采取反补贴政策时，该国政府应当首先判断在该种产品上是否存在补贴，如果补贴确实存在，就要进一步判断补贴的类型。如果其为不可诉补贴，通常该国政府不能采取反补贴政策，除非这种不可诉补贴已经对该国产业造成了难以弥补的严重损害；如果其为可诉补贴，该国还要进一步判断国内产业是否受到损害及补贴与损害之间是否存在因果关系，如果经过调查以上所述结果均为肯定，那么该国可以采取反补贴政策，否则不然；如果其为禁止性补贴，那么该国无需考虑损害及因果关系，就可以采取反补贴政策。

本章在分析 FS-IR-PC 组合评估标准理论框架和构建原则的基础上，归纳总结了 FS-IR-PC 组合评估标准的确定依据，其中包括事实专向性标准的确定依据、产业损害救济标准的确定依据（包括产业损害恢复标准的确定方法）、主要原因标准的确定依据。

7.2.1　事实专向性标准的确定依据

ASCM 的最重要贡献之一是规定了何为补贴、何为补贴的专向性。本章基于补贴成立的三个条件、补贴分类、补贴专向性标准、补贴幅度的确定依据来分析与研究事实专向性标准确定的主要依据。

1. 确定补贴成立的三个条件

ASCM 规定：补贴是指 WTO 成员方政府或任何公共机构提供的财政资助或任何形式的收入或价格支持，即补贴在同时满足三个条件时才成立：一是提供了财政资助；二是资助是 WTO 成员领土内的公共机构提供的；三是资助授予了某项利益。实际上，ASCM 对补贴含义的规定较为宽泛，WTO 认为只要企业从政府的行为中获得利益，就可以认为补贴存在。并且，各国反补贴实践中在确定补贴存在时拥有不同程度的自由裁量权，这也进一步加强了认定补贴存在的可操作性。

根据补贴的内涵可知，证明补贴成立的三个条件为：①政府或公共机构。②财政资助。财政资助具体包括：第一，出口国（地区）政府以拨款、贷款、资本注入等形式直接提供资金，或者以贷款担保等形式潜在地直接转让资金或者债务；第二，出口国（地区）政府放弃或者不收缴应收收入；第三，出口国（地区）政府提供除一般基础设施以外的货物、服务，或者由出口国（地区）政府购买货物；第四，出口国（地区）政府通过向筹资机构付款，或者委托、指令私营机构履行上述职能。③利益。ASCM 未对“利益”的判定标准做出明确规定，一般认为，这种“利益”应该是受补贴方从某项政府补贴计划中取得了某些它从市场上不能取得的价值。没有“利益”的授予，不构成补贴。利益是一个相比较而言的概念，这个比较的基础是市场。具体地说，利益存在与否取决于财政资助接受者所获取的条件是否比其在市场上所能获得的条件更好，这也是财政资助是否授予利益的判断标准。

2. 补贴的分类

根据 ASCM、各国反补贴法律与实践可知，补贴的分类可以分为以下几种情况。

（1）从补贴的内涵与外延角度，可分为广义上的补贴与狭义上的补贴。

（2）根据补贴的对象不同，可以把补贴分为出口补贴和生产补贴。

（3）从补贴的方法角度，可将补贴分为直接补贴和间接补贴。

（4）根据补贴是否符合法律规定，可以把补贴分为禁止性补贴、可诉补贴和不可诉补贴。发达国家通常称为“红灯”补贴、“黄灯”补贴、“绿灯”补贴。

（5）根据受补贴的产品不同，可将补贴分为对初级产品和对非初级产品的补贴。

（6）根据受补贴的产业或者领域来分，补贴又可分为农业补贴、工业补贴、贸易补贴、环境补贴、服务补贴等。

本章主要是根据上述内容中补贴第四分类来对其相关问题展开分析与研究的。其中，禁止性补贴，又称“红灯”补贴，是以出口实绩或进口替代作为唯一条件或条件之一所提供的。禁止性补贴是指成员方不得授予或维持的补贴，也被称为“红灯”补贴或“红色”补贴。ASCM 协议第三条规定：“法律或事实上视出口实绩为唯一或其他多种条件之一而给予的补贴、视使用国产货物而非进口货物的情况为唯一条件或其他多种条件之一而给予的补贴为禁止性补贴。”概括起来，禁止性补贴包括出口实绩补贴和进口替代补贴。其中，出口实绩补贴是指在法律上或事实上，仅向出口行为提供的补贴。进口替代补贴是指对生产或使用国内产品替代进口品而给予的补贴。出口实绩补贴与进口替代补贴都是以补贴作为政策导向，鼓励和促进本国生产与出口，而限制进口，既保护国内市场，又扩张国外市场，既限制国外产品进入本国市场，又对国外市场进行掠夺，损害了国外厂商的利益，不符合公平竞争的原则，所以 WTO 规定这些补贴不得授予或维持。

可诉补贴，又称“黄灯”补贴，它是指那些既不被禁止，又不能免于质疑的补贴。ASCM 没有对这一类补贴规定特定的形式，因此，在将成员方的补贴界定为可诉性补贴，并采取抵消补贴的措施时，必须有明确的判断标准，按照 ASCM 的规定，补贴给其他 WTO 的成员方造成以下三种形态的损害时即构成可诉补贴：一是损害了另一成员方的国内产业；二是消除或妨碍了其他成员方在 1994 年 GATT 中直接或间接享有的利益，尤其是对由 1994 年 GATT 固定的关税减让所带来的利益的消除或妨碍；三是严重影响了另一成员方的利益。

不可诉补贴，又称“绿灯”补贴。ASCM 第四部分规定了两类不可诉补贴，一类是不具有专向性的补贴，即可普遍获得的，不针对特定企业、特定行业和特定地区的补贴；另一类是符合特定要求的专向性补贴，包括研究和开发补贴、贫困地区补贴及环保补贴。研究和开发补贴是指资助由企业直接进行或者通过高等教育或研究机构签订合同而进行的研究活动；贫困地区补贴是指根据地区发展的整体规划要求资助国内落后地区；环保补贴是指对企业根据法律要求对现有设施进行调整，以适应新的环境要求而产生的财政负担等给予资助。

此外，美国反补贴法律中提出了上游补贴的概念，即上游补贴是根据产品的投入物是否获得了可制裁补贴来判定的，即获得了可制裁补贴的产品是作为生产某一出口商品的投入物，则该出口商品为反补贴的对象商品。尽管出口商品及其生产者本身并未获得直接的补贴，由于对投入物补贴的存在，该出口商品获得了竞争利益，并且对投入物的补贴对制造或生产出口商品的成本有相当的影响，则构成上游补贴。虽然 WTO 成员方在反补贴立法与实践中很少涉及上游补贴的调查与分析，但是其作为被调查的补贴的一种，也被许多成员方接纳和认可。例如，中国对原产于美国的进口白羽肉鸡产品进行反补贴调查的一个特点就是对上游补贴的认定和传导分析。

3. 补贴专向性标准的确定

补贴对经济和社会的积极作用是不可否认的，所以要因势利导，使补贴发挥其积极的一面；但又要在一定的范围内对其加以限制，对那些在国际贸易中产生不利影响，对经济产生扭曲作用的补贴采取反补贴政策。同时，由 ASCM 的法律内涵可知，并不是所有补贴都受禁止的，即只有在补贴是针对一个（一类）企业或行业的情况下，方可针对禁止性、可诉补贴实施反补贴政策，这种专向性补贴会使资源分配扭曲，因此必须加以反对和限制。“专向性”是 ASCM 的一个重要法律概念，是判定和区分补贴的关键性标准，是区分禁止性补贴、可诉补贴和不可诉补贴的重要标志。

ASCM 规定的专向性标准如下：①如授予机关或其运作所根据的立法将补贴的获得明确限于某些企业，则此种补贴应属专向性补贴。②如授予机关或其运作所根据的立法制定适用于获得补贴资格和补贴数量的客观标准或条件[①]，则不存在专向性，只要该资格为自动的，且此类标准和条件得到严格遵守。标准或条件必须在法律、法规或其他官方文件中明确说明，以便能够进行核实。③如尽管因为适用①项和②项规定的原则而表现为非专向性补贴，但是有理由认为补贴可能事实上属专向性补贴，则可考虑其他因素。此类因素为：有限数量的某些企业使用补贴计划、某些企业主要使用补贴、给予某些企业不成比例的大量补贴及授予机关在做出给予补贴的决定时行使决定权的方式。在适用本项时，应考虑授予机关管辖范围内经济活动的多样性程度及已经实施补贴计划的持续时间。④限于授予机关管辖范围内指定地理区域的某些企业的补贴属专向性补贴。各方理解，就本协定而言，不得将有资格的各级政府所采取的确定或改变普遍适用的税率的行动被视为专向性补贴。⑤任何属第 3 条规定范围内的禁止性补贴应被视为专向性补贴。

在确定补贴专向性时，还应当考虑受补贴企业的数量和企业受补贴的数额、比例、时间及给予补贴的方式等因素。

根据上述对专向性条款的规定，可以将专向性标准分为以下四类：①企业专向性。一国政府针对一个或几个特定企业进行补贴。②产业专向性。一国政府针对一个或几个特定产业进行补贴。③地区专向性。一国政府对其领土内特定地区进行补贴。④产品专向性（被禁止的补贴）。与出口实绩和使用国产投入物相联系的补贴。此外，有些学者还将专向性标准分为以下四类：①法律上的专向性标准；②事实上的专向性标准；③地理上的专向性标准；④贸易上的专向性标准或称为拟制的专向性标准。需要强调的是，禁止性补贴，包括出口补贴和进口替代补贴，都被视为具有专向性的补贴。这里还要强调的是，在确定补贴是否具有专向性时，必须依据肯定性的证据加以证明。

综上所述，本节分析内容主要得出的结论如下：第一，确定可实施反补贴政策的补贴的存在即补贴已成事实，是实施反补贴政策的首要前提，这也体现了反补贴政策的实施要以事实证据为基础的公平贸易精神和宗旨；第二，专向性是判定和区分补贴的关键性标准，即只有既符合补贴的定义又具有专向性的补贴才应受到多边制度的规范，受害成员才可对之征收反补贴税。

---

① 此处使用的客观标准或条件指中立的标准或条件，不仅优惠某些企业，且属经济性质，并水平适用，如雇员的数量或企业的大小。

4. 补贴幅度的确定依据

在明确补贴是否存在及补贴是否具有专向性之后，反补贴调查机关应根据获得的事实资料计算补贴幅度，补贴幅度的计算也是补贴确定的量化证明。补贴幅度即补贴率的计算是反补贴税额征收多少的基本和主要依据。由于反补贴调查的对象为一国政府的补贴行为，往往与政治挂钩，并且各个国家和地区的补贴项目又较为隐蔽，补贴幅度的计算是实施反补贴政策过程中相关问题研究的一个重点，更是一个难点。相比反倾销，ASCM 并没有明确规定补贴幅度的计算公式和含义，这就涉及三个方面的问题：一是 WTO 成员方在进行补贴幅度计算时并没有统一的标准；二是 WTO 成员方在进行补贴幅度计算时，可能存在较大的自由裁量权，可能导致反补贴政策的滥用；三是 WTO 成员方在进行补贴幅度计算时，其主要依据为 ASCM 及本国反补贴条例对补贴金额计算的规定。

1）ASCM 对计算补贴金额的相关规定

①政府提供股本不得视为授予利益，除非投资决定可被视为与该成员领土内私营投资者的通常投资做法（包括提供风险资金）不一致。②政府提供贷款不得视为授予利益，除非接受贷款的公司支付政府贷款的金额不同于公司支付可实际从市场上获得的可比商业贷款的金额。在这种情况下，利益为两金额之差。③政府提供贷款担保不得视为授予利益，除非获得担保的公司支付政府担保贷款的金额不同于公司支付无政府担保的可比商业贷款的金额。在这种情况下，利益为在调整任何费用差别后的两金额之差。④政府提供货物或服务或购买货物不得视为授予利益，除非提供所得低于适当的报酬，或购买所付高于适当的报酬。报酬是否适当应与所涉货物或服务在提供国或购买国现行市场情况相比较后确定（包括价格、质量、可获性、适销性、运输和其他购销条件）。

2）欧盟对计算补贴金额的相关规定

某些补贴只有在满足欧盟 2026/97 号条例规定的具体的定性、定量的前提下，才属于不可采取反补贴政策的补贴。对于补贴数量的计算，条例对此有原则性规定：补贴额应当按照企业实际受益的水平，而不是按政府投入的水平来计算。条例规定了以下对几种形式的补贴确定补贴额的原则。

①政府投资：政府对企业的投资不应视为企业受益，除非这种投资行为与一般的私人投资行为不一致。②政府贷款：如果政府贷款的条件比在相当情况下正常的商业贷款的条件要优惠，则这种贷款应视为企业从中受益。企业因该政府贷款所实际支出的费用、利息等与相当情况下正常的商业贷款需支付的费用、利息等之间的差额为补贴额。③贷款担保：贷款担保是一个典型的以企业受益而不是以政府的支出来计算补贴额的例子。因为政府在这种情况下实际支出很少，而企业从中受益远远大于政府的实际支出。假设该企业没有得到这种政府贷款担保，

为获得该贷款应当付出的佣金、利息和费用等为补贴额。④政府提供货物或服务或者采购货物：在这种情况下，如果政府提供货物或服务低于正常市场价格，或采购货物价格高于正常市场价格，则正常市场价格与政府实际支付价格之差为补贴额。《中华人民共和国反补贴条例》规定补贴额应当分摊到每一单位。按照这种要求，如果补贴的金额不是按照生产、出口该产品的数量来提供的，则须将该补贴按调查期内有关产品的生产、销售或出口的数量来分摊到每一单位。对于不同类型的补贴，如何确定调查期内得到的金额，欧盟也规定了几种情况下的计算：对于与获取固定资产相关的补贴，因为企业受益并不仅限于接受补贴的当年，而会在该固定资产的使用年限内受益，所以应当按一定的折旧原则，计算调查期内的补贴额；如果是非折旧型的固定资产，如土地，则应视为无息贷款，应按政府贷款的方式来计算；如果补贴与固定资产无关，则企业受益额应为调查期内接受补贴的总额，按前面提到的方式如生产量、销售额或出口额来分摊到每一单位。

3）美国对计算补贴金额的相关规定

美国反补贴税法要求反补贴税的课征要相当于补贴净额。而补贴毛额和补贴净额的计算方法，法律中并没有明确规定，由商务部具体执行。按照相关规定，补贴毛额的决定应以厂商所接受并加以利用的补贴价值作为计算基础。例如，税收扣抵，以所得的税收扣抵额为准；如果补贴是某种可以转让的权利，则以该权利的市场价值为准：如果低利贷款，则补贴毛额为一般利率同该贷款利率的差额。将补贴毛额减去以下三项，就得到补贴净额。一是为了能享受补贴利益而必须支付的申请费、保证金或其他类似支付；二是政府命令延后支付补贴而导致补贴价值的实际损失；三是抵消补贴而对输美产品所课征的税收。美国商务部将根据补贴净额来决定征上述反补贴税的税率。

综上所述，虽然 WTO 并没有统一的补贴幅度计算公式，但从 WTO 及上述国家和地区对计算补贴金额的规定进行归纳与总结可知，补贴幅度计算的基本思想为：单位受补贴产品所获得实际利益。根据以上分析，本章从价补贴与从量补贴两个角度提出了补贴幅度确定的两个基本公式为

$$\text{补贴幅度（从价补贴率）}=\frac{\text{可采取反补贴措施的补贴产生的实际利益}}{\text{受该利益影响的补贴产品销售额}} \tag{7.1}$$

$$\text{补贴幅度（从量补贴率）}=\frac{\text{利益接受者（生产或出口商）所获得的补贴金额}}{\text{实际受补贴产品生产或出口的数量}} \tag{7.2}$$

将式（7.1）、式（7.2）转化为字母表达式为

$$\text{SM（从价补贴率）}=\frac{\text{FB}}{\text{SA}} \tag{7.3}$$

$$SM（从量补贴率）= \frac{ASA}{FQ} \tag{7.4}$$

至此，本章根据补贴成立的三个条件、补贴分类、补贴专向性标准、补贴幅度确定的主要依据提出了事实专向性标准，其示意图如图 7.4 所示。

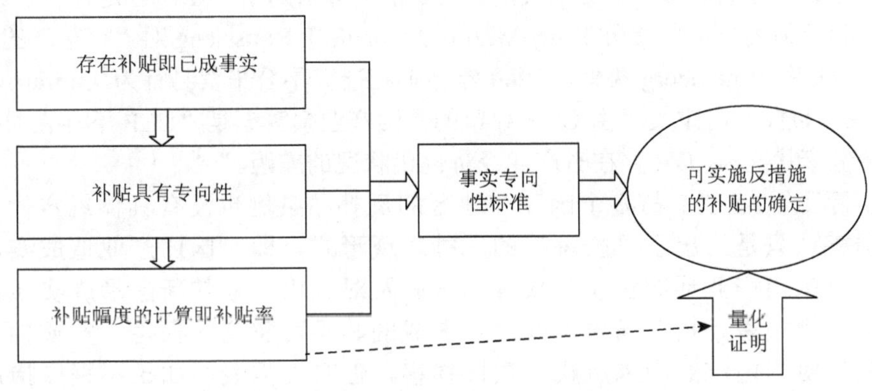

图 7.4　事实专向性标准示意图

7.2.2　损害救济标准的确定依据

产业损害是贸易救济领域中的一个重要概念，是实施进口反补贴政策的必要条件之一。产业损害幅度即国内相关产业所受损害的程度，产业损害幅度的确定是产业损害认定的核心问题。并且，按照补贴幅度征收的反补贴税，对国内产业的补偿可能会大于实际损害，所以 ASCM 建议，各国反补贴税的征收应尽量以产业损害幅度的测算为基础进行，体现了“低税征收”原则，符合产业损害救济的根本。由此可以看出，在“低税征收”原则下，产业损害的认定、产业损害幅度的计算是构建贸易救济反补贴领域损害救济标准的关键。

1. 产业损害认定的理论基础与主要因素

1）产业损害的内涵

产业损害这个概念最早被引入到反倾销立法中，是美国 1921 年反倾销法第一次使用产业损害这个概念，并明确将倾销所导致的对美国生产同类产品的国内产业的损害或损害威胁或阻碍国内产业的新建，作为可采取反倾销措施的必要条件之一。这里的产业损害只要达到任何轻微程度就符合其法律要求。当时美国关税委员会的委员们认为，产业损害是指超过最低程度的损害。1947 年，GATT 规定各类损害均以“实质性”作为其基本特征，并由此形成了国际上通行的损害定义。

反补贴与反倾销同属于 WTO 认可的贸易救济措施，其产业损害内涵具有较大的延续性和相似性。

麻省理工大学教授 Pindyck 和 Rotemberg（1987）在一篇讨论 1974 年美国贸易法的论文中提到："判断一个产业受到损害相对容易，美国国际贸易委员会可根据一些线索如利润减少、工厂关闭、就业率下降来判断产业损害是否存在。"① 美国国际贸易委员会原委员 Tracy Murray、Donald J. Rousslang 对"损害"的理解与 Pindyck 和 Rotemberg 类似，1989 年他们在研究不公平贸易行为（unfair trade practices，UTP）时定义"由 UTP 导致的美国产业损害"是"UTP 不存在时产业的经济健康状况与 UTP 存在时产业经济健康状况的差距。"②

实际上，ASCM 与各个国家和地区的反补贴条例也没有具体规定什么是产业损害，只是给出了"损害"的三种表现形式，即对国内产业造成实质性损害、对国内产业形成实质性损害的威胁及对国内产业的新建形成实质性阻碍。实质性损害是指对国内产业已经造成的、不可忽略的损害；实质性损害威胁是指对国内产业尚未造成实质性损害，但有证据表明如果不采取措施将导致国内产业实质性损害发生的明显可预见和迫近的情形；对国内产业的新建形成实质性阻碍是指阻碍尚未建立的国内产业的形成和发展，致使该产业无法建立。欧盟认为重大损害与损害没什么实质性的差异，只要对国内产业有损害就可能导致反补贴起诉；美国则认为损害与重大损害没有区别，任何超过最低限度的损害都是重大损害。

根据以上分析，本章视产业损害为一种状态和结果，不论是否存在不正当贸易行为，只要产业的经济健康状况遭受损失，就认定其为产业损害。当然，产业损害是多种因素影响而产生的状态和结果，但是这种状态往往表现为整个行业生产、经营、销售状况变差，如整体利润减少、工厂关闭、市场占有率下降、投资规划的取消或搁置、出口能力受损等明显特征。这种状态可能与补贴等不正当贸易行为和非关税壁垒有因果联系，也可能是受到诸如国内需求变化、消费模式变化、贸易政策变化、中国国内产业经营管理的变化、国内竞争状况和技术进步、不可抗力等非补贴因素的影响。图 7.5 是反补贴所涉及的产业损害范围图。

---

① "Determining that an industry has been injured is relatively easy—the ITC can look to such indicators as reduced profits, plant closing, falling employment, and the like." Robert S. Pindyck and Julio J. Rotemberg: Are imports to blame? Attribution of injury under the 1974 trade act. *The Journal of Law and Economics*，vol.xxx（April 1987），§101。

② "We define injury to the U.S. industry caused by the UTP as the difference between the industry's economic health in the presence of the UTP and its health in the hypothetical situation that would exist if the UTP were absent." Tracy Murray and Donald J. Rousslang：A method for estimating injury caused by unfair trade practice. *International Review of Law and Economics*（1989），9（149-164），§151。

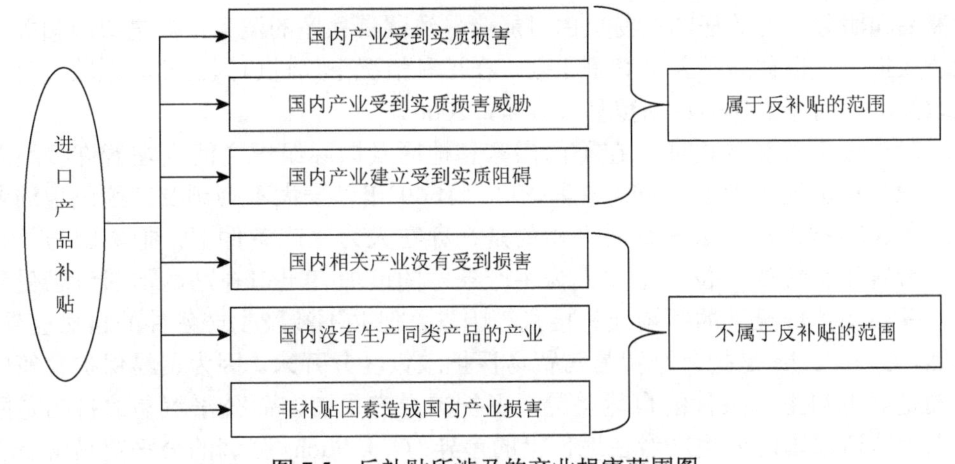

图 7.5　反补贴所涉及的产业损害范围图

2）产业损害认定的理论基础

究其本质，WTO 允许实施反补贴政策的最终目的是维护公平贸易进而保护受损害的国内产业。而对公平贸易的诉求会直接影响到产业损害的内涵与认定标准。因此，分析与研究产业损害的理论基础——公平贸易理论，将为反补贴中产业损害的认定及损害幅度的计算奠定坚实的理论基础。

公平贸易的提法始于 19 世纪七八十年代，是英国产业界为了应对美国和德国的崛起，保持其经济领导者的地位而提出的对策。在第二次世界大战后的相当一段时期内，由于少数发达国家尤其是美国的经济实力和国际竞争力在世界上处于绝对优势，其贸易政策基本上仍奉行单边自由化的原则。尽管美国等发达国家也针对他国的倾销和补贴等不公平贸易行为采取过少量的贸易行动，但总体上，不公平贸易行为并未引起普遍关注，其采取的贸易行动也极其有限。自 20 世纪 70 年代以来，随着一批新兴工业化国家或地区的崛起，它们在一些产业上构成了对发达国家，特别是对美国的威胁。为此，美国急欲对国际贸易政策做大幅度的调整，但却不能放弃自由贸易这一方面，于是公平贸易一说便应运而生。

在 WTO 框架下，公平贸易政策具体体现为互惠原则和促进公平竞争原则：互惠原则是指 WTO 成员方之间相互给予对方以贸易上的优惠待遇，它要求对等实行贸易自由化；而促进公平竞争原则是指通过消除各成员方对贸易活动的人为干预及其带来的扭曲，维护自由市场原则，促进各成员方生产经营者之间的公平竞争。此外，公平贸易是自由贸易与公平竞争相结合的产物。自由贸易是各国经济学家所普遍推崇的贸易政策，它主要指的是各国通过多边贸易谈判、降低和约束关税、取消贸易限制、消除国际贸易中的歧视待遇、扩大本国市场的准入程度。自由贸易政策允许商品货物和生产要素自由流动，从而刺激竞争、提高经营管理水平和贸易技术，促进国际分工的发展并扩大市场；同时使消费者得到物美价廉的商品和服务。但放任的贸易自由可能会导致贸易秩序的混乱，对进口国相关产业造成损害，也背离了公平竞争原则，在这种情况下，进口国必然会采取贸易干预政策，以约束放任的自由贸易（方茜，2006）。

对于公平贸易的内涵，在不同国家和地区及国际组织之间存在着许多不同的认识。英国经济学家 Fuchs 在其著作《1860 年以来大不列颠及其殖民地的贸易政策》中指出："公平贸易"指的是在存在人为生产条件下，把本国与外国生产者置于平等的地位；造成人为生产条件的诸如有出口补贴、本国市场受到高度关税保护情况下的倾销及间接税等因素，但并不涉及生产条件的自然差异。显然，C. J. Fuchs 是把公平贸易与贸易保护政策区分开来。因为贸易保护政策的目的是要抵消生产条件的自然差异，保护国内产生者，而公平贸易的目的是阻止人为地造成国内外生产者在地位上的差异。C. J. Fuchs 强调的公平贸易就是要在贸易中排除出口国人为因素对贸易双方贸易地位的影响。但是，他并没有强调人为因素对进口国国内同类产业造成的影响。美国在《1988 年综合贸易和竞争法案》中也提出了"公平贸易"的问题。该法案认为美国贸易伙伴的不公平贸易行为使美国贸易状况恶化，因而这些贸易伙伴应该在支持更开放的贸易制度方面负有重大义务。美国企业在公平、平等的竞争条件下具有足够的同任何外国企业进行竞争的能力，这就是公平贸易。《1988 年综合贸易和竞争法案》还规定，如果进口贸易中外商采取了不公平竞争方法和不公平行为，并对美国产业产生破坏或实质性损害，或阻止相同产业的建立等，就是不公平的贸易，美国将有义务维护公平贸易。显而易见，美国强调的不公平贸易行为并不是仅仅单纯地指某种进口贸易做法本身是否公平，它更强调的是这种做法给美国国内产业所产生的影响。因此，美国更注重不公平贸易行为产生的结果而不是这些行为本身是否公平。

发展中国家对公平贸易的看法也不完全一致。总体来讲，还是认为公平贸易措施可以消除不公平竞争，维护公正的贸易秩序和环境，有利于发展中国家发挥自身的比较优势，有利于与发达国家建立互惠的贸易关系。我国公平贸易专家王世春（2006）认为公平贸易的内涵包括：公平贸易规则、公平贸易政策、公平贸易措施和公平贸易行为。图 7.6 为公平贸易的四个层次。

3）产业损害认定的主要因素

产业损害被公认为是采取反倾销措施必不可少的要件之一，但是判定产业损害的标准是什么，WTO 并没有给出明确的答案，只是规定了反补贴调查机关需要考察的一些因素，包括产业销售、利润、产量、市场份额、产能利用率等。这些因素中哪些因素是重要的，哪些因素是次要的，WTO 也没有给出明确的规定。实际上，认定产业损害的标准是不确定和不统一的，各个国家或地区的反补贴调查机关会根据本国或本地区的具体情况来把握，拥有不同程度的自由裁量权，而

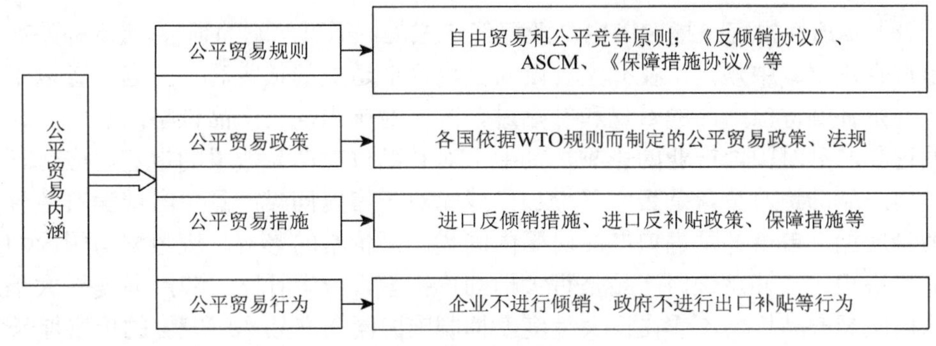

图 7.6　公平贸易内涵的四个层次图

且把握的重点有所不同。这里，本章首先根据产业损害理论、ASCM、我国反补贴条例探讨与分析认定产业损害的主要因素。

ASCM 中三种损害形态认定的审查因素具体如下。

（1）实质性损害：根据 ASCM 第 15 条第 1 款的规定，损害的确定应以无可辩驳的证据为根据。一国主管机构在调查损害时，要调查补贴进口产品的数量是否大幅增加；进口国同类产品价格是否受到影响，即进口国同类产品价格是否被压低或无法合理提高；进口国国内同类产品生产商是否受到不利影响，如产量、销售、市场份额、利润、生产率、投资收益、设备利用能力实际或可能的下降，以及对现金流动量、工资增长、就业、提高资本或投资能力的实际或潜在的副作用等。以上关于确定实质性损害的考虑因素实际上也是确定实质性损害威胁和实质性阻碍需要考虑的因素。

（2）实质性损害的威胁："威胁"比实际造成的概念要宽泛，若不加以规范，极易被滥用。因此，确定实质性损害威胁较之确定实质性损害有着更为严格的标准。根据 ASCM 第 15 条第 7 款，在确定存在实质性损害的威胁时特别要考虑：补贴的性质及因此可能产生的贸易影响；补贴进口产品的增长比例；出口商使补贴进口产品增加的可能性；补贴进口产品是否对进口国国内市场价格带来重大的抑制性影响或压低影响；受调查产品的库存情况的影响。ASCM 还特别强调，在处理补贴进口产品造成实质性损害威胁的案件中，考虑并决定适用反补贴政策时应特别慎重。

（3）实质性阻碍是指补贴进口产品虽未造成实质性损害或形成实质性损害的威胁，但有确凿证据证明对进口国某项新产业的实际建立过程产生了阻碍。对于实质性阻碍应当考虑的因素，ASCM 没有专门做出规定。从字面上看，这一标准是用于尚未建立的产业，但在实践中确定某一产业是否属于已经建立的产业没有统一的标准，因此依据这一条件开展反补贴调查往往是比较困难的。

中国反补贴条例中三种损害形态认定的审查因素具体如下。

（1）实质性损害是指对国内产业已经造成的、不可忽略的损害。《反补贴产业损害调查规定》中规定，在确定补贴对国内产业造成的损害时，应当审查以下事项：一是补贴进口产品的数量和补贴进口产品对国内同类产品价格的影响。二是补贴进口产品对国内产业的影响，其中，对补贴进口产品数量的审查，应包括补贴进口产品的绝对数量是否大量增加，或相对于国内同类产品生产或消费数量是否大量增加；审查补贴进口产品对国内同类产品价格的影响，应考察与国内同类产品价格相比，补贴进口产品是否大幅削价销售，或者补贴进口产品是否大幅压低国内同类产品价格，或在很大程度上抑制国内同类产品本应发生的价格增长。

审查补贴进口产品对国内产业的影响，应包括对影响国内产业状况的所有有关经济因素和指标的评估，包括销售、利润、产量、市场份额、生产率、投资收益状况或设备利用率存在的实际或潜在的下降；影响国内价格的因素；补贴幅度的大小；现金流、库存、就业、工资、产业增长、筹资或投资能力受到的实际或潜在的负面影响。对于农产品案件，还应当考虑是否给政府支持计划增加了负担。在确定补贴对国内产业造成的实质性损害时，还应当审查补贴的性质及对贸易造成的影响。

（2）实质性损害威胁是指对国内产业尚未造成实质性损害，但有证据表明如果不采取措施将导致国内产业实质性损害发生的明显可预见和迫近的情形。

实质性损害威胁应当根据明显可预见和迫近的情形来判断，并且如果不采取措施，实质性损害将会发生。对实质性损害威胁的确定，应当依据事实，不得仅依据指控、推测或者极小的可能性。确定实质性损害威胁，还应审查但不限于以下因素：一是补贴的性质及可能对贸易造成的影响；二是表明进口很可能发生实质增长的补贴产品进口的大幅增长率；三是表明进口很可能发生实质增长的补贴进口产品生产者生产能力的增长，在采用这一指标时应考虑其他国家（地区）市场可能吸收的增加的出口量；四是进口产品是否正以将大幅压低或抑制国内同类产品价格的价格进口，并且将很可能导致对进口产品需求的增加；五是被调查产品的库存情况。

(3)对建立国内产业的实质阻碍是指阻碍尚未建立的国内产业的形成和发展，致使该产业无法建立。

确定对建立国内产业的实质阻碍，还应审查但不限于以下因素：一是国内产业的建立或筹建情况；二是国内需求的增长情况及其影响；三是补贴进口产品对国内市场状况的影响；四是补贴进口产品的后续生产能力和在国内市场的发展趋势。

实际上，从反补贴立法角度来说，各个国家和地区对于三种损害状况认定的审查因素都是基于 ASCM 来进行规定的，具有很强的相似性；从反补贴实践角度来说，各个国家和地区已终裁的反补贴调查案件中，绝大多数产业损害调查结果为实质性损害；从反补贴立案、初裁、终裁公告来说，各个国家和地区在确定产业损害时主要是依据补贴进口产品对国内产业主要指标造成的负面影响。因此，根据以上分析与说明，反补贴调查中产业损害认定的主要因素可以分为三个方面（图 7.7）：一是补贴进口产品的数量的变化；二是补贴进口产品价格对进口国同类产品价格的影响；三是补贴进口产品对进口国国内产业产量、销售、市场份额、利润、生产率、投资收益、设备利用能力、现金流动量、工资、就业、提高资本或投资能力等指标的影响。

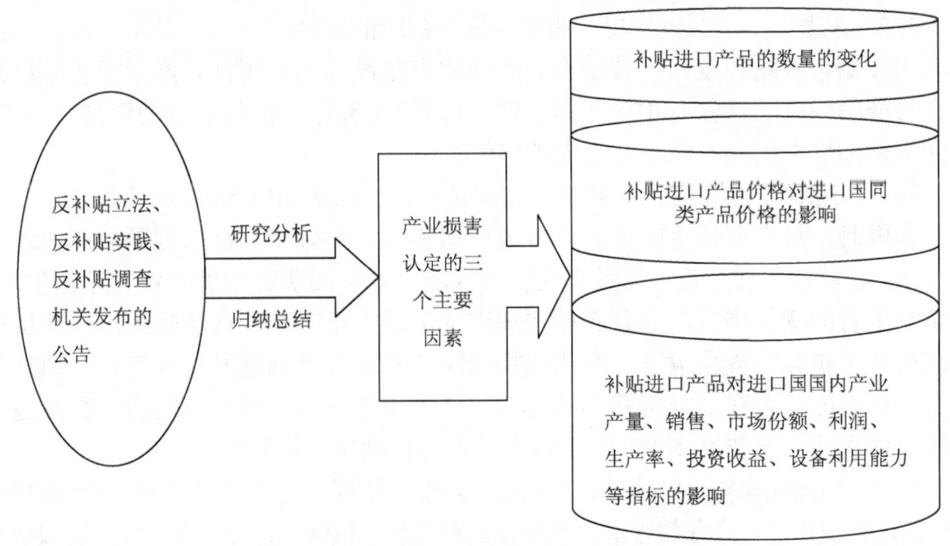

图 7.7　产业损害认定的三个主要因素

2. 产业损害幅度和“低税征收”原则

在明确产业损害内涵的基础上，认真研究产业损害幅度及其确定的科学方法是保证实施反补贴政策客观性和公正性的关键。产业损害幅度的确定决定了采取反补贴政策的力度大小，即对国内受到损害的产业救济的力度，它通常是通过影响反补贴税税率的高低来确定救济的力度。目前，在世界上，部分国家和地区已经在反补贴税的征收额度中考虑产业损害幅度的影响，如欧盟。ASCM 也明确规定对任何进口产品征收[①]的反补贴税不得超过认定存在的补贴的金额，该金额以补贴出口产品的单位补贴计算，即反补贴税的征收符合“低税征收”原则。因此，在反补贴实践中考虑产业损害幅度的测算问题及在征收反补贴税时考虑产业损害幅度的影响，在很大程度上也遏制了反补贴政策的滥用。

① 该协定使用的“征收”应指最终或最后的合法课税或征税或收税。

1）产业损害幅度的内涵与主要特征

根据国际反补贴的立法与实践，研究与确定产业损害幅度的内涵，从本质上需要根据ASCM所要求的各成员方反补贴调查机关在反补贴调查过程中考察的国内产业各个指标来确定产业损害幅度的正确含义。由上文分析可知，本书视产业损害为一种状态和结果，由于可实施反补贴措施的补贴这种不正当贸易行为的存在，进口国国内产业的正常生存与发展受到威胁、阻碍和冲击，进而使国内产业偏离原来的健康状况。因此，产业损害幅度是指由可实施反补贴措施的补贴所造成进口国国内产业偏离其健康状态的偏离程度。也就是说，产业损害幅度实际上是补贴产品进口国国内产业所受损害的量化程度，也是反映国内产业实际受损害的量化证明。

由补贴、补贴幅度、产业损害、产业损害幅度的内涵可知，产业损害幅度的计算与补贴幅度的计算有本质上的区别。在国际反补贴立法与实践的现实背景下，产业损害幅度主要具有以下几方面的特性。

第一，产业损害幅度的计算具有法律依据性。按照 ASCM 的规定和产业损害幅度的内涵，对产业损害幅度的计算需依据和考察补贴产品进口国国内产业的整体生产、经营和销售情况，或具有代表国内产业资格的所有申诉企业的整体生产、经营和销售的变化情况，而且必须按规定基于损害事实来确定反映国内产业运行状况的各个指标的变化情况。在依据指标研究产业损害幅度时，要考察全部规定的指标而不能只考察部分指标。因此，WTO 成员方在对本国产业的损害程度进行量化评估和计算时要受到 WTO 及其成员方反补贴协定的制约。

第二，产业损害幅度的计算具有相对比较性。根据产业损害和产业损害幅度的内涵可知，产业损害与产业损害幅度本身都具有相对比较性。是否存在产业损害或损害幅度大小都是相对而言的，即从理论上讲，产业损害幅度的内涵是国内产业在某一特定时期正常生产、经营和销售状况比较国内产业受损害状况下而言的；从实践上讲，产业损害幅度是根据补贴前后两个时期国内产业各个指标变化情况综合计算而得的。

第三，产业损害幅度的计算具有时间选择性。对产业损害幅度的计算具有很强的时间选择性，它涉及对国内产业正常状态时间的确定及确定产业损害时间的选取。从目前研究产业损害幅度的相关成果来看，产业损害幅度的计算，就是将补贴前后两个时期国内产业的各个指标状况进行综合比较分析得出的。按照 ASCM 的规定，在进行对比计算时，都有严格的选取各指标参数的时间要求，反补贴调查机关不能随意地采用其他时间段的各个指标的参数来进行计算。

第四，产业损害幅度的计算具有与科学定量研究方法的紧密联系性。ASCM 并没有给出产业损害幅度的具体规定，并且各个国家和地区在反补贴初裁、终裁报告中，只是对补贴前后国内产业各个指标损害幅度进行单独比较计算，最后定性总结说明国内产业是否受到损害，进而进行反补贴评估。但是，根据产业损害幅度的内涵可知，产业损害幅度的具体计算结果并不是补贴前后国内产业各个指标损害幅度进行单独比较计算得出的，而是依据补贴前后国内产业各个指标损害幅度及结合科学的定量计算方法得出的综合性结果。并且，从研究产业损害幅度的相关成果来看，产业损害幅度的研究都是基于一定的定量研究方法。例如，由美国国际贸易委员会根据反事实分析方法和经济学理论建立了 COMPAS①，COMPAS 为贸易政策分析提供了一个标准化的电子数据包，此数据包专门分析、计算与贸易相关的国内产业损害（或收益）程度，以及具体产业的贸易政策发生变化给国内整体经济带来的变化程度。

2）基于“低税征收”原则的产业损害幅度与补贴幅度的比较分析

由上文研究可知，虽然 WTO 并没有统一的补贴幅度和产业损害幅度计算公式，但从 WTO 及其成员方反补贴立法规定及其实践经验来看，补贴幅度为单位受补贴产品所获得实际利益，产业损害幅度为偏离国内产业健康或正常状况的偏离程度。并且，从反补贴理论与实践上来讲，落实“低税征收”原则、根据产业损害幅度来征收反补贴税，或在磋商情况下或在特定情况下不征反补贴税更符合一个国家或地区整体经济利益和长远发展利益。因此，当依据补贴幅度进行征收反补贴税时，反补贴税税率的确定应该是基于一个闭区间[CV_{min}，CV_{max}]来考量，即反补贴税税率的最小值为 $CV_{min}=0$，也就是不征税，反补贴税税率的最大值为 CV_{max}=补贴幅度，也就是全额征税，CV_{min}与CV_{max}之间的部分为减幅征税区间。根据欧盟的经验和做法，减幅征税往往是按照产业损害幅度来征收反补贴税。因此，计算产业损害幅度是落实“低税征收”原则的关键。

图 7.8 为补贴幅度与产业损害幅度概念示意图。由图 7.8 也可以看出，补贴行

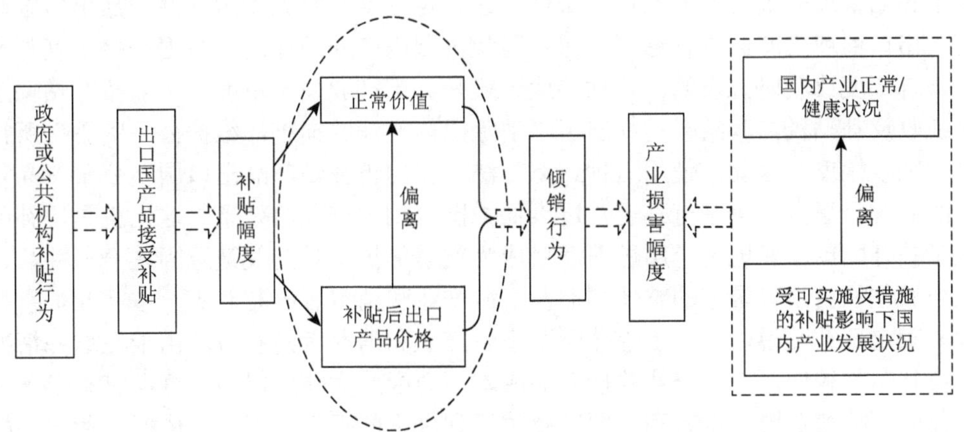

图 7.8　补贴幅度与产业损害幅度概念示意图

① COMPAS 模型由美国国际贸易委员会的 Keith Hall 和荷兰鹿特丹伊拉斯姆斯大学、欧元区经济政策研究中心的 Joseph Francois 共同开发。COMPAS 模型的电子数据表是专门针对贸易政策变化进行分析的，它建立的基础是 Armington 模型，且 Armington 模型广泛应用于局部和一般均衡模型下的贸易政策变化的分析。

为可以间接地转化为倾销行为，进而影响进口国国内产业正常状况，这也说明了在贸易救济领域范畴内反倾销与反补贴的相似性和联系性。

从上面分析可知，产业损害幅度处于 0 与补贴幅度之间，即 CV_{min}=0≤产业损害幅度≤CV_{max}=补贴幅度，其示意图如图 7.9 所示。

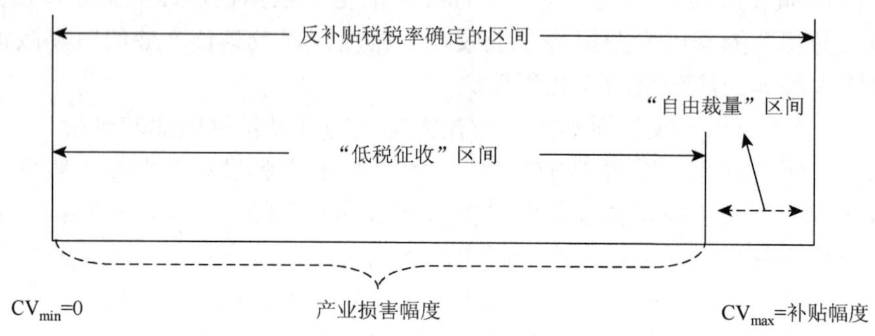

图 7.9　补贴幅度与产业损害幅度比较示意图

3）依据产业损害幅度征税即“低税征收”原则的重要意义

从上文分析可知，补贴幅度与产业损害幅度的确定方法是有本质差别的，依据产业损害幅度来确定反补贴税是非常必要的，是符合 WTO“低税征收”原则的，其对于保持反补贴政策的公平与公正性、法律性，防止滥用反补贴政策具有重要的现实意义。

第一，依据产业损害幅度征税即“低税征收”原则体现了国际贸易的公平性。基于补贴幅度来确定反补贴税的做法，在一定程度上起到了对补贴产品出口国政府、出口商或生产商进行惩罚、保护与救济国内产业的作用。根据补贴幅度与产业损害幅度比较研究表明：补贴幅度一般是大于产业损害幅度的。即按补贴幅度来征收反补贴税，其结果是高出了“消除国内产业的损害，维护公平贸易”所需要的征收幅度。因此，使用这种计算方法，在纠正补贴产品出口国不公平贸易行为的同时，事实上更带有甚至是过度保护国内相关产业的效果。这也正是反补贴政策被补贴国家和地区滥用进而演变成为贸易保护工具的关键原因之一。并且，这样做往往会损害国家的整体利益及下游产业和消费者的利益等。按产业损害幅度来确定反补贴税，实际上也兼顾了下游产业和消费者的利益。由于在这种情况下反补贴税较低，下游产业的投入品成本不会因此大幅度提高，这样有利于下游产业的可持续发展，也有利于国家整体福利水平的提高。因此，依据产业损害幅度征税即“低税征收”原则对于补贴产品进口国和出口国来说都体现了一定的公平性。

第二，依据产业损害幅度征税即“低税征收”原则具有一定的客观性。如果用补贴幅度来确定反补贴税率，注重计算的是补贴产品出口国政府实施补贴的程度，即单位出口产品由于补贴所获得的实际收益。如果用产业损害幅度来确定反补贴税率，根据产业损害幅度的含义，则需要获得补贴前后两个时期国内产业的各个指标的客观数据，从而结合适当的定量研究方法，得出计算结果。同时，按照 WTO 及其成员方反补贴条例的规定，只存在补贴不存在损害的客观事实，不能采取反补贴政策。因此，在依据 WTO 规则下，依据产业损害幅度征税即“低税征收”原则具有一定的客观性。

第三，依据产业损害幅度征税即“低税征收”原则具有损害救济适度性。由实施进口反补贴政策的“救济适度”原则可知，ASCM 和各国反补贴法律规定一国在进行产业损害救济时，救济程度只要弥补补贴给国内产业造成的损害即可。也就是说，救济幅度要适度，不宜过大也不宜过小，如果救济幅度过大，反补贴的效果可能将适得其反，并且违反“贸易公平”原则；如果救济幅度过小，则反补贴政策难以发挥对受损产业应有的救济作用。虽然，依据补贴幅度来确定反补贴税率的计算方法较为简单，但是，有可能造成救济幅度过大的效果，进而违反 WTO 相关规则制定的初衷。

至此，根据产业损害认定的理论基础与主要因素、产业损害幅度和“低税征收”原则，本章提出了损害救济标准，其示意图如图 7.10 所示。

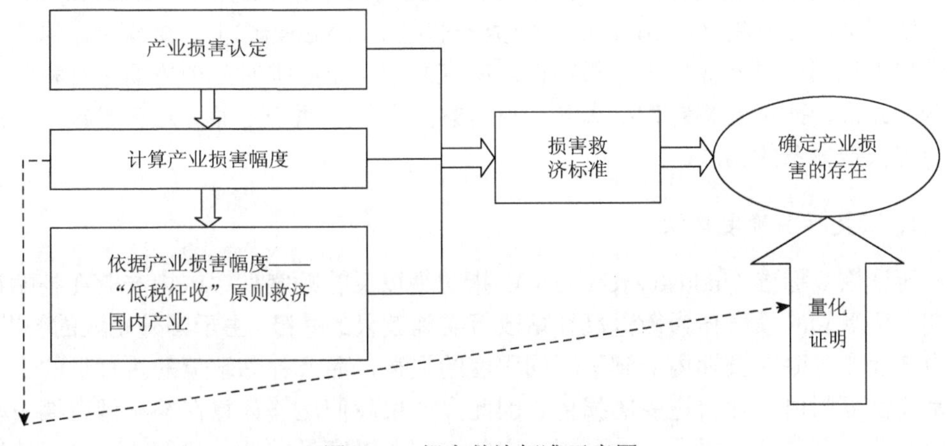

图 7.10　损害救济标准示意图

7.2.3　损害恢复标准的确定方法

对反补贴中产业损害的认定，还是要基于 ASCM 的规定。因为该协议是 WTO 各成员方采取反补贴政策所必须依据的国际法规，对各成员方具有强制约束性。ASCM 规定，各成员方调查机关在对国内产业损害情况进行认定时，要客观、公正和综合地考核三个方面的情况：补贴进口产品数量（quantity）的变化情况、补贴进口对进口国国内市场同类产品价格（price）的影响程度、补贴进口对进口国国内生产同类产品的产业（industry）所造成的冲击程度，三者缺一不可。如果进口产品补贴而国内产业损害不存在，或产业损害存在而没有发生补贴进口，反补贴调查主管机关都不能认定产业损害存在，也不能实施反补贴政策。

进口补贴对进口国同类产业产生的最直接影响首先表现在市场方面：由于进口产品的价格低廉，消费者就会增加对补贴进口产品的购买量，从而使进口量增加。而补贴产品的低价和大量进口会对处于同一市场上的进口国同类产品的销售产生严重影响，国内同类产品的生产厂家被迫大幅度降低自己产品的售价，销售量也会受补贴产品的影响而减少，造成国内同类产业的生产和流通难以为继，生产者经营状况恶化甚至面临破产的危险。因此，补贴行为对进口国国内同类产业的影响是通过市场进行传导的，国内市场是国内产业与补贴出口商直接交锋的场合。补贴价格和补贴数量是补贴行为的具体表现，而产业损害的出现是补贴行为导致的结果，它是补贴进口产品通过国内市场竞争机制作用于国内同类产业，使国内产业的正常经营发生不良反应的结果。

我们可以将反补贴中产业损害认定必须考查的三个方面的状况利用三维坐标来表示，因而就形成反补贴中产业损害认定的 QPI［补贴进口量（quantity）、国内市场同类产品价格（price）、国内同类产业状况（industry）］三维模型。这个三维模型也说明：对产业损害（损害恢复程度）的认定必须对三个方面进行科学和综合的评价，而不能将它们隔离开，只考察其中的一两个方面。这三维决定了产业损害认定体系的构成。

1. 恢复标准确定模型

所谓恢复标准（industry recovery），指的是以反补贴案件中国内产业在补贴调查期内所受到的损害作为衡量反补贴政策实施效果的基准。由于国外企业的补贴，国内产业在补贴调查期内受到了不同程度的损害，而反补贴政策的执行目的之一就是要恢复国内产业所遭受的损害。因此，如果我们能够计算在补贴调查期内，国内产业受到了多少损害，并利用一定的方法予以度量的话，我们就可以把该损害值作为衡量反补贴政策实施效果的最基本标准。

为计算出补贴对国内产业造成的损害，本章采用 Boltuck（1991）创建的产业损害计算模型。该模型是一个局部均衡模型，其方法可总结为以下三步。

第一步：计算由出口商补贴而导致的国内产业销售同类产品的价格及其他指标变化情况。

第二步：估计在不存在补贴的情况下国内产业销售同类产品的价格及其他指标。

第三步：通过计算第一步和第二步计算结果的差值得出补贴给国内市场价格及其他指标带来的影响。

根据以上步骤，模型推导如下。

当出口企业采取补贴时，由于不同市场需求弹性不同，厂商为追求利润最大化时会采取价格歧视策略。此时，厂商在国内和国外的售价不相等。当国外需求弹性大于国内需求弹性时，厂商会选择在国内以较高价出售，而在国外以较低价出售，此时出现补贴。

假设在进口国市场上存在两种商品，分别是国内产业生产商品和国外厂商出口的商品。则对于国外厂商，其利润函数为

$$\Pi = P_h D_h(P_h) + P_f D_f(P_f, P_d) - CD_h(P_h) - CD_f(P_f, P_d) \tag{7.5}$$

其中，P_h、D_h 为国外厂商在本国的销售价格和需求量；P_f、D_f 为国外厂商在进口国市场的销售价格和需求量；P_d 为国内产业销售价格；C 为国外厂商的平均边际成本。

该利润函数的最大化一阶条件为

$$P_h = \frac{C}{1 + 1/N_h} \tag{7.6}$$

$$P_f = \frac{C}{1 + 1/N'_f} \tag{7.7}$$

其中，N_h 为国外厂商在本国市场的价格需求弹性；N'_f 为国外厂商在进口国市场的修正价格需求弹性。N'_f 取决于国外厂商在进口国市场的自身价格需求弹性 N_f 及国外厂商与进口国国内厂商的交叉价格需求弹性 N_{fd}，可写成如下的形式：

$$N'_f = N_f + N_{fd} \frac{\mathrm{d} \ln P_d}{\mathrm{d} \ln P_f} \tag{7.8}$$

由基本参数可知

$$\frac{\mathrm{d} \ln P_d}{\mathrm{d} \ln P_f} = \frac{N_{df}}{E_d - N_d} \tag{7.9}$$

其中，E_d 为进口国市场国内厂商的供给弹性；N_d 为进口国市场国内厂商的需求弹性；N_{df} 为进口国市场国内厂商与国外厂商的交叉价格需求弹性。

联立式（7.8）和式（7.9），可得

$$N'_f = N_f + N_{fd} \frac{N_{df}}{E_d - N_d} \tag{7.10}$$

$$P_f = \frac{C}{1 + 1/\left(N_f + N_{fd} \dfrac{N_{df}}{E_d - N_d}\right)} \tag{7.11}$$

当出口企业不采取补贴时，出口企业不再根据不同市场采取价格歧视行为，

而是把国内国外视为统一市场进行销售。此时，出口企业国内和国外售价相等，不存在补贴。出口企业的利润函数为

$$\Pi = P_I D_I(P_I) - C D_I(P_I) \tag{7.12}$$

其中，P_I 为国外厂商在统一市场的销售价格；D_I 为需求量。

该利润函数的最大化一阶条件为

$$P_I = \frac{C}{1+1/N_I} \tag{7.13}$$

其中，N_I 为国外厂商在新的统一市场上销售的价格需求弹性。

为简单起见，假设

$$N_I = \alpha N_h + (1-\alpha) N'_f \tag{7.14}$$

其中，α 为不存在补贴的情况下国外厂商的市场份额，可表示成如下形式：

$$\alpha = \frac{D_h(P_I)}{D_h(P_I) + D_f(P_I, P_d)} \tag{7.15}$$

则联立式（7.13）和式（7.14），可得

$$P_I = \frac{C}{1+1/\left[\alpha N_h + (1-\alpha)\left(N_f + N_{fd}\dfrac{N_{df}}{E_d - N_d}\right)\right]} \tag{7.16}$$

由

$$\mathrm{d}\ln P_f = (p_f - p_I)/P_I \tag{7.17}$$

代入式（7.9），可得

$$\mathrm{d}\ln P_d = \frac{\mathrm{d}\ln P_d}{\mathrm{d}\ln P_f}\mathrm{d}\ln P_f \tag{7.18}$$

$\mathrm{d}\ln P_d$ 即为由国外产品补贴所导致的国内产品价格下降幅度。

根据上述模型，我们可以做进一步扩展，推导补贴发生时反补贴政策实施效果其他两个评估指标的变化程度。

2. 损害恢复标准的确定方法

1）国外产品出口价格

国外商品的补贴行为首先将对出口价格造成影响，导致其呈现下降的趋势。补贴发生后，国外产品的出口价格将低于其在出口国市场的正常价值。根据模型分析，其下降幅度可表示为

$$\mathrm{d}\ln P_f = \mathrm{d}P_f / P_f = (P_f - P_I)/P_I \tag{7.19}$$

2）国外产品出口量

补贴发生后，由于国外补贴商品的价格优势，国内市场对国外商品的需求一

般会上升。根据模型，补贴引起的国外补贴厂商出口数量的变化可以表示为

$$\mathrm{d}\ln Q_f = \mathrm{d}\ln P_f \times N_f \tag{7.20}$$

通过计算必要的弹性参数，我们就能得到上述三个指标的变化幅度。而根据三个指标的实际数值我们可以计算国外企业在不采取补贴行为情况下三个指标的调整值。以国外补贴产品的出口价格为例，假设其在补贴调查期内某年的实际数值为 $P_f = \eta$，则其调整后值为

$$P_f' = \eta \times \mathrm{d}\ln P_f \tag{7.21}$$

获得了以上三个指标的调整值 P_d'、P_f' 和 Q_f' 后，我们可以进一步计算指标体系中其他指标在国外涉案企业不采取补贴行为情况下的调整值大小。

3）国内产品的销售数量

补贴会引起进口国国内产品销售数量的改变。短期来说，在消费总需求不变的情况下，补贴产品销售价格越低、出口数量越多，国内产品的销售数量就越少。长期来说，出口国的大量补贴，造成出口数量的激增，其速度远胜过消费需求的增长速度，从而造成国内产品的销售数量也减少。因此，国内产品的销售数量可以用国内市场的表观消费量减去调整后的国外产品出口量得到，即

$$Q_d' = Q_{\text{表}} - Q_f' \tag{7.22}$$

4）国内产品的产量

国内产业销量的下降必然导致其产量的下降。因此，产量的变化幅度应当与销量基本保持一致。据此，我们把国内产业产量的变化幅度就认为是销量变化幅度。通过销量变化幅度和国内产品实际产量就可以确定国内产品的产量调整值，即

$$\mathrm{Pr}_d' = \mathrm{Pr}_d \times Q_f' / Q_f \tag{7.23}$$

5）国内产业的产能

国内产业产量和销量的下降，会导致国内产业产能正常扩张的停止，然而这并不代表着如果国外涉案企业不采取补贴行为的话，国内产业就不扩张产能。由于一般情况下，国内产业的产能具有非减的性质，我们可以根据国内产业的产能序列来确定产能的调整值。假设损害调查期内某年的国内产业产能数值为 CAP_d，其后续年份的扩张产能为 CAP_{dn}，则该年的国内产业产能调整值计算公式为

$$\mathrm{CAP}_d' = \begin{cases} \mathrm{CAP}_d, & Q_d' \leqslant \mathrm{CAP}_d \\ \mathrm{CAP}_{dn}, & Q_d' > \mathrm{CAP}_d \end{cases} \tag{7.24}$$

6）国内产业的产能利用率

根据产能利用率指标的计算公式，产能利用率等于产量与产能的比值，即

$$\mathrm{CU}_d' = \frac{Q_d'}{\mathrm{CAP}_d'} \tag{7.25}$$

7）国内产业的就业人数

一般来说，国内产业在补贴后会面临经营上的困难，从而采取裁减员工的做法以保证企业的运营，然而根据我国进口反补贴案件数据库的统计数据，补贴行为对我国国内产业就业人数的影响幅度较小，每起案件平均为–2.3%，故对于国内产业在国外涉案企业不采取补贴行为情况下的就业人数，认为其保持不变，即

$$W'_d = W_d \tag{7.26}$$

8）国内产业的劳动生产率

根据劳动生产率指标的定义，劳动生产率等于产量与就业人数的比值，即

$$\mathrm{Lb}'_d = \frac{\mathrm{Pr}'_d}{W'_d} \tag{7.27}$$

9）国内产业的利润

销量的减小和价格的降低将直接导致国内产业利润水平的降低。而根据利润计算公式，利润水平的高低取决于销售收入和成本费用两个因素，故可以使用先计算收入调整值，再利用收入调整值和补贴调查期内实际单位平均成本数据计算国内产业利润调整值的方法。假设补贴调查期内实际单位平均成本为c，则利润调整值可按以下公式计算：

$$\pi'_d = (P'_d - c) \times Q'_d \tag{7.28}$$

10）国内产业的投资收益率

根据投资收益率的计算公式，投资收益率等于利润除以投资总额。国外商品补贴后，国内产业面临经营困境，其市场表现被看低，不会有新的投资出现，然而，在国外商品不采取补贴行为时，不能简单确定国内产业会增加投资。因此，本章中把投资收益率的变化等同于利润的变化，投资收益率的调整值按式（7.29）计算：

$$\mathrm{IR}'_d = \frac{\pi'_d}{\pi_d} \times \mathrm{IR}_d \tag{7.29}$$

11）国内产业的市场份额

根据市场份额的计算公式和调整后的国内产业销量数值可以计算，即

$$\mathrm{share}'_d = \frac{Q'_d}{Q'_d + Q'_f} \tag{7.30}$$

12）外资技术控制率

尽管补贴后，国内产业的经营情况恶化，不可能有新的技术引进和对技术的革新，然而无法得知，补贴不发生时，国内产业的国外引进技术国有化程度会上升，故本章对补贴后的外资技术控制率变化情况假定为不变化，即

$$\mathrm{TC}'_d = \mathrm{TC}_d \tag{7.31}$$

13）外资的国别集中度

补贴的发生同样会使进口国国内外商投资的企业销量下降、市场份额减少。但无法判断国外涉案企业不补贴时其变化情况，故补贴对外资国别集中度的影响假定为不变化，即

$$\mathrm{FF}_d' = \mathrm{FF}_d \tag{7.32}$$

14）产业产品结构优化程度

尽管补贴后，国内产业的经营情况恶化，不可能有新的产品开发，不可能有新的生产线上马，然而假如补贴不发生，国内产业是否会开始新产品的开发、新的生产线与产业结构是否会得到调整我们无法确定，因此本章对补贴后的产品结构优化程度变化情况假定为不变化，即

$$\mathrm{IO}_d' = \mathrm{IO}_d \tag{7.33}$$

根据以上指标调整值按照指标综合方法进行处理，可以计算得到国内产业在国外企业不采取补贴行为时所可能达到的状态。把国内产业的这一状态与实际状态相比较，就能够得到国内产业在补贴调查期内的损害总量化情况。如图 7.11 中所示，假设补贴调查期为 1999～2001 年，图中菱形点所在线条代表国内产业的综合实际发展曲线，方形点所在线条代表国内产业在不存在补贴情况下的预期发展曲线。在补贴调查期内国内产业的实际综合量化分值分别为 B_1，B_2，B_3，不存在补贴情况下的预期综合量化分值分别为 A_1，A_2，A_3，则国内产业在补贴调查期内所受到的损害总分值为 $S_{\mathrm{IR}}=(A_1+A_2+A_3)-(B_1+B_2+B_3)$。我们把该损害分值作为反补贴政策实施效果评估中的恢复标准。

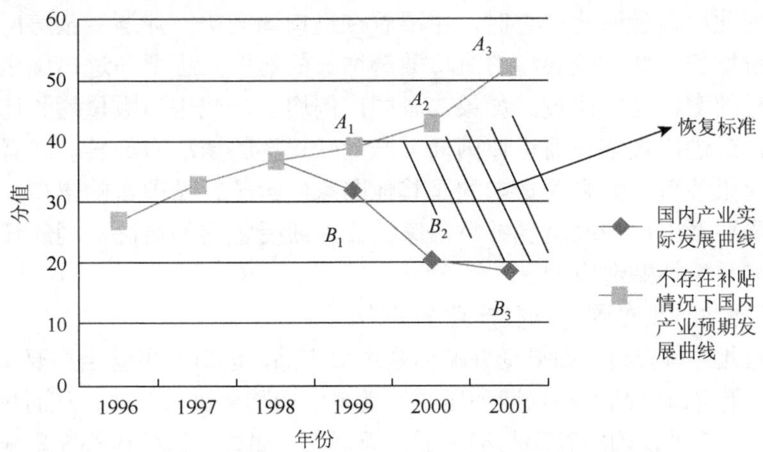

图 7.11　反补贴政策实施效果评估中恢复标准模拟示意图

7.2.4 主要原因标准的确定依据

在反补贴调查中，因果关系的审查与确定是决策反补贴政策实施是否公平的关键所在。根据 GATT1994 第 6 条和 ASCM 第 11 条第 2 款的规定，任何进口国在决定对补贴进口产品采取反补贴政策时，必须有充分的证据证明补贴进口产品与进口国的产业损害之间存在客观的因果关系。也就是说，受可实施反补贴措施的补贴的影响，进口国国内产业利润下降、市场份额减少、开工不足、劳动生产率降低等，可能由许多影响因素造成，如国内需求变化、产业自身管理不善、国内替代产品的竞争等，在这种情况下，国内产业将自己在竞争中的劣势归因于外国进口，提出反补贴指控。因此，调查机关在收到本国企业的指控后，除了必须认定补贴和损害的存在以外，还必须认定补贴产品的进口与国内产业的损害之间存在因果关系。从维护国际贸易公平与自由的宗旨来看，采用正确、合理的判断标准来确定补贴与损害间的因果关系，对保证各国反补贴政策正常有序进行、防止反补贴政策被滥用、防范贸易保护主义起着至关重要的作用。

1. ASCM 中确定因果关系时需要审查的事项

1）受补贴产品的价格对国内同类产品价格的影响

在实施此项价格影响审查时，要看受补贴产品是否压低了国内类似产品的价格，是否大幅度压制或阻止了同类产品价格的上升。即使受补贴产品进口大量增加，如果进口国的申诉不能证明这种进口产品造成了大幅度的销价、压价或阻止价格上涨的情况，补贴产品与损害之间就不能确定存在因果关系。

2）受补贴产品进口或销售数量对国内同类产业的影响

在实施此项数量影响审查时，主要看在进口国同类产业遭受损害时，进口数量是否大量增长。此时既要考虑进口数量增长的速度，也要与进口国生产和消费的市场份额的增减进行比较。如果二者同比例增长，或进口数量增长比国内市场扩大得慢，或进口量增长而进口国同类产业受损害的情况有好转，二者之间就可能不存在因果关系。如果受影响的是其他国家向给予补贴国家的出口，则出口国家有关当局要看出口产品遭受补贴国家被排斥或受阻碍的情况，同时还须证明这种不利影响是由补贴造成的。

3）受补贴产品对国内同类产业的冲击

在实施此种审查时，如果受补贴的是进口产品，进口国主管当局要审议所有经济指数，如果进口产品价格低而使国内消费者转向购买进口产品，从而使本国工业亏本销售，这就足以构成补贴与损害的因果联系。如果一国国内补贴影响了他国国内同类产业，出口国需证明由于该补贴影响了自己的出口，本国出口产业遭受损害。

4）导致同类产业受损害的非补贴因素

在实施此项非补贴因素审查时，受影响国家主管机关一般需要调查的内容有：市场需求的自然下降、产品消费格局的变化、新技术的出现、限制性商业做法、进口产品与本国产品的竞争、出口履约、生产效率、质量差别、自然资源的缺乏、新的替代产品、进口国生产者之间的竞争等。如果同类产业损害完全由上述非补贴因素造成，则补贴与损害之间不存在因果联系。

总体而言，ASCM 虽然与以往的协定相比有很大的进步，但对损害的确定还是有许多未尽事宜，如对补贴的影响是造成损害的主要原因，还是原因之一；是应先确定损害，再确定因果关系，还是同时确定损害与因果关系等问题都有待解决。ASCM 的这一缺陷，给各成员国的立法和调查实践留有较大空间。

2. 中国反补贴条例对因果关系的相关规定

我国反补贴条例和反补贴产业损害规定并没有明确规定何为因果关系，但是从法律条文的逻辑关系和措词来分析，补贴与产业损害之间的因果关系是采取反补贴政策的不可缺少的条件。因为存在补贴，并不必然导致损害发生；存在损害，并不一定是补贴造成。因此，我国反补贴条例第 15 条也规定反补贴调查申请书应当附具下列证据：①申请调查的进口产品存在补贴；②对国内产业的损害；③补贴与损害之间存在因果关系。

3. 欧美等国家和地区对因果关系的相关规定

对于欧美等发达国家和地区，由于它们是对外反补贴调查的主要发起国和地区，积累了一定的判定补贴进口产品与国内产业损害之间存在因果关系的实践经验。美国的反补贴税法并没有专门就补贴与损害的因果关系问题进行规定，但条文的含义和 USITC 的实际操作中都要求对补贴与损害的因果关系进行分析。值得注意的是，虽然美国在实践上仅要求证明补贴进口产品是造成国内产业损害的“原因之一”，但仍然对补贴进口产品的影响和非补贴因素的影响进行比较衡量，以确定损害是否归于补贴的进口还是归因于“其他因素”。同时，USITC 在考虑“有原因”时，所涉及的参考因素包括：进口量、进口对美国同类产品价格的影响、进口对美国同类产品生产者的冲击等。但在具体认定时，会产生一种分歧：其一，直接通过衡量进口量及进口价格对国内产业的影响直接得出结论；其二，先决定国内产业是否受到实质性损害或损害威胁或行业阻碍后再考虑该损害是否可归因于补贴进口。这就是 USITC 在作判断时所采纳的归因方式的不同可能造成的结果的不同。采取后一方法的，即使国内产业受到损害，但如果损害不是由不公平进口造成的，就不会采取救济措施；相反，若不构成损害，即使存在补贴事实，也不采取救济措施。但是，按照目前 ASCM 的规定，因果关系应该存在于损害和补贴之间，而不是损害与进口之间。

根据欧盟反补贴调查实践经验，欧盟在采取反补贴政策时要证明受补贴进口的数量或价格水平与共同体产业受到的损害必须存在因果关系。为了确认因果关系，欧盟反补贴条例第 8.7 条规定，除了审查补贴进口对共同体产业造成的损害外，也应审查正在损害共同体产业的其他因素，以便对该补贴进口做出正确的评价。这里应特别考虑某些因素，如补贴进口的产品数量和价格、市场需求变化减少的营业额、外国生产商和共同体生产商之间的竞争及共同体产业的生产率等。欧盟和美国在实践中较为相似，即只需证明受补贴的进口是导致损害的原因之一，无须证明其为唯一或主要原因。总体上，欧盟委员会会利用在因果关系规定中的自由裁量权，使其在内部立法和调查程序规定上更有利于共同体的利益，使反补贴案件在最终裁决上趋于符合利益集团的利益。

综上所述可知，在反补贴实践中，确定因果关系是较为困难的，因为 ASCM 和各国反补贴法律并未对因果关系的内涵及其标准规定可操作性的条文，实际上往往由调查机关自由裁量，即反补贴调查机关对于因果关系保留有相当程度的解释空间，从而潜在地提高了实施反补贴政策的可能性。部分学者认为，在确定因果关系时，采用一般原因标准更有利于进口国保护其国内相关产业免受外国补贴进口产品造成的损害。但本章认为应使用主要原因标准，原因主要有两方面：一是反倾销、反补贴案件中的因果关系确定在很大程度上具有一定的一致性和相似性，从我国的反倾销实践来看，我国反倾销调查机关倾向于使用主要原因标准；二是虽然美国和欧盟在反补贴实践中使用一般原因标准，但为更加公平地实施反补贴政策，防止自由裁量权的滥用，应使用主要原因标准。

至此，根据因果关系认定的审查因素，借鉴欧美等主要国家和地区认定因果关系存在的主要原则和方法，本章提出了主要原因标准，其示意图如图 7.12 所示。

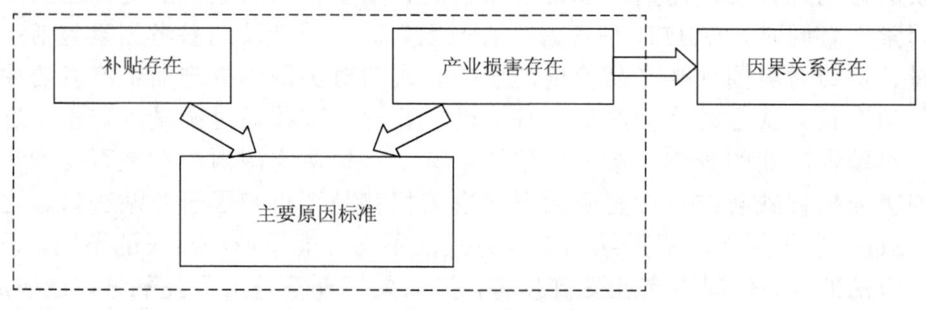

图 7.12　主要原因标准示意图

在提出事实专向性标准、损害救济标准、主要原因标准的基础上，本章构建了反补贴政策实施的 FS-IR-PC 决策标准，其示意图如图 7.13 所示。

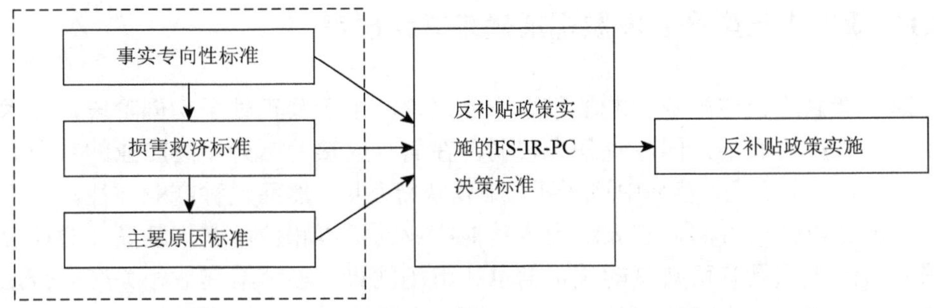

图 7.13　反补贴政策实施的 FS-IR-PC 决策标准构成图

7.3　不同类型产业发展评估的确定方法思考

为确定反补贴后国内产业的期望发展状况，需要找到衡量反补贴后国内产业期望发展（industry development）程度的合适目标。正如我们以国民经济发展速度作为衡量一个国家经济发展状态的指标一样，衡量国内产业的预期发展状态也需要找到类似的指标。通过使用指标达标法，即指定产业所关心的某一项或某几项指标，我们就能找到产业的期望发展状态。那么现在的问题是：我们如何找寻这些能够反映产业期望发展情况的指标？是否存在这样的指标能够代表所有产业的发展期望？

从一个国家或地区的产业政策角度而言，产业的生命周期不同，政府政策支持的重点也就不一样。目前国际上的通行方法是：对于处于初创和成长阶段的产业，政府主要提供科研支持，降低其投资风险、鼓励其开拓市场，扶植其快速成长；对于处于成熟阶段的产业，政府主要是根据国家战略，有目的地扶持那些对于国家整体经济而言占有战略地位和先导地位的企业，创造更加有效的竞争环境，促使该类产业形成比较优势；而对于那些处于衰退阶段的产业，政府更多的是依靠提供政策优惠条件，以创造更好的产业结构调整环境，帮助其迅速调整产业结构。反补贴政策是通过影响国际贸易领域来影响国内产业，政策措施更多地体现在贸易领域，产业保护政策是直接通过政府政策倾斜或是提供优惠条件来发展产业，政策措施更多地体现在产业领域。反补贴政策措施作为一种贸易救济手段，虽然在实现手法上与单纯的产业保护政策有所不同，但从反补贴贸易作用效果和产业救济作用效果的本质来说，两者的目的是相同的，最终都是要为本国产业发展服务的，都是保护本国产业，促进本国产业发展。因此，从这个角度说，反补贴政策实施目的在面对不同种类的产业时就需要根据国家的产业政策战略作相应调整。这种调整反映在反补贴政策实施效果评估中就是对处于不同发展阶段的产业，其评估标准要发生相应的变化。

7.3.1 新兴成长型产业发展标准确定方法思考

对于新兴成长型产业中的幼稚型产业来说，由于其正处于初创阶段，技术水平不高、生产力低下，国际竞争力较弱，在面对成熟的国外相同产业的有力竞争时，往往会处于下风，容易中途夭折，难以获得发展。然而这种产业往往具有“外部性”的特点。一方面，它表现为比其他产业的资本和技术密集度高，对社会技术进步贡献大，具有可共享的技术信息和市场优势，能够给其他相关产业带来效益的提高和成本的降低的好处；另一方面，它表现为动态规模经济，即随着幼稚型产业的产量的增加，工人的熟练程度会逐步升高，产品质量趋于稳定，生产成本沿“学习曲线”下降，给社会福利带来的好处也越来越多。因此，对幼稚新兴产业采取保护已成为国际上的共识，WTO 也对幼稚产业的保护做了明确规定。无论是贸易保护主义者还是贸易自由主义者都认同：对幼稚新兴产业采取保护不仅有利于发展民族工业，增强国家经济的独立性，而且能够提供更多的就业机会，增加国家的整体福利。但是，对于幼稚型产业的保护并不是无限期的。传统的幼稚产业保护理论和新幼稚产业保护理论都认为对幼稚产业的保护应该有一定的期限，国家应在保护期限内促使幼稚产业迅速成长起来，那些经过长时间的保护仍没有发展起来的幼稚产业是不值得继续保护的。因此，产业发展的速度对于幼稚型产业来说至关重要。而对于新兴成长型产业中成长产业来说，从幼稚期进入成长期，正是产业的快速发展阶段。市场需求的大幅增长能够刺激产业以较快的速度发展，产业扩张速度很快，因此，高产业发展速度也是成长型产业的追求目标。

基于以上分析，对新兴成长型产业采取反补贴措施，其主要目的除了要制止国外商品的低价补贴行为，维护进口国国内市场正当的竞争秩序，消除补贴行为对进口国产业所造成的影响以外，还应保持该产业处于一定的发展速度，即新兴成长型产业应在反补贴政策保护下达到预期的产业发展速度。因此，本章把新兴成长型产业保持预期发展速度的状态作为新兴成长型产业的发展标准。一般来说，产业发展速度指的是产业产值的变化速度，但也可能是产业多指标综合后综合状态的变化速度。尽管指标取的个数不一样，但方法是一致的。为简单起见，本章主要分析把产业产值的变化速度作为新兴成长型产业的预期发展速度时新兴成长型产业的发展标准。

为设立这一发展标准，我们需要找到确定增长速度的可靠依据。为指明国家经济发展目标，我国经常做五年的国民经济发展规划，同样各行业也要根据各自情况制定各行业的五年发展规划和中长期发展规划。这些发展规划与我国的产业政策一致，具有政策的导引性。因此，规划中提出的发展目标能为我们衡量反补贴后国内产业的预期发展状况指明方向。在本章中，我们可以将涉案产业所在行业五年规划中提出的发展速度目标作为反补贴政策实施效果评估中衡量产业预期发展速度的标准。由于产业产值并不是反补贴政策实施效果评估体系中的指标，我们需要把产业产值的变化情况转换到评估体系中的其他指标上去。

7.3.2　成熟型产业发展标准确定方法思考

经过一个快速成长阶段后，成熟产业的发展将向缓慢增长过渡。在这个过渡期，产业中的各个企业都开始面对市场规模增长速度放缓的现实。在有限的市场中，占有尽可能多的市场占有率，保持稳定的盈利能力成为企业稳步发展的关键。为此，产业内各企业会采取各种策略努力降低成本，提高服务，以应对越来越激烈的竞争局面。从本质上来说，这种竞争有利于产业内各企业提高自身技术水平，提高产品质量，从而促进整个产业的再发展。然而，受国外补贴商品的影响，国外厂商的低价策略使国外厂商占据了相当程度的市场份额。进口国产业中的各企业经营利润也随之开始下降，同时经营利润的下降也会缩减现金流转，为应对国外企业的低价竞争，国内产业中的企业只能降价跟随。一轮一轮的降价使产业陷入了恶性竞争当中。可见，对于成熟产业采取的反补贴政策措施，其主要目的是要制止国外商品的低价补贴行为，维护进口国国内市场正当的竞争秩序，消除补贴行为对进口国产业所造成的影响。同时，为了让市场维持应有的竞争，以增强国内产业的技术开发能力、服务水平及产品质量，应保持一定的盈利能力，不至于影响到成熟产业中企业的正当竞争。因此，对于成熟型产业来说，其反补贴后预期发展目标就不能定为发展速度，而是应该定为与国际同类产业相匹配的合理利润报酬水平、相匹配的合理劳动生产率、相匹配的合理产业集中度和相匹配的合理技术水平，以巩固国内产业的竞争实力。由于反补贴政策实施效果评估指标体系中没有设定产业集中度和技术水平的衡量指标，在本章只把国内产业利润率达到国际同类产业利润率且劳动生产率达到国际同类产业劳动生产率时的国内产业发展状态作为反补贴政策实施后国内产业的期望发展状态，并把它作为成熟产业的发展标准。

在国际同类产业的平均利润率和平均劳动生产率给定的情况下，需要通过适当方法推导到评估体系中的其他评估指标上去，以便确定出国内产业在达到期望利润率和期望劳动生产率时的综合预期状态。

7.3.3　衰退型产业发展标准确定方法思考

对于衰退产业来说，由于产业自身的发展规律，自身的衰弱已是不可避免。

随着市场整体需求的下降，产业自身的生产效率开始降低，技术停滞不前。产能过剩导致产业中各企业低于成本销售情况时有发生，价格战发生频繁，产业利润也急剧下降。而国外进口产品的补贴行为进一步加剧了衰退型产业的困境，为应对国外竞争者的低价策略，衰退型产业继续加入到降价大军中，从而更深地加剧了该类产业调整产业结构的困难。对于衰退产业来说，由于其即使不受国外补贴产品的影响，也已经开始出现利润下滑和生产减产的趋势，对其反补贴政策实施后的表现不应有过多利润增长或是产业发展的要求。因此，对衰退型产业采取反补贴政策的主要目的是制止国外商品的低价补贴行为，维护进口国国内市场正当的竞争秩序，消除补贴行为对进口国产业所造成的影响，为衰退产业进行结构调整创造时机。从这个角度说，衰退型产业不应再设置产业发展标准。

7.3.4 国内产业类型识别方法

根据国内外学者关于产业生命周期理论的研究，判断一个产业处于何种发展阶段，目前主要有以下几个方法。

1. 生产率衡量法

该方法使用产业的生产率来度量产业的所处阶段。产业的生产率是一个产业产出与投入之比，其度量的是产业中单位投入的产出效率，即投入资源（包括人力、物力、财力资源）被开发利用的效率。众所周知，生产率的不断提高是人类社会经济发展的推动力。同样，在一个产业中，生产率的不断提高也是其演进变化的基本规律。生产率低的产业必然在市场的竞争中萎缩和衰退，生产率高的产业也会在竞争中脱颖而出，茁壮成长。生产率低的产业逐渐被生产率高的产业替代，从而走向衰退或衰亡，这是一个无人逆转的客观规律。因此，通过对一个产业的生产率的纵向和横向比较，就可以判断该产业处于何种发展阶段。实际计算时，我们可以把产业的全要素生产率（total factor productivity，TFP）作为生产率衡量标准，其计算公式为：TFP=总产量－劳动、资本、土地要素的投入量，即产出增长率超出要素投入增长率的部分。如果一个产业在一段时期内 TFP 指数增长趋势明显，则认为其为成长型产业，如果 TFP 指数变化不大，趋于平稳，则认为其为成熟产业，如果 TFP 指数下降趋势明显，则认为其为衰退产业。

2. 技术进步率衡量法

一般来说，产业经济增长的要素主要包括投入要素的增长、技术进步、技术效率和规模效率的增长。而根据产业发展的外生增长理论，决定一个产业发展的最关键因素是科学技术水平的不断提高，也就是技术进步。它是决定该产业增长与否的决定性因素。因此，从这个意义上讲，衡量一个产业的技术进步状况，能够从侧面反映一个产业的发展状况，从而达到确定产业发展阶段的目的。在采用技术进步率来衡量产业发展状态时，目前主要是通过柯布-道格拉斯生产函数来确定。与生产率衡量法类似，当技术进步率逐步增长时，该产业为成长型产业，如果技术进步率变化不大，趋于平稳，则认为其为成熟产业，如果技术进步率下降趋势明显，则认为其为衰退产业。

3. 需求收入弹性衡量法

产业的需求收入弹性反映了产业的需求结构变动对产业的影响程度。一个产业的需求收入弹性高，意味着伴随着人们收入水平的提高，人们对该产业生产产品的需求增长率也随之增大，表明该产业具有较大的成长空间，有较大的成长潜力。反之，如果需求收入弹性小，说明人们对该产业生产产品的需求在逐渐减小。一言以蔽之，需求的增加和减小将最终影响到产业的发展态势。综上所述，当某产业的需求收入弹性呈上升趋势，说明该产业为成长型产业；当产业的需求收入弹性保持不变，说明该产业为成熟型产业；当产业的需求收入弹性呈下降趋势，说明该产业为衰退型产业。

4. 产业吸引力衡量法

产业吸引力衡量法是依靠衡量产业在资本市场的表现情况来反映产业所处阶段的一种方法。在市场经济中，资本市场反映了社会公众对产业的兴趣和认同程度。一个正在成长的产业往往会吸引更多人的目光，也吸收更多的资本。由于一个公司的股票价格是社会公众对公司未来成长能力的预期，产业内所有公司的股票价格整体成长性就代表了产业的成长性。因此，利用证券市场上产业内各公司的公开资料就可以判别产业所处的阶段。常用的方法是利用股票价格来测算各产业内企业的未来成长能力，从而推算出产业的成长系数。当产业成长系数较高时，为成长型产业；当产业成长系数一般时，为成熟产业；当产业成长系数较低时，为衰退产业。当然，该种方法在应用时受到一定限制，需要待讨论的产业进入资本市场才行。

5. 生长曲线模拟法

生长曲线模拟法指的是通过建立曲线来拟合产业发展数据从而判定产业发展阶段的一种方法，其中最常用的是皮尔曲线。皮尔曲线是由美国生物学家和人口统计学家雷蒙德·皮尔建立的一种描述生物生长阶段的数学模型。由于产业的成长与生命体的成长存在相似性，很多学者将其引入产业问题的研究中。皮尔曲线的数学模型如下：

$$d_y / d_t = ky(\overline{y} - y)$$

其中，y 为产业总产值占国民生产总值的比重；$\overline{y}$ 为产业产值占 GDP 的最大比重；d_y / d_t 为产业总产值占 GDP 比重的增加速度。

在上述模型中，产业占 GDP 比重的增加速度既与现有比重成正比，又与现有比重和最大比重的差值成正比。产业现有产值占 GDP 的比重离最大比重越远，其增长速度越大，反之增长速度越小。在曲线的实际拟合时，产业产值占 GDP 的比重最大值 $\overline{y}$ 可由实际数据确定。通过考察产业历史数据，我们就可以拟合出产业的生长曲线，有了产业的生长曲线就可以确定其所处阶段了。

以上介绍的是判断产业种类的五种不同方法，但这里还需要注意一点，无论使用上述哪个方法判断国内产业的种类，都应把考察期认定为国内产业遭受国外补贴产品影响的前几年。这是因为由于国外企业的补贴行为，国内产业在反补贴调查期内明显表现为各项指标下降，然而这种经营状况的下降不是正常的下降，而是国外产品补贴所带来的，因此不能作为产业种类的评判依据。

第 8 章　反补贴政策产业救济效果评估方法体系研究

8.1　基于组合评估标准的评估方法体系研究

8.1.1　补贴确定的评估方法研究

补贴的确定是实施进口反补贴政策的首个必要条件，如果不存在补贴，反补贴调查机关就会终止反补贴调查，从而不实施进口反补贴政策。实际上，在反补贴实践中，本书认为补贴的确定包括两个方面的主要内容：一方面，就是确定是否存在可实施反补贴措施的补贴；另一方面，就是确定补贴幅度即补贴幅度的计算问题，对于这两个方面的研究不仅是研究补贴与反补贴问题的重点，更是难点。其原因有以下几个方面：第一，众所周知，由于补贴与反补贴问题的复杂性和敏感性，ASCM 是 WTO 框架下较为复杂的相关规则；第二，各国补贴的规则、项目、程度较为隐蔽，从美国、欧盟等主要国家和地区商务部门关于反补贴调查公告等内容可知，补贴存在的确定、补贴幅度的确定多是依据其国内反补贴法规定进行评估的，其确定的核心方法及其步骤并没有明确显示出来；ASCM 没有明确规定补贴幅度的计算公式与方法。目前，国内外学者鲜有对补贴及补贴幅度的确定进行系统探讨与研究，因此，本章依据反补贴法律及其相关理论、世界主要国家和地区反补贴实践经验及事实专向性标准，首先集中探讨和分析补贴确定的评估研究方法，其次深入研究补贴幅度确定的评估研究方法。

1. 确定补贴存在的关键 5 要素法

基于事实专向性标准和 ASCM 对补贴规定的基本内涵，本章认为确定可实施反补贴政策的补贴的存在可以分为以下三个基本步骤。

（1）界定补贴成立的三个条件：由 ASCM 规定的补贴定义，确定存在补贴的三个基本条件分别为：第一，提供了财政资助；第二，资助是 WTO 成员领土内的公共机构提供的；第三，资助授予了某项利益。

（2）在界定存在补贴的基础上进行补贴的分类：根据补贴的分类标准，将确定的补贴划分归类，即禁止性补贴、可诉补贴、不可诉补贴及上游补贴。

（3）在补贴分类的基础上确定该补贴是否具有专向性：根据专向性标准，确定已归类的补贴是否可实施反措施，因为已分类的补贴是否具有专向性是实施反补贴政策的基准。由事实专向性标准可知，不同国家和学者对补贴专向性标准的定义和用词也不同，本章在此将不同专向性分为企业专向性、产业专向性、地区专向性和产品专向性。美国商务部于 2010 年 12 月公布了两项加强贸易救济执法政策公告，其中之一就是关于现行反补贴调查中的国有企业专向性认定方法，并且专向性很强的补贴成为这次美国加强贸易救济执法的主要目标，这类专向性的补贴包括企业专向性、产业专向性和地区专向性等几种类型①。

根据以上三个步骤，对于一起反补贴调查案件，本章提出确定补贴存在的关键 5 要素法，这也是确定补贴存在的基本方法。5 个关键要素包括政府或公共机构、政府或公共机构提供财政资助、资助接受者获得实际收益、补贴类型、专向性。图 8.1 给出了确定补贴存在关键 5 要素法的逻辑关系及其评估流程图。

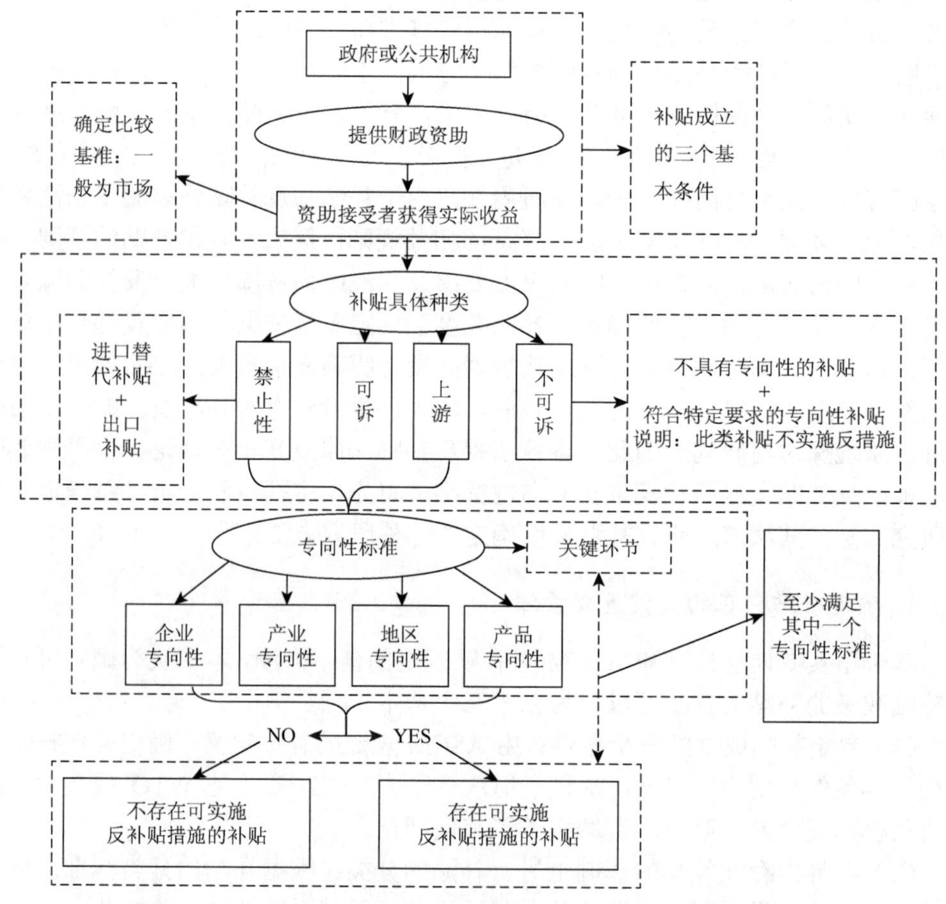

图 8.1　确定补贴存在的关键 5 要素法的逻辑关系及其评估程序图

① 资料来源：李银莲. 2010. 反补贴恐成贸易摩擦主流. http：//www.cb.com.cn/1634427/20101211/173080.html[2014-06-08]。

2. 确定补贴存在的逆向推导法

根据进口反补贴政策实施的三个必备条件和评估程序可知，一般情况下，调查机关先是确定补贴存在，然后通过分析补贴的影响，进而确定补贴是否对国内产业造成损害。而本章运用逆向思维的方法，基于向量自回归（vector autoregression，VAR）模型和对补贴的影响分析，提出了确定补贴存在的逆向推导法。

首先，通过建立 VAR 模型预测进口国主要进口产品的价格和数量的异常变动情况，即过低的价格变动和过高的数量变动；其次，根据价格和数量的异常变动情况来初步判定进口产品是否对进口国国内产业造成了损害威胁，即产业损害预警；最后，根据损害认定标准，如果国内产业各经济指标或绝大部分经济指标出现恶化趋势，即国内产业遭受损害，则根据补贴影响的传导原理和影响范围，来进一步判定进口产品是否在得到补贴情况下才对国内产业造成损害。

1）基于 VAR 模型的“补贴—产业损害预警”研究

①VAR 模型的选择依据

首先，由进口反补贴政策实施的作用机理和事实专向性标准可知，一国对本国出口产品和出口产品生产者提供的补贴在国际贸易中可能产生三种不利影响：一是对进口国而言，其国内相关产业生产的产品将不得不与得到出口国政府补贴的、占据不公平竞争优势的进口产品进行竞争，而可能受到损害；二是对出口国而言，补贴国给予其生产者的国内补贴可能会削弱其他成员向该国出口产品的竞争力，这是因为与进口产品相比，国内产品可能因得到补贴而享有不公平的价格优势；三是就国际市场而言，一些成员国的出口可能受到影响，这是因为在第三国市场上，一些成员的产品竞争力在与得到出口补贴的成员的产品竞争时被削弱。但是，由补贴的影响原理可知，其最直接的影响就是对国内产业同类产品价格和销售数量的影响，进而渗透和波及其他领域。而 VAR 模型可以估计和预测价格与销售数量变动的异常预警范围。

其次，VAR 模型的构建相对较为简单且预测效果较好。一是在方程设定上，除了趋势与季节因素之外，其余变量都是内生变量；二是在方程估计上，模型中每一个方程所含滞后变量的个数相同，则可以对每个方程直接应用最小二乘法，进而进行有效估计；三是方程估计效果上，VAR 模型是自回归（autoregression，AR）模型的延伸和拓展，在许多情况下，这种模型的预测效果比复杂的联立方程组模型更具优势，它也是一种常用的重要的预测模型。

②VAR 模型的基本原理与内涵

VAR 模型实际上是一种多元线性回归模型，每个变量都由它自己和其他变量的滞后值表示。也就是说，方程以被解释变量的滞后项为解释变量。在介绍 VAR

模型之前，本章先介绍 AR 模型。如果时间序列 y_t 可以表示为它的滞后项和一个误差项 u_t（白噪声）的线性函数，则称此模型为 AR 模型，相应的 y_t 序列称为自回归序列。$y_t = Ay_{t-1} + u_t$ 就是一阶自回归模型，记为 AR(1)。如果 y_t 不仅依赖 y_{t-1}，而且依赖于 $y_{t-2}, y_{t-3}, \cdots, y_{t-k}$ 等，即模型

$$y_t = A_1 y_{t-1} + A_2 y_{t-2} + \cdots + A_k y_{t-k} + u_t \tag{8.1}$$

称为 k 阶自回归模型，记为 AR(k)。

如果模型 $y_t = A_1 y_{t-1} + A_2 y_{t-2} + \cdots + A_k y_{t-k} + u_t$ 中的 y_t 表示的不是标量，而是 p 维向量，则模型 $y_t = A_1 y_{t-1} + A_2 y_{t-2} + \cdots + A_k y_{t-k} + u_t$ 就是 k 阶 VAR 模型，记为 VAR(k)，其中 u_t 为白噪声，A_i 为系数矩阵。

③“补贴—产业损害预警”VAR 模型的构建与分析步骤

第一，“补贴—产业损害预警”VAR 模型的构建。在反补贴调查与产业损害预警时，采用 VAR 模型主要是因为其能预测国外补贴出口产品数量和价格的未来走势，进而计算出数量和价格的合理波动范围。本章建立的“补贴—产业损害预警”VAR 模型如下：

$$\begin{pmatrix} p_t \\ q_t \end{pmatrix} = \varphi_0 + \varphi_1 \begin{pmatrix} p_{t-1} \\ q_{t-1} \end{pmatrix} + \varphi_2 \begin{pmatrix} p_{t-2} \\ q_{t-2} \end{pmatrix} + \cdots + \varphi_k \begin{pmatrix} p_{t-k} \\ q_{t-k} \end{pmatrix} + \begin{pmatrix} \varepsilon_{pt} \\ \varepsilon_{qt} \end{pmatrix} \tag{8.2}$$

其中，$\varphi_i = \begin{bmatrix} \varphi_{11}^i & \varphi_{12}^i \\ \varphi_{21}^i & \varphi_{22}^i \end{bmatrix}$，$i = 0,1,2,\cdots,k$；$p_t$ 为 t 期进出口产品价格的增长率；q_t 为 t 期进出口产品数量的增长率；φ_i 为参数矩阵；k 为滞后阶数。

第二，数据的搜集与处理。由于进出口产品的价格和数量的单位不同，可采用增长率将其统一；如果部分时间范围内没有进行产品交易，则可用移动平均等方法进行预测。

第三，检测结构性变动。可以利用引入虚拟变量的方法，监测宏观贸易、经济等政策变动对价格和数量的影响。

第四，最优滞后阶数的选择与模型的估计和预测。最优滞后阶数的选择可以根据自相关系数和偏相关系数图（图 8.2），以及 LR、FPE、AIC、SC、HQ 准则来进行确定（图 8.3）；然后利用最大似然法或最小二乘法等来估计模型参数；最后，将实际值带入已建立的 VAR 模型，即可进行进出口产品价格和数量变动率的预测。

第五，建立价格和数量的异常预警范围。本章根据补贴进口产品过低的价格变动和过高的数量变动，以预测值为中心，分别建立 95%和 99%的置信区间，即置信区间分别有 95%和 99%的概率包含价格与数量变动率的实际值。如果价格和数量的变动率实际值落于以上置信区间外，则视为异常。具体情况如下（其中，P_c、Q_c 分别代表价格和数量的变动率，Lower、Upper 分别代表置信下限和置信上限）。图 8.4 为区间估计示意图。

Date: 12/29/10　Time: 01:03
Sample: 2004M01 2006M02
Included observations: 25

Autocorrelation	Partial Correlation		AC	PAC	Q-Stat	Prob
		1	-0.409	-0.409	4.7065	0.030
		2	0.049	-0.143	4.7759	0.092
		3	-0.369	-0.495	8.9434	0.030
		4	0.375	-0.012	13.475	0.009
		5	-0.148	-0.104	14.218	0.014
		6	0.132	-0.042	14.837	0.022
		7	-0.119	0.096	15.365	0.032
		8	0.169	0.161	16.499	0.036
		9	-0.237	-0.069	18.868	0.026
		10	0.162	0.084	20.053	0.029
		11	-0.116	-0.024	20.705	0.037
		12	0.125	-0.087	21.515	0.043

图 8.2　自相关与偏相关系数图样

VAR Lag Order Selection Criteria
Endogenous variables: PT
Exogenous variables: C
Date: 12/29/10　Time: 01:10
Sample: 2004M01 2006M02
Included observations: 20

Lag	LogL	LR	FPE	AIC	SC	HQ
0	8.709498	NA	0.027086	-0.770950	-0.721163	-0.761231
1	9.047466	0.608343	0.028957	-0.704747	-0.605173	-0.685309
2	10.59704	2.634284	0.027452	-0.759704	-0.610345	-0.730548
3	14.43783	6.145259*	0.020730*	-1.043783*	-0.844637*	-1.004908*
4	14.51709	0.118886	0.022851	-0.951709	-0.702776	-0.903115
5	14.59267	0.105819	0.025271	-0.859267	-0.560548	-0.800954
6	14.60318	0.013659	0.028232	-0.760318	-0.411812	-0.692286

* indicates lag order selected by the criterion
LR: sequential modified LR test statistic (each test at 5% level)
FPE: Final prediction error
AIC: Akaike information criterion
SC: Schwarz information criterion
HQ: Hannan-Quinn information criterion

图 8.3　利用 LR、FPE、AIC、SC、HQ 准则确定最优滞后值图样

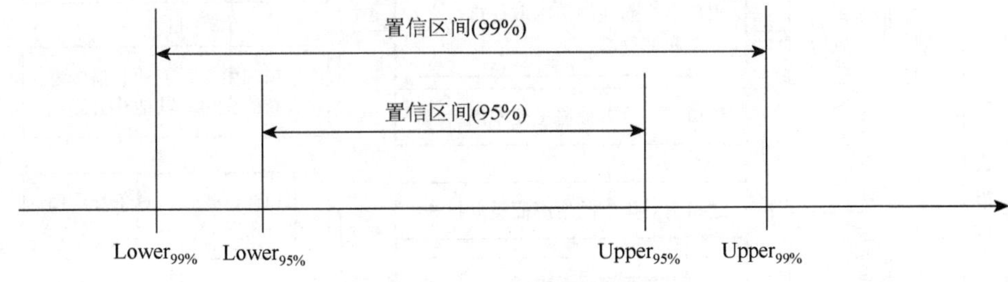

图 8.4　区间估计示意图

（1）当 $P_c < \text{Lower}_{99\%}$ 时，给予严重预警信号。

（2）当 $\text{Lower}_{99\%} < P_c < \text{Lower}_{95\%}$ 时，给予一般预警信号。

（3）当 $Q_c > \text{Upper}_{99\%}$ 时，给予严重预警信号。

（4）当 $\text{Upper}_{95\%} < Q_c < \text{Upper}_{99\%}$ 时，给予一般预警信号。

由此，综上所述，可以初步判定进口国某类国内产业的某类同类产品可能遭受进口产品的不公平竞争。

2）补贴影响的范围与传导原理

由上文分析可知，一般情况下，反补贴调查机关通过确定补贴的存在、分析补贴的影响，来进一步确定国内产业遭受损害。按照确定补贴存在逆向推导法的基本思路，上文“补贴-产业损害预警”VAR 模型已经初步判定进口国某类国内产业的某类同类产品可能遭受进口产品的不公平竞争，然后本章通过分析预警出来的产业损害状况是否与补贴影响的范围和传导原理相吻合，进而判定可实施反补贴政策的补贴是否存在。

补贴影响的范围主要包括对进口国的国内产业、国内产业的上下游产业、同类产品生产商和进口商、消费者，对涉案国的生产商、出口商、消费者、国内产业，对非涉案国的出口商等的影响。其中，对进口国国内产业同类产品的价格影响是其最直接的影响，包括价格削低、价格抑制、价格压低、销售损失等。

补贴不等于降价出口，对补贴影响的传导原理进行分析，首先要取决于补贴的目标和动机；其次，还要看被补贴的厂商的价格策略是否采取价格歧视或者是否按照市场的供求状况来正常地确定价格。本章主要针对价格歧视的掠夺式销售和保本销售进行研究与分析。

（1）掠夺式销售就是按照低于正常成本的价格销售，那么短期内消费者得利，进口国的同类产品生产者遭受损失。图 8.5 为掠夺式销售的传导原理图。

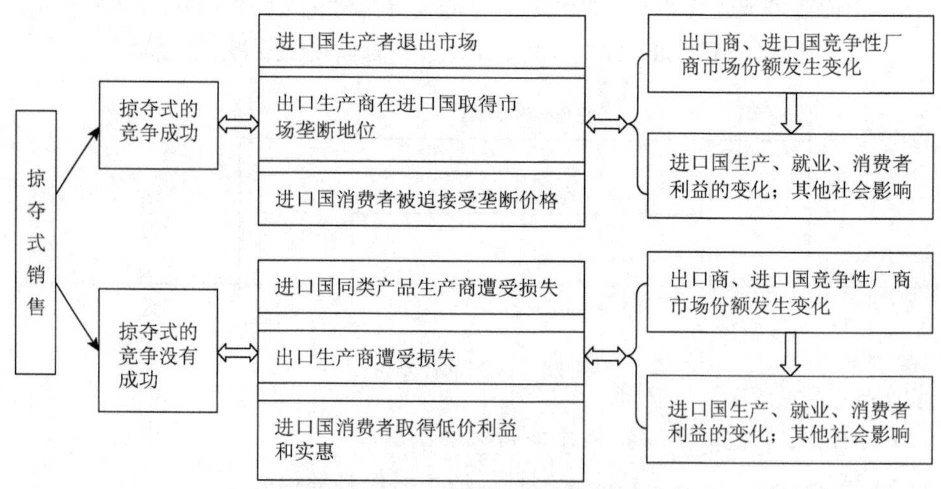

图 8.5　掠夺式销售的传导原理图

（2）保本销售就是按照不低于成本价格进行销售，其影响是阻止价格上涨而产生压价或抑价问题，其中压价或者抑价的程度和持续的时间及其给国内产业带来的影响，属于补贴与反补贴讨论的影响范畴。保本销售与掠夺式销售有相似之处，也有差异。补贴产品出口国的出口生产商对于选择掠夺式销售还是保本销售评估时，应考虑以下个条件，见图 8.6。

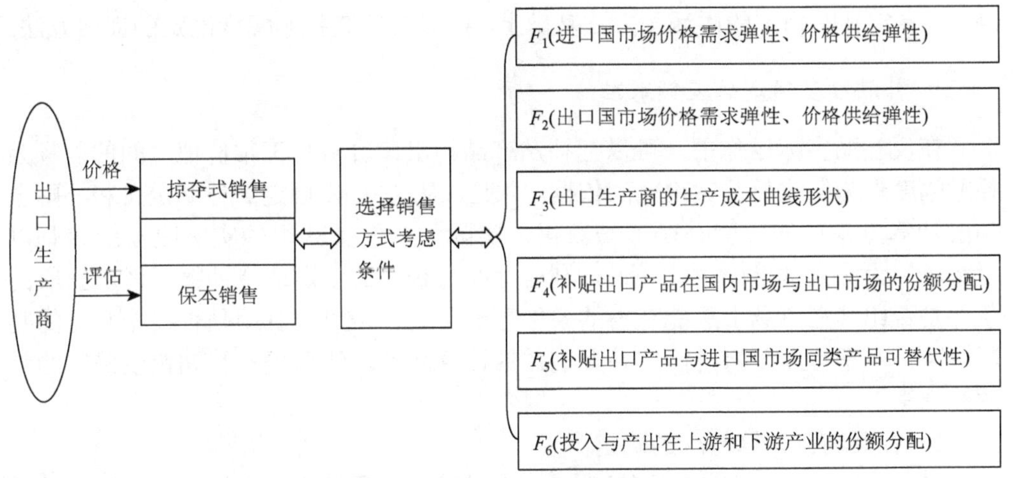

图 8.6　掠夺式和保本销售方式选择考虑条件归纳图

根据图 8.6 及价格需求弹性、价格供给弹性、替代弹性之间的关系，按照保本销售时，补贴的影响传导原理如下：一是，当补贴出口产品的供给和进口国同类产品的需求均缺乏价格弹性时，补贴幅度的增大将导致价格相应地下降，进口国同类产品需求变化不大，同类产品生产商的销售收入会因降价而减少；二是，当补贴出口产品的供给弹性和进口国同类产品的需求弹性均较大时，则由补贴导致的降价所引起的进口国同类产品需求变化很大；三是，补贴出口产品在进口国市场份额越高，进口国同类产品的需求萎缩程度就越高；四是，进口产品与进口国同类产品替代性越高，进口国同类产品的需求萎缩程度就越高；五是，进口国同类产品面对补贴出口产品是选择降价还是减产，取决于进口国市场的价格供给弹性。

8.1.2　补贴幅度确定的评估方法研究

补贴幅度的确定从理论上和技术操作上都属于补贴与反补贴问题研究的难点。补贴幅度的计算是量化反补贴税的关键性前提，是补贴确定的另一个关键性问题。我国在这方面的立法和实践与国外发达国家都存在较大差距。

在计算补贴幅度时应特别注意的问题是，补贴数量应以在案件的调查期间受益者所获得的实际利益来计算。补贴额应当分摊到每一单位，按照这种要求，如果补贴的金额不是按照生产、出口该产品的数量来提供的，则须将该补贴按调查期内有关产品的生产、销售或出口的数量来分摊到每一单位。例如，欧盟反补贴法的第 5 条对此规定了一般的原则，即可采取反补贴政策的补贴数量应根据“在案件的调查期间存在的接受主体所获得的利益”来计算。本章依据事实专向性标准，在界定补贴确定的内涵与方法基础上，探讨与研究补贴幅度确定的评估方法。

1. 补贴幅度确定的差额基准法

在反补贴实际运作中，可以把补贴产品的出口价格与正常价值之间的差额为补贴幅度作为征收反补贴税率的依据。并且，从 ASCM 规定的补贴定义和补贴金额的计算方式可知，受补贴方需获得“实际收益”及获得的实际收益应该是以“市场”为比较基准。也就是说，利益存在与否取决于财政资助接受者所获取的条件是否比其在市场上所能获得的条件更好，这也是财政资助是否授予利益的判断标准。本章首先分析与确定补贴利益的计算基准，然后提出补贴幅度确定的差额基准法。

1）补贴利益计算基准的确定

（1）补贴利益计算的市场基准：ASCM 第 14 条所规定的比较基准是确定补贴利益的关键，其规定了补贴利益计算的基准与方法，即对补贴产品出口国政府提供的股本、贷款、贷款担保、货物或服务或购买货物等四类财政资助，判定是否存在补贴利益的基准分别为“该成员领土内私营投资者通常的投资做法”“从市场上获得的可比商业贷款金额”“无政府担保的可比商业贷款金额”“所涉货物或服务在提供国或购买国现行市场情况”。也就是说，一旦与上述相应基准比较计算出补贴金额，接受者所获利益随机确定。从以上分析可以看出，这里所指的基准是市场，判断是否存在实际收益的比较基础也是市场。

（2）补贴利益计算的外部基准：WTO 成员方对补贴利益计算的基准问题也存在不同意见。例如，根据美国反补贴法可知，即使受调查国是市场经济国家，一旦调查当局认定其境内不存在或无法获得“可比商业贷款”或“市场决定”的商品或服务价格，那么，相应补贴利益的计算便采用受调查国以外的市场价格，如实际进口价、国际市场价甚至调查国国内价格等作为基准，即外部基准。但是值得注意的是，一旦外部基准得不到合理、公正的使用，将会对被调查国带来极大的影响。在铜版纸案件中，美国调查当局认为，中国涉案企业所获国有商业银行贷款是由“政府政策性贷款计划”安排的，因而不属商业贷款，需要用适当基准来确定其是否存在补贴利益，并且排除了采用中国国内利率作为基准的可能性，最终设计了基于同等人均收入国家实际利率和制度质量指标的计量回归方法来计算中国国有商业银行贷款的替代基准利率①。

综上所述，本章认为，从目前世界反补贴实践来看，补贴利益的确定应基于接受者所获政府财政资助与客观基准的比较，而这一客观基准应来自市场。

2）差额基准法的确定及其计算步骤

由补贴利益计算的基准分析可知，补贴利益的计算是量化反补贴税的关键，市场基准的确定与利益比较是补贴利益计算的关键。因此，本章在以上分析的基础上，同时延伸第 5 章补贴幅度计算基本公式的内涵，提出补贴幅度确定的差额基准法。

①确定财政资助接受者以市场为基准获得的单位实际收益

以市场为基准获得的实际收益，可依据补贴产品出口国财政资助接受者以市场为基准获得的加权平均收益作为标准。假设在补贴调查期内有 n 个市场在补贴产品出口国生产或销售或出口接受补贴的产品，各厂商生产或销售或出口的产品数量分别为 $Q_1,Q_2,\cdots,Q_n$，且价格分别为 $P_1,P_2,\cdots,P_n$，则以市场为基准获得的加权平均实际收益为

$$\mathrm{AB}_{\text{市基}}=\sum_{i=1}^{n}Q_iP_i\Big/\sum_{i=1}^{n}Q_i \tag{8.3}$$

②财政资助接受者在接受补贴后生产或销售或出口产品获得的单位实际收益

在接受补贴后生产或销售或出口产品获得的实际收益，可依据补贴产品出口国财政资助接受者在接受补贴后生产或销售或出口产品获得的加权平均收益作为标准。假设在补贴调查期内有 n 个市场［与式（6.3）中的市场含义相同］中的生产商或出口商在接受补贴后，生产或销售或出口的产品数量分别为 $Q_1',Q_2',\cdots,Q_n'$，且价格分别为 $P_1',P_2',\cdots,P_n'$，财政资助接受者在接受补贴后生产或销售或出口产品获得的加权平均实际收益为

$$\mathrm{AB}'_{\text{接受补贴}}=\sum_{i=1}^{n}Q_i'P_i'\Big/\sum_{i=1}^{n}Q_i' \tag{8.4}$$

③计算补贴幅度

$$\mathrm{SM}=\mathrm{AB}_{\text{市基}}-\mathrm{AB}'_{\text{接受补贴}}=\sum_{i=1}^{n}Q_iP_i\Big/\sum_{i=1}^{n}Q_i-\sum_{i=1}^{n}Q_i'P_i'\Big/\sum_{i=1}^{n}Q_i' \tag{8.5}$$

SM 代表补贴按调查期内按补贴产品的生产、销售或出口的数量来分摊到每

① 在计算这些国家实际利率时，调查当局剔除了以下三类国家：一是调查期内，在反倾销调查中，被认定为非市场经济的国家；二是未向《国际金融统计》和《世界经济展望》提供短期贷款利率和通货膨胀率数据的国家；三是 3 个实际贷款利率水平异常国家。对于余下的国家，调查当局建立了一个实际利率与国内制度质量指数的回归方程，后一变量的依据是世界银行的政府治理指标（governance indicators），主要包括政治稳定、政府效率、规制质量、法治和腐败控制等参数。运用该回归方法，调查当局分别模拟出适用中国 2003 年、2004 年和 2005 年的 3 个替代基准利率，并认为，经该方法得出的利率水平应该是度量政府政策性贷款利益的最适当的市场基准。

一单位所获得的实际收益。差额基准法的优点在于：一是方法的基本原理清晰明确；二是考察的对象即参数相对较少，只有价格和数量两种因素。差额基准法的缺点在于，没有考虑其他影响补贴的因素，如国际经济形势的变化、国际市场需求量的变化等。但是，总体来说，由于差额基准法源于补贴金额计算的内涵及参数少、计算方便，该方法可能在很大程度上被 WTO 成员方广泛应用。

2. 补贴幅度确定的间接弹性系数法

由本章研究的国际背景和反补贴自身特点可知，各个国家和地区的补贴规则具有较大的隐蔽性和复杂性，并且调查的对象为政府补贴行为，因此反补贴调查机关在补贴调查期间获取补贴项目、补贴金额、补贴数量等证据资料具有一定的困难性。目前，WTO 及各个国家和地区的政府调查机关、行业协会、律师协会、科研机构等也在积极探索和研究补贴确定的相关方法。本章基于以上分析，依据补贴产生影响的经济理论，提出补贴幅度确定的间接弹性系数法（indirect elasticity coefficient，IEC）。

1）补贴产生的经济效应

WTO 于 2010 年 7 月 23 日下午在上海发布《2010 年世界贸易报告》。报告指出，受累于全球经济下滑，2009 年度国际贸易额出现了 45 年来的最大下滑，幅度超过 12%；但中国则超越德国成为全球第一大出口国。对于从理论上分析补贴产生的经济效应可以分为两种情况：一种是补贴产品出口国是贸易大国；另一种则是补贴产品出口国是贸易小国。由于我国是世界上出口贸易大国，并且为了使分析结果对我国反补贴调查机关具有较强的借鉴作用，本章在选取补贴产品出口国为贸易大国的基础上，研究其在进行出口补贴情况下产生的经济效应。

出口补贴不仅是禁止性补贴的一种，也是可实施反补贴政策的补贴的一种，具有很强的代表性。根据 ASCM 协议定义，出口补贴为法律上或是事实上以出口实绩为条件而给予的补贴。出口补贴分为直接补贴和间接补贴。直接补贴是政府或公共机构直接对出口厂商给予现金补贴；间接补贴是政府对出口商品给予财政上的优惠，如减免税、低息贷款、政府为出口企业或厂商提供贷款担保等。

由图 8.7 可知，贸易出口大国 A 商品的供给曲线为 S 曲线，需求曲线为 D 曲线。假设国内的均衡价格低于国际市场价格（图 8.7），贸易出口大国的 A 商品一部分用出口，则国内 A 商品的价格也将达到国际市场价格 OP_1。现假定贸易出口大国对出口商品 A 实施 P_1P_3 的出口补贴额，则将鼓励或刺激或扩大贸易出口大国商品 A 的出口量。因此，一旦贸易出口大国补贴产品出口量扩大，由于供需关系，国际市场价格将下跌至 OP_2，于是贸易出口大国的出口商将获得国际市场价格 OP_2 之上得到 P_1P_3 额的出口补贴，假定 $P_1P_2=P_3P_4$，出口商的实际收益成了 $OP_2+P_1P_3=OP_4$；同时，由于出口国竭力扩大出口，国内 A 商品的供给量下降且价格上涨至 OP_4。

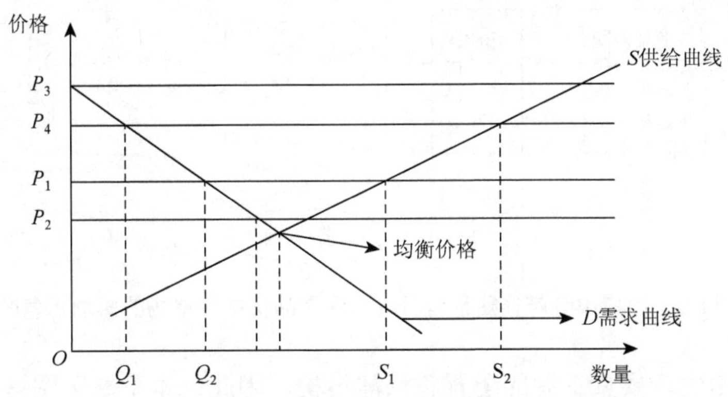

图 8.7　贸易大国出口补贴情况下产生的经济效应理论分析图

根据以上分析，归纳总结该国补贴前后产生的经济效应变化情况如表 8.1 所示。值得注意的是，政府实施补贴行为后，A 商品国内价格上涨到 OP_4，由于（OP_4–OP_1）<P_1P_3，出口商最终的实际收益为 P_1P_4，这也说明了政府的所有补贴额并不是补贴接受者所获得的实际收益。

表 8.1　补贴前后产生的经济效应变化情况表

项目	国际价格	国内价格	产量（供给量）	国内需求
补贴前	OP_1	OP_1	S_1	Q_2
补贴后	OP_2	OP_4	S_2	Q_1
变化趋势	下降	上升	上升	下降

2）补贴幅度确定的间接弹性系数法的确定及其计算步骤

由补贴产生的经济效应分析结果表 8.1 可知，补贴行为与被补贴产品的相对价格的变动联系在一起，它具有改变资源配置结构、供给结构、需求结构的影响。具体表现为，在国际贸易中，对出口产品的补贴使出口产品的价格低于在国内销售的价格，进而对进口国国内产业同类产品造成损害，阻碍进口国产业的正常发展。因此，从经济学角度，可以把补贴定义为一种影响相对价格结构，从而可以改变资源配置结构、供给结构和需求结构的政府无偿支出。国家为了实现特定的政治经济目标，由财政安排专项基金向某个行业或企业提供的一种资助。出口国政府补贴行为对进口国产品价格的影响示意图如图 8.8 所示。

图 8.8 阶段 A 反映了出口国政府实施补贴行为后，补贴产品的国内市场价格和获得补贴后的出口价格相对变化状况，补贴幅度的差额基准法也是根据其反映的实际状况提出的。而由图 8.7 作用流程可知，出口国政府实施补贴行为并不是直接作用于补贴产品进口国国内同类产品市场价格的，而是间接的，因为它首先

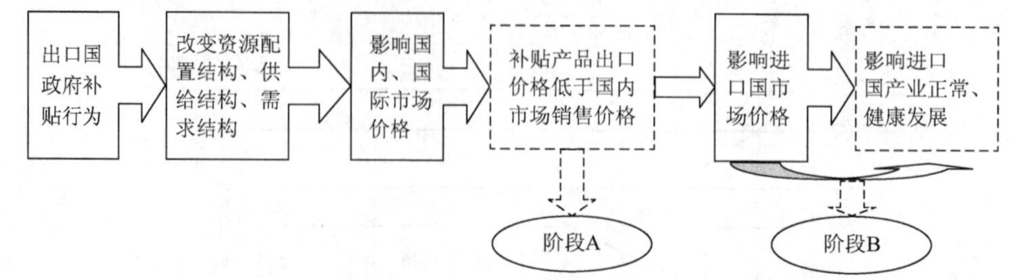

图 8.8 出口国政府补贴行为对进口国产品价格和市场的影响示意图

影响的是本国生产要素资源的配置和供需结构。因此，本章基于图 8.8 的阶段 B 提出补贴幅度确定的间接弹性系数法，即首先通过调整补贴出口产品的出口价格，然后将调整后的出口价格与进口国国内市场价格的时间序列数据（调查机关公布的补贴调查期内）建立对数计量模型，计算出口价格变化 1%时补贴产品进口国同类产品市场价格的变化幅度，即补贴幅度。由于建立的模型为对数模型，模型计算出来的系数为弹性系数，记为 $E_{进出}$。

①出口价格的调整

调整因素包括产品物理特征差异、质量差异、关税和其他各种税率水平、运输费用等。假设涉案出口国出口商的 CIF[①]价格为 P，则调整后的出口国出口商价格为 $P_{出口}=(P-M)\times(1+K)$，其中 M 为物理调整因子，K 为税率因子。

②间接弹性系数模型构建

本章选取补贴调查期内[②]的补贴产品出口价格为 $P_{出口t}$，补贴产品进口国同类产品市场价格为 $P_{进口t}$。并且，在构建间接弹性系数模型之前，本章先分析与界定协整关系与单整的概念。

当两个变量均为非平稳时间序列时，这两个变量间所进行的回归将可能导致伪回归现象。这是因为传统的显著性检验所确定的变量关系在事实上是不存在的，这也是利用单位根检验数据序列是否平稳的原因之一。单位根检验包括 DF 和 ADF 检验，它是检验时间序列是否平稳的主要方法。在实际的经验研究中，大多数的经济变量，如价格水平、消费、收入、汇率等都是非平稳的或带有趋势的。因此，为了克服伪回归现象，通常的办法是对变量进行差分使其变换成平稳序列，而解决这种问题的新方法就是协整分析。

由计量经济学理论可知，在进行协整分析之前要确定所研究变量 $P_{出口t}$、$P_{进口t}$ 的时间序列数据应该是 N 阶单整的。$P_{出口t}$ 和 $P_{进口t}$ 的 N 阶单整基本思想如下：当一阶差分序列 $\Delta P_{出口t}=P_{出口t}-P_{出口t-1}$ 和 $\Delta P_{进口t}=P_{进口t}-P_{进口t-1}$ 是平稳序列，则原时间序列 $P_{出口t}$ 和 $P_{进口t}$

① CIF：cost，insurance and freight。

② 每个国家和地区的补贴调查期按其反补贴法律规定为准，我国一般为 12 个月。

为一阶单整的时间序列，记为 I（1）。同理，若二阶差分序列 $\Delta^2 P_{出口t}=\Delta P_{出口t}-\Delta P_{出口t-1}$ 和 $\Delta^2 P_{进口t}=\Delta P_{进口t}-\Delta P_{进口t-1}$ 是平稳序列，则原时间序列 $P_{出口t}$ 和 $P_{进口t}$ 为二阶单整的时间序列，记为 I（2）。因此，若原时间序列 $P_{出口t}$ 和 $P_{进口t}$ 取 d 阶差分才变为平稳序列，则 $P_{出口t}$ 和 $P_{进口t}$ 为 d 阶单整，记为 I（d），即 $\Delta^d P_{出口t}=\Delta(\Delta^{d-1} P_{出口t})$ 和 $\Delta^d P_{进口t}=\Delta(\Delta^{d-1} P_{进口t})$。

考虑到 $P_{出口t}$、$P_{进口t}$ 的时间序列的数据取对数之后不会改变各时间序列之间的协整关系，且所得到的数据容易得到平稳的序列，在本章数据分析中将采用数据的对数形式。并且，考虑到 $P_{进口t}$ 有可能受到过去某些时期甚至自身值的影响，因此，构建模型时本章考虑 $P_{出口t}$、$P_{进口t}$ 的最优滞后项[①]，即

$$\ln P_{进口t}=\alpha_t+\beta_t \ln P_{出口t}+\gamma_{tj}\sum_{j=1}^{m}\ln P_{进口t-m}+\eta_{tj}\sum_{j=1}^{m}\ln P_{出口t-m}+\varepsilon_t \tag{8.6}$$

其中，α_t 为常数项；β_t、γ_{tj}、η_{tj} 为显著性系数；$\varepsilon_t=\ln v_t$ 为随机误差项；m 为最优滞后项[②]。在检验 $\ln P_{进口t}$、$\ln P_{出口t}$ 为同阶单整时间序列之后，即可运用计量经济学软件 EViews 进行计算。

③补贴幅度的计算

由全微分定义可知，$\mathrm{d}\ln P=\frac{1}{p}\mathrm{d}p$。因此，式（8.6）中的显著性系数 β_t 就为补贴产品出口价格 $P_{出口t}$ 相对于补贴产品进口价格 $P_{进口t}$ 的价格弹性系数。通过以上分析可知，补贴幅度 $=E_{进出}=\beta_t=\dfrac{\mathrm{d}\ln P_{进口t}}{\mathrm{d}\ln P_{出口t}}=\dfrac{\mathrm{d}p_{进口t}}{p_{进口t}}\Big/\dfrac{\mathrm{d}p_{出口t}}{p_{出口t}}=\dfrac{\Delta p_{进口t}}{p_{进口t}}\Big/\dfrac{\Delta p_{出口t}}{p_{出口t}}$　（8.7）

同时，由回归系数结果表也可以得出补贴幅度即 β_t 的取值范围[min β_t，max β_t]。反补贴调查机关可以根据案件调查的具体情况及产业损害幅度的测算做出进口反补贴评估。

8.1.3　产业损害认定的评估方法研究

产业损害是国际反倾销、反补贴等贸易救济领域最基本、最核心的概念。在反倾销领域，产业损害的概念是由美国首先提出的。产业损害是贸易救济领域中的一个重要概念，是实施进口反补贴政策的必要条件之一。1921 年美国在《紧急关税法》中首创了反倾销的“产业损害”标准，取代了在此之前所使用的以“掠夺性意图”倾销为反倾销要件的立法。关贸总协定借鉴了美国的做法，将产业损害概念引入反倾销并沿用至今。

① 考虑最优滞后项，可以得出最优滞后项对被解释变量的影响情况。

② 最优滞后项的选择及其含义详见 4.4 节。

由损害救济标准可知，在进口反补贴评估过程中，产业损害的认定包括两个方面的主要内容：一方面是证明或认定产业损害的存在；另一方面是从定量方面计算并确定产业损害幅度，因为产业损害幅度是产业损害存在的量化证明，并且，按照产业损害幅度征收反补贴税，也符合ASCM的“低税征收”原则。从目前世界主要国家和地区反补贴调查发布的初裁、终裁公告可知，确定产业损害及其幅度的主要思路和方法是比较补贴前后国内产业各个经济指标是否恶化及其恶化的程度，并且最终反补贴税额大都还是按照补贴额度进行征收。但是，这种方法确定的国内产业损害程度只是反映在各个指标当中，并没有将整个国内产业看作一个整体，进而求出国内产业整体的受损害幅度。因此，本章依据产业损害理论及其相关文献研究成果及损害救济标准，重点研究产业损害认定的实际损害趋势综合比较法。

由补贴作用机理可知，不同性质的可实施反补贴政策的补贴将会损害和影响国内产业与国际自由贸易秩序。例如，一国对本国出口产品和出口产品生产者提供的补贴在国际贸易中可能产生三种不利影响。

（1）对进口国而言，其国内相关产业生产的产品将不得不与得到出口国政府补贴的、占据不公平竞争优势的进口产品进行竞争，而可能受到损害。

（2）对出口国而言，补贴国给予其生产者的国内补贴可能会削弱其他成员向该国出口产品的竞争力，这是因为与进口产品相比，国内产品可能因得到补贴而享有不公平的价格优势。

（3）对国际市场而言，一些成员国的出口可能受到影响，这是因为在第三国市场上，一些成员的产品竞争力在与得到出口补贴的成员的产品竞争时被削弱。

损害救济标准分析了进口反补贴评估中产业损害三种状态即实质性损害、实质性损害的威胁、对国内产业建立的实质阻碍的审查要素，根据三种状态的审查要素，可以将其用三个公式来进行表达。

$E_{\text{实质性损害}}=F$（补贴产品进口量增长，同类产品价格下降，国内产业损害状况即国内产业各指标受到不利影响，补贴性质）

$E_{\text{实质性损害威胁}}=F$（补贴性质及其产生的影响，补贴进口产品增长比例，可能发生的进口增长，同类产品价格下降，可以预见的补贴行为和国内产业损害的发生）

$E_{\text{实质性阻碍}}=F$（国内产业建立受到影响，政府补贴进一步补贴的能力，生产商或出口商的生产或出口能力）

实际上，在世界反补贴案件中，绝大多数案件产业损害状态的最终认定都是实质性损害，因此，本章这里重点分析实质性损害认定的评估研究方法。

目前，从搜集的文献资料来看，主要是从两个角度认定产业损害的存在：一是依据法律程序评估并认定产业损害是否存在；二是通过国内产业指标数据及定量研究方法评估并认定产业损害是否存在。但是，在第一个角度下，主要是比较产业损害调查期内国内产业单个指标逐年变化幅度，以此认定产业损害的存在（这里值得注意的是并没有将国内产业的各个指标看成一个整体来综合判断产业损害是否存在）；在第二个角度下，主要是通过选择定量研究方法并结合获取的国内产业指标数据进行认定产业损害的存在，如模糊综合评判法。

本章认为模糊综合评判法虽然在一定程度上能证明产业损害的存在，但是也存在一些问题，比如，利用主观打分获取指标权重（如专家估计法、层次分析法），评价集的获取需要相关专家主观判断与评价，国内产业类型较多并且对于不同产业的不同损害程度的认定标准也较为复杂。因此，本章源于法律、基于产业损害实际趋势，将国内产业指标综合起来看成一个整体，并且结合上文研究的指标体系及其权重的确定，提出在补贴存在情况下产业损害认定的实际趋势综合比较法，其基本思路与计算步骤如下。

（1）国内产业指标体系及其权重的确定：指标体系及其权重的获取依据第 6 章和层次分析法得出的结果进行确定，指标分别记为 I_1、I_2、I_3、I_4、I_5、I_6、I_7、I_8、I_9，指标权重分别记为 P_1、P_2、P_3、P_4、P_5、P_6、P_7、P_8、P_9。

（2）产业损害调查期的确定：依据反补贴法律规定，产业损害调查期一般为立案的前三年，其分别记为 $T_{产损1}$、$T_{产损2}$、$T_{产损3}$。

（3）国内产业指标数据的标准化：由于国内产业指标数据是具有不同量级和单位的数据，在对数据进行数理统计之前，需要将国内产业指标原始数据进行处理，使指标数据在平等的条件下进行分析。数据标准化的方法常用的有三种，即标准化、极差标准化和正规化。

标准化：假设 d_i 为原始观测值，$\bar{d}$ 为数据均值，S 为标准差，则标准化后的观测值为 $d_i' = \dfrac{d_i - \bar{d}}{S}$。极差标准化：假设 d_i 为原始观测值，$d_{\max}$ 为最大值，$d_{\min}$ 为最小值，$\bar{d}$ 为数据均值，则极差标准化后的观测值为 $d_i' = \dfrac{d_i - \bar{d}}{d_{\max} - d_{\min}}$。极差标准化后的数据在−1 与 1 之间。正规化：假设 d_i 为原始观测值，$d_{\max}$ 为最大值 $d_{\min}$ 为最小值，则正规化后的观测值为 $d_i' = \dfrac{d_i - d_{\min}}{d_{\max} - d_{\min}}$。正规化后的数据在 0 与 1 之间。

本章记产业损害调查期内，标准化或正规化后的指标数据为

$$I_{产损1}=(I_{产损11}, I_{产损12}, \cdots, I_{产损19})$$

$$I_{产损2}=(I_{产损21}, I_{产损22}, \cdots, I_{产损29})$$

$$I_{产损3}=(I_{产损31}, I_{产损32}, \cdots, I_{产损39})$$

（4）计算产业损害调查期内各年国内产业实际综合得分：本章通过加权平均法计算在存在补贴情况下，产业损害调查期内各年国内产业实际综合得分，其分

别为 ST $_{产损1}$、ST $_{产损2}$、ST $_{产损3}$。这说明：产业损害调查期的第三年 $T_{产损3}$ 为反补贴立案的前一年。

$$\text{ST}_{产损1}=P_1\times I_{产损11}+P_2\times I_{产损12}+\cdots+P_9\times I_{产损19} \tag{8.8}$$

$$\text{ST}_{产损2}=P_1\times I_{产损21}+P_2\times I_{产损22}+\cdots+P_9\times I_{产损29} \tag{8.9}$$

$$\text{ST}_{产损3}=P_1\times I_{产损31}+P_2\times I_{产损32}+\cdots+P_9\times I_{产损39} \tag{8.10}$$

（5）产业损害存在的认定：由损害救济标准可知，产业损害为一种状态和结果，不论是否存在不正当贸易行为，只要产业的经济健康状况遭受损失，就认定其为产业损害。并且，这种状态往往综合表现为整个行业生产、经营、销售、福利状况变差等。本章提出的产业损害认定实际趋势综合比较法有两种情况。

第一，当产业损害调查期内各年国内产业实际综合得分连续递减时，则认定产业损害存在，即 ST $_{产损1}$＞ST $_{产损2}$＞ST $_{产损3}$，如图 8.9 所示。

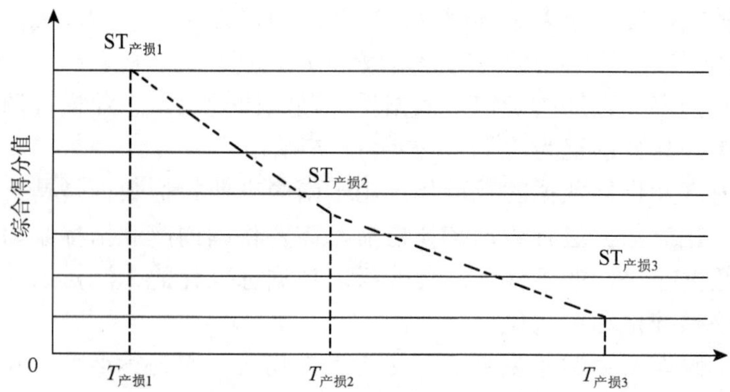

图 8.9　产业损害调查期内国内产业各年综合得分值递减趋势图

第二，当产业损害调查期内各年国内产业实际综合得分并非连续递减时，则利用国内产业综合得分年均变化幅度来认定产业损害是否存在。

第一种情况：当 ST $_{产损1}$＞ST $_{产损2}$＜ST $_{产损3}$，ST $_{产损1}$＜ST $_{产损3}$ 时，$\sqrt[2]{\dfrac{\text{ST}_{产损3}}{\text{ST}_{产损1}}}-1>0$，则认定不存在产业损害。

第二种情况：当 ST $_{产损1}$＞ST $_{产损2}$＜ST $_{产损3}$，ST $_{产损1}$＞ST $_{产损3}$ 时，$\sqrt[2]{\dfrac{\text{ST}_{产损3}}{\text{ST}_{产损1}}}-1<0$，则认定存在产业损害。

第三种情况：当 ST $_{产损1}$＜ST $_{产损2}$＞ST $_{产损3}$，ST $_{产损1}$＞ST $_{产损3}$ 时，$\sqrt[2]{\dfrac{\text{ST}_{产损3}}{\text{ST}_{产损1}}}-1<0$，

则认定存在产业损害。

第四种情况：当 $ST_{产损1} < ST_{产损2} > ST_{产损3}$，$ST_{产损1} < ST_{产损3}$ 时，$\sqrt[2]{\frac{ST_{产损3}}{ST_{产损1}}} - 1 > 0$，则认定不存在产业损害。

8.1.4　产业损害幅度确定的评估方法研究

产业损害幅度是产业损害确定的核心问题，是产业损害认定的量化证明，是国内产业所受损害的量化程度，同时依据产业损害幅度来影响反补贴税的征收力度也符合 WTO“低税征收”原则。在反倾销领域部分学者对产业损害幅度进行了相关研究，如王明明和隋伟莹（2004）分析了多层模糊综合评判方法在产业损害程度判定中的应用，但此种方法并不能计算具体的产业损害幅度的大小；何海燕和于永达（2002）比较分析了简单推论法、趋势分析法、差额分析法、比较分析法等计算产业损害幅度的方法的特点与局限性。简单推论法和趋势分析法虽然分析的重点都在于探讨倾销进口行为对国内产业造成的损害，但判断依据是全部进口的变化，并非以倾销的进口部分为依据；差额分析法通过比较倾销差额幅度和倾销品价格差的高低作为认定产业损害的依据，但进口品的价格调整并不一定会完全反映倾销差额幅度；比较分析法的经济学理论基础较为完善，但其中仍然存在一些方法上的瑕疵。

本章基于损害救济标准，依据产业损害及产业损害幅度内涵，借鉴反倾销产业幅度已有的研究的成果，提出反补贴产业损害幅度计算的联立方程法与因子分析与反事实分析（factor analysis and counterfact analysis，FC）组合分析法。

1. *产业损害幅度确定的联立方程法*

1）联立方程的基本模型

联立方程模型是相对于单一方程模型而言的。它以经济系统为研究对象，揭示的是经济系统中各部分、各因素之间的数量关系和系统运动的数量特征，用于经济系统的预测分析和评价。联立方程模型是由多个相互联系的单一方程组成的方程组，且包含的变量和描述的经济关系较多，所以能够较为全面地反映经济系统的运行规律。联立方程模型中的变量包括内生变量、外生变量和前定变量。其中，内生变量是由模型系统内部所决定的变量，其数值受模型其他变量影响，是模型的求解结果；外生变量是由模型系统之外其他因素决定的，表现为非随机变量，其数值在模型求解之前已经确定，不受模型中任何变量的影响，但影响内生变量；前定变量是值模型求解之前就已经确定取值的变量，包括外生变量和滞后变量。

最一般的联立方程模型形式是：$F(y_t, x_t, \beta) = v_t$。其中，y_t 是内生变量列向量，x_t 是外生变量列向量，v_t 是随机误差列向量。根据联立方程模型中变量的联系形式，可将其分为结构式模型、简化式模型和递归模型。这里重点介绍简化式模型。简化式模型是通过变量的连续替换从结构式模型中导出的，其模型中每个内生变量只是前定变量与随机误差项的函数，且模型中解释变量与随机误差项不相关，这就为直接应用最小二乘法提供了基础。

简化式模型的构造及结构式模型变化为简化式模型的简单推导如下：在已知全部前定变量的条件下，将每一个内生变量直接表示为前定变量的线性函数。假定模型中有 m 个内生变量 y、随机误差项 v，k 个前定变量 x，则可写出 m 个线性函数：$y_{it} = \pi_{i1}x_{1t} + \pi_{i2}x_{2t} + \cdots + \pi_{ik}x_{kt} + v_{it}$（$i$=1, 2, 3, ⋯, m），其简化形式为 $Y = \pi X + V$。其中，

$$\pi = \begin{pmatrix} \pi_{11} & \pi_{12} & \cdots & \pi_{1k} \\ \pi_{21} & \pi_{22} & \cdots & \pi_{2k} \\ \vdots & \vdots & & \vdots \\ \pi_{m1} & \pi_{m2} & \cdots & \pi_{mk} \end{pmatrix}, \quad V = \begin{pmatrix} v_{1t} \\ v_{2t} \\ \vdots \\ v_{mt} \end{pmatrix}$$

假定结构式模型为 $BY + \Gamma X = R$，假设 $|B| \neq 0$，则有 $Y + B^{-1}\Gamma X = B^{-1}R$，即 $Y = -B^{-1}\Gamma X + B^{-1}R$，从而得出 $\pi = -B^{-1}\Gamma$，$V = B^{-1}R$（其中，R 为结构式模型中的随机误差项列向量，Γ 为前定变量参数矩阵，B 为结构式模型中内生变量参数矩阵，π 为简化式模型中参数矩阵，V 为简化式模型中的随机误差项列向量）。

2）进口反补贴中产业损害幅度确定的 SEIIMOC 联立方程模型及其计算步骤

进口反补贴中产业损害幅度确定联立方程模型是把对国内同类产品的分析从产品的单一需求、供给结构扩展到包括多变量的复杂需求、供给结构，从多角度考虑各变量对同类产品需求、供给的影响，因而可以去掉除国外补贴产品以外其他变量的影响，并通过计量分析得出更为科学的结论。以下简称进口反补贴中产业损害幅度确定的联立方程模型为 SEIIMOC（simultaneous equations model of industrial injury margin assessment of countervailing）模型。

①SEIIMOC 模型变量的选取

主要包括影响国内产业同类产品需求的变量选取和影响国内产业同类产品供给的变量选取。

第一，影响国内产业同类产品需求的变量选取。根据进口反补贴理论和实践，影响国内产业同类产品需求的各变量一般包括国内产业销售同类产品的数量 Q_{d}、受补贴产品的价格 P_{sd}（如果是生产补贴或进口替代补贴，P_{sd} 表示受补贴产品在国内市场销售价格；如果是出口补贴，P_{sd} 表示受补贴产品在接受补贴后的出口价格）、非涉案国在国内市场销售同类产品的价格 P_{nsd}、该产品形成的最终消费品的

数量Q_f、该产品的直接下游产品的销售价格P_{down}^{i}（如果有多个直接下游产品，则分别列出）、该产品的直接下游产品的生产能力CAP_{down}^{i}（如果有多个直接下游产品，则分别列出）。其中，Q_d为内生变量，其余为前定变量。

第二，影响国内产业同类产品供给的变量选取。根据进口反补贴理论和实践，影响国内产业同类产品供给的各变量一般包括国内产业销售同类产品的数量Q_d、该产品的主要上游投入产品价格P_{up}^{i}（如果有多个直接上游产品，则分别列出）、进口国国内生产的该产品的替代品价格P_{subd}^{i}（如果有多个直接上游产品，则分别列出）、由国外进口的该产品的替代品价格P_{subi}^{i}（如果有多个直接上游产品，则分别列出）、国内产业生产同类产品的生产能力CAP_d。其中，Q_d为内生变量，其余为前定变量。

②SEIIMOC 模型的建立

第一，建立 SEIIMOC 结构式模型。模型包括两个方程，即反需求函数、反供给函数方程，由于模型方程右端都含有内生变量Q_d，为结构式模型。

反需求函数：

$$P_d = a_0 + \beta_{11}Q_d + \gamma_{11}P_{sd} + \gamma_{12}P_{nsd} + \gamma_{13}Q_f + \gamma_{14}P_{down}^{i} + \gamma_{15}CAP_{down}^{i} + R_{1t} \tag{8.11}$$

反供给函数：

$$P_s = b_0 + \beta_{21}Q_d + \gamma_{21}{P_{up}}^{i} + \gamma_{22}{P_{subd}}^{i} + \gamma_{23}{P_{subi}}^{i} + \gamma_{24}CAP_d + R_{2t} \tag{8.12}$$

平衡方程：

$$P_d = P_s \tag{8.13}$$

其中，P_d为国内产业同类产品销售价格；R_{1t}、R_{2t}为随机误差项。

第二，推导 SEIIMOC 简化式模型中Q_d的简化方程。由于简化式模型可以直接使用最小二乘法，要把结构式模型转化为简化式模型。由基本模型导出的$Y=-B^{-1}\Gamma X+B^{-1}R$、$\pi=-B^{-1}\Gamma$、$V=B^{-1}R$式可得 SEIIMOC 简化式模型中$Q_d$的简化方程为（其中假设$|B|\neq 0$）

$$\begin{aligned} Q_d = {} & \pi_{10} + \pi_{11}P_{sd} + \pi_{12}P_{nsd} + \pi_{13}Q_f + \pi_{14}{P_{down}}^{i} + \pi_{15}{CAP_{down}}^{i} + \pi_{16}{P_{up}}^{i} \\ & + \pi_{17}{P_{subd}}^{i} + \pi_{18}{P_{subi}}^{i} + \pi_{19}CAP_d + v_{1t} \end{aligned} \tag{8.14}$$

经过推导可得$\pi_{10}=\dfrac{a_0-b_0}{\beta_{21}-\beta_{11}}$，$\pi_{11}=\dfrac{\gamma_{11}}{\beta_{21}-\beta_{11}}$，$\pi_{12}=\dfrac{\gamma_{12}}{\beta_{21}-\beta_{11}}$，$\pi_{13}=\dfrac{\gamma_{13}}{\beta_{21}-\beta_{11}}$，$\pi_{14}=\dfrac{\gamma_{14}}{\beta_{21}-\beta_{11}}$，$\pi_{15}=\dfrac{\gamma_{15}}{\beta_{21}-\beta_{11}}$，$\pi_{21}=\dfrac{\gamma_{21}}{\beta_{21}-\beta_{11}}$，$\pi_{22}=\dfrac{\gamma_{22}}{\beta_{21}-\beta_{11}}$，$\pi_{23}=\dfrac{\gamma_{23}}{\beta_{21}-\beta_{11}}$，$\pi_{24}=\dfrac{\gamma_{24}}{\beta_{21}-\beta_{11}}$，$v_{1t}=\dfrac{R_{1t}-R_{2t}}{\beta_{21}-\beta_{11}}$（$v_{1t}$为满足经典回归模型中假设的随机误差项）。

③SEIIMOC 模型的参数估计

使用两阶段最小二乘法和倾销调查期内各变量的数据进行反需求函数和反供给函数的参数估计，完成各变量对国内产业业销售同类产品价格的影响估计。使用两阶段最小二乘法可以通过直接使用 EViews 5.1 软件包，其主要有以下步骤。

第一，使用最小二乘法进行简化方程。

$$\begin{aligned}Q_{\mathrm{d}} &= \pi_{10} + \pi_{11}P_{\mathrm{sd}} + \pi_{12}P_{\mathrm{nsd}} + \pi_{13}Q_{\mathrm{f}} + \pi_{14}{P_{\mathrm{down}}}^{i} + \pi_{15}{\mathrm{CAP}_{\mathrm{down}}}^{i} + \pi_{16}{P_{\mathrm{up}}}^{i} \\ &\quad + \pi_{17}{P_{\mathrm{subd}}}^{i} + \pi_{18}{P_{\mathrm{subi}}}^{i} + \pi_{19}\mathrm{CAP}_{\mathrm{d}} + v_{1t}\end{aligned} \tag{8.15}$$

的参数估计，可得出参数的估计值 $\hat{\pi}_{10}$、$\hat{\pi}_{11}$、$\hat{\pi}_{12}$、$\hat{\pi}_{13}$、$\hat{\pi}_{14}$、$\hat{\pi}_{15}$、$\hat{\pi}_{16}$、$\hat{\pi}_{17}$、$\hat{\pi}_{18}$、$\hat{\pi}_{19}$ 及 Q_{d} 的拟合值。

第二，利用式（8.15）估计 Q_{d} 的拟合值 $\hat{Q}_{\mathrm{d}}$，在反需求方程和反供给方程中用 $\hat{Q}_{\mathrm{d}}$ 代替 Q_{d}，再次应用最小二乘法进行反需求方程和反供给方程的参数估计，可得出参数的估计值 $\hat{a}_0$、$\hat{b}_0$、$\hat{\beta}_{11}$、$\hat{\beta}_{21}$、$\hat{\gamma}_{11}$、$\hat{\gamma}_{12}$、$\hat{\gamma}_{13}$、$\hat{\gamma}_{14}$、$\hat{\gamma}_{15}$、$\hat{\gamma}_{21}$、$\hat{\gamma}_{22}$、$\hat{\gamma}_{23}$、$\hat{\gamma}_{24}$，其代表各变量的变化程度对 P_{d} 的影响。其中，反补贴调查国产业在国内市场销售同类产品的价格 P_{sd} 前的参数 $\hat{\gamma}_{11}$ 就表示补贴产品出口国销售产品的价格变化程度对补贴产品进口国国内产业同类产品销售价格的影响。

④SEIIMOC 模型的检验

第一，对 SEIIMOC 模型中单个方程进行检验。主要包括统计检验、预测检验和经济意义检验等。第二，对 SEIIMOC 模型整体进行检验。当模型各个方程通过检验后，对于 SEIIMOC 模型整体，主要检验其拟合优度和预测精度。

拟合优度可以选取拟合效果检验，其检验统计量为均方误差（mean square error，MSE）和相对均方误差（relative mean square error，RMSE）。

$$\mathrm{MSE}_i = \sqrt{\frac{1}{n}\sum_{i=1}^{n}(y_{it} - \hat{y}_{it})^2} \tag{8.16}$$

$$\mathrm{RMSE}_i = \sqrt{\frac{1}{n}\sum_{i=1}^{n}\left(\frac{y_{it} - \hat{y}_{it}}{y_{it}}\right)^2} \tag{8.17}$$

其中，$i=1, 2, \cdots, m$，共 m 个内生变量；y_{it}、$\hat{y}_{it}$ 分别为实际观测值和估计值。一般地，当 $\mathrm{RMSE}_i < 0.05$ 的变量个数占 70%以上，且每个变量的 RMSE_i 不大于 10%，则认为模型系统整体拟合效果较好。

预测性能的检验可以选取检验统计量相对误差（relative error，RE），即

$$\mathrm{RMSE}_i = (y_{it} - \hat{y}_{it}) / y_{it} \tag{8.18}$$

$i=1, 2, 3, \cdots, m$。一般认为，$\mathrm{RE}_i < 0.05$ 的变量个数占 70%以上，且每个变量的 RE_i 不大于 10%，则认为模型系统整体预测性能较好。

⑤SEIIMOC 模型的产业损害幅度的计算

根据产业损害调查期内国内产业的销售价格实际数据先计算调查期内国内产业的销售价格的平均变化幅度，假设产业损害幅度计算需要考察的年数为 Y。各年的价格数据依次分别为 A_i（i=1, 2, ⋯, Y），则产业损害调查期内各年的平均变化幅度为

$$\mathrm{PM} = \sqrt[Y]{A_Y / A_1} - 1 \tag{8.19}$$

则产业损害幅度

$$\mathrm{IM} = \mathrm{PM} \times \hat{\gamma}_{11} = (\sqrt[Y]{A_Y / A_1} - 1) \times \hat{\gamma}_{11} \tag{8.20}$$

本章通过对进口反补贴中产业损害幅度确定的 SEIIMOC 联立方程模型的变量选取、建立、参数估计、检验和计算结果等内容的分析与研究，得出了一种计算进口反补贴中产业损害幅度的计量方法。此模型要求有尽可能大的数据样本，由于产业损害调查期一般在三年左右，采用该方法计算产业损害幅度最好能够获得调查期内各指标的月份数据，样本数据越多，模型计算结果越准确。此外，模型的使用还依赖于影响国内产业同类产品需求和供给的变量的选取，影响变量越完备，该模型的科学性越强。

2. *产业损害幅度确定的 FC 组合分析法*

目前，国内外学者对产业损害幅度的计算方法也进行了比较深入的研究。例如，国外的 Boltuck（1991）和 Jung（2004）提出和发展了一种认定产业损害的经济学建模与模拟方法，即反事实分析法（counter-factual analysis）。通过假设存在倾销与不存在倾销两种情况下国内产业的表现，得出倾销对国内产业造成损害的分析结论。国内的北京理工大学贸易救济与竞争政策研究中心团队对贸易救济领域相关问题也进行了长期、广泛而深入的研究，并且取得了丰硕的研究成果。在产业损害幅度确定的研究方法方面，北京理工大学副教授张晓甦的博士毕业论文提出了利用主成分综合分析法，结合产业损害调查期国内产业指标变化幅度最终确定产业损害幅度。但是本章认为利用主成分综合分析法得出的产业损害幅度在一定程度上并不能完全反映国内产业的实际受损幅度，因为国内产业实际受损幅度只是由倾销或补贴因素引起的，而这里得出的损害幅度包括倾销或补贴因素影响的及非倾销因素影响的，如国内市场需求的变化、政治经济环境变化等。因此，作为对团队研究成果的延续，本章在修正主成分分析法计算产业损害幅度的情况下，借鉴反事实分析法的思想，提出进口反补贴评估中产业损害确定的 FC 组合分析法。

进口反补贴评估中产业损害确定的 FC 组合分析法的计算步骤如下：第一，利用因子分析法（factor analysis）确定主成分及其权重；第二，利用反事实分析法（counterfact analysis）确定产业损害调查期内国内产业各指标的变化幅度；第

三，计算存在与不存在补贴情况下，（产业损害调查期内国内产业）主成分的综合加权平均值；第四，根据以上三个步骤分析结果，确定产业损害幅度。

1）基于因子分析法确定指标权重

本章利用 SPSS 13.0 因子分析中 Principal Component 过程对指标数据进行主成分分析。主成分分析是把 p 个原始变量 $x_1, x_2, \cdots, x_p$ 的总方差分解成 p 个相互独立的变量 $Y_1, Y_2, \cdots, Y_p$ 的方差之和 $\sum_{i=1}^{p} \lambda_i$，λ_i 表示第 i 个主成分。SPSS 在调用 Factor Analyze 过程进行分析时，自动对原始数据进行标准化处理，并生成总方差解释表、因子载荷矩阵、旋转因子载荷矩阵及因子得分系数表。变量共同度反映每个变量对提取出的所有公因子的依赖程度。由表 8.2 可知，所有变量的共同度都在 85%甚至 90%以上，说明因子提取效果较为理想。

表 8.2　变量共同度表

指标	初始值	变量共同度	指标	初始值	变量共同度
产能	1	0.929	销量	1	0.994
产量	1	0.994	销售收入	1	0.99
产能利用率	1	0.949	价格	1	0.953
期末库存	1	0.886	市场份额	1	0.899
就业人数	1	0.987	现金净流量	1	0.924
人均工资	1	0.888	投资收益率	1	0.954
劳动生产率	1	0.943	纯利润	1	0.871

由表 8.3 可知，从 14 个指标中提取了 4 个主成分，其方差累计贡献率为 92.574%，高于 85%的一般提取水平，这说明提取出的 4 个主成分能够解释原始变量 92.574%的方差，已经包含了 14 个指标的绝大部分信息量。通过方差贡献率也可以得出 4 个主成分分析的权重分别为 0.61、0.18、0.12、0.09。

表 8.3　特征根与总方差解释表

指标	初始的协方差特征根			提取的公因子方差贡献情况			提取的公因子经旋转后方差贡献情况		
	提取公因子的特征根	方差贡献率/%	累计方差贡献率/%	提取公因子特征值	方差贡献率/%	累计方差贡献率/%	提取公因子特征值	方差贡献率/%	累计方差贡献率/%
1	7.850	56.074	56.074	7.850	56.074	56.074	7.032	50.231	50.231
2	2.328	16.629	72.704	2.328	16.629	72.704	2.235	15.962	66.193
3	1.554	11.100	83.804	1.554	11.100	83.804	2.232	15.939	82.133
4	1.228	8.770	92.574	1.228	8.770	92.574	1.462	10.441	92.574

续表

指标	初始的协方差特征根			提取的公因子方差贡献情况			提取的公因子经旋转后方差贡献情况		
	提取公因子的特征根	方差贡献率/%	累计方差贡献率/%	提取公因子特征值	方差贡献率/%	累计方差贡献率/%	提取公因子特征值	方差贡献率/%	累计方差贡献率/%
5	0.611	4.366	96.940						
6	0.349	2.495	99.435						
7	0.079	0.565	100.000						
8	5.90×10^{-16}	4.21×10^{-15}	100.000						
9	2.17×10^{-16}	1.55×10^{-15}	100.000						
10	6.20×10^{-17}	4.43×10^{-16}	100.000						

旋转后的因子载荷矩阵反映了原始指标与主成分的相关关系，载荷越大则说明二者之间的关系越密切。由表 8.4 可知，产量、产能利用率、期末库存、劳动生产率在第 1 主成分上具有较高载荷，代表生产类指标；销售收入、销量、价格在第 2 主成分上具有较高载荷，代表销售类指标；市场份额在第 3 主成分上具有较高载荷，代表市场份额指标；投资收益率和纯利润在第 4 主成分上具有较高载荷，代表获利指标。

表 8.4　旋转后的因子载荷矩阵表

指标	主成分			
	1	2	3	4
产能	0.576	−0.153	0.055	−0.120
产量	0.974	−0.160	0.034	−0.137
产能利用率	0.968	−0.114	−0.178	−0.092
期末库存	0.933	−0.193	−0.201	−0.196
就业人数	0.725	−0.154	0.130	−0.044
人均工资	0.751	−0.293	−0.257	−0.231
劳动生产率	−0.809	0.443	0.114	−0.079
销量	0.798	0.973	0.548	0.082
销售收入	−0.195	0.727	−0.105	−0.124
价格	−0.284	0.900	0.156	0.197
市场份额	0.076	0.177	0.925	0.224
现金净流量	0.233	0.144	−0.722	0.165
投资收益率	−0.086	−0.066	0.004	0.936
纯利润	0.514	−0.315	−0.131	−0.853

综上所述，本章结合产业损害指标体系构建的一般原则、分类状况和因子分析结果，最终将产业损害指标体系分为四个层次，如图 8.10 所示。

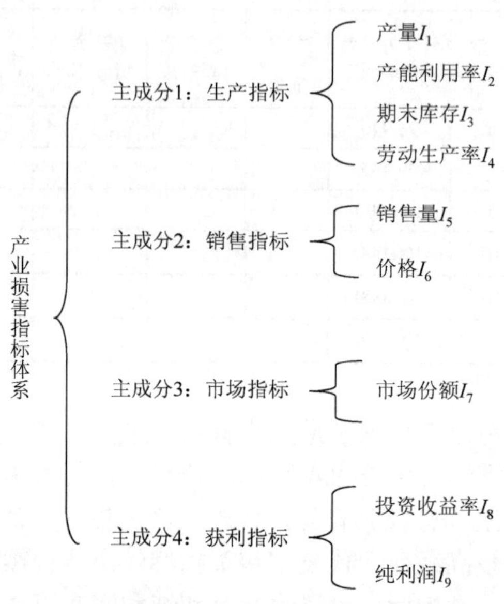

图 8.10　产业损害指标体系确定图

目前，从国内外已研究的成果来看，指标体系权重的确定可以有多种方法（可分为主观与客观），如层次分析法、德尔菲法、熵值法等。本章以上文分析结果为例来说明指标权重是如何确定的，即四个主成分的权重及图 8.10 中 9 个指标相对于其对应的主成分的因子载荷进行计算权重。其计算步骤如下。

第一，旋转后因子载荷的归一化。表 8.5 计算出了各个指标相对于四个主成分的旋转后的因子载荷矩阵，由因子分析法的基本原理可知，转后的因子载荷代表了各个指标对四个主成分的影响程度，并且根据影响程度，本章确定了产业损害的指标体系。本章依据各个主成分包含的指标及其旋转后的因子载荷来进行归一化处理，计算过程及结果见表 8.5、表 8.6。此外，在归一化过程中，各旋转后的因子载荷取绝对值。

表 8.5　四个主成分包含指标的旋转后的因子载荷表

指标	主成分			
	1	2	3	4
产量	0.974	—	—	—
产能利用率	0.968	—	—	—
期末库存	0.933	—	—	—

续表

指标	主成分			
	1	2	3	4
就业人数	—	—	—	—
人均工资	—	—	—	—
劳动生产率	−0.809	—	—	—
销量	—	0.973	—	—
销售收入	—	—	—	—
价格	—	0.900	—	—
市场份额	—	—	0.925	—
现金净流量	—	—	—	—
投资收益率	—	—	—	0.936
纯利润	—	—	—	−0.853

表 8.6　四个主成分包含指标的旋转后的因子载荷归一化结果表

指标	主成分			
	1	2	3	4
产量	0.2644	—	—	—
产能利用率	0.2628	—	—	—
期末库存	0.2533	—	—	—
就业人数	—	—	—	—
人均工资	—	—	—	—
劳动生产率	0.2196	—	—	—
销量	—	0.5195	—	—
销售收入	—	—	—	—
价格	—	0.4805	—	—
市场份额	—	—	1	—
现金净流量	—	—	—	—
投资收益率	—	—	—	0.5232
纯利润	—	—	—	0.4768

第二，各个指标权重的确定。通过方差贡献率可以得出 4 个主成分分析的权重分别为 0.61、0.18、0.12、0.09。因此，主成分 1 包含的指标权重就为各指标归一化结果与主成分 1 的权重 0.61 的乘积，如指标产量的权重=0.61×0.2644=0.1613，其他指标权重计算方法同理。各指标权重值见表 8.7。

表 8.7 指标权重结果表

指标	I_1	I_2	I_3	I_4	I_5	I_6	I_7	I_8	I_9
权重	0.1613	0.1603	0.1545	0.1340	0.0935	0.0865	0.1200	0.0471	0.0429

2）利用反事实分析法确定产业损害调查期内国内产业各指标的变化幅度

利用反事实分析法确定产业损害调查期内国内产业各指标的变化幅度，本章基于产业损害计算模型的扩展模型的计算方法。其主要步骤为：第一，计算由补贴而导致的国内产业销售同类产品的价格及其他指标变化情况；第二，估计在不存在补贴的情况下国内产业销售同类产品的价格及其他指标；第三，通过比较第一步和第二步计算结果得出补贴给国内市场价格及其他指标带来的影响。根据以上步骤，模型推导思路如下：假设在进口国市场上存在两种商品，分别是国内产业生产商品和国外厂商出口的商品。

（1）当补贴产品出口国采取补贴时，由于不同市场需求弹性不同，厂商为追求利润最大化时会采取价格歧视策略。当国外需求弹性大于国内需求弹性时，厂商会选择在国内以较高价出售，而在国外以较低价出售。假设在进口国市场上存在两种商品，分别是国内产业生产商品和国外厂商出口的商品。则对于国外厂商，其利润函数为

$$\pi = P_h D_h(P_h) + P_f D_f(P_f,\ P_d) - CD_h(P_h) - CD_f(P_f,\ P_d) \tag{8.21}$$

其中，P_h，D_h 为国外厂商在本国的销售价格和需求量；P_f，D_f 为国外厂商在进口国市场的销售价格和需求量；C 为国外厂商的平均边际成本。根据微积分知识与函数利润最大化可推导出

$$P_f = \frac{C}{1+1\Big/\left(N_f + N_{fd}\dfrac{N_{df}}{E_d - N_d}\right)} \tag{8.22}$$

其中，N_f 为国外厂商在进口国市场的自身价格需求弹性；N_{fd} 为国外厂商与进口国国内厂商的交叉价格需求弹性；N_{df} 为进口国市场国内厂商与国外厂商的交叉价格需求弹性；N_d 为进口国市场国内厂商的需求弹性；E_d 为进口国市场国内厂商的供给弹性。

（2）当出口国政府不采取补贴时，出口商不再根据不同市场采取价格歧视行为，而是把国内国外视为统一市场进行销售。此时，出口企业国内和国外售价相等，不存在补贴。出口商的利润函数为

$$\pi = P_I D_I(P_I) - CD_I(P_I) \tag{8.23}$$

其中，P_I 为国外厂商在统一市场的销售价格；D_I 为需求量。根据微积分知识与函数利润最大化可推导出

$$P_I = \frac{C}{1+1/\left[\alpha N_h + (1-\alpha)\left(N_f + N_{fd}\dfrac{N_{df}}{E_d - N_d}\right)\right]} \tag{8.24}$$

$$\mathrm{d}\ln P_f = (P_f - P_I)/P_I = P_f / P_I - 1 \tag{8.25}$$

P_f/P_I可由式（8.22）和式（8.24）计算得出。

$$\mathrm{dln}P_d = \frac{\mathrm{dln}P_d}{\mathrm{dln}P_f}\mathrm{dln}P_f \tag{8.26}$$

其中，$\alpha = \dfrac{D_h(P_I)}{D_h(P_I) + Df(P_I, P_d)}$ 为不存在补贴的情况下国外厂商的市场份额。

（3）根据以上分析，可以推导出产业损害调查期内，国内产业各指标的变化幅度。

国内产业销售价格变化幅度：

$$\mathrm{dln}P_d = \frac{\mathrm{dln}P_d}{\mathrm{dln}P_f}\mathrm{dln}P_f$$

国内产业销售数量变化幅度：

$$\mathrm{dln}D_d = E_d \times \mathrm{dln}P_d$$

国内产业销售收入变化幅度：

$$\mathrm{dln}R_d = (1 + E_d) \times \mathrm{dln}P_d$$

国内产业市场份额变化幅度：

$$\mathrm{dlnSM}_d = (E_d - E_i) \times \mathrm{dln}P_d$$

国内产业产量变化幅度：

$$\mathrm{dln}P_{rd} = \mathrm{dln}P_d E_d$$

国内产业产能利用率变化幅度：

$$\mathrm{dln}C_{capu} = \mathrm{dln}P_d E_d$$

国内产业劳动生产率变化幅度：

$$\mathrm{dln}L_{pd} = E_d \mathrm{dln}P_d - \mathrm{dln}W_{nd}$$

国内产业期末库存变化幅度：由于库存受较多因素影响，本章根据国内产业库存的实际数据和移动平均法，计算国内产业库存量的变化幅度。

国内产业利润变化幅度：

$$\mathrm{dln}PR_d = (1 + E_d) \times \mathrm{dln}P_d$$

国内产业投资收益率变化幅度：根据投资收益率的计算公式，投资收益率等于利润除以投资总额，利润的上涨或下降会带动投资收益率的上涨或下降，本章将利润的变化幅度近似为投资收益率变化幅度。

其中，W_{nd} 为国内产业就业人数，$\mathrm{dln}W_{nd}$ 根据国内产业工资水平与国家平均工资水平比较获得；E_i 为进口国市场同类产品的供给弹性。

3）计算不存在与存在补贴情况下（产业损害调查期内国内产业指标）主成分的综合加权平均值

根据步骤 2 中得出的各指标变化幅度，对国内产业原始数据进行调整，可以得出在没有补贴情况下国内产业各指标值。然后，对没有补贴情况下国内产业各指标值进行标准化或正规化，标准化或正规化后产业损害调查期内国内产业各指标值分别记为

$$I_{标准产损1}=(I_{标准产损11}, I_{标准产损12}, \cdots, I_{标准产损19})$$

$$I_{标准产损2}=(I_{标准产损21}, I_{标准产损22}, \cdots, I_{标准产损29})$$

$$I_{标准产损3}=(I_{标准产损31}, I_{标准产损32}, \cdots, I_{标准产损39})$$

则在没有补贴情况下，产业损害调查期内三年国内产业指标主成分的加权平均值分别为

$$\begin{aligned}\mathrm{AS}_1 = {} & 0.61\times(P_1\times I_{标准产损11}+P_2\times I_{标准产损12}+P_3\times I_{标准产损13}+P_4\times I_{标准产损14}) \\ & +0.18\times(P_5\times I_{标准产损15}+P_6\times I_{标准产损16})+0.12\times P_7\times I_{标准产损17} \\ & +0.09\times(P_8\times I_{标准产损18}+P_9\times I_{标准产损19})\end{aligned}$$

$$\begin{aligned}\mathrm{AS}_2 = {} & 0.61\times(P_1\times I_{标准产损21}+P_2\times I_{标准产损22}+P_3\times I_{标准产损23}+P_4\times I_{标准产损24}) \\ & +0.18\times(P_5\times I_{标准产损25}+P_6\times I_{标准产损26})+0.12\times P_7\times I_{标准产损27} \\ & +0.09\times(P_8\times I_{标准产损28}+P_9\times I_{标准产损29})\end{aligned}$$

$$\begin{aligned}\mathrm{AS}_3 = {} & 0.61\times(P_1\times I_{标准产损31}+P_2\times I_{标准产损32}+P_3\times I_{标准产损33}+P_4\times I_{标准产损34}) \\ & +0.18\times(P_5\times I_{标准产损35}+P_6\times I_{标准产损36})+0.12\times P_7\times I_{标准产损37} \\ & +0.09\times(P_8\times I_{标准产损38}+P_9\times I_{标准产损39})\end{aligned}$$

则在没有补贴情况下，产业损害调查期内三年国内产业指标主成分的综合加权平均值为 $\mathrm{AS}_{综合}=\mathrm{AS}_1+\mathrm{AS}_2+\mathrm{AS}_3$ 。

同理，在有补贴情况下（即实际趋势），产业损害调查期内三年国内产业指标主成分的综合加权平均值为 $\mathrm{AS}'_{综合}=\mathrm{AS}'_1+\mathrm{AS}'_2+\mathrm{AS}'_3$ 。

4）产业损害幅度的确定

根据上文分析结果，

$$\begin{aligned}产业损害幅度 & =\frac{(\mathrm{AS}_1+\mathrm{AS}_2+\mathrm{AS}_3)-(\mathrm{AS}'_1+\mathrm{AS}'_2+\mathrm{AS}'_3)}{\mathrm{AS}_1+\mathrm{AS}_2+\mathrm{AS}_3} \\ & =\frac{\mathrm{AS}_{综合}-\mathrm{AS}'_{综合}}{\mathrm{AS}_{综合}}\end{aligned} \tag{8.27}$$

8.1.5　因果关系确定的评估方法研究

因果关系的审查与确定是进口反补贴政策的必要条件之一，也是评估反补贴政策实施是否公平的关键所在。由主要原因标准可知，为体现公平贸易精神，为更加公平地实施进口反补贴政策，防止自由裁量权的滥用，本章认为应使用主要原因标准。

ASCM 没有明确规定对进口反补贴评估中因果关系的量化标准或损害成因的主次之分，也没有对如何操作和判定补贴与产业损害之间的因果关系给予回答。从目前国内外关于因果关系的研究成果来看，从定量方面分析因果关系的研究成果鲜为少见。因此，对补贴和产业损害间因果关系确定方法的研究将具有重要的现实意义。本章根据反补贴案件的自身特性及主要原因标准，提出了补贴与产业损害间因果关系确定的 Granger 检验三步法。

1. 进口反倾销和美国进口反补贴中因果关系确定的方法研究与借鉴

由于反倾销与反补贴同属于贸易救济领域，以及美国是全球使用反补贴政策最为频繁和最多的国家，研究进口反倾销和美国进口反补贴中因果关系的确定方法，将会对本章研究进口反补贴中因果关系的确定起到一定的借鉴和启示作用。

1）进口反倾销中因果关系确定的方法研究与借鉴

反倾销案件因果关系的判定标准主要分有两大类：一是“主要原因的因果关系说”，即只有证明被调查进口产品的倾销是造成相关国内产业损害的主要原因时，进口国当局方可对倾销产品采取反倾销措施；二是“一般原因的因果关系说”，主张只需证明被调查的进口产品的倾销是造成相关国内产业损害的原因之一，进口国当局即可对倾销产品采取反倾销措施。比如，美国反倾销调查中，因果关系的确定始终依据“一般因果关系”的判定原则，即只要倾销是构成损害的原因之一，二者之间的因果关系就会被裁定成立。在这种原则的指导下，反倾销因果关系获得肯定性裁定结果的几率就非常高。

①“弱 201 条款”法

“弱 201 条款”法，在进行因果关系判断的时候，使用了较低的标准，它并不区分造成产业损害的各种原因，即如果被调查的进口产品属于造成产业损害的原因之一，那么倾销进口产品同产业损害的因果关系就会被认定成立。反倾销当局对进口造成的影响同其他原因造成的影响不作区分。这样就导致了因果关系调查几乎总是获得肯定性的结果。从一般意义上来说，也就是被调查的进口产品肯定属于造成产业损害的原因之一。所以，“弱 201 条款”法下的因果关系检验其实质是在裁定进口产品是否对国内相关产业造成了影响，这样裁定的结果就造成了因果关系获得肯定性裁决的概率非常高。

②趋势分析法

趋势分析法主要是依据进口数量、进口产品所占市场份额、国内产品的价格变化、削价幅度、销售额损失及利润减损等因素在一段时间内的发展变化趋势，确定进口与国内产业损害的因果关系。在趋势分析法中，价格比较和国内销售额是两项主要的考察内容。如果进口产品的价格明显低于国内同类产品的价格，那么这将对裁定结果产生一定的影响；如果进口产品价格高于国内同类产品价格，那么这将有碍于因果关系裁定的成立。然而，趋势分析法没能将可能存在的能够解释各项因素变化趋势与国内产业状况之间关系的其他原因考虑在内，这样就缺乏各因素的变化与国内产业间的状况联系起来的机制，使趋势分析法得出的结果有很大的随意性和经验性，由此错误地将国内产业状况的变化归咎于进口所致，而进口的性质是公平的还是不公平的却不得而知。总之，趋势分析法不像“弱 201 条款”法那样只需确定进口是造成产业损害原因之一即可，它强调进口本身与实质性损害的关联。

③幅度分析法

幅度分析法是从倾销行为是否导致国内同类产业的实质性损害来裁定因果关系的，而“弱 201 条款”法和趋势分析法是从进口行为来考虑的。幅度分析法通过比较倾销幅度与国内外产品间的价格差额，来裁定倾销造成的影响，进而确定倾销与产业损害之间的因果关系，其推理过程如图 8.11 所示。

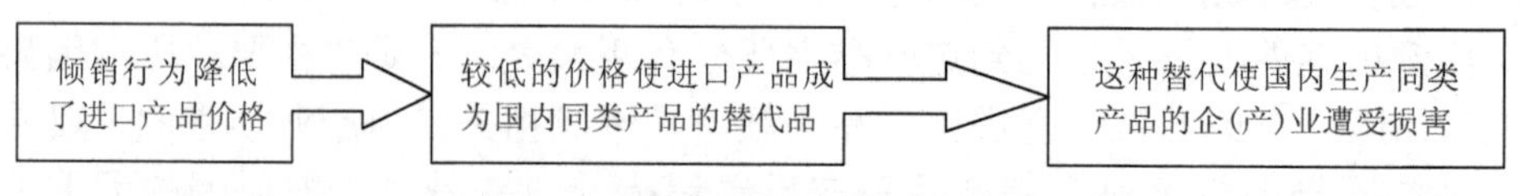

图 8.11　幅度分析法推理流程图

幅度分析法尽管强调了倾销对国内产业的影响，是倾销行为通过对进口产品的价格影响来实现的，但这种方法在技术操作上存在一定的缺陷，因为该方法认为进口产品价格下降幅度必然等于全额的倾销幅度，又由于倾销所产生的影响并不依赖于倾销幅度同进口产品价格低于国内产品价格的差额的比较，这样一来导致幅度分析法并没有回答倾销进口产品究竟是如何损害国内产业的。

④比较分析法

比较分析法在具体的操作过程中围绕的一个问题就是，倾销进口是否通过倾销产生的影响进而正在造成国内产业的实质性损害。比较分析法通过建立经济模型——Armington 模型，来裁定倾销进口对国内产业的价格和产量造成的影响程度。这种分析有三个步骤，如图 8.12 所示。比较分析法有较为完善的理论基础，但在计算倾销幅度时，有可能人为地抬高倾销幅度，进而影响最终结果的裁定；同时模型假设现实中倾销行为不存在且存在完全竞争市场和企业边际收益不变，这些假设忽略了市场行为的多样性及不完全符合现实的经济生活状况。

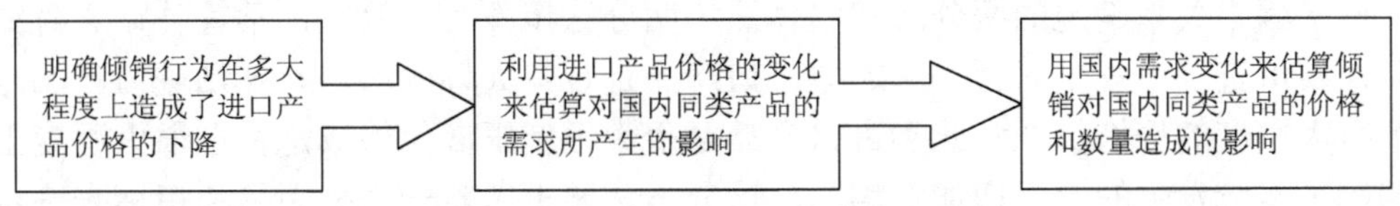

图 8.12　比较分析法推理步骤流程图

⑤五要素分析法

五要素分析法是通过国外出口企业掠夺性意图的存在来裁定因果关系成立的。这五个要素包括：第一，一个已经足够大且仍在继续扩大的市场份额；第二，产品的同质性；第三，高额倾销幅度；第四，正在下降的市场价格；第五，对其他国外出口商的市场进入壁垒。然而，有时即使这五个要素条件都满足，仍不能表明掠夺性倾销就一定存在，重要的是通过判定倾销掠夺性意图的存在，并不能对倾销和国内产业损害的因果关系做出合理的解释，这种方法没有提供正确区分带有掠夺性意图的市场行为与其他类型市场行为的判断标准，在很大程度上是一种主观臆断。

2）美国进口反补贴中因果关系确定的方法研究与借鉴

从目前研究现状来看，关于美国进口反补贴中因果关系确定方法的研究相对较多，并且这些方法与上文五种方法有其相似或相同之处。例如，李波（2003）在研究补贴与损害因果关系时指出，补贴与损害因果关系确定较为困难，美国美国国际贸易委员会在确定因果关系时，常采用四种方法：第一是趋势分析法；第二是弹性分析法；第三是差额分析法；第四是移动份额分析法。具体见表 8.8。单一（2007）通过案例分析方法，在借鉴美国热轧钢案中专家组采用的三步分析法基础上，认为补贴与产业损害因果关系的确定应从以下三方面着手：一是，基于全部相关证据证明被补贴的进口产品通过补贴的影响（ASCM 第 15.2 条和第 15.4 条所列举的情况）对国内产业造成损害；二是，要求调查机关审查补贴进口产品之外的正在同时损害国内产业的其他已知因素；三是，确保其他因素所造成的损害没有归咎于补贴进口产品。

表 8.8　美国国际贸易委员会确定因果关系的四种方法表

方法	特点
趋势分析法	首先是了解国内产业的状况，其次是寻找进口与损害之间存在的关联性
弹性分析法	这种方法是委员会在 20 世纪 80 年代发展出来的，其目的在于充分利用生产者、进口者、购买者的问卷反馈、电话访问和其他研究等资讯，建立各相关市场的供需资料，以利于进行因果关系的分析
差额分析法	建立和比较补贴额度与低价差额，如果前者高于后者，即可初步判定补贴产品进口对国内产业造成了损害，低价差额指的是进口产品与国内相同产品之间的价格差额
移动份额分析法	此方法立足于调查一般经济活动的改变，反映到供给需求曲线的移动上来解释某特定部分经济活动的改变

欧福永和杨陶（2005）在研究美国反补贴法中因果关系确定对我国的启示中分析了因果关系确定的两分法和整体法。两分法步骤为：第一，不管补贴本身如何，要审查以下三个问题——这些进口产品是否有大幅度增加？补贴进口产品是否有大幅度的价格削低？此类进口产品是否大幅度压低价格或是否在很大程度上抑制了本应发生的价格增加？第二，该分析法要求考察一系列因素和指标来确定声称受到补贴进口产品影响的国内产业的状况，并将该状况与该企业过去的被推定为“通常”的状况进行比较。最后，关键的一步在于就这些不同的现象之间建立一个时间相关性。但这种方法往往过于简单，容易导致大量的肯定性裁决，并且由于它未能将补贴进口产品与国内产业损害合理的联系起来。

整体法分为三个步骤：第一，确定补贴如何影响受调查产品进口的数量和价格；第二，评估由进口产品的价格和销售情况的改变而导致的国内产业的价格和销售情况；第三，评估补贴进口产品对国内产业的财务和雇佣情况的影响程度。整体分析法在评估损害时要考虑其他国内销售者及市场中公平贸易的产品等各种参数，所以它比较符合 ASCM 协议所要求的因果关系分析。但是整体分析法的难点之处在于，其基础是需要对现实中不能直接观察到的参数进行评估，如评估在不存在补贴时的状态如何等。

2. 补贴与产业损害因果关系确定的 Granger 检验三步法

本章在借鉴已有研究成果和上文研究基础上，提出了补贴与产业损害因果关系确定的 Granger 因果检验三步法。Granger 因果检验主要用于判断时间序列变量之间的因果关系，它解决了 x 是否引起 y 的问题，主要看现在的 y 能够在多大程度上被过去的 x 解释，加入 x 的滞后值是否使解释程度提高。如果 x 在 y 的预测中有帮助，或者 x 与 y 的相关系数在统计上显著时，就可以说“y 是由 x Granger 引起的”。由计量经济学理论与方法可知，Granger 因果检验之前应该对变量进行单位根检验和协整关系检验。其实证检验步骤如下：先做单位根检验，看变量序列是否平稳序列，若平稳，可构造回归模型等经典计量经济学模型；若非平稳，进行差分，当进行到第 i 次差分时序列平稳，则服从 i 阶单整（注意趋势、截距不同情况选择，根据 P 值和原假设判定）。若所有检验序列均服从同阶单整，可构造 VAR 模型，做协整检验（注意滞后期的选择），判断模型内部变量间是否存在协整关系，即是否存在长期均衡关系。如果有，则可以构造向量误差修正模型（vector error correction，VEC）或者进行 Granger 因果检验，检验变量之间“谁引起谁变化”，即因果关系。

1）单位根的 ADF 检验

单位根检验常用的方法为 DF 和 ADF 检验。DF 检验设定模型时，假设随机误差项 u_t 不存在自相关，但是大多数经济数据序列是不能满足此项假设的。当随机误差项 u_t 存在自相关时，我们用扩展的 ADF 检验来实现。ADF 检验将 DF 检验的右边扩展为包含因变量 y_t 滞后变化量的项：

模型 A：$$\Delta y_t = \gamma y_{t-1} + \sum_{i=1}^{p} \beta_i \Delta Y_{t-i} + u_t \tag{8.28}$$

模型 B：$$\Delta y_t = \gamma y_{t-1} + a + \sum_{i=1}^{p} \beta_i \Delta Y_{t-i} + u_t \tag{8.29}$$

模型 C：$$\Delta y_t = \gamma y_{t-1} + a + \xi t + \sum_{i=1}^{p} \beta_i \Delta Y_{t-i} + u_t \tag{8.30}$$

其中，p 为滞后期长度，其等于 1, 2, 3 或者由计量软件相关准则进行确定。模型 A 没有常数项，模型 B 没有时间趋势项，模型 C 含有常数项和时间趋势项。其单位根检验步骤具体如下。

第一，估计模型 C。在给定 ADF 临界值的显著性水平下，如果参数 γ 显著地不为零，则序列 y_t 不存在单位根，说明是平稳的，结束检验；否则进行第二步。

第二，给定 γ =0，在给定 ADF 临界值的显著性水平下，如果参数 ξ 显著地不为零，则进入第三步；否则表明模型不含时间趋势，进入第四步。

第三，用一般 t 分布检验 γ =0。如果参数 γ 显著地不为零，则序列 y_t 不存在单位根，说明是平稳的，结束检验；否则，序列 y_t 存在单位根，说明是不平稳的，结束检验。

第四，估计模型 B。在给定 ADF 临界值的显著性水平下，如果参数 γ 显著地不为零，则序列 y_t 不存在单位根，说明是平稳的，结束检验；否则进行第五步。

第五，给定 γ =0，在给定 ADF 临界值的显著性水平下，如果参数 γ 显著地不为零，表明含有常数项，则进入第三步，否则进行第六步。

第六，估计模型 A。在给定 ADF 临界值的显著性水平下，如果参数 γ 显著地不为零，则序列 y_t 不存在单位根，说明是平稳的，结束检验；否则，序列 y_t 存在单位根，说明是不平稳的。

实际上，扩展定义后我们将检验：H_0：$\gamma = 0$，H_1：$\gamma < 0$（高铁梅，2006）。即原假设为：序列存在一个单位根。备择假设为：不存在单位根序列。y_1 可能还包含常数项和时间趋势项。判断 γ 的估计值 $\hat{\gamma}$ 是接受原假设或者接受备择假设，进而判断一个高阶自相关序列过程是否存在单位根，从而进行时间序列平稳性的检验。

2）协整关系检验

如果两个时间序列 $y_t \sim I$（d），$x_t \sim I$（b），并且这两个时间序列的线性组合 $a_1 y_t + a_2 x_t$ 是（d，b）阶单整[①]的，即 $a_1 y_t + a_2 x_t \sim I$（d–b）（$d \geqslant b \geqslant 0$），则 y_t、x_t 被称为是（d，b）阶协整，即 y_t，$x_t \sim$CI（d，b）。CI 是协整的符号，构成两变

① 单整的含义请参见 8.1.2 小节内容。

量线性组合的系数变量（a_1，a_2）称为协整向量。

协整性的检验可以分为两变量检验和多变量检验，本章使用两变量检验。

①恩格尔-格兰杰法

第一步：求出两变量的单整的阶，然后分情况处理。情况一：若两变量的单整的阶相同，则进入下一步。情况二：若两变量的单整的阶不同，则两变量不是协整的。情况三：若两变量是平稳的，则整个检验过程停止。

第二步：若两变量是同阶单整的，则用最小二乘法估计长期均衡方程，即协整回归方程 $y_t = b_0 + b_1 x_t + u_t$，并保存残差 e_t 作为均衡误差 u_t 的估计值。

第三步：对于两个协整变量来说，均衡误差必须是平稳的。为检验其平稳性，对协整回归的残差 e_t 应用单位根检验法，具体就是对残差 e_t 序列作 DF 检验，估计的方程式如下：

$$\Delta e_t = \delta e_{t-1} + \sum_{j=2}^{p} \delta_j \Delta e_{t-j+1} + v_t \tag{8.31}$$

若 e_t 是平稳的，则 y_t，x_t 是协整的，反之则是不协整。这是因为若 y_t，x_t 不是协整的，则它们的任一线性组合都是非平稳的，因此残差 e_t 将是非平稳的。

第四步：得出有关两变量是否协整的结论，用到的原假设和备用假设是 H_0：$\delta = 0$，H_1：$\delta < 0$，若 $t_\delta > \tau$，则接受原假设，两变量是非协整的。反之，两变量是协整的。

②德宾-沃森检验

第一步：估计协整回归方程 $y_t = b_0 + b_1 x_t + u_t$，并保存残差 e_t，计算 DW 统计值：

$$\mathrm{DW} = \frac{\Sigma(e_t - e_{t-1})^2}{\Sigma e_t^2} \tag{8.32}$$

第二步：根据下述原假设和备选假设得出有关两变量协整的结论。H_0：e_t 非平稳，即非协整。H_1：e_t 平稳，即协整。若 e_t 是随机游走的，则 $e_t - e_{t-1}$ 的数学期望为零，故 DW 统计值接近于 0。因此，只需检验 H_0：$\mathrm{DW} = 0$ 是否成立，若成立，e_t 是随机游走的，y_t，x_t 不是协整的，反之，则存在协整关系。

3）Granger 因果检验

因果关系是指变量间的依赖性，作为结果的变量是由作为原因的变量所决定的，原因变量的变化引起结果变量的变化。因果关系不同于相关关系，从一个回归关系中是无法确定变量之间是否具有因果关系的。虽然，回归方程中解释变量是被解释变量的因，但是，这一因果关系是先验设定的，或者是在回归之前就已经确定。

在 ARIMA 模型中，为了检验二者之间的因果关系我们建立 VAR 模型，它是基于数据统计性质建立模型，并把系统中每一个内生变量作为系统中所有内生变量的滞后值的函数来构造模型，从而将单变量自回归模型推广到由多元时间序列变量组成的“向量”自回归模型。VAR 模型常用于预测相互关系的时间序列系统及分析随机扰动对变量系统的动态冲击，从而解释各种经济冲击对经济变量形成的影响。VAR 一般模型如下：

$$Y_t=\sum_{i=1}^{k}\alpha_{1i}X_{t-i}+\sum_{i=1}^{k}\alpha_{2i}Y_{t-i}+\varepsilon_{1t},X_t=\sum_{i=1}^{k}\beta_{1i}Y_{t-i}+\sum_{i=1}^{k}\beta_{2i}X_{t-i}+\varepsilon_{2t},\quad t=1,2,\cdots,T$$

其中，α、β为系数；k为滞后阶数（也就是滞后期长度）；ε_{1t}、ε_{2t}为k维扰动向量；T 为样本个数。

针对上述方程，本章给出了四种可能的因果关系。

（1）如果$\sum\alpha_i\neq0$ 且$\sum\beta_i=0$，X_t对 Y_t存在单一的因果关系。

（2）如果$\sum\beta_i\neq0$ 且$\sum\alpha_i=0$，Y_t对 X_t存在单一的因果关系。

（3）如果$\sum\alpha_i\neq0$ 且$\sum\beta_i\neq0$，Y_t与 X_t间存在双向因果关系。

（4）如果$\sum\alpha_i=0$ 且$\sum\beta_i=0$，Y_t与 X_t间没有双向因果关系。

在进行 Granger 因果检验之前，根据给出的四种可能性因果关系，提出零假设：

$$\begin{cases}\mathrm{H}_0\text{: } \sum\alpha=0\\ \mathrm{H}_1\text{: } \sum\alpha\neq0\end{cases},\quad \begin{cases}\mathrm{H}_0\text{: } \sum\beta=0\\ \mathrm{H}_1\text{: } \sum\beta\neq0\end{cases}$$

其中，H_0：$\sum\alpha=0$表示 x does not Granger Cause y，H_0：$\sum\beta=0$表示 y does not Granger Cause x。然后通过计量软件 EViews 对提出的零假设检验进行具体操作，然后得出 Granger 因果检验结果统计表，进而确定变量 x 与 y 之间的单向或双向因果关系。

值得注意的是，Granger 因果检验中滞后长度的选择是任意的，并且因果关系检验的结果对滞后长度的选择有时是很敏感度的，也就是说，不同的滞后期有时会对结果造成影响。因此，一般情况下，在进行 Granger 因果检验时，通常对不同的滞后长度分别进行试验，以确信因果关系检验中的随机误差不存在序列自相关来选取最优的滞后长度。

4）ADF、协整关系与 Granger 因果检验在因果关系确定中的应用

本章在验证补贴与产业损害之间因果关系主要从以下三个方面进行考虑：①检验补贴产品出口价格与补贴产品进口国国内同类产品销售价格的双向或单向因果关系；②检验补贴产品出口数量与补贴产品进口国国内同类产品销售数量的双向或单向因果关系；③检验产业损害调查期内补贴产品补贴幅度与补贴产品进口国国内产业综合损害幅度的双向或单向因果关系。

由于 ADF、协整关系与 Granger 因果检验要求变量数据为时间序列数据，为了满足检验模型对样本容量的要求，在产业损害调查期内，变量数据要尽量选择

月度数据，这样可以使样本量较大，进而提高单位根检验的准确性。根据以上分析可知，数据的获得是进行 Granger 因果检验的关键。本章以考虑的第①方面为例，来说明ADF、协整关系与 Granger 因果检验在因果关系确定中的应用。

第一，运用 ADF 模型检验补贴产品出口价格 $p_{出口}$ 与补贴产品进口国国内同类产品销售价格 $p_{国内}$ 两个时间序列数据是否具有单位根，进而检验其是否平稳序列。模型如下。

对于补贴产品出口价格 $p_{出口}$ 时间序列数据：

模型 A1： $$\Delta p_{出口t} = \gamma p_{出口t-1} + \sum_{i=1}^{p} \beta_i \Delta p_{出口t-i} + u_t \tag{8.33}$$

模型 B1： $$\Delta p_{出口t} = \gamma p_{出口t-1} + a + \sum_{i=1}^{p} \beta_i \Delta p_{出口t-i} + u_t \tag{8.34}$$

模型 C1： $$\Delta p_{出口t} = \gamma p_{出口t-1} + a + \xi t + \sum_{i=1}^{p} \beta_i \Delta p_{出口t-i} + u_t \tag{8.35}$$

对于补贴产品进口国国内同类产品销售价格 $p_{国内}$ 时间序列数据：

模型 A2： $$\Delta p_{出口t} = \gamma p_{出口t-1} + \sum_{i=1}^{p} \beta_i \Delta p_{出口t-i} + u_t \tag{8.36}$$

模型 B2： $$\Delta p_{出口t} = \gamma p_{出口t-1} + a + \sum_{i=1}^{p} \beta_i \Delta p_{出口t-i} + u_t \tag{8.37}$$

模型 C2： $$\Delta p_{出口t} = \gamma p_{出口t-1} + a + \xi t + \sum_{i=1}^{p} \beta_i \Delta p_{出口t-i} + u_t \tag{8.38}$$

具体检验步骤如上文所示。

第二，首先求出两变量 $p_{出口}$、 $p_{国内}$ 的单整的阶，如果 $p_{出口}$，$p_{国内}$ ～CI（d, d），即同阶单整，则用最小二乘法估计长期均衡方程，即协整回归方程 $p_{国内t} = b_0 + b_1 p_{出口t} + u_t$；其次，保存残差 e_t 作为均衡误差 u_t 的估计值；最后，对协整回归的残差 e_t 应用单位根检验法，估计的方程式为：$\Delta e_t = \delta e_{t-1} + \sum_{j=2}^{p} \delta_j \Delta e_{t-j+1} + v_t$，若 e_t 是平稳的，则 y_t，x_t 是协整的，反之则不是协整的。

第三，根据 VAR 一般模型和 $p_{出口}$、 $p_{国内}$ 变量建立 VAR（k）模型。即

$$p_{出口t} = \sum_{i=1}^{k} \alpha_{1i} p_{国内t-i} + \sum_{i=1}^{k} \alpha_{2i} p_{出口t-i} + \varepsilon_{1t} \tag{8.39}$$

$$p_{国内t} = \sum_{i=1}^{k} \alpha_{1i}^{1} p_{出口t-i} + \sum_{i=1}^{k} \alpha_{2i}^{1} p_{国内t-i} + \varepsilon_{1t}^{1} \tag{8.40}$$

在进行 Granger 因果检验之前，根据上述四种可能性因果关系，提出零假设如下：

$$\begin{cases} H_0: \sum\alpha = 0 \\ H_1: \sum\alpha \neq 0 \end{cases}, \quad \begin{cases} H_0: \sum\alpha^1 = 0 \\ H_1: \sum\alpha^1 \neq 0 \end{cases}$$

其中，H_0: $\sum\alpha = 0$ 表示 $p_{国内}$ does not Granger Cause $p_{出口}$，H_0: $\sum\alpha^1 = 0$ 表示 $p_{出口}$ does not Granger Cause $p_{国内}$。然后通过统计软件 EViews 对提出的零假设检验进行具体操作，然后得出 Granger 因果检验结果统计表（表 8.9）。

表 8.9　变量 $p_{出口}$、$p_{国内}$、Granger 因果检验结果统计表

Subject	Null Hypothesis	F-Statistic	Probability
$p_{出口}$ 与 $p_{国内}$	$p_{出口}$ does not Granger Cause $p_{国内}$	F_1	P_1
	$p_{国内}$ does not Granger Cause $p_{出口}$	F_2	P_2

根据表 8.9 中的 F 统计值和其对应的 P 值及假设检验的拒绝法则，可以确定变量 $p_{出口}$、 $p_{国内}$之间的双向或单向因果关系。

8.2　基于前后对比政策评估理论的 IBACM 评估方法体系研究

8.2.1　IBACM 评估方法概述

前后对比评估方法是一般政策效果评估中常用的一种方法，其思路是通过对比政策实施前后政策作用对象的状态变化来衡量政策效果。实际上，该方法也是反补贴调查机关在调查实践中应用地最广泛的一种方法。然而，该方法存在一个明显缺陷，就是没有考虑政策实施后其他因素变化对政策作用对象造成的影响，因而可能造成评估结果被夸大的现象。在本评估中，我们对前后对比方法进行改进，设计 IBACM（industry before-policy condition and after-policy condition comparative method）评估方法。假设以 A_1 表示政策作用对象在政策执行前的状态，以 A_2 表示政策作用对象在政策执行后的状态，则政策效果就是 A_2–A_1。根据以上思路，在反补贴政策实施效果评估中，我们分别把反补贴政策实施前后国内产业的综合状态定义为 A_1、A_2，则 A_2–A_1 就是反补贴政策实施效果。

IBACM 评估法具体操作起来，有以下三个使用关键点。

（1）反补贴政策实施前后国内产业及其相关利益体的状态如何确定，即如何确定图 8.13 中 A_1 和 A_2 位置的问题。

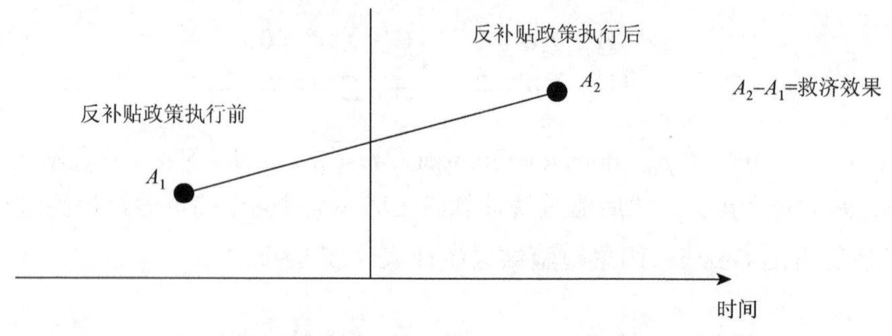

图 8.13 IBACM 评估方法思路图

（2）反补贴政策实施效果的评估标准如何确定，即 A_2–A_1 的差值结果要与谁比较的问题。由于 A_2–A_1 仅能衡量反补贴政策实施是否有效果，而对于该效果达到何种程度，还需要与评估标准进行比较，从而得到量化的结果。

（3）反补贴政策实施后其他因素对国内产业及其相关利益体的影响如何去除的问题。由于反补贴政策实施后国内产业及其相关利益体的状态不仅受反补贴政策的影响，同样也受到其他因素的影响，这部分其他因素的影响能否去除直接关系到反补贴政策实施效果评估的准确性。在图 8.13 中，其他因素的影响去除问题就是 A_2 点如何重新确定的问题。

针对以上关键点，本章在下面依次给予解决，并在以上问题解决的基础上给出 IBACM 评估方法的计算步骤，探讨该方法的适用范围和特点。

8.2.2 评估值的综合计算方法

目前，关于评估值的综合计算方法也有很多，但常用的有加权求和法、TOPSIS（technique for order preference by similarity to ideal solution）法、灰色综合评估法、人工神经网络（artificial neural networks，ANN）综合评估法、模糊综合评判法等。

加权求和法是最简单的一种指标综合方法。假设有指标 $g_1,g_2,\cdots,g_n$，有权重 $w_1,w_2,\cdots,w_n$，则评估对象的综合评估值为 $S=\sum^{n} w_i g_i$。

TOPSIS 方法是一种多目标决策方法，被称为在决策分析中一种逼近于理想解的排序方法。该方法的关键在于寻找决策方案的理想解和负理想解，所谓理想解是指一设想的最好的解，它的各指标值均达到各候选方案中最好的值，而负理想解是另一设想的最坏的解，它的指标值是各方案中最坏的值。有了理想解和负理想解，就可以考察各方案，看哪个方案距离理想解最近，同时距离负理想解最远，那么这个方案就是所有方案中最好的。在综合评估时，可以计算各样本指标值与最优值的相对距离，并把该距离作为综合评估值。

灰色综合评估法是基于灰色理论的一种综合评估法。该理论由中国学者邓聚龙教授于 1982 年提出，是一种研究少数据、贫信息不确定性问题的方法。灰色系统理论以“部分信息已知，部分信息未知”的“小样本”“贫信息”不确定性系统为研究对象，主要通过对“部分”已知信息的生成、开发，提取有价值的信息，实现对系统运行行为、演化规律的正确描述和有效监控。灰色系统理论分析系统的主要工具是关联分析，即通过计算比较数列与参考数列的关联系数和关联度，来确定各种影响因素或备选方案的重要度，进而决定重要因素或最优方案。

人工神经网络综合评估法是把人工神经网络引入综合评估后产生的一种方法。该方法主要依靠系统的复杂程度，通过调整内部大量节点之间相互连接的关系，从而达到处理信息，得到评估结果的目的。由于人工神经网络具有自学习和自适应的能力，可以通过预先提供的一批相互对应的输入－输出数据，分析掌握两者之间潜在的规律，以最终根据这些规律，用新的输入数据来推算输出结果。因此，该方法目前在综合评估中已被广泛应用。但该方法也有其局限性，一是其需要大量样本数据训练，二是模型不同收敛程度和评估精度会有差别，三是需要其他评估方法相配合。

模糊方法是 20 世纪 60 年代由美国科学家扎德教授创立的，是针对现实中大量的经济现象具有模糊性而设计的一种评判模型和方法。该方法既有严格的定量刻画，也有对难以定量分析的模糊现象进行主观上的定性描述，是把定性描述和定量分析紧密结合起来的一种方法。该方法实际中多用于评估指标模糊性较强的场合。

在评估国内产业的综合状态时，我们可以根据评估的精度需要选择不同的计算方法。当要求精度不高时，可以采用加权求和法和 TOPSIS 法，当要求精度较高时，采用人工神经网络综合评估法，当涉及指标模糊或灰色时，可以采用模糊综合评估法或灰色综合评估法。

8.2.3　影响反补贴政策实施效果的其他因素分析

一般来说，反补贴政策实施后，受贸易阻止效应影响，国外涉案进口产品的销售数量会大幅减少，国内产业所面临的市场需求将会增加，如图 8.14（a）所示，国内产业所面临的需求曲线 D 会向 D_{new} 移动。同时，如生产能力的增加或减少等因素也会导致反补贴后国内产业的供给情况发生变化，如图 8.14（b）所示，国内产业的供给曲线会向左或向右移动。除此之外，一些其他因素的变化也会导致国内产业的需求曲线发生变化，如图 8.14（c）所示。不难看出，反补贴后国内产业的发展变化并不仅仅是由反补贴措施所带来的，它还可能受到其他一些因素的影响，而国内产业的发展状况正是我们用以判断反补贴政策实施效果好坏的主要媒介。因此，要准确评估反补贴政策实施效果，就需要分析找出那些影响国内产业发展变化的其他因素，并采用合适的方法去除这些影响因素在反补贴后国内产业发展上的影响，剥离出反补贴政策实施的净效果。这里需要指出的是，本章所研究的影响反补贴政策实施效果的其他因素是指在经济领域内对反补贴政策实施效果产生直接影响的因素，并不包括政治、文化、社会领域对反补贴政策实施效果产生影响的因素，是一种狭义范围的其他影响因素分析。下面，我们就该狭义范围内影响反补贴政策实施效果的其他因素到底包括哪些予以分析。

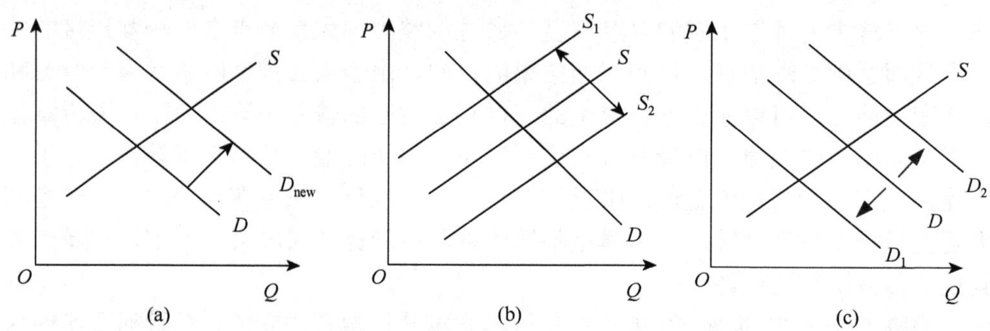

图 8.14　不同因素变化对国内产业的影像图

根据波特的五力模型，影响一个产业竞争力的五个因素是：供应商的讨价还价能力、购买者的讨价还价能力、潜在竞争者进入的能力、替代品的替代能力、行业内竞争者现在的竞争能力。在反补贴政策实施效果评估中，判断涉案国内产业的发展状况是否变好，本质上就是判断其竞争能力有没有增强。因此，本章从上游供给、下游需求、替代产品和市场竞争（包括潜在竞争者和行业内竞争者的竞争能力）四个角度来分析它们对反补贴政策实施效果产生的影响。

1. 上游供给对反补贴政策实施效果的影响

上游供给在价格和销售数量上的变化无疑将影响到作为下游的国内产业经营状况的变化。具体来说，上游原材料和能源价格的变化会导致国内产业的产品生产成本发生变化。同样，上游供应的紧张或松弛、销售数量的减少或增多也会导致下游国内产业采购数量和库存数量的变化。而生产成本、采购成本和库存数量的变化又将直接影响到国内产业的生产和销售决策及获利空间，从而改变国内产业的发展轨迹。因此，上游供给的变化将直接影响反补贴后国内产业的政策实施效果。

一般来说，上游对下游的压力很大程度上在其砍价实力上体现出来。根据波特教授的研究，上游供应商的砍价实力通常受几个固定因素的影响，具有以下特点的上游供应商往往实力更强，拥有更强的砍价实力，从而更容易影响下游国内产业的竞争实力。

（1）上游供应商由几个公司支配，且其集中化的程度比作为下游的国内产业高。因此，供应商在向较为分散的国内产业买主销售产品时，往往更能够在价格、质量及交货期上施加相当的影响，上游原材料的价格更容易产生波动。

（2）上游供应商不存在替代产品供应商与之竞争，即国内产业的原材料只能由该供应商提供。在这种情况下，供应商对原材料价格的控制力将明显增强，下游对上游原材料的价格变化无明显的影响能力。

（3）作为下游的国内产业并非上游供应商的主要客户。当供应商在众多产业中销售产品，而下游国内产业仅占据其下游份额的较小部分时，供应商往往能够更好地控制销售价格和数量。反之，如果国内产业属于供方的一个主要客户，其需求占据上游供应商需求的较大部分时，上游供应商在对其产品的销售价格和销售数量的控制力上将大打折扣。

（4）上游供应商提供的原材料是国内产业生产产品的主要投入品。这种投入品对国内产业的生产工艺或产品质量方面的成功至关重要，这也使上游供应商的实力大增。

（5）上游供应商表现出前向整合的现实威胁，这提供了对该产业提高采购条件能力的验证。

具有上述特点的上游供应商往往在上游原材料或能源的价格变动谈判中拥有较高的砍价能力，从而最终影响下游国内产业反补贴后的发展情况。

2. 下游需求对反补贴政策实施效果的影响

下游需求的变化也是影响国内产业经营状况变化的关键因素。一个产业的发展壮大在很大程度上是由下游需求的不断增大所拉动形成的。同样，产业下游需求的不断萎缩必然也会造成上游产业发展上的困难，造成上游产业产品积压，利润下降。因此，下游需求量的变化情况直接影响到上游国内产业的销售和获利情况，是影响上游国内产业发展变化的重要因素。另外，下游用户在与作为上游的国内产业谈判决定其生产产品的价格时，由于其固有地位的不同，也会极大影响下游用户的砍价能力和定价策略，从而影响到国内产业的销售价格和数量。从上述两方面说，下游需求的变化及其固有实力将直接影响到上游国内产业的销售规模和盈利能力，造成反补贴后政策实施效果的变化。

下游需求的变化首先来自下游客户不断变化的需求能力。人口的增长、市场的扩大、新客户的加入和客户对未来良好的预期都会增加下游客户对上游国内产业的需求。这种扩大的需求反映到上游国内产业的生产经营上，就是生产扩大，市场销路拓宽，产品获利能力提升。反之，市场的萎缩和客户的退出将使上游的国内产业面临货物卖不出去的境地，或者是只能通过降低销售价格来维持生产，从而保持一定的市场占有率，反映到国内产业的各项生产经营指标上就是各项指标数据的减小。

其次，下游产业的固有实力也会让其在与上游国内产业谈判时拥有不同的砍价实力，这将导致上游国内产业在生产和销售上的不同表现。下游对上游的压力同样能够在其砍价实力上体现出来。

（1）当下游客户与上游供应商的销售量相比，其购买量较小时，其无力要求上游产业做出价格让步、承办货运等其他特殊照顾。反之，如果下游用户的需求量较高，占据上游国内产业销售产品的相当份额的话，其在产品价格上将获得极大优势。

（2）当上游的固定成本较高时，下游客户的购买量将对其砍价能力具有重要意义，其在与上游关于产品的价格谈判中也将处于有利地位，下游更容易改变上游的销售价格。

（3）当下游用户缺乏合适的挑选来源，即上游国内产业生产的产品是其有限提供的原材料供应商的话，下游用户的砍价实力将大大削减。他们在选购、交易或谈判中要付很高代价。对他们来说，寻找新的卖主或新的品牌所需代价太大，因此，只得维持现有卖主。而在下游用户可以取得其他替代产品来替代上游国内产业生产产品时，下游用户的砍价能力将提升。

（4）缺乏可靠的后向整合的威慑力量的下游用户会在价格谈判中丧失优势，反之则增强。

从上述分析中不难看出，下游需求的变动及其固有实力所导致的砍价能力会最终影响下游国内产业反补贴后的发展变化情况，从而影响到反补贴政策对国内产业的实施效果。

3. 替代产品对反补贴政策实施效果的影响

一般来说，一个产业与生产替代产品的产业之间为竞争关系。替代产品的存在限制了产业中各公司的潜在利润。替代产品的价格变化会直接影响到产业所生产产品的价格，替代产品的需求变化也会直接影响到产业所面临的需求市场。因此，如果反补贴后替代产品在价格和需求上发生变化将在很大程度上影响国内产业发展的走势，从而影响国内产业的反补贴政策实施效果。

尽管在目前的反补贴案件的审理中，调查机关将从产品的物理特性、化学特性、生产过程、用途及可替代性、市场价格及竞争性等各方面确认被调查产品的范围，使通常在被调查的产品范围中出现的产品不止一种，可能存在若干与调查产品功用相类似的产品，然而，这种确定的被调查产品范围往往很小，更多同样具备被调查产品功能的产品不在同类产品的范围内。当然，这主要是由于同类产品的确定主要是为了确定征收反补贴税的范围，不可能把所有相似品都放进来。因此，寻找并确定其他不在调查产品范围之内的替代产品就十分必要。

4. 市场竞争对反补贴政策实施效果的影响

反补贴后，涉案产品的国内市场竞争情况同样也会影响到国内产业的发展变化情况。不同的市场结构，不同的竞争程度，不同的市场进入、退出成本都会造成国内产业发展的不同。因此，反补贴后国内产业所处市场的竞争情况同样会使评估反补贴政策实施效果产生差别。

为显示国内产业市场竞争造成反补贴政策实施效果不同的机理，我们使用个人-团队博弈模型来解释。

假设在进口国市场存在两种生产者，一种是国外补贴商品生产者，另一种是国内生产者。国外补贴商品生产者数量为 1 家，以 A 表示，国内生产者数量为 n（n 为大于等于 1 的整数）家，且该 n 家国内生产者组成产业联盟，以 B 表示。令 i 表示团队 B 中的所有成员，i=1,…,n。同时假设 A 拥有的禀赋为 W_{A}，B 中每个成员拥有的禀赋为 W_{B}^i，且 W_{A}，$W_{\mathrm{B}}^i>0$。团队 B 所拥有的总禀赋为 $W_{\mathrm{B}}=\sum W_{\mathrm{B}}^i$。A 付出的努力为 Q_{A}，而 B 中每个成员付出的努力分为两个部分，一是用于与国外厂商 A 竞赛时的外部努力 $q_{1\mathrm{B}}^i$，二是用于团队内部之间竞争的内部努力 $q_{2\mathrm{B}}^i$，则 $q_{\mathrm{B}}^i=q_{1\mathrm{B}}^i+q_{2\mathrm{B}}^i$ 为 B 中每个成员在双层博弈中付出的总努力。$Q_{1\mathrm{B}}=\sum q_{1\mathrm{B}}^i$ 为 B 团队中所有成员付出的用于团队内部竞争的努力总和，$Q_{2\mathrm{B}}=\sum q_{2\mathrm{B}}^i$ 为 B 团队中所有成员付出的用于团队外部竞争的努力总和。Q_{A} 和 Q_{B} 分别为 A 和 B 所付出的所有努力的总和。

我们同时假定：A 及 B 中所有成员都是理性个体，均通过博弈追求个体资源最大化。A 和 B 中的成员在博弈时所付出的努力不具有生产性，将被完全沉没掉。

基于以上假定，我们把反补贴措施实施的整个过程分成两个阶段。第一阶段为反补贴诉讼期，此时国内产业联盟 B 通过与国外生产商 A 进行竞赛以争夺 A 的资源。第二阶段为反倾销措施实施期，国内产业联盟要对上一阶段竞赛的最后利益进行分享，此时 B 团队内各个体通过团队内部竞争以确定利益分享格局。

则 A 和 B 团队竞赛后在两阶段后各自预期效用为

$$I_{\mathrm{A}}=\frac{Q_{\mathrm{A}}}{Q_{\mathrm{A}}+Q_{2\mathrm{B}}}W_{\mathrm{A}}-Q_{\mathrm{A}} \tag{8.41}$$

$$I_{\mathrm{B}}=\frac{Q_{2\mathrm{B}}}{Q_{\mathrm{A}}+Q_{2\mathrm{B}}}W_{\mathrm{A}}+W_{\mathrm{B}}-Q_{\mathrm{B}} \tag{8.42}$$

两式表示在第一次个体-团队竞赛中，利益分享与付出努力成正比。当 A 完全不付出努力，即 Q_{A}=0 时，I_{A}=0，A 完全失去所有禀赋，实际中可表示为国外生产商彻底退出进口国市场。当$Q_{2B}=0$时，国内市场仍维持原有格局，A 占有W_A禀赋，团队 B 占有W_B禀赋。

在第二阶段，B 团队的每个成员将根据内部竞争结果分配第一阶段竞赛后 B 团队所获得的资源。此时，团队 B 中个体成员的预期效用为

$$I_B^i = \frac{q_{1B}^i}{Q_{1B}}\left(\frac{Q_{2B}}{Q_A + Q_{2B}}W_A + W_B - Q_B\right) \tag{8.43}$$

在纳什均衡下，各方应追求利益最大化。对于 A，有

$$\frac{\partial I_A}{\partial Q_A} = 0$$

计算化简后得到

$$Q_A = \sqrt{W_A Q_{2B}} - Q_{2B} \tag{8.44}$$

对于 B 中各成员，需要综合考虑参与团队内部竞争及参与团队外部竞赛所付出努力的分配问题，则有

$$\frac{\partial I_B^i}{\partial q_{1B}^i} = 0$$

$$\frac{\partial I_B^i}{\partial q_{2B}^i} = 0$$

加总后计算得到（其中i=1, ⋯, n）：

$$Q_{1B} = \frac{n-1}{n}\left(\frac{Q_{2B}}{Q_A + Q_{2B}}W_A + W_B - Q_{2B}\right) \tag{8.45}$$

$$Q_{2B} = \sqrt{W_A Q_A} - Q_A \tag{8.46}$$

联立以上三式，计算后有

$$Q_A = Q_{2B} = \frac{W_A}{4} \tag{8.47}$$

$$Q_{1B} = \frac{n-1}{n}\left(\frac{W_A}{4} + W_B\right) \tag{8.48}$$

$$I_A = \frac{W_A}{4} \tag{8.49}$$

$$I_B = \frac{W_A}{4n} + \frac{W_B}{n} \tag{8.50}$$

比较团队 B 在反补贴博弈前后的收益，有

$$\Delta I_B = I_B - W_B = \frac{W_A}{4n} + \frac{1-n}{n}W_B \tag{8.51}$$

从以上分析可以看出，无论 B 团队规模如何变化，如果W_A和W_B保持不变，那么个体 A 在竞争后得到的资源将保持不变，而团队 B 在竞争后得到的资源将与

团队个数 n 成反比，即 n 越大，B 团队获得的资源将越少。这是由于参与团队 B 的个体越多，其在通过内部竞争分享外部竞争获得的利益时所花费的努力将越大，减少了团队 B 整体所获得的总资源。

从式（8.51）可以看出，当 $W_A > 4(n-1)W_B$ 时，$\Delta I_B > 0$，此时团队 B 相比博弈前将获利，而当 $W_A < 4(n-1)W_B$ 时，$\Delta I_B < 0$，此时团队 B 相比博弈前不仅不能获利，反而有所损失。

上述模型结果显示，国内产业反补贴政策实施效果发生变化的原因来自反补贴后国内产业在团队竞争中所花费的消耗。这些消耗减少了国内产业在反补贴之后可能获得的收益，而使得在反补贴后评估国内产业政策效果时效果发生变化。由于这些消耗在竞争过程中完全被沉没，并不具备生产性，这种消耗全无必要。然而，由于实际中信息不对称、契约不完备、牛鞭效应等问题的存在，反补贴税征收后国内厂商对未来产品价格提高的过高预期导致团队竞争中可能产生过多的耗费。这种耗费可能至少来自以下三个方面。

首先，从企业的竞争行为角度考虑。反补贴措施实施后，国内产业联盟预期将获得原先国外厂商的资源禀赋（这种禀赋可以看作是市场份额）。在产品差异性较小的情况下，为了争夺市场份额，产业联盟内部企业可以轻易通过降低价格的方式来最大化地占领国外厂商退出的市场份额。尽管产业内企业都意识到降价竞争的威胁，然而降价销售所可能带来的利润增长诱惑如此之高，使产业联盟内部各企业在内部竞争时无可避免地陷入“囚徒困境”。同时，在规模效应的影响下，各企业也会选择扩大产能，以期望在反补贴政策实施的机会下尽可能多地降低成本，增加产品的竞争力。然而，当降价竞争已成为现实的情况下，企业必将陷入投资成本无法收回的境地，这进一步增加了产业内部竞争的成本耗费。

其次，从国外企业的直接投资角度考虑。进口国采取的反补贴措施对出口国而言就是一种贸易壁垒，它的存在激励了出口企业通过在进口国投资设厂，或者在未遭受反补贴指控的第三国投资设厂然后再出口等方式来规避反补贴税，跨越反补贴保护。这种投资跨越效应，既是反补贴措施产生的经济效应，同时也是影响反补贴措施实施效果的重要影响因素，因为这种效应不仅削弱了反补贴政策保护国内产业的效果，甚至可能给进口国市场带来更为激烈的国内竞争，影响国内产业的利益。国外企业从反补贴的实施对象直接变为进口国国内产业的一员，一方面使反补贴措施无的放矢，另一方面加剧了国内产业自身的竞争。

最后，从市场进入与退出的壁垒角度考虑。对反补贴措施采取后市场欣荣的预期使徘徊在现有市场外的潜在竞争者们现在有足够的驱动力进入现有市场。如果国内产业的市场进入壁垒较小的话，潜在的竞争者们能够顺利地以较低的成本进入市场。在产品差异较小的情况下，新进入的生产商们生产的商品将使国内市场的竞争压力更大。另外，考虑到资本专用性，企业在短时期内难以转产又造成企业退出市场的成本较高。在这种进入容易、退出困难的情况下，产品市场上可能会存在过多的生产商，从而导致因国内产业竞争而消耗的耗费进一步增大。

8.2.4 去除其他因素影响的反补贴政策实施效果评估方法

从以上分析可知，反补贴政策实施后国内产业的发展状况变化不仅受反补贴政策的影响，还受到下游需求、上游原材料、替代产品和自身市场竞争环境的变化影响。因此，要准确度量反补贴政策的实施效果，就需要采用一定的方法把这些其他因素对反补贴政策实施后国内产业发展的影响去除掉，得出反补贴政策实施的纯效果。本章采用联立方程模型来解决该问题。关于联立方程的基本模型请详见 8.1.4 小节第一部分内容。

反补贴政策实施后，由于贸易阻止效应，国外涉案产品的进口价格将会上升，其进口量将会下降，这是反补贴政策实施的最直接影响。贸易阻止效应的发生会首先传递到国内产业的价格和销售数量上，继而再通过这两个指标向其他指标传递。另外，在反补贴案件中，涉案产品的价格是反补贴政策实施的缘由，也是涉案国内产业和国内调查机关关心的指标。因此，要去除其他因素在反补贴后对国内产业发展状态变化的干扰，我们就需要首先探讨国内产品的价格和销售数量，找出反补贴措施的直接影响，也就是反补贴政策给国内产品价格和数量带来的纯变化。

我们假定，无论是反需求函数还是反供给函数，国内产业销售产品的价格不仅与自己的销售量 Q_{d} 有关，而且与其他因素紧密相关。这些因素的变化将影响国内产业在国内市场中的均衡价格，继而影响到整个反补贴政策实施效果。

一般反需求函数中影响国内产业销售价格的其他因素应包括以下几方面。

（1）涉案产品的国内市场竞争影响，包括指控国企业在国内市场销售同类产品的价格 P_{sd}、非指控国企业在国内市场销售同类产品的价格 P_{nsd}、国内产业中包含企业的个数 V_{e} 对国内产业销售价格的影响。

（2）涉案产品的下游需求影响，包括该产品的直接下游产品的销售价格 P_{down}^{i} 对国内产业销售价格的影响（i 表示不同的下游产品）。

一般在反供给函数中影响国内产业销售价格的其他因素应包括以下几方面。

（1）涉案产品的上游供应影响，包括该产品的主要上游投入原材料价格 P_{up}^{j}（j 表示不同的上游产品）、生产涉案产品的主要能源投入价格 P_{eng}^{k}（k 表示不同的能源投入）对国内产业销售价格的影响。

（2）涉案产品的替代产品影响，包括进口国国内生产的涉案产品的替代品价格 P_{subd}^{l}、由国外进口的该产品的替代品价格 P_{subi}^{l} 对国内产业销售价格的影响（l 表示不同种类的替代品）。

根据以上其他因素，可列出国内产业生产的同类产品的反需求函数和反供给函数如下。

反需求函数为

$$P_{\mathrm{d}}^{d}=\gamma_{11}Q_{\mathrm{d}}+\gamma_{12}P_{\mathrm{sd}}+\gamma_{13}P_{\mathrm{nsd}}+\gamma_{14}V_{\mathrm{e}}+\gamma_{15}P_{\mathrm{down}}+u_1 \tag{8.52}$$

反供给函数为

$$P_{\mathrm{d}}^{s}=\gamma_{21}Q_{\mathrm{d}}+\gamma_{22}P_{\mathrm{up}}+\gamma_{23}P_{\mathrm{eng}}+\gamma_{24}P_{\mathrm{subd}}+\gamma_{25}P_{\mathrm{subi}}+u_2 \tag{8.53}$$

均衡条件为

$$P_{\mathrm{d}}^{s}=P_{\mathrm{d}}^{d} \tag{8.54}$$

其中，u_1、u_2 为随机误差项。

同时，在需求函数和供给函数中，国内产业销售同类产品的数量不仅与自己的销售价格 P_{d} 有关，而且与其他因素紧密相关。

一般需求函数中影响国内产业销售数量的其他因素应包括以下几方面。

（1）涉案产品的国内市场竞争影响，包括指控国企业在国内市场销售同类产品的数量 Q_{sd}、非指控国企业在国内市场销售同类产品的数量 Q_{nsd}、国内产业中包含企业的个数 V_{e} 对国内产业销售数量的影响。

（2）涉案产品的下游需求影响，包括该产品的直接下游产品的销售数量 Q_{down}^{i}、该产品的直接下游产品的生产能力 $\mathrm{CAP}_{\mathrm{down}}^{i}$（$i$ 表示不同的下游产品）对国内产业销售数量的影响。

一般在供给函数中影响国内产业销售数量的其他因素应包括以下几方面。

（1）涉案产品的上游供应影响，包括该产品的主要上游投入原材料数量 Q_{up}^{j}（j 表示不同的上游产品）、生产涉案产品的主要能源投入数量 Q_{eng}^{k}（k 表示不同的能源投入）对国内产业销售数量的影响。

（2）涉案产品的替代产品影响，包括进口国国内生产的涉案产品的替代品销售数量 Q_{subd}^{l}、由国外进口的该产品的替代品数量 Q_{subi}^{l} 对国内产业销售数量的影响（l 表示不同种类的替代品）。

（3）自身产能的影响 $\mathrm{CAP}_{\mathrm{d}}$。

根据以上其他因素，可列出国内产业生产的同类产品的需求函数和供给函数如下。

需求函数为

$$Q_{\mathrm{d}}^{d}=\beta_{11}P_{\mathrm{d}}+\beta_{12}Q_{\mathrm{sd}}+\beta_{13}Q_{\mathrm{nsd}}+\beta_{14}V_{\mathrm{e}}+\beta_{15}Q_{\mathrm{down}}+u_3 \tag{8.55}$$

供给函数为

$$Q_{\mathrm{d}}^{s}=\beta_{21}P_{\mathrm{d}}+\beta_{22}Q_{\mathrm{up}}+\beta_{23}Q_{\mathrm{eng}}+\beta_{24}Q_{\mathrm{subd}}+\beta_{25}Q_{\mathrm{subi}}+\beta_{26}\mathrm{CAP}_{\mathrm{d}}+u_{4} \tag{8.56}$$

均衡条件为

$$Q_{\mathrm{d}}^{s}=Q_{\mathrm{d}}^{d} \tag{8.57}$$

其中，u_3、u_4为随机误差项。

把式（8.52）～式（8.54）联立，形成第一个联立方程模型。把式（8.55）～式（8.57）联立，形成第二个联立方程模型。

假设涉案产品的直接下游产品、原材料投入、能源投入、替代品均只有 1 种。

首先，判定上述联立方程模型的可识别性，采用阶条件法。

在反需求函数中，变量个数$m_1+k_1=6$，而联立方程中前定变量个数 k=8，所以反需求函数是可识别的。

在反供给函数中，变量个数$m_1+k_1=6$，而联立方程中前定变量个数 k=8，所以反供给函数是可识别的。

在需求函数中，变量个数$m_1+k_1=6$，而联立方程中前定变量个数 k=9，所以反需求函数也可识别的。

在供给函数中，变量个数$m_1+k_1=6$，而联立方程中前定变量个数 k=9，所以反供给函数也可识别的。

因此，第一个联立方程模型和第二个联立方程模型都是可识别的，且为过度识别。

其次，使用三阶段最小二乘法（3 stage least square，3SLS）估计取对数后的联立方程模型，步骤如下。

（1）将结构模型转化为简化式模型，并用最小二乘法得到内生变量的估计值。

（2）使用最小二乘法估计变量替换后的结构式模型，即用上一步骤所得的各内生解释变量的估计值替换结构式模型中的内生解释变量，再使用最小二乘法得到结构化参数的估计值，由此获得结构式模型中各方程随机误差项的方差和协方差的估计。

（3）使用广义最小二乘估计法（generalized least squares，GLS）对以单一方程形式表现的转换后的联立方程模型进行估计，即首先将原始联立方程模型结构按照前面所介绍的方法转换为单一方程形式；其次为克服转换后单一方程随机误差项的异方差和自相关问题，用各方程随机误差项方差和协方差的估计值对单一方程进行变换，使其随机误差项满足最小二乘法假定；最后使用最小二乘法估计变换模型，得到三阶段最小二乘法的参数估计值。

估计出联立方程组的各参数后，还需要对联立方程模型进行检验，包括单个结构方程的检验和总体模型的检验。单个结构方程的检验包括经济意义检验、统计检验、计量经济学检验和预测检验，总体模型检验包括拟合效果检验、预测性能检验、方程间误差传递检验和样本间误差传递检验。通过检验，可以剔除不明显的其他因素影响，留下各显著因素对反补贴后国内产业价格的影响。

假设直接下游产品的销售价格 P_{down}^{i} 为显著性因素，则其估计参数为直接下游产品的销售价格变化对国内产业销售价格变化的影响程度。同理，反需求函数中国外涉案产品销售价格 P_{sd} 前的参数 γ_{12} 就反映了在其他影响国内产品销售价格的因素不变化的情况下，反补贴政策对国内产业销售价格变化的影响程度；需求函数中国外涉案产品进口量 Q_{sd} 前的参数 β_{12} 就反映了在其他影响国内产品销售数量的因素不变化的情况下，反补贴政策对国内产业销售数量变化的影响程度。找出 γ_{12}、β_{12}，我们就能知道在其他因素保持不变的情况下，反补贴措施导致进口产品价格下降和进口量减少对国内产业所造成的影响，从而达到去除其他影响因素对反补贴后国内产品销售价格和销售数量变化的干扰的目的。

假设反补贴后某年某指标的实际值为 $\text{Index}_{(t)}$，去除其他因素干扰的修正值为 $\text{Index}'_{(t)}$，Index 为反补贴前一年的实际值，则反补贴政策效果评估指标体系中的所有指标变化情况可以按以下方法推导。

（1）反补贴政策实施后国外涉案产品的进口量、进口价格。从上面建立的联立方程模型可知，国外涉案产品的进口量和进口价格为外生变量，故国外涉案产品的进口量和进口价格不受国内产业上游、下游、替代产品等其他因素变化的影响，即 $P'_{s(t)} = P_{s(t)}$，$Q'_{s(t)} = Q_{s(t)}$。

（2）反补贴政策实施后国内产业销售同类产品的价格。由于 γ_{12} 表示国外涉案产品价格变化 1%，国内产业销售同类产品的价格变化的程度，即

$$\frac{P'_{s(t)} - P'_{s(t-1)}}{P'_{s(t-1)}} \times \gamma_{12} = \frac{P'_{d(t)} - P'_{d(t-1)}}{P'_{d(t)}} \tag{8.58}$$

国内产业销售同类产品的价格修正值可表示为

$$P'_{d(t)} = \left(\frac{P'_{s(t)} \times \gamma_{12}}{P'_{s(t-1)}} - \gamma_{12} + 1 \right) \times P'_{d(t-1)} \tag{8.59}$$

当 t 取反补贴后第一年时，

$$P'_{d(t-1)} = P_d\text{，}\quad P'_{s(t-1)} = P_s$$

（3）反补贴政策实施后国内产业销售同类产品的数量。由于 β_{12} 表示国外涉案产品销售量变化 1%，国内产业销售同类产品的数量变化的程度，即

$$\frac{Q'_{s(t)} - Q'_{s(t-1)}}{Q'_{s(t-1)}} \times \beta_{12} = \frac{Q'_{d(t)} - Q'_{d(t-1)}}{Q'_{d(t)}} \tag{8.60}$$

国内产业销售同类产品的数量修正值可表示为

$$Q'_{d(t)} = \left(\frac{Q'_{s(t)} \times \gamma_{12}}{Q'_{s(t-1)}} - \beta_{12} + 1 \right) \times Q'_{d(t-1)} \tag{8.61}$$

当 t 取反补贴后第一年时，

$$Q'_{d(t-1)} = Q_d，\quad Q'_{s(t-1)} = Q_s$$

（4）反补贴政策实施后国内产业生产同类产品的数量。由于国内产业在生产产品时不仅跟销量有关，还跟库存和预期等相关，在确定国内产业在去除其他因素影响情况下的产量时，可以根据实际情况中国内产业产量与销量的比值，以及国内产业在去除其他因素影响情况下的销量来确定，即

$$\mathrm{Pr}'_{d(t)} = \mathrm{Pr}_{d(t)} \times \frac{Q'_{d(t)}}{Q_{d(t)}} \tag{8.62}$$

（5）反补贴政策实施后国内产业的产能。国内产业的产能不仅受到自身销售情况的影响，而且受到国内产业自身性质和资本规模的影响。另外，国内产业中各个企业经营者的决策不同也会导致产能规模扩大在数量上的不同。因此，我们不能简单由产量推得产能，而是根据国内产业的产能序列来确定国内产业产能的预期值。假设反补贴后某年的国内产业产能数值为 $\mathrm{CAP}_{d(t)}$，其后续年份大于 $\mathrm{CAP}_{d(t)}$ 的扩张产能为 $\mathrm{CAP}_{dn(t')}$，则该年的预期国内产业产能计算公式为

$$\mathrm{CAP}_{d(t)} = \begin{cases} \mathrm{CAP}_{d(t-1)}, & Q_{d(t)} \leqslant \mathrm{CAP}_{d(t-1)} \\ \mathrm{CAP}_{dn(t')}, & Q_{d(t)} > \mathrm{CAP}_{d(t-1)} \end{cases} \tag{8.63}$$

（6）反补贴政策实施后国内产业的产能利用率。根据产能利用率公式计算，即国内产业的产能利用率的修正值为

$$\mathrm{CU}'_{d(t)} = \frac{Q'_{d(t)}}{\mathrm{CAP}'_{d(t)}} \tag{8.64}$$

（7）反补贴政策实施后国内产业的就业人数。国内产业的就业人数变化涉及的因素较多，不在模型的讨论范围之内。因此，国内产业就业人数修正值仍采取反补贴后实际值，即

$$W'_{s(t)} = W_{s(t)} \tag{8.65}$$

（8）反补贴政策实施后国内产业的劳动生产率。根据劳动生产率公式计算，即国内产业的劳动生产率修正值为

$$\mathrm{Lb}'_{d(t)} = \frac{Q'_{d(t)}}{W'_{d(t)}} \tag{8.66}$$

（9）反补贴政策实施后国内产业的利润。销量的增加将直接导致国内产业利润水平的升高。根据利润计算公式，利润水平的高低取决于销售收入和成本费用两个因素，故可以使用先计算收入修正值，再利用收入修正值和反补贴后实际单位平均成本数据计算国内产业利润修正值的方法。假设反补贴后国内产业的实际单位平均成本为 $c'''_{(t)}$，则利润预期值可按以下公式计算：

$$\pi'_{d(t)} = (P'_{d(t)} - c'''_{(t)}) \times Q'_{d(t)} \tag{8.67}$$

（10）反补贴政策实施后国内产业的投资收益率。根据投资收益率的计算公式，投资收益率等于利润除以投资总额。利润的上涨会带动投资收益率的上涨。因此，本章中把投资收益率的变化等同于利润的变化，投资收益率的修正值按以下公式计算：

$$\text{IR}'_{d(t)} = \frac{\pi'_{d(t)}}{\pi'_{d(t-1)}} \times \text{IR}'_{d(t-1)} \tag{8.68}$$

（11）反补贴政策实施后国内产业的市场份额。根据市场份额的计算公式和修正后的国内产业销量数值可以计算，即

$$\text{share}'_{d(t)} = \frac{Q'_{d(t)}}{Q'_{d(t)} + Q'_{f(t)}} \tag{8.69}$$

其中，$Q'_{f(t)}$ 为反补贴政策实施后国外同类产业的市场份额。

（12）反补贴政策实施后外资技术控制率、外资的国别集中度、产业结构优化程度。在其他因素影响去除过程中难以确定以上三指标的实际变化情况，因此，本章中把该三指标的修正值认为保持实际值不变，即 $\text{TC}'_{d(t)} = \text{TC}_{d(t)}$， $\text{FF}'_{d(t)} = \text{FF}_{d(t)}$， $\text{IO}'_{d(t)} = \text{IO}_{d(t)}$。

通过使用以上方法，可以推出反补贴后国内产业在去除其他因素影响时的各指标修正值，再通过对以上指标按照指标综合方法进行加权处理，就可计算得到国内产业在去除其他因素影响时的综合发展状态。

如图 8.15 所示，假设反补贴保护期为 2004～2008 年，图中菱形点所在线条代表国内产业的综合实际发展曲线，方形点所在线条代表国内产业去除其他因素影响后的综合发展曲线。(实际中，菱形点所在线条的位置可以在方形点所在线条之上，也可以在方形点所在线条之下。

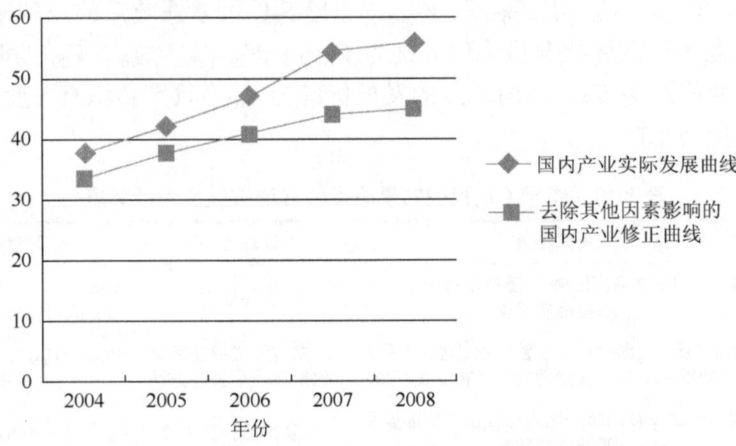

图 8.15　去除其他因素影响的国内产业修正曲线示意图

8.2.5 评估方法计算步骤及适用范围

第一，搜集反补贴政策评估指标体系在补贴调查期和反补贴保护期内的指标数据，并使用前述第 4 章中描述的方法对指标进行标准化和一致化处理。

第二，采用上述组合赋权法和综合评估方法对反补贴政策实施前后各时间节点的国内产业各指标数值加权计算，得到各个时间点的国内产业综合状态评估值。

第三，对反补贴政策保护期内实际各年的国内产业综合状态量化值按照其他因素影响去除方法（结构方程模型）剥离其他因素的影响，得到仅在反补贴政策影响下的反补贴后国内产业各年综合状态量化值。

第四，根据产业类型判定方法先确定评估对象产业类型，再根据恢复标准确定方法和发展标准确定方法，找到评估对象产业的恢复标准和发展标准。

第五，分别将反补贴政策实施前后各年国内产业的综合量化值求和，再求两者的差值得到反补贴政策实施之后国内产业的恢复量化值。比较该恢复量化值与恢复标准的大小，如果恢复量化值大于或等于恢复标准，判定反补贴政策的实施有效度为有效；如果恢复量化值小于恢复标准，则判定反补贴政策的实施有效度为无效。

第六，如果实施有效度为有效，继续判断反补贴保护期内国内产业的综合量化值之和与发展标准的大小，并用二者的比值表示反补贴政策的实施达标度，得出反补贴政策实施效果的量化结果。

依据反补贴政策事后实施效果评估模型的计算步骤（表 8.10），做以下算例。

假设某反补贴案件 2004 年初裁，2001～2004 年为反补贴调查期，2004～2008 年为反补贴保护期，其国内产业的实际各年发展状况量化值分别为 V_{2001}、V_{2002}、V_{2003}、V_{2004}、V_{2005}、V_{2006}、V_{2007} 和 V_{2008}，去除其他因素影响后的反补贴保护调查期内国内产业各年发展状况量化值分别为 V_{2004}'、V_{2005}'、V_{2006}'、V_{2007}'和 V_{2008}'，国内产业的恢复标准为 S_{IR}，国内产业的发展标准为 S_{ID}，政策实施有效度为 ED，政策实施达标度为 GD。

表 8.10 基于 CE 模型的事后评估方法关键步骤计算表

关键步骤	所需参数	计算方法	计算结果
1	国内产业在补贴调查期和反补贴保护期内的各指标实际值	综合评估方法	V_{2001}、V_{2002}、V_{2003}、V_{2004}、V_{2005}、V_{2006}、V_{2007}、V_{2008}
2	国内产业、上游产业、下游产业、替代产品和竞争者在反补贴保护期内的各指标实际值	联立方程组模型和其他影响因素去除方法	V_{2004}'、V_{2005}'、V_{2006}'、V_{2007}'、V_{2008}'
3	国内产业在补贴调查期内的各指标实际值及其他必要参数	恢复标准计算方法	S_{IR}

续表

关键步骤	所需参数	计算方法	计算结果
4	国内产业在反补贴保护期内的各指标实际值	发展标准计算方法	S_{ID}
5	V_{2004}'、V_{2005}'、V_{2006}'、V_{2007}'、V_{2008}'、V_{2001}、V_{2002}、V_{2003}、S_{IR}	求差比较大小	ED
6	V_{2004}'、V_{2005}'、V_{2006}'、V_{2007}'、V_{2008}'、S_{ID}	求商比较大小	GD

表 8.10 中 ED 计算公式如下：

$$\mathrm{ED}=\begin{cases}\text{有效}, (V_{2004}'+V_{2005}'+V_{2006}'+V_{2007}'+V_{2008}')-(V_{2001}+V_{2002}+V_{2003})\geqslant S_{IR}\\ \text{无效}, (V_{2004}'+V_{2005}'+V_{2006}'+V_{2007}'+V_{2008}')-(V_{2001}+V_{2002}+V_{2003})< S_{IR}\end{cases}$$

其中，$V_{2004}'+V_{2005}'+V_{2006}'+V_{2007}'+V_{2008}'$ 为反补贴政策实施后去除其他因素影响的国内产业调整综合总得分；$V_{2001}+V_{2002}+V_{2003}$ 为反补贴政策实施前国内产业的实际综合总得分；$(V_{2004}'+V_{2005}'+V_{2006}'+V_{2007}'+V_{2008}')-(V_{2001}+V_{2002}+V_{2003})$ 为反补贴政策实施效果的得分。

表 8.10 中 GD 计算公式如下：

$$\mathrm{GD}=\frac{V_{2004}'+V_{2005}'+V_{2006}'+V_{2007}'+V_{2008}'}{S_{ID}}$$

第 9 章　反补贴政策产业救济效果评估方法案例应用

9.1　中美铜版纸反补贴案件产业救济效果评估案例分析

本反补贴案件评估采用 8.1 节介绍的评估方法。

9.1.1　铜版纸案件的反补贴调查程序

2006 年美国对华铜版纸反补贴案是继 1991 年对华螺母和吊扇进行调查以来，美国对中国发起的第一例反补贴调查，也是中国加入 WTO 后美国对中国第一例反补贴调查。该案中，美国第一次对从非市场经济国家进口的产品征收反补贴税，改变了美国坚持了 23 年的不对非市场经济国家实施反补贴法的贸易政策，对中美两国贸易有着里程碑式的意义。

2006 年 10 月 31 日，美国俄亥俄州造纸商 NewPage 公司向美国商务部和国际贸易委员会提出申请，请求对自中国、印度尼西亚和韩国这三个国家进口的铜版纸展开反倾销和反补贴调查。同年 11 月 27 日，美国商务部决定对原产于中国的铜版纸展开反倾销和反补贴调查（即双反调查）。

2006 年 12 月 1 日，美国商务部选择两家中国国内最大的铜版纸生产/出口企业金东纸业（江苏）有限公司［Gold East Paper（Jiangsu）Co.，Ltd.］和山东晨鸣纸业集团股份有限公司（Shandong Chenming Paper Holdings Ltd.）作为本次调查的强制应诉方，并向中国政府和上述两家中国企业发放了调查问卷。

2006 年 12 月 15 日，美国国际贸易委员会裁定，有合理的证据表明原产于中国、印度尼西亚和韩国的铜版纸的补贴和倾销行为给美国国内产业造成了实质性损害和损害威胁。

2006 年 12 月 29 日，美国国际贸易委员会对原产于中国的铜版纸反补贴案做出肯定性初裁，认定中国铜版纸的补贴行为给美国国内产业造成了实质性损害。

2007 年 3 月 30 日，美国商务部对原产于中国的铜版纸做出反补贴初裁，中国企业的净补贴率为 10.9%～20.35%。

2007 年 10 月 18 日，美国商务部宣布了对中国铜版纸反倾销和反补贴案的终裁结果，决定对中国铜版纸征收反倾销和反补贴税，其中的反补贴税率为 7.4%～44.25%。

然而，2007 年 11 月 20 日，美国国际贸易委员会对是否对原产于中国的铜版纸继续实施反倾销征税令和反补贴征税令进行了投票。投票结果显示，原产于中国的铜版纸并未对美国国内相关产业造成实质性损害或实质性损害威胁。鉴于此，美国商务部对原产于中国的铜版纸做出的反倾销征税令和反补贴征税令被撤销。

具体如表 9.1 所示。

表 9.1　美国对中国铜版纸反倾销反补贴案件程序表

程序	日期
美国 NewPage 公司对中国铜版纸提起反倾销反补贴调查申请	2006 年 10 月 31 日
美国商务部正式宣布立案	2006 年 11 月 20 日
美国商务部对中国政府、及涉案企业发出反补贴调查问卷	2006 年 12 月 4 日
美国商务部就是否对中国适用反补贴征求公众评论意见；USITC 做出肯定性初裁	2006 年 12 月 15 日
美国商务部决定将初裁延期至 2007 年 3 月 30 日做出（原计划于 2007 年 1 月 24 日做出）	2006 年 12 月 27 日
中国政府就立案决定正式向 USITC 提起诉讼	2007 年 1 月 9 日
USITC 正式受理中方提起的诉讼，并召开电话听证会	2007 年 1 月 10 日
中国商务部、涉案企业金东集团等团体向美国商务部提交评论意见	2007 年 1 月 16 日
美国政府和美国国内申诉企业向 USITC 提交应诉状	2007 年 1 月 19 日
USITC 召开听证会审理	2007 年 1 月 25 日
中国政府和应诉企业经延期后提交答卷	2007 年 1 月 31 日
美国商务部发出两份补充问卷	2007 年 2 月 21 日
中方经美国商务部同意延期一周后提交补充答卷	2007 年 3 月 15 日
美国商务部做出初裁，并专门对非市场经济适用反补贴发布备忘录	2007 年 3 月 30 日
美国商务部对中国政府及涉案企业进行反补贴实地核查	2007 年 4 月 15 日
中国商务部诉诸 WTO 争端解决程序	2007 年 9 月 14 日
美国商务部做出终裁，决定征收反补贴税	2007 年 10 月 18 日
USITC 否定性终裁	2007 年 11 月 20 日

资料来源：周艳. 2008. 对非市场经济国家适用反补贴的法律思考[D]. 北京：北京大学

该案件所涉及的主要补贴措施如下。

（1）在补贴的认定方面，美国商务部认为中国实行的国家重点科技革新计划基金，政策性贷款计划（如《中华人民共和国国民经济和社会发展第十个五年计划纲要》等），“两免三减半”、企业所得税税率的减少、地方所得税减征或免征、关税和增值税优惠措施等税收优惠措施均具有一定的专向性，因此属于 WTO 反补贴规则中的可诉性补贴。

（2）在反补贴税方面，美国商务部认为由于中国政府对银行领域的干预，中国的国家贷款利率不能作为贷款利率基准，因此在计算中国政府贷款所产生的补贴利益时，在中国政府贷款利率基准的确定上，美国商务部使用了第三方数据。另外，美国商务部认为虽然上述补贴有些并非应诉企业直接获得，但应诉企业及其母公司、纸浆供应商和另外有密切联系的公司之间存在交叉所有权，应诉企业通过联合销售的方式得到了补贴利益且应诉企业母公司所接受的补贴归因于其下属机构的关联销售，应计入反补贴税中。因此，裁定对中国适用反补贴法，并开始向应诉金东纸业、晨鸣纸业等企业对美国出口的铜版纸产品分别征收 10.9%～20.35%的临时反补贴税。在此前的 2007 年 3 月 26 日，申诉方请求根据《联邦法规》第 705 节（a）款第 1 项，将本案的反补贴调查的终裁和相应的反倾销调查结合在一起。

9.1.2 反补贴政策实施的关键客观影响因素分析

根据美国商务部公布的铜版纸案件初裁和终裁报告，本章选取 2003～2006 年的相关数据作为铜版纸案件调查期内的数据。

1. 2003～2006 年美国国内的 GDP 和实际 GDP 总体状况分析

总体来看，2003～2006 年世界经济发展相对较好且较为稳定。根据国际货币基金组织（International Monetary Fund，IMF）公布的世界经济增长率可知，2003～2006 年世界经济增长率分别是 4.0%、5.3%、4.9%、5.5%，而 1973～2002 年这 30 年世界经济增长率年平均只有 3.6%，而且波动很大。由表 9.2 可知，2002～2006 年，美国的 GDP、实际 GDP 都呈持续增长态势。实际上，根据 2004～2007 年《美国总统经济报告》的数据可知，2004 年美国宏观经济总体上运行相对较好，与前几年相比，可以说实现了从低速增长转向稳定增长。2004 年的较高的经济增长是在石油价格上涨、银行利率提高和财政政策对需求的刺激效应从 2004 年下半年开始减弱的条件下取得的。这一方面说明经济的增长已经从政策支持型转向了自主、健康增长型，表明经济增长已经具有稳定性；另一方面，也表明今后经济持续增长的基础是比较坚固的。2005 年，美国经济仍处于扩张阶段，据美国商务部统计，2005 年，美国私人消费支出增长 3.6%，带动经济增长 2.49 百分点，仍为经济增长的主要动力。随着经济快速增长，劳动力市场状况继续改善，通货膨胀整体温和，消费价格指数上涨 3.4%，与上年基本持平；劳动生产率有所提升，比上年增长 2.6%等。2006 年上半年，美国经济走势稳健，消费畅旺，出口形势良好，失业率和通货膨胀率保持在较低的水平；但是，从 2006 年下半年开始，美国经济开始走入一个敏感区域，能源价格的上升、短期贷款利率的上涨、房地产市场的衰退使美国 2006 年下半年经济显著放缓。

表 9.2　2002～2006 年美国 GDP 与实际 GDP 基本情况表

项目	2002 年	2003 年	2004 年	2005 年	2006 年
GDP/亿美元	105 902	110 892	118 123	125 797	133 362
同比增长率/%	—	4.71	6.52	6.49	6.01
实际 GDP/亿美元	100 488	103 010	106 758	110 034	113 194
同比增长率/%	—	2.51	3.64	3.01	2.87

资料来源：OECD 统计数据库，http://www.oecd.org；2008 年《美国总统经济报告》（*Economic Report of the President*）

2. 2003～2006 年美国国内失业率总体状况分析

由 2007～2008 年《美国总统经济报告》可知，受国内整体经济趋好的影响，2003～2006 年美国失业率分别为 5.8%、6.0%、5.5%、5.1%、4.6%。总体来看，2003～2006 年美国失业率呈下降趋势，且波动较小。图 9.1 反映了 2003 年 1 月～2006 年 12 月美国失业率月度变化趋势，由图 9.1 可知，该期间失业率整体呈下降趋势，没有明显的剧烈变动，且保持较低水平（2008 年《美国总统经济报告》数据显示，1960～2007 年，美国失业率最高值为 1982 年的 9.7%，最低值为 1969 年 3.5%）。

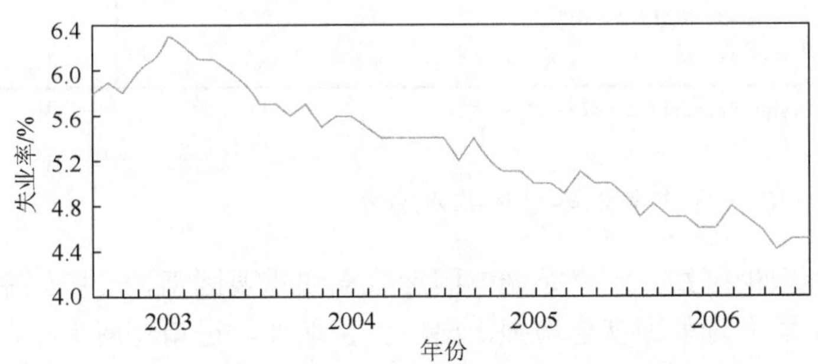

图 9.1　2003 年 1 月～2006 年 12 月美国失业率趋势图

资料来源：2008 年《美国总统经济报告》（*Economic Report of the President*）

3. 2003～2006 年中美贸易差额总体状况分析

由上文分析可知，随着中国经贸的快速发展，中国对美国长期处于贸易顺差地位，这也直接导致了中美之间贸易摩擦的频繁发生及美国国内将“中美贸易顺差”政治化，从而为中美贸易摩擦升级打下了基础。中美贸易摩擦已经由企业的微观层面上升到了政府间的宏观层面。由表 9.3 可知，2003～2006 年，中美贸易顺差额逐年增加，2006 年相比 2003 年增长了 146.25%，年均增长 35.04%。

表 9.3　2003～2006 中美贸易顺差额情况表（单位：10 亿美元）

年份	2003	2004	2005	2006
中美贸易顺差额	58.6	80.29	114.3	144.3

资料来源：中华人民共和国商务部综合司商务统计数据库

为更好地说明中美贸易顺差是美国对华实施反补贴政策的关键客观要素之一，本章研究了 2001～2008 年中美贸易顺差额（trade surplus，TS）与同期美国对华反补贴次数（counter vailing number of the USA，UCN）间的相关关系，由表 9.4 可知，双侧显著性概率为 0.003，小于显著性水平 0.01，说明 2001～2008 年 TS 与 UCN 在显著性水平 0.01 上具有较强的正相关关系，且相关系数为 0.888。

表 9.4　2001～2008 年 TS 与 UCN 间的相关分析结果表

		TS	UCN
TS	Pearson Correlation	1	0.888**
	Sig.(2-taied)		0.003
	N	8	8
UCN	Pearson Correlation	0.888**	1
	Sig.(2-tailed)	0.003	
	N	8	8

** Correlation is significant at the 0.01 level

4. 2003～2006 年中美汇率总体状况分析

从经济学理论可知，汇率是影响国际收支的重要因素，一国汇率下调，出口商品在国际市场上竞争力就会增强，出口就会增加，进口相应减少，经常项目盈余增加；反之，汇率上升，经常项目盈余会减少。近来随着中国对美国经常项目下账户盈余的不断增大，人民币汇率受到了越来越尖锐的指控。

人民币汇率问题不仅是经济问题，也是国际政治问题。近年来，人民币升值压力较为明显。从 2003 年 6 月起，人民币升值的主要外部压力从日本转向了美国。美国之所以施压人民币升值，是认为中国实行的“盯住美元汇率”政策使美元贬值的积极效用没能全面发挥，只是“极大地增强了中国企业的出口竞争力，刺激了中国产品的出口，使中国出口企业获得了潜在的价格支持，从而使中国出口商品在中美贸易中获得了不正当的价格优势”，尤其是 2002 年美元贬值的同时，美国外贸逆差却创出了 4352 亿美元的历史峰值，对华贸易逆差达到 1031 亿美元。实际上美国外贸逆差剧增的原因不在于中国的人民币汇率政策本身，而是美国产业结构调整、对外直接投资扩大、个人消费支出的增长等多种因素综合作用的结果。实际上，每当美国经济恶化，就会指责人民币汇率问题，从而为实施贸易保护主义寻找借口。因此，一方面，仅以贸易顺差为由来判断人民币汇率是缺乏经济学基础的；另一方面，简单地将人民币汇率问题同反补贴政策联系起来是不科学的、不合理的。

由图 9.2 可知，2003 年 1 月～2006 年 12 月，人民币对美元汇率一直呈上升趋势，尤其是 2005 年 8 月以后，人民币对美元汇率快速增长，人民币升值压力较为突出。

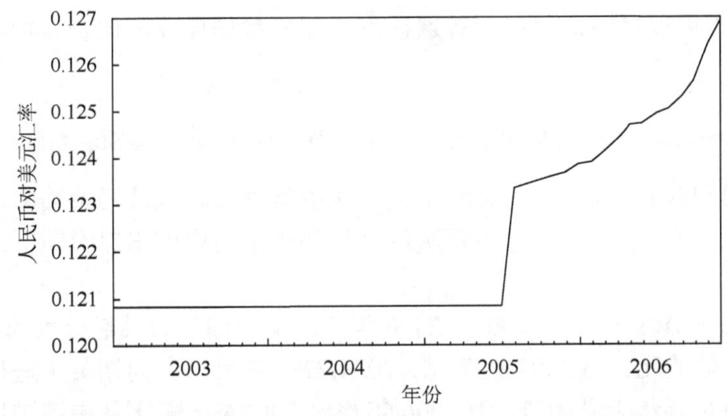

图 9.2　2003 年 1 月～2006 年 12 月人民币对美元汇率趋势图

资料来源：国际货币基金组织网，www.imfstatistics.org/imf/；中国国家外汇管理总局

5. 美国反补贴法对像中国这样的非市场经济国家的适用问题分析

市场经济地位（market economy status，MES）是一个经济学上的名词，它表示一个国家的市场经济的状况。美国的反补贴法是否适用于非市场经济国家这一问题的提出，是由于 20 世纪 70 年代末 80 年代初，美国重新给予罗马尼亚、匈牙利、中国、捷克斯洛伐克等几个非市场经济体最惠国待遇，而这些国家出口至美国的货物再次与美国货物竞争，威胁了美国产业的自身利益。在美国国内法中，NME（nonmarket economy）即“非市场经济”，该词来自“国家控制经济”的概念，最早出现在美国《1930 年关税法》有关反倾销的法律规定中。从最深层次原因来说，NME 是贸易保护主义者寻求的一个工具，它的出现是必然性和偶然性的结合。

2005 年 7 月 14 日，美国宾夕法尼亚州议员菲尔·英格利希提出一个内容广泛的综合性方案，即《美国贸易权利执行法案》，要求扩大反补贴法的适用范围，使之可以应用到中国等非市场经济国家的产品。2007 年 3 月，美国众议院通过了旨在针对中国产品征收反补贴税的《美国贸易权利执行法案》，该法案要求美国现行反补贴法的适用范围扩大至中国等非市场经济国家。显然，美国在反补贴问题上对中国发难可谓蓄谋已久。2007 年美国加紧了反补贴立法。2007 年美国参议员洛克菲勒、柯林斯、赖文等向参议院提交的一系列议案对美国《1930 年关税法》所确立的反补贴规则做了增补与修正，反映了美国反补贴立法的最新动向及对所谓非市场经济国家特别是对中国反补贴的政策取向。

总的来说，在加入 WTO 之前，许多国家把中国视为非市场经济国家，认为反补贴不适用于中国。但随着中国加入 WTO 和对外贸易工作的积极开展，越来越多的国家和地区承认中国完全市场经济地位，2004 年为 36 个，2005 年为 41 个，2006 年为 66 个，截至目前已有超过 75 个国家（地区）承认中国市场经济地位，一旦中国市场经济地位得到普遍认可，国外对华反补贴调查与指控将会不断增多。

6. 2003～2006 年美国从中国进口总额占同期美国进口总额和 GDP 的比重分析

通过分析与研究 2003～2006 年美国从中国进口总额占同期美国进口总额和 GDP 的比重，可以从宏观上把握铜版纸案件调查期内中国出口对美国宏观经济的渗透程度。

由表 9.5 和图 9.3 可知，2003～2006 年美国从中国进口总额分别为 924.7 亿美元、1249.47 亿美元、1628.97 亿美元、2034.72 亿美元，占同期美国进口总额比重和 GDP 比重呈逐年上升趋势，但 2006 年相比 2005 年，美国从中国进口总额占同期美国进口总额和 GDP 的比重的增速有所下降。

表 9.5　2003～2006 年美国从中国进口总额占同期美国进口总额和 GDP 的比重表

项目	2003 年	2004 年	2005 年	2006 年
美国货物与服务贸易总进口额/亿美元	13 093	14 570	15 536	16 469
美国从中国进口额/亿美元	924.7	1 249.47	1 628.97	2 034.72
美国从中国进口额占总进口比重/%	7.06	8.57	10.48	12.35
美国从中国进口额占总进口比重同比增长率/%	—	21.42	22.27	17.83
美国从中国进口额占 GDP 比重/%	0.83	1.06	1.29	1.53
美国从中国进口额占 GDP 比重同比增长率/%	—	27.71	21.70	18.60

资料来源：2008 年《美国总统经济报告》（*Economic Report of the President*）；中华人民共和国商务部综合司商务统计数据库

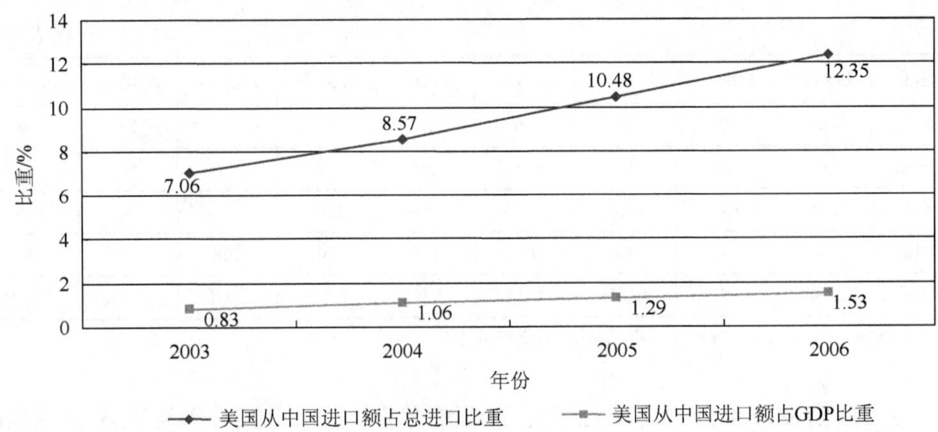

图9.3 2003～2006年美国从中国进口总额占同期美国进口总额和GDP的比重趋势图

9.1.3 案件调查期内美国与中国国内产业发展基本状况分析

从铜版纸案件调查期内的国际铜版纸需求量来看，其增长态势相对平稳，增长率基本保持在10%左右。从市场消费分布来看，主要分布在美国、德国、英国、法国、意大利、日本，这些主要地区的消费量基本占到全球份额的60%以上。1995～2005年，世界的总需求量从1710万吨上升到2868万吨，而中国在其中的比例从4.7%上升到9.4%。也就是说，国内的需求上升了3倍多。正是看到了市场潜力，才激励厂商引进设备扩大生产。扩大的生产主要还是用来满足国内的需求。世界铜版纸市场容量情况见表9.6。

表9.6 世界铜版纸市场容量表（单位：万吨）

地区	1980年	1985年	1990年	1995年	2000年	2001年	2005年	2010年	2015年
西欧	186	260	407	527	787	698	931	1052	1153
东欧	19	26	27	31	64	71	89	109	130
中东	4	7	9	15	24	25	29	35	41
北美	209	281	384	495	628	569	698	757	808
美国	199	266	365	466	576	499	631	681	724
日本	115	138	254	346	440	425	477	526	581
亚洲其他	21	56	115	205	322	352	473	617	769
拉美	18	26	28	46	75	73	103	127	150

续表

地区	1980 年	1985 年	1990 年	1995 年	2000 年	2001 年	2005 年	2010 年	2015 年
非洲	6	9	10	16	18	17	21	25	29
大洋洲	6	13	18	28	39	37	47	54	50
合计	584	817	1251	1710	2397	2267	2868	3303	3720
中国	6	24	39	81	178	188	208	359	453
中国占比	1%	2.9%	3.15%	4.7%	7.4%	8.3%	9.4%	10.9%	12.2%

资料来源：JAAKKO POYRY，国际浆纸权威资讯机构

与主要消费市场分布情况几乎完全相同的是，铜版纸案件调查期内全球范围内铜版纸的主要供应商分布在美国、日本及德国等西欧国家，这其中尤其以SAPPI、Stora Enso、UPM、M-real、OJI、APP、NPI、MeadWestvaco 等为主。值得关注的是，在排名前 10 位的铜版纸供应商中，除了 APP 仍保持高速增长之外，其余供应商，如 SAPPI、UPM、Stora Enso 等均因生产成本增加而利润走低，均已官方宣布对不同工厂进行不同幅度的关停动作。据不完全统计，仅从 2005 年年底至 2006 年年初全球已经官方宣布停产的铜版纸产能就达到 230 万吨；而在2005～2007 年规划新上铜版纸项目的总产能仅为 210 万吨。例如，单纯依据 2006～2007 年国际铜版纸整体市场情况来考察，市场需求与生产供应的缺口近 100 万吨，这对于当时正处于向出口型转变的中国铜版纸行业来说是一个机遇①。

1. 美国国内产业发展基本状况

在案件调查期内中国铜版纸产业迅速发展的同时，美国等发达国家的铜版纸产业却在不断萎缩。面对质高价廉的中国铜版纸，美国铜版纸产业开始寻求政府保护，企图打击中国铜版纸行业。2006 年 10 月 31 日，美国 NewPage 纸业公司向美国商务部提起申诉，要求对原产于中国的铜版纸进行反倾销和反补贴立案调查。

由表 9.7 可知，铜版纸案件调查期间美国国内产业各指标变化情况分析如下。2004～2006 年，表观消费量稳步增长；市场份额一直维持在 83%以上，但 2006 年有所下降，下降幅度为 4.38%。2003～2006 年，平均产能 2004 年同比增长幅度较大，为 11.25%，2005～2006 年变化幅度不大；产能利用率增长幅度变化不大，但都处于 90%以上；产量总体呈上升趋势，2004 年增长幅度较大，为 13.28%；期末库存、产业工人数、工人工资整体呈下降趋势，其中产业工人数、工人工资2004 年同比增长幅度都较大，但 2005～2006 年都开始呈现较大幅度的下降趋势；

① 资料来源：天倚. 2007. 铜版纸市场现状探秘[J]. 中国印刷物资商情，(3)：52-57。

劳动生产率、销售量、销售额整体呈稳步增长态势；毛利润、单位产品成本与单位产品价格整体呈上升趋势，2003～2006 年每年单位产品成本均低于单位产品价格。从整个产业发展来看，2003～2006 年，美国铜版纸产业发展相对趋于稳定，产业整体受损害态势并不明显，但 2006 年平均产能、产业工人数、工资等部分产业指标发展值开始出现小幅下滑趋势。

表 9.7　2003～2006 年美国铜版纸产业基本状况表

指标序号	产业指标	2003 年	2004 年	2005 年	2006 年
I1	表观消费量/短吨	—	5 476 353	5 488 825	5 953 382
	同比变化率/%	—	—	0.23	8.46
I2	平均产能/短吨	4 741 656	5 275 160	5 351 395	5 244 121
	同比变化率/%	—	11.25	1.45	–2.00
I3	产量/短吨	4 272 195	4 839 651	4 926 891	4 973 370
	同比变化率/%	—	13.28	1.80	0.94
I4	产能利用率/%	90.1	91.7	92.1	94.8
	同比变化率/%	—	1.78	0.44	2.93
I5	期末存货/短吨	676 439	613 937	631 606	615 487
	同比变化率/%	—	–9.24	2.88	–2.55
I6	产业工人/个	7 390	8 110	7 199	6 666
	同比变化率/%	—	9.74	–11.23	–7.40
I7	工资/千美元	428 406	508 029	404 836	361 513
	同比变化率/%	—	18.59	–20.31	–10.70
I8	劳动生产率/（吨/1000 小时）	261.4	282.9	323.5	351
	同比变化率/%	—	8.22	14.35	8.50
I9	销售量/短吨	4 204 339	4 694 703	4 795 925	4 973 519
	同比变化率/%	—	11.66	2.16	3.70
I10	销售额/千美元	3 507 971	3 851 630	4 246 492	4 448 315
	同比变化率/%	—	9.80	10.25	4.75
I11	单位产品价格/美元	834	820	885	894
	同比变化率/%	—	–1.68	7.93	1.02
I12	市场份额/%	—	85.72	87.37	83.54
	同比变化率/%	—		1.92	–4.38
I13	毛利润/千美元	290 513	121 994	348 922	457 626
	同比变化率/%	—	–58.01	186.02	31.15
I14	单位产品成本/美元	765	797	813	802
	同比变化率/%	—	4.18	2.01	–1.35

资料来源：美国国际贸易委员会铜版纸案件终裁报告，Investigation Nos. 701-TA-444-446（Final）and 731-TA-1107-1109（Final），Publication 3965

注：1 短吨=0.907 吨

由图 9.4、图 9.5 及表 9.8 可知，2003～2006 年 9 月，美国从中国进口铜版纸分别为 96 440 短吨、145 112 短吨、175 548 短吨、236 698 短吨，均低于同期美国从韩国进口铜版纸的 378 212 短吨、430 444 短吨、417 113 短吨、366 772 短吨。2003～2006 年 9 月，美国从中国进口铜版纸量占美国国内产量的比例分别为 2.3%、3.3%、3.8%、6.8%，均低于同期美国从韩国进口铜版纸量占美国国内产量比例 8.9%、9.9%、9.1%、10.5%。实际上，2003～2006 年 9 月，虽然美国从中国进口铜版纸量及其占美国国内产量比例都呈上升趋势，但对美国国内产业并未造成根本性的打击。

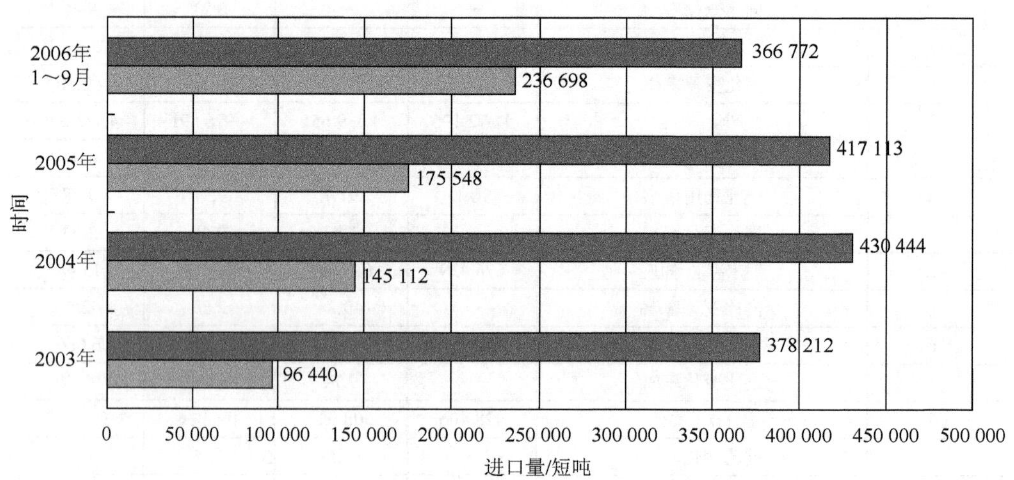

图 9.4　2003～2006 年 9 月美国从中国、韩国进口量图

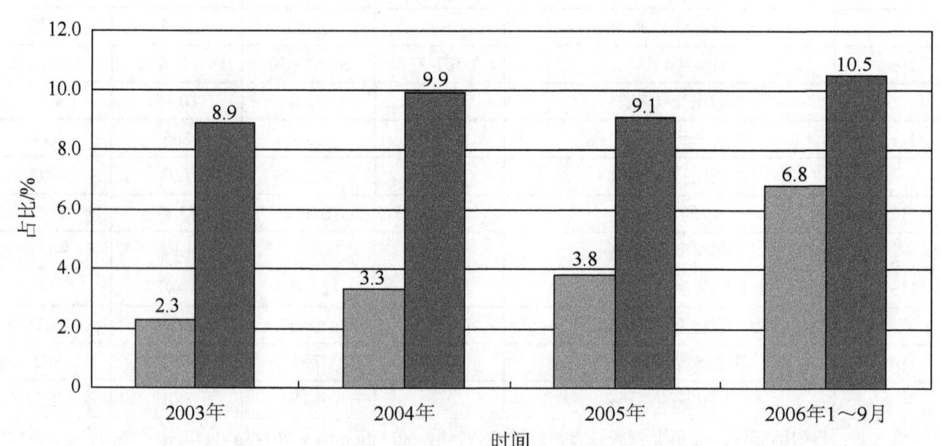

图 9.5　2003～2006 年 9 月美国从中国、韩国进口量占美国国内产量比例图

表 9.8　2003～2006 年美国铜版纸产业进口数量基本状况表

Item	Calendar year			January-September	
	2003	2004	2005	2005	2006
Qualitity（short tons）					
U.S. production	4 272 195	4 359 562	4 597 794	3 416 090	3 503 202
Subject U.S. imports form--					
China	96 440	145 112	175 548	139 411	236 698
Indonesia	—	—	—	—	—
Korea	378 212	430 444	417 113	323 216	366 772
Subtotal subject	—	—	—	—	—
Finland	183 619	218 298	185 448	122 698	175 359
Canada	265 123	295 016	299 302	225 692	128 761
Germany	91 897	160 034	108 414	71 836	105 214
Japan	97 661	98 538	101 801	79 586	69 169
Italy	85 366	78 743	83 053	61 314	71 283
Austria	70 658	56 219	40 204	24 522	45 792
Spain	16 484	28 881	39 749	28 001	41 296
All other sources	178 850	140 830	86 079	65 627	72 212
Subtotal nonsubject	989 659	1 076 558	944 088	679 274	709 087
Total	—	—	—	—	—
Ratio to production（percent）					
Subject U.S. imports form--					
China	2.3	3.3	3.8	4.1	6.8
Indonesia	—	—	—	—	—
Korea	8.9	9.9	9.1	9.5	10.5
Subtotal subject	—	—	—	—	—
Finland	4.3	5.0	4.0	3.6	5.0
Canada	6.2	6.8	6.5	6.6	3.7
Germany	2.2	3.7	2.4	2.1	3.0
Japan	2.3	2.3	2.2	2.3	2.0
Italy	2.0	1.8	1.8	1.8	2.0
Austria	1.7	1.3	0.9	0.7	1.3
Spain	0.4	0.7	0.9	0.8	1.2
All other sources	4.2	3.2	1.9	1.9	2.1
Subtotal nonsubject	23.2	24.7	20.5	19.9	20.2
Total	—	—	—	—	—

资料来源：美国国际贸易委员会铜版纸案件终裁报告，Investigation Nos. 701-TA-444-446（Preliminary）and 731-TA-1107-1109（Preliminary），Publication 3900

2. 中国国内产业发展基本状况

20 世纪 90 年代前，中国铜版纸市场基本被韩国、日本、芬兰等发达国家所垄断，而以国产小型涂布机为主的国内铜版纸行业只能提供低档产品。此外，国内铜版纸厂多以中小型企业为主，数量多达 100 多家，缺乏大型企业，产业集中度非常低。生产设备和水平低下及产业集中度低导致我国的铜版纸消费严重依赖进口。

1996 年以后，随着国内经济的迅猛发展，市场对铜版纸的需求急剧增加，一批大、中型铜版纸厂陆续建成投产，国产铜版纸的生产设备、技术水平得以大幅提升，生产的纸张质量达到甚至超过进口纸。2000 年以后，国内铜版纸产量继续以约 18%的速度增长，并逐步在国内市场占主导地位。2001 年的国内产量已达 85 万吨，而进口总量为 34 万吨。在铜版纸进口市场逐渐萎缩的背景下，为了继续维持在中高档市场的垄断地位，韩国、日本、美国和荷兰的铜版纸生产商大幅降价，以倾销价格对中国出口铜版纸，试图拖垮刚刚起步的国内铜版纸企业。因此，2002 年 2 月 6 日，应金东纸业（江苏）有限公司、山东万豪纸业集团股份有限公司、山东泉林纸业有限公司、江南造纸厂的申请，商务部对原产于芬兰、韩国、美国和日本的铜版纸发起反倾销立案调查；2003 年 8 月 6 日，商务部做出终裁，对韩国企业征收 4%～51%的反倾销税，对日本征收 9%～71%的反倾销税。中国本土铜版纸厂获得了难得的 5 年发展保护期。

随着产能的日益扩大，中国铜版纸行业已从昔日的进口型转变为出口型；无论是欧美发达国家或地区，还是中亚、南美等发展中国家或地区，都已出现了中国铜版纸厂家的行销踪影。在这种形势下，中国铜版纸行业无论是生产设备、技术人员，或是管理水平、生产效益都可以与欧美同行相媲美。同时，铜版纸行业的整合基本也已完成，许多不具竞争力的小厂已经纷纷关闭，行业的领头羊是山东晨鸣纸业和江苏金东纸业。再加上国内和国外铜版纸市场需求的逐年递增，更加刺激了我国厂商的快速发展。

由图 9.6、图 9.7 可知，2003～2006 年，我国铜版纸产量主要用于国内消费。随着国内铜版纸产业的发展，2003～2006 年，我国铜版纸出口量逐年上升，出口量占同期产量的比例分别为 16.81%、15.36%、21.00%、24.47%。同时，2005～2006 年，我国铜版纸出口量超过同期进口量。

9.1.4 补贴的认定与补贴幅度的确定

1. 补贴存在的认定：基于关键 5 要素法

由表 9.9 可知，2003～2006 年 9 月，美国从中国、韩国进口铜版纸价格在 830～

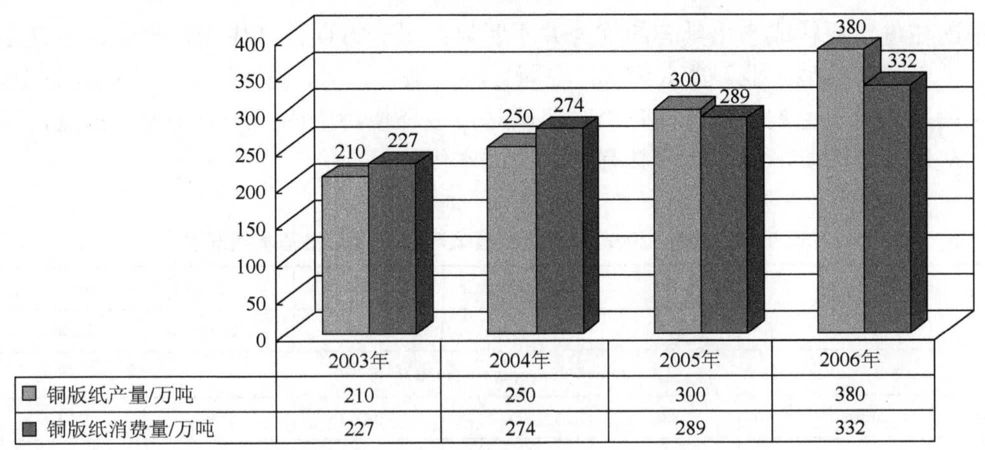

	2003年	2004年	2005年	2006年
铜版纸产量/万吨	210	250	300	380
铜版纸消费量/万吨	227	274	289	332

图 9.6　2003～2006 年中国铜版纸产量和消费量图

资料来源：中国造纸协会 2003 - 2006 年年度报告

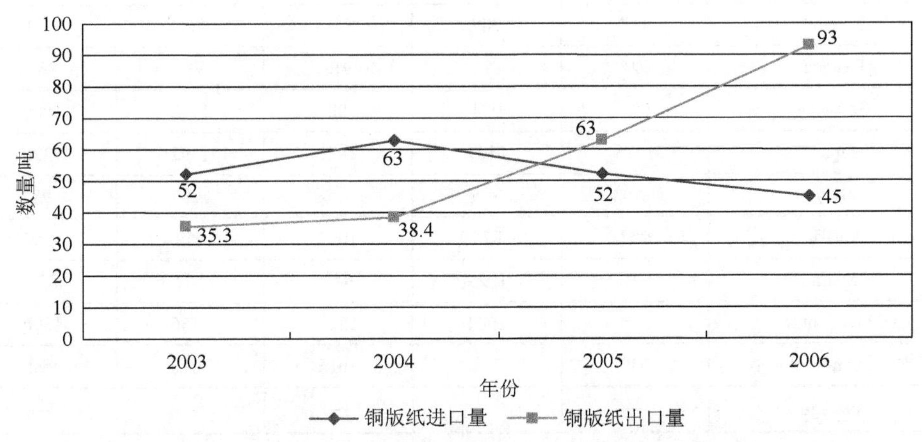

图 9.7　2003～2006 年中国铜版纸进口量和出口量图

资料来源：中国造纸协会 2003～2006 年年度报告

940 美元/短吨，从其他进口国进口铜版纸价格在 1000 美元/短吨左右，单从价格上分析，中国和韩国的铜版纸具有一定的竞争优势。同时，美国商务部通过对企业调查得出价格对国内产业造成了显著影响，因此美国商务部认为中国、韩国等国家的铜版纸出口对其国内产业构成了损害威胁。但是，价格优势不一定就能证明中国出口企业存在倾销行为和中国政府存在补贴行为，价格优势很可能是由成本优势构成的，美国商务部的报告中并没有披露涉案企业的成本构成数据。实际上，在补贴调查期内，一方面，中国造纸的原料越来越依赖于进口，2005 年木浆和纸浆分别有 68%和 48%来自进口，进口国主要是巴西等国，再加上运输成本，中国在进口原料成本上具有的优势并不明显；另一方面，从生产过程看，造纸是一个劳动密集型产业，需水量大，中国劳动力廉价，水、电等资源由于国家管制，长期以来价格也被低估，并且当时我国对造成环境污染尚无严厉的惩罚措施，因此从这一方面看，中国企业具有一定的成本优势。

表 9.9　2003～2006 年美国铜版纸产业进口价格基本状况表

Source	Calendar year			January-September	
	2003	2004	2005	2005	2006
Unit value（per short ton），$					
China	836	884	942	929	943
Indonesia	—	—	—	—	—
Korea	853	848	879	884	879
Average subject	—	—	—	—	—
Finland	787	789	810	806	810
Canada	924	879	912	917	889
Germany	921	924	1023	1008	1007
Japan	1315	1307	1421	1392	1320
Italy	921	965	1052	1037	1055
Austria	962	875	1027	959	1042
Spain	1102	1029	940	962	877
All other sources	955	1004	1312	1266	1306
Average nonsubject	949	933	1014	1010	998
Average	—	—	—	—	—

资料来源：美国国际贸易委员会铜版纸案件终裁报告，Investigation Nos. 701-TA-444-446（Preliminary）and 731-TA-1107-1109（Preliminary），Publication 3900

由上文分析可知，美国调查的补贴项目主要集中在政策性贷款计划、所得税优惠措施、关税和增值税优惠措施等方面。本章以“所得税优惠措施”为例子，运用确定补贴存在的关键 5 要素法，来进行补贴存在认定的分析。铜版纸案件中“所得税优惠措施”主要包括“两免三减半”、企业所得税税率的减少、地方所得税减征或免征等优惠措施。

1）“两免三减半”税收优惠措施

1991 年《中华人民共和国外商投资企业和外国企业所得税法》确立了中国政府对外商投资企业征收所得税的税收指导原则和规则。根据该法第 8 条的规定，生产性外商投资企业且计划在中国境内经营不少于 10 年的，可在前 2 个获利年度免除征收所得税，并且在随后 3 年减半征收，即“两免三减半”税收优惠措施。美国商务部认为存在补贴的理由如下：①“两免三减半”税收优惠措施对生产性外商投资企业所得税的免除或减少构成了可实施反补贴措施的补贴；②因为免除或减少是一种财政资助手段，政府以放弃财政收入的方式向接受企业提供了相当的利益；③所提供的所得税的免除或减少仅向特定的生产性外商投资企业提供，因此该项补贴具有企业专向性。

对于美方指控，中国政府曾抗辩外商投资企业是中国法律制度下的一种独立运作的商业模式，对不同类型的商业运作模式实施不同的税收措施并不导致针对外商投资企业的所得税税收措施构成专向性。此外，大量外商投资企业的存在及外商投资企业参与大量产业的事实也表明，这项优惠措施不具有专向性。但是，美国商务部认为，向生产性外商投资企业实施不同于国内其他企业的措施就足以构成认定专向性的基础。

2）企业所得税税率的减少

根据 1988 年中国财政部《免除和减少沿海经济区外商投资企业营业税和企业所得税的暂行规则》、1991 年《外商投资企业和外国企业所得税法》及 1991 年《外商投资企业和外国企业所得税法实施细则》的规定，外商投资企业被鼓励在沿海经济开放区、特别经济区和经济技术开发区投资设厂，并以此享受优惠的所得税税率。例如，《外商投资企业和外国企业所得税法》第 7 条和《外商投资企业和外国企业所得税法实施细则》第 71 条规定，生产性外商投资企业视其所在地域的不同，可以减按 15%或 24%的企业所得税税率缴纳所得税。美国商务部认为存在补贴的理由如下：①位于一定地理区域内的生产性外商投资企业减少支付的所得税构成可实施反补贴措施的补贴；②减少的税率实际上构成一项财政资助，以中国政府放弃税收的形式为接受企业提供了相当的利益；③由于该优惠措施仅仅提供给指定地理区域内的相关企业，该项补贴具有地区专向性。

3）地方所得税减征或免征

1991 年《外商投资企业和外国企业所得税法》第 9 条规定，对鼓励外商投资的行业、项目，中国各省（自治区、直辖市）人民政府可以根据实际情况决定免征或减征地方所得税。例如，晨鸣纸业所在地地方税务主管机关因晨鸣纸业是沿海经济和技术开发区内的外商投资企业而免征晨鸣纸业的地方所得税等。2005 年，晨鸣公司及其子公司也收到了财政扶持金共计人民币 112 亿元。与公司铜版纸业务相关的两部分财政扶持资金共计 405 711 万元，都是当地政府给予晨鸣纸业铜版纸项目的税收返还资金[①]。美国商务部认为存在补贴的理由如下：①中国地方政府为外商投资企业提供的地方所得税的减少或免除构成可实施反补贴措施的

① 数据来源：刘赵丹. 从铜版纸风波看出口补贴对国际贸易的影响[J]. 农业与技术，2010，30，(1)：148-150。

补贴；②地方所得税的减少和免除是一项财政资助；③以中国地方政府放弃财政收入的形式为接受企业提供了相当于地方所得税结余数量的利益；④晨鸣纸业所接受的地方所得税免除仅限于位于指定地理区域内的外商投资企业，因此构成地区专向性，金东纸业作为生产性外商投资企业享受地方所得税免除的待遇，也构成企业专向性。

4）购买国产机器设备的所得税抵免

2000 年中国国家税务总局《外商投资企业和外国企业购买国产设备投资抵免企业所得税管理办法》、2000 年《财政部　国家税务总局关于外商投资企业和外国企业购买国产设备投资抵免企业所得税有关问题的通知》都允许外商投资企业所得税的抵免最高可达购买国产设备价格的 40%，并且此项税收抵免的对象仅限于外商投资企业、外国企业、鼓励性投资行业等。美国商务部认为存在补贴的理由如下：①外商投资企业购买国产设备的所得税抵免构成可实施反补贴措施的补贴；②所得税抵免是一项财政资助，以中国政府放弃财政收入的形式为接受企业提供了相当于所得税结余数量的利益；③此类所得税抵免视适用国产设备替代进口设备的情形而定，因此构成产品专向性。

综上所述，本章认为，中国出口到美国的铜版纸产品的价格优势在很大程度上是由劳动力成本、资源成本、规模经济等因素造成的。同时，按照关键 5 要素法的分析思路，美国商务部得出了中国出口铜版纸产品存在补贴的结论。但是，这些并一定是造成美国产业损害的主要原因。实际上，美国指控中国的补贴项目多是我国为促进造纸业发展而制定和实施的一系列政策与措施。

2. *补贴幅度的确定：基于间接弹性系数法*

美国商务部对原产于中国的铜版纸在初裁时征收的净补贴率为 10.9%～20.35%，终裁时反补贴税率为 7.4%～44.25%。本章运用间接弹性系数法确定铜版纸案件的补贴幅度（中国），并同美国商务部确定的中国企业补贴幅度进行比较分析。在计算过程中，根据数据的可获得性，本章选取 2004 年 1 月～2006 年 12 月（月度数据）美国国内市场价格 PUS_t 和中国对美国出口铜版纸价格 PC_t 的对数时间序列数据进行分析。

1）$\ln PUS_t$ 和 $\ln PC_t$ 时间序列数据的平稳性检验

由于当两个变量均为非平稳时间序列时，这两个变量间所进行的回归将可能导致伪回归现象，本章运用 ADF 检验方法来检验 $\ln PUS_t$ 和 $\ln PC_t$ 时间序列数据的平稳性。由表 9.10、表 9.11 可知，由于 t 统计量值均小于各显著性水平下的临界值，$\ln PUS_t$ 和 $\ln PC_t$ 时间序列数据的一阶差分序列都为平稳性序列，即都属于一阶单整。

表 9.10　$\ln PUS_t$序列 ADF 检验结果表

Null Hypothesis：D（LNPUST）has a unit root

Exogenous：Constant

Lag Length：0（Automatic based on SIC，MAXLAG=9）

		t-Statistic	Prob.*
Augmented Dickey-Fuller test statistic		−9.322 128	0.000 0
Test critical values：	1% level	−3.639 407	
	5% level	−2.951 125	
	10% level	−2.614 300	

* MacKinnon（1996）one-sided p-values

表 9.11　$\ln PC_t$序列 ADF 检验结果表

Null Hypothesis：D（LNPCT）has a unit root

Exogenous：Constant

Lag Length：0（Automatic based on SIC，MAXLAG=9）

		t-Statistic	Prob.*
Augmented Dickey-Fuller test statistic		−8.060 156	0.000 0
Test critical values：	1% level	−3.639 407	
	5% level	−2.951 125	
	10% level	−2.614 300	

* MacKinnon（1996）one-sided p-values

2）$\ln PUS_t$和 $\ln PC_t$时间序列的滞后长度确定

由表 9.12、表 9.13 可知，根据 AIC、SC 等准则，$\ln PUS_t$和 $\ln PC_t$时间序列的滞后长度均为 2。根据滞后长度和间接弹性系数法，初步构建回归模型为

$$\ln PUS_t = \alpha_t + \beta_t \ln PC_t + \gamma_{tj} \sum_{j=1}^{2} \ln PC_{t-2} + \eta_{tj} \sum_{j=1}^{2} \ln PUS_{t-2} + \varepsilon_t \qquad (9.1)$$

表 9.12　$\ln PUS_t$序列滞后长度计算结果表

VAR Lag Order Selection Criteria

Endogenous variables：LNPUST

Exogenous variables：C

Sample：2004M01 2006M12

Included observations：28

续表

Lag	LogL	LR	FPE	AIC	SC	HQ
0	57.593 33	NA	0.001 028	−4.042 381	−3.994 802	−4.027 835
1	93.740 75	67.130 92	8.35×10^{-5}	−6.552 910	−6.457 753	−6.523 820
2	97.459 04	6.639 806*	$6.88\times10^{-5*}$	−6.747 074*	−6.604 338*	−6.703 438*
3	97.861 21	0.689 434	7.19×10^{-5}	−6.704 372	−6.514 057	−6.646 191
4	98.329 65	0.769 583	7.48×10^{-5}	−6.666 404	−6.428 510	−6.593 677

* indicates lag order selected by the criterion

LR：sequential modified LR test statistic（each test at 5% level）

FPE：Final prediction error

AIC：Akaike information criterion

SC：Schwarz information criterion

HQ：Hannan-Quinn information criterion

表 9.13 $\ln PC_t$序列滞后长度计算结果表

VAR Lag Order Selection Criteria

Endogenous variables：LNPCT

Exogenous variables：C

Sample：2004M01 2006M12

Included observations：32

Lag	LogL	LR	FPE	AIC	SC	HQ
0	63.112 29	NA	0.001 207	−3.882 018	−3.836 214	−3.866 835
1	127.638 3	120.986 2	2.28×10^{-5}	−7.852 392	−7.760 783	−7.822 026
2	131.734 9	7.425 082*	$1.88\times10^{-5*}$	−8.045 929*	−7.908 516*	−8.000 381*
3	131.739 0	0.007 270	2.00×10^{-5}	−7.983 689	−7.800 472	−7.922 957
4	131.787 9	0.082 537	2.12×10^{-5}	−7.924 246	−7.695 224	−7.848 331

* indicates lag order selected by the criterion

LR：sequential modified LR test statistic（each test at 5% level）

FPE：Final prediction error

AIC：Akaike information criterion

SC：Schwarz information criterion

HQ：Hannan-Quinn information criterion

3）回归模型与补贴幅度的确定

利用 EViews 软件估计式(9.1)。由表 9.14 可知，回归模型拟合优度为 0.960 490，说明模型整体拟合效果很好；在 5%的显著性水平下，常数项 C 对应的伴随概率为

0.9795，大于 0.05，解释变量 $\ln PC_t$、$\ln PUS_{t-1}$ 对应的伴随概率 0.3613、0.0530 都大于 0.05，因此方程剔除常数项和这两个解释变量。由图 9.8 可知，模型的残差是一个白噪声序列，说明不存在自相关性。因此，回归模型方程为：$\ln PUS_t = -0.1439\ln PC_{t-1} - 0.0659\ln PC_{t-2} + 0.4286 PUS_{t-2} + \varepsilon_t$。由方程及其回归系数可知，$\ln PC_t$ 的一阶、二阶滞后项对被解释变量有显著性影响，即 $\ln PC_{t-1}$、$\ln PC_{t-2}$ 分别降低 1%，则 $\ln PUS_t$ 就降低 6.59%、14.39%，也就是说，中国企业的补贴幅度范围为[6.59%，14.39%]，小于美国商务部初裁、终裁确定的最高补贴幅度 20.35%、44.25%（美国在确定补贴幅度时使用了“替代国”数据和“最佳可获得信息”等自由裁量行为）。

表 9.14　回归模型计算结果表

Dependent Variable：LNPUST

Method：Least Squares

Sample（adjusted）：2004M03 2006M12

Included observations：34 after adjustments

Variable	Coefficient	Std. Error	t-Statistic	Prob.
C	0.007 948	0.306 514	0.025 932	0.979 5
LNPCT	0.293 976	0.316 791	0.927 980	0.361 3
LNPCT（−1）	−0.143 906	0.329 712	−0.133 165	0.045 3
LNPCT（−2）	−0.065 919	0.321 263	−0.049 550	0.030 8
LNPUST（−1）	0.334 670	0.165 671	2.020 082	0.053 0
LNPUST（−2）	0.428 626	0.153 046	2.800 628	0.009 1
R-squared	0.960 490	Mean dependent var		6.757 709
Adjusted R-squared	0.953 435	S.D. dependent var		0.033 891
S.E. of regression	0.007 313	Akaike info criterion		−6.839 469
Sum squared resid	0.001 498	Schwarz criterion		−6.570 112
Log likelihood	122.271 0	F-statistic		136.137 9
Durbin-Watson stat	1.875 537	Prob（F-statistic）		0.000 000

Date: 01/11/11　Time: 11:57
Sample: 2004M03 2006M12
Included observations: 34

Autocorrelation	Partial Correlation		AC	PAC	Q-Stat	Prob
		1	0.055	0.055	0.1132	0.737
		2	0.153	0.150	1.0035	0.605
		3	0.140	0.128	1.7789	0.620
		4	0.006	-0.028	1.7803	0.776
		5	-0.089	-0.133	2.1126	0.833
		6	-0.086	-0.100	2.4327	0.876
		7	-0.294	-0.271	6.3384	0.501
		8	-0.188	-0.145	7.9992	0.434
		9	-0.060	0.048	8.1758	0.517
		10	-0.244	-0.145	11.222	0.340

图 9.8　回归模型残差自相关系数与偏相关系数图

9.1.5 产业损害的认定与产业损害救济幅度的确定

1. 产业损害存在的认定：基于实际综合趋势比较法

由损害救济标准可知，本章视产业损害为一种状态和结果，不论是否存在不正当贸易行为，只要产业的经济健康状况遭受损失，就认定其为产业损害，但产业损害不但可以由补贴造成，还可以由其他因素造成。本节首先运用实际综合趋势比较法来对美国国内产业是否存在损害进行认定。

（1）指标体系及其权重的获取依据上文得出的结果进行确定。

（2）依据反补贴法律规定，产业损害调查期一般为立案的前三年，其分别记为 T_{2004}、T_{2005}、T_{2006}。

（3）将 T_{2004}、T_{2005}、T_{2006} 时间内各指标数据正规化，正规化后的指标数据为

T_{2006}=（0.986，0.967，0.972，0.806，0.944，0.917，0.981，1.000，0.267）

T_{2005}=（1.000，0.972，1.000，0.922，0.964，0.990，1.000，0.607，0.762）

T_{2004}=（0.980，1.000，0.974，1.000，1.000，1.000，0.956，0.456，1.000）

（4）通过加权平均法计算在存在补贴情况下，产业损害调查期内各年国内产业实际综合得分，分别记为 ST_{2004}、ST_{2005}、ST_{2006}，如下：

$$\mathrm{ST}_{2004}=P_1\times I_{产损11}+P_2\times I_{产损12}+\cdots+P_9\times I_{产损19}=0.962$$

$$\mathrm{ST}_{2005}=P_1\times I_{产损21}+P_2\times I_{产损22}+\cdots+P_9\times I_{产损29}=0.952$$

$$\mathrm{ST}_{2006}=P_1\times I_{产损31}+P_2\times I_{产损32}+\cdots+P_9\times I_{产损39}=0.916$$

（5）产业损害存在的认定。由计算的 ST_{2004}、ST_{2005}、ST_{2006} 值可知：

$$\mathrm{ST}_{2004}>\mathrm{ST}_{2005}>\mathrm{ST}_{2006}$$

呈整体下降趋势。由计算结果可知，美国国内产业存在产业损害，但综合得分下降趋势并不明显，年均下降幅度为2.42%。

2. 产业损害救济幅度的确定：基于FC组合分析法

FC组合分析法基于传统经济学理论，把仅受补贴影响而导致的美国国内产业状态变化部分从纷繁复杂的实际情况中剥离出来，因而比以往的方法更加科学。

（1）由FC组合方法可知，计算产业损害调查期内仅受补贴影响的各指标变化幅度时，需计算美国国内产业供给弹性 E_d、美国国内产业需求弹性 N_d、国外厂商与美国国内厂商的交叉价格需求弹性 N_{fd}、国外厂商在本国市场的需求弹性 N_h、国外厂商需求弹性 N_f、美国厂商与国外厂商的交叉价格需求弹性 N_{df} 等。

本节以计算美国国内产业供给弹性 E_d 为例来说明弹性的计算过程，其余弹性计算过程类同。

第一，确定美国国内产业供给弹性 E_d 的计算公式：$E_d = \frac{\mathrm{d}Q}{\mathrm{d}P} \cdot \frac{P}{Q}$。

第二，建立美国国内产业产量与国内产业销售价格的回归方程，估计回归系数，回归系数就为公式 $E_d = \frac{\mathrm{d}Q}{\mathrm{d}P} \cdot \frac{P}{Q}$ 中的 $\frac{\mathrm{d}Q}{\mathrm{d}P}$。

第三，利用回归系数和美国国内产业产量、销售价格的实际数据计算 E_d。

由表 9.15 可知，模型整体拟合效果较好；由表 9.16 可知，回归系数为 6634.034，且对应的伴随概率 P=0.071 小于显著性水平 0.1。产业损害调查期内，美国国内产业产量和销售价格平均值分别为 4 913 304 短吨、866.33 美元/短吨。根据 E_d 的计算公式可得 E_d=6634.034×（866.33/4 913 304）=1.17。同理，可得其他弹性计算结果，详细内容见表 9.17。

表 9.15　美国国内产业产品供给弹性估计模型综述表 [b]

Model	R	R Square	Adjusted R Square	Std. Error of the Estimate	Durbin-Watson
1	0.972[a]	0.945	0.889	22 607.529 9	2.679

a. Predictors：(Constant)，国内产业价格

b. Dependent Variable：国内产业产量

表 9.16　美国国内产业产品供给弹性估计回归系数表 [a]

Model	Unstandardized Coefficients		Standardized Coefficients	t	Sig.	90% Confidence Interval for B	
	B	Std.Error	Beta			Lower Bound	Upper Bound
1 (Constant)	3 497 686	343 241.0	0.972	10.190	0.062	−863 604.364	7 858 976.756
国内产业价格	6 634.034	1 595.913		4.127	0.071	−3 396.52	15 664.587

a. Dependent Variable：国内产业产量

表 9.17　各弹性计算结果表

指标	弹性系数
美国国内产业供给弹性 E_d	1.17
美国国内产业需求弹性 N_d	−0.85
国外厂商与美国国内厂商的交叉价格需求弹性 N_{fd}	2.75
国外厂商在本国市场的需求弹性 N_h	−0.66
国外厂商需求弹性 N_f	−1.61
美国国内厂商与国外厂商的交叉价格需求弹性 N_{df}	0.68

（2）根据表 9.17 可求出产业损害调查期内美国国内产业各指标变化幅度，即各指标产业损害救济幅度。详细计算结果见表 9.18。

表 9.18 产业损害调查期内美国国内产业各指标变化幅度表（单位：%）

指标	变化率值	指标	变化率值
产量变化率	15.94	销售价格变化率	13.63
产能利用率变化率	15.94	市场份额变化率	6.91
期末库存变化率	2.50	投资收益率变化率	6.67
劳动生产率变化率	12.44	毛利润变化率	25.57
销售量变化率	15.94		

（3）根据表 9.18 中得出的各指标变化幅度，对国内产业原始数据进行调整，可以得出在没有补贴情况下国内产业各指标值。然后，对没有补贴情况下国内产业各指标值进行正规化，正规化后产业损害调查期内国内产业各指标值分别记为 I_{2004}、I_{2005}、I_{2006}。

（4）在没有补贴情况下，产业损害调查期内三年国内产业指标主成分的加权平均值分别为

$$\begin{aligned}\mathrm{AS}_1 &= 0.61\times(P_1\times I_{标准产损11}+P_2\times I_{标准产损12}+P_3\times I_{标准产损13}+P_4\times I_{标准产损14})\\&\quad+0.18\times(P_5\times I_{标准产损15}+P_6\times I_{标准产损16})+0.12\times P_7\times I_{标准产损17}\\&\quad+0.09\times(P_8\times I_{标准产损18}+P_9\times I_{标准产损19})\\&=0.61\times0.639+0.18\times0.192+0.12\times0.126+0.09\times0.065=0.445\end{aligned}$$

$$\begin{aligned}\mathrm{AS}_2 &= 0.61\times(P_1\times I_{标准产损21}+P_2\times I_{标准产损22}+P_3\times I_{标准产损23}+P_4\times I_{标准产损24})\\&\quad+0.18\times(P_5\times I_{标准产损25}+P_6\times I_{标准产损26})+0.12\times P_7\times I_{标准产损27}\\&\quad+0.09\times(P_8\times I_{标准产损28}+P_9\times I_{标准产损29})\\&=0.61\times0.665+0.18\times0.202+0.12\times0.128+0.09\times0.072=0.464\end{aligned}$$

$$\begin{aligned}\mathrm{AS}_3 &= 0.61\times(P_1\times I_{标准产损31}+P_2\times I_{标准产损32}+P_3\times I_{标准产损33}+P_4\times I_{标准产损34})\\&\quad+0.18\times(P_5\times I_{标准产损35}+P_6\times I_{标准产损36})+0.12\times P_7\times I_{标准产损37}\\&\quad+0.09\times(P_8\times I_{标准产损38}+P_9\times I_{标准产损39})\\&=0.61\times0.674+0.18\times0.206+0.12\times0.123+0.09\times0.077=0.470\end{aligned}$$

因此，$\mathrm{AS}_{综合}=\mathrm{AS}_1+\mathrm{AS}_2+\mathrm{AS}_3$ =1.379。同理可得，$\mathrm{AS}'_{综合}=\mathrm{AS}'_1+\mathrm{AS}'_2+\mathrm{AS}'_3$ =0.398+0.415+0.419=1.232。

（5）产业损害幅度$=\dfrac{(\mathrm{AS}_1+\mathrm{AS}_2+\mathrm{AS}_3)-(\mathrm{AS}'_1+\mathrm{AS}'_2+\mathrm{AS}'_3)}{\mathrm{AS}_1+\mathrm{AS}_2+\mathrm{AS}_3}=\dfrac{\mathrm{AS}_{综合}-\mathrm{AS}'_{综合}}{\mathrm{AS}_{综合}}=$ 10.66%。也就是说，国外厂商铜版纸出口产品共对美国国内产业造成 10.66%的损害幅度。由表 9.8 可知，2004～2006 年 9 月，美国从中国进口铜版纸量占同期美

国铜版纸进口总量的比例分别为 3.3%、3.8%、6.8%，如果按照这个比例计算，产业损害调查期内，中国铜版纸出口产品对美国产业损害幅度范围为[0.35%，0.72%]。从以上分析可得出的结论是：①产业损害调查期内中国铜版纸出口产品实际上对美国产业损害幅度非常小，最大值为 0.72%，按照 ASCM 对发展中国家的要求，其可以忽略不计；②按照损害救济标准，美国商务部在初裁、终裁时对中国出口产品征收的反补贴税率（初裁 10.9%～20.35%，终裁 7.4%～44.25%）远远高于 0.72%，是极其不合理的；③中国出口铜版纸产品并不是造成美国国内产业损害存在的主要原因。

9.1.6　补贴与产业损害因果关系的确定

本节基于 Granger 因果检验三步法来对铜版纸案件中中国出口铜版纸产品是否为美国产业损害存在的主要原因进行确定。

1. 美国国内同类产品销售价格与中国对美国出口铜版纸价格的双向或单向因果关系确定

2004 年 1 月～2006 年 12 月（月度数据）美国国内市场价格 PUS_t 和中国对美国出口铜版纸价格 PC_t 的对数时间序列的一阶差分序列都为平稳性序列。由表 9.19 可知，$\ln PUS_t$ 和 $\ln PC_t$ 时间序列在 0.05 显著性水平下至少存在一种协积关系。由表 9.20 计算结果可知，由于统计量的伴随概率 0.956 01、0.275 90 均大于 0.05，$\ln PUS_t$ 和 $\ln PC_t$ 时间序列并不存在双向或单向因果关系。

表 9.19　$\ln PUS_t$ 和 $\ln PC_t$ 时间序列 Johansen 协整关系检验结果表

Date：01/13/11　　Time：00：58

Sample（adjust）：2004M02 2006M12

Included observations：35 after adjustments

Trend assumption：No deterministic trend（restricted constant）

Series：LNPCT LNPUST

Lags interval（in first differences）：1-2

Unrestricted Cointegration Rank Test（Trace）

Hypothesized		Trace	0.05	
No. of CE（s）	Eigenvalue	Statistic	Critical Value	Prob.**
None*	0.438 162	28.703 85	20.261 84	0.002 7
At most 1	0.216 174	8.524 882	9.164 546	0.066

Trace test indicates 1 cointegrating eqn（s）at the 0.05 level

*denotes rejection of the hypothesis at the 0.05 level

**MacKinnon-Haug-Michelis（1999）p-values

表 9.20　$\ln PUS_t$和 $\ln PC_t$时间序列 Granger 因果关系检验结果表

Pairwise Granger Causality Tests

Date：01/13/11　　Time：00：58

Sample：2004M01 2006M12

Lags：2

Null Hypothesis：	Obs	F-Statistic	Probability
LNPUST does not Granger Cause LNPCT	33	0.105 68	0.956 01
LNPUCT does not Granger Cause LNPST		1.363 34	0.275 90

2. 美国国内同类产品销售数量与中国对美国出口铜版纸数量的双向或单向因果关系确定

本章选取 2004 年 1 月～2006 年 12 月美国国内市场销售数量 QUS_t和中国对美国出口铜版纸数量 QC_t的对数时间序列数据进行分析。

由表 9.21、表 9.22 可知，由于 t 统计量值均小于各显著性水平下的临界值，$\ln QUS_t$和 $\ln QC_t$时间序列数据的一阶差分序列都为平稳性序列，即都属于一阶单整。

表 9.21　$\ln QUS_t$序列 ADF 检验结果表

Null Hypothesis：D（LNQUST）has a unit root
Exogenous：Constant
Lag Length：0（Automatic based on SIC，MAXLAG=9）

		t-Statistic	Prob.*
Augmented Dickey-Fuller test statistic		−10.230 34	0.000 0
Test critical values：	1% level	−3.639 407	
	5% level	−2.951 125	
	10% level	−2.614 300	

* MacKinnon（1996）one-sided p-values

表 9.22　$\ln QC_t$序列 ADF 检验结果表

Null Hypothesis：D（LNQCT）has a unit root
Exogenous：Constant
Lag Length：0（Automatic based on SIC，MAXLAG=9）

		t-Statistic	Prob.*
Augmented Dickey-Fuller test statistic		−9.696 808	0.000 0
Test critical values：	1% level	−3.639 407	
	5% level	−2.951 125	
	10% level	−2.614 300	

* MacKinnon（1996）one-sided p-values

由表 9.23 可知，在滞后长度为 2、显著性水平为 0.1 的情况下，$\ln QUS_t$ 和 $\ln QC_t$ 时间序列至少存在一种协积关系。

表 9.23　$\ln QUS_t$ 和 $\ln QC_t$ 时间序列 Johansen 协整关系检验结果表

Date：01/14/11　Time：00：16
Sample（adjusted）：2004M04 2006M12
Included observations：33 after adjustments
Trend assumption：Linear deterministic trend（restricted）
Series：LNQCT LNQUST
Lags interval（in first differences）：1 to 2
Unrestricted Cointegration Rank Test（Trace）

Hypothesized No. of CE（s）	Eigenvalue	Trace Statistic	0.1 Critical Value	Prob.**
None*	0.414 267	24.822 13	23.342 34	0.067 1
At most 1	0.195 307	7.170 731	10.666 37	0.327 1

Trace test indicates 1 cointegrating eqn（s）at the 0.1 level
* denotes rejection of the hypothesis at the 0.1 level
** MacKinnon-Haug-Michelis（1999）p-values

由表 9.24 计算结果可知，由于统计量的伴随概率 0.203 88、0.810 44 均大于 0.05，$\ln QUS_t$ 和 $\ln QC_t$ 时间序列并不存在双向或单向因果关系。

表 9.24　$\ln QUS_t$ 和 $\ln QC_t$ 时间序列 Granger 因果关系检验结果表

Pairwise Granger Causality Tests
Date：01/14/11　Time：00：25
Sample：2004M01 2006M12
Lags：2

Null Hypothesis：	Obs	F-Statistic	Probability
LNQUST does not Granger Cause LNQCT	34	1.680 71	0.203 88
LNQCT does not Granger Cause LNQUST		0.211 70	0.810 44

3. 检验产业损害调查期内补贴产品补贴幅度 SM_t 与补贴产品进口国国内产业综合损害幅度 DIM_t 的双向或单向因果关系

本章选取 2004 年 1 月～2006 年 12 月（月度数据）补贴产品补贴幅度 SM_t 与补贴产品进口国国内产业综合损害幅度 DIM_t 的对数时间序列数据进行分析。

由表 9.25、表 9.26 可知，由于 t 统计量值均小于各显著性水平下的临界值，$\ln SM_t$ 和 $\ln DIM_t$ 时间序列数据的一阶差分序列都为平稳性序列，即都属于一阶单整。

表 9.25 $\ln SM_t$序列 ADF 检验结果表

Null Hypothesis：D（LNSMT）has a unit root
Exogenous：Constant
Lag Length：0（Automatic based on SIC，MAXLAG=9）

		t-Statistic	Prob.*
Augmented Dickey-Fuller test statistic		−6.094 670	0.000 0
Test critical values：	1% level	−3.639 407	
	5% level	−2.951 125	
	10% leve	−2.614 300	

* MacKinnon（1996）one-sided p-values

表 9.26 $\ln DIM_t$序列 ADF 检验结果表

Null Hypothesis：D（LNDIMT）has a unit root
Exogenous：Constant
Lag Length：4（Automatic based on SIC，MAXLAG=9）

		t-Statistic	Prob.*
Augmented Dickey-Fuller test statistic		−2.821 830	0.067 2
Test critical values：	1% level	−3.670 170	
	5% level	−2.963 972	
	10% leve	−2.621 007	

* MacKinnon（1996）one-sided p-values

由表 9.27 可知，在滞后长度为 2、显著性水平为 0.05 的情况下，$\ln SM_t$和 $\ln DIM_t$时间序列至少存在一种协积关系。

表 9.27 $\ln SM_t$和 $\ln DIM_t$时间序列 Johansen 协整关系检验结果表

Date：01/14/11 Time：11：21
Sample（adjusted）：2004M04 2006M12
Included observations：33 after adjustments
Trend assumption：No deterministic trend
Series：LNDIMT LNSMT
Lags interval（in first differences）：1 to 2
Unrestricted Cointegration Rank Test（Trace）

Hypothesized No.of CE（s）	Eigenvalue	Trace Statistic	0.05 Critical Value	Prob.**
None*	0.478 132	21.713 27	12.320 90	0.001 0
At most 1	0.007 609	0.252 063	4.129 906	0.674 9

Trace test indicates 1 cointegrating eqn（s）at the 0.05 level
* denotes rejection of the hypothesis at the 0.05 level
** MacKinnon-Haug-Michelis（1999）p-values

由表 9.28 计算结果可知，由于统计量的伴随概率 0.119 47、0.515 78 均大于 0.05，$\ln SM_t$ 和 $\ln DIM_t$ 时间序列并不存在双向或单向因果关系。

表 9.28　$\ln SM_t$ 和 $\ln DIM_t$ 时间序列 Granger 因果关系检验结果表

Pairwise Granger Causality Tests
Date：01/14/11　Time：11：34
Sample：2004M01 2006M12
Lags：2

Null Hypothesis：	Obs	F-Statistic	Probability
LNSMT does not Granger Cause LNDIMT	34	2.139 73	0.119 47
LNDIMT does not Granger Cause LNSMT		0.780 11	0.515 78

9.1.7　产业救济效果综合评估结论

（1）通过对案件实施反补贴政策的关键客观评估影响因素的分析可知：①2003～2006 年世界宏观经济和美国宏观经济的发展相对较好且较为稳定；2004 年美国宏观经济总体上运行相对较好，实现了从低速增长转向稳定增长；2005 年美国经济总体处于扩张阶段。同时，中美经贸相互依赖关系日渐增强。②受国内整体经济趋好的影响，2003～2006 年美国失业率虽然呈整体下降趋势，但波动不大，且处于较低水平。③中美贸易摩擦已经由企业的微观层面上升到了政府间的宏观层面，TS 与 UCN 之间存在较强的相关关系。④汇率是影响国际收支的重要因素，从 2003 年 6 月起，人民币升值的主要外部压力从日本转向了美国；实际上美国外贸逆差剧增的原因不在于中国的人民币汇率政策本身，而是美国产业结构调整、对外直接投资扩大、个人消费支出的增长等多种因素综合作用的结果；2003～2006 年，人民币对美元汇率一直呈上升趋势，尤其是 2005 年 8 月以后，人民币升值压力较为突出。⑤美国将贸易逆差、人民币汇率问题政治化，以及将其简单地同反补贴贸易摩擦联系起来是极其不合理的，政治动因是美国对华实施反补贴政策的本质原因。⑥美国将反补贴政策适用于像中国这样的非市场经济体，拉开了美国对华反补贴调查的序幕，违反 1984 年乔治城钢铁案的判例所确定的原则，具有很强的政策影响效应和示范效应。

（2）在案件调查期内中国铜版纸产业迅速发展的同时，美国等发达国家的铜版纸产业却在不断萎缩。面对质高价廉的中国铜版纸，美国铜版纸产业开始寻求政府保护，企图打击中国铜版纸行业。通过对案件调查期内美国国内产业的分析可知：①2004～2006 年，表观消费量稳步增长；市场份额一直维持在 83%以上；2003～2006 年，平均产能 2004 年同比增长幅度较大，为 11.25%；产能利用率增长幅度变化不大，但都处于 90%以上；产量总体呈上升趋势；期末库存、产业工人数、工人工资整体呈下降趋势，其中产业工人数、工人工资 2004 年同比增长幅度都较大，但 2005～2006 年都开始呈现较大幅度的下降趋势；劳动生产率、销售量、销售额整体呈稳步增长态势；毛利润、单位产品价格整体呈上升趋势，且同期每年单位产品成本均低于单位产品价格。②2003～2006 年 9 月，美国从中国进口铜版纸量占美国国内产量的比例分别为 2.3%、3.3%、3.8%、6.8%，均低于同期美国从韩国进口铜版纸量占美国国内产量比例 8.9%、9.9%、9.1%、10.5%。从整个产业发展来看，2003～2006 年，美国铜版纸产业发展相对趋于稳定，产业整体受损害态势并不明显。

（3）通过对案件调查期内中国国内产业分析可知：1996 年以后，随着国内经济的迅猛发展，市场对铜版纸的需求急剧增加；2000 年以后，国内铜版纸产量继续以约 18%的速度增长，并逐步在国内市场占主导地位；2001 年的国内产量已达 85 万吨；同时，在铜版纸进口市场逐渐萎缩的背景下，为了继续维持在中高档市场的垄断地位，韩国、日本、美国和荷兰的铜版纸生产商以倾销价格对中国出口铜版纸，试图拖垮刚刚起步的国内铜版纸企业；2003 年 8 月 6 日，商务部做出终裁，对韩国和日本企业征收反倾销税，中国铜版纸产业获得了难得的 5 年发展保护期，并且随着产能的日益扩大，中国铜版纸行业已从昔日的进口型转变为出口型；2003～2006 年，我国铜版纸产量主要用于国内消费，且我国铜版纸出口量逐年上升，出口量占同期产量的比例分别为 16.81%、15.36%、21.00%、24.47%。

（4）补贴存在的认定与补贴幅度的确定：①中国出口到美国的铜版纸产品的价格优势在很大程度上是由劳动力成本、资源成本、规模经济等因素造成的。同时，按照关键 5 要素法的分析思路，美国商务部得出了中国出口铜版纸产品存在补贴的结论。实际上，美国指控中国的补贴项目多是我国为促进造纸业发展而制定和实施的一系列政策和措施。②根据间接弹性系数法计算可知，中国企业的补贴幅度范围为[6.59%，14.39%]，其幅度小于美国商务部初裁、终裁确定的最高补贴幅度 20.35%、44.25%，并且美国在确定补贴幅度时使用了“替代国”数据和“最佳可获得信息”等自由裁量行为。

（5）产业损害的认定与产业损害幅度的确定：①根据损害救济标准，产业损害调查期内，美国产业各年综合得分呈整体下降趋势，但下降幅度不大，年均下降幅度为 2.42%，美国国内产业存在产业损害。②根据 FC 组合分析法计算可知，调查期内，国外厂商铜版纸出口产品共对美国国内产业造成 10.66%的损害幅度，中国铜版纸出口产品对美国产业损害幅度范围为[0.35%，0.72%]，按照 ASCM 对发展中国家的要求，其可以忽略不计，即没有对美国国内产业造成损害；按照损害救济标准，美国商务部在初裁、终裁时对中国出口产品征收的反补贴税率（初裁 10.9%～20.35%，终裁 7.4%～44.25%）远远高于[0.35%，0.72%]，是极其不合理的。

（6）因果关系的认定：基于 Granger 因果检验三步法计算结果可知，美国国内市场价格 PUS_t 和中国对美国出口铜版纸价格 PC_t 不存在双向或单向因果关系；美国国内市场销售数量 QUS_t 和中国对美国出口铜版纸数量 QC_t 不存在双向或单向因果关系；产业损害调查期内中国出口铜版纸产品补贴幅度 SM_t 与美国国内产业综合损害幅度 DIM_t 也不存在双向或单向因果关系。因此，中国出口铜版纸产品与美国国内产业损害之间不存在因果关系。

综上所述，美国首次对中国出口产品实施反补贴政策是具有极强的政治、经济动因和贸易保护色彩的，美国对中国出口铜版纸产品实施临时和最终反补贴政策是不合理的。如果其最终实施反补贴措施，其国内产业救济效果是达不到预期效果的，原因如下：第一，美国对中国实施反补贴政策主要是出于政治动因；第二，美国国内铜版纸产业的发展不景气主要是由于国内经济发展环境、产业自身发展等出现问题，而本质上并非由国外进口铜版纸价格大幅下降或进口量激增引起的；第三，按照“救济适度”原则，中国对美国国内产业造成的产业损害幅度为[0.35%，0.72%]，按照 ASCM 对发展中国家的要求，其可以忽略不计，即没有对美国国内产业造成损害，因此，即使对中国实施反补贴政策，其国内产业恢复幅度即产业救济幅度在[0.35%，0.72%]范围内，救济效果非常不明显，可以忽略不计；第四，美国商务部在初裁、终裁时对中国出口产品征收的反补贴税率（初裁 10.9%～20.35%，终裁 7.4%～44.25%）远远高于产业救济幅度[0.35%，0.72%]，不利于两个贸易大国的正常经贸关系发展。由此可以得出，美国不应该对中国实施反补贴政策，即使实施反补贴政策，其产业救济效果也非常不明显。实际上，本案存在一个特殊情况，即美国国际贸易委员会在美国商务部做出终裁结果之后，又通过投票宣布原产于中国的铜版纸并未对美国国内相关产业造成实质性损害或实质性损害威胁（美国商务部取消了征收反补贴税令），这也符合本章的最终评估结论。

9.2　基于 IBACM 方法的国内某案件产业救济效果评估案例分析

本案件评估采用 8.2 节介绍的评估方法，由于调研企业内部指标数据涉密问题，以下研究并未给出企业指标原始数据。基于保密要求，本案的产品名称、涉及企业和国内产业的指标数据均经过一定处理。文中该产品被称为 A 产品，生产 A 产品的国内产业统称为 A 国内产业，该产业所在行业为 B 行业，其上游产品为 C 产品，其下游产品为 D 产品。

9.2.1　反补贴政策实施效果评估指标体系权重确定

在反补贴政策实施效果评估中，指标体系权重的确定是基础而关键的工作，将直接影响到最终的评估结论。为了科学合理地确定指标体系权重，本章分别采用主观赋权法和客观赋权法两种方法计算指标权重，其中主观赋权法使用层次分析法，客观赋权法选用熵值法；然后在此基础上对两类权重进行综合，从而最大限度确保指标权重的科学性。

1. *层次分析法赋权*

层次分析法是由美国运筹学专家 Saaty 于 20 世纪 70 年代提出的一种分析方法。它将一个复杂的问题看成一个系统，根据系统内部的因素间的隶属关系，将一个复杂问题转化为有条理的有序层次，以一个递阶层次图直观地反映系统内部因素之间各子系统的分解，然后再逐级地进行综合系统分析，因此也是一种有效分析系统结构的方法，是目前系统工程处理定性与定量相结合，问题比较简便易行，又行之有效的一种方法。由于整个评价体系的指标反映的方面较多，各指标之间的相对重要程度揭示了指标在评估体系中的重要性。如果完全凭借专家主观赋权，难免会有失偏颇，不能客观反映事物的全貌。而层次分析法能够系统地整合各利益主体，避免片面性；同时兼顾了以主观判断克服量化困难的思路，并能通过科学方法对主观判断的一些偏误做出校正。

为了获得 A 产品反补贴救济效果评估指标体系的权重，我们向有关行业协会、企业代表、调查官员、专家学者等 20 位专家发放了调查问卷，并提供必要的背景信息，便于其做出清晰的判断。问卷回收率达到 80%。由于只需要进行各指标相对重要性的两两比较，对这一复杂问题做出判断的难度大大减轻，也使信度和效度提高。再通过数理计算，可以检测和校正这种主观判断的部分偏误，即逻辑不一致性，从而使结果更接近真实情况。

通过发放调查问卷，我们获得了专家对于该评估指标体系的判断矩阵。在此基础上，我们使用层次分析法分析软件，计算出各指标的权重，如表 9.29 所示。

表 9.29　层次分析法确定各指标权重计算结果表

指标	权重
进口价格	0.155
进口量	0.155
产能	0.0212

续表

指标	权重
产量	0.0331
产能利用率	0.0217
市场份额	0.0452
劳动生产率	0.0208
销售量	0.0404
销售价格	0.0423
税前利润	0.0483
投资收益率	0.0494
市场中外资的国别集中度	0.0486
外资技术控制率	0.0486
就业人数	0.102
产业产品结构优化程度	0.1684

2. 熵值法赋权

熵原是热力学的一个物理概念，在信息系统中的信息熵是信息无序度的度量，信息是系统有序程度的度量，两者绝对值相等、符号相反。信息熵越小，信息的无序度越低，其信息的效用值越大，指标的权重也越大；反之，信息熵越大，信息的无序度越高，其信息的效用值越小，指标的权重也越小。因此，信息熵能够反映系统信息的有序程度和信息的效用值，通过分析各指标间的联系程度及指标所提供的信息量能够客观地决定指标的权重，从而可在一定程度上避免主观赋权法中专家主观因素带来的偏差。熵值法赋权就是根据评估指标差异程度，以信息熵为工具，给各评估指标赋予恰当的权重，从而进行多指标综合评价的一种方法。

利用熵值法确定指标权重主要包括如下几个计算过程。

（1）将 x_{ij} 做正向化处理，并计算第 j 个指标第 i 个方案所占的比重 p_{ij}：

$$p_{ij}=\frac{x_{ij}}{\sum_{i=1}^{m}x_{ij}},\quad i=1,2,\cdots,m;j=1,2,\cdots,n \tag{9.2}$$

（2）计算第 j 个指标的熵值 e_j：

$$e_j=-k\sum_{i=1}^{m}p_{ij}\ln p_{ij},\quad j=1,2,\cdots,n,k\geqslant 0,e_j\geqslant 0 \tag{9.3}$$

（3）计算第 j 个指标的差异系数 g_j：

$$g_j=1-e_j,\quad j=1,2,\cdots,n \tag{9.4}$$

对于第 j 项指标的熵值 e_j 越小，指标值的变异程度（用差异系数 g_j 反映）就越大；反之，对于第 j 项指标的熵值 e_j 越大，则指标值的变异程度就越小。

（4）计算第 j 个指标的权重 w_j：

$$w_j = \frac{g_j}{\sum_{j=1}^{n} g_j}, \quad j = 1, 2, \cdots, n \tag{9.5}$$

根据某项指标的差异系数占指标差异系数总和的比重来确定该指标的权重。显然，该指标差异系数越小，对于该指标的赋权数值越小；反之，该指标差异系数越大，对于该指标的赋权数值就越大。

根据熵值法的原理，确定反补贴政策实施效果评估体系各指标权重计算结果如表 9.30 所示。

表 9.30　熵值法确定各指标权重计算结果表

指标	权重
进口价格	0.047
进口量	0.125
产能	0.059
产量	0.04
产能利用率	0.0989
市场份额	0.0788
劳动生产率	0.049
销售量	0.0428
销售价格	0.0724
税前利润	0.0911
投资收益率	0.1061
市场中外资的国别集中度	0
外资技术控制率	0
就业人数	0.1897
产业产品结构优化程度	0

3. *层次分析法与熵值法组合赋权*

前面我们分别使用层次分析法和熵值法确定了指标体系权重。然而，无论是主观赋权还是客观赋权，都有自己的优势和劣势。为了使指标权重更为科学合理，我们采用加权平均方法对两种权重进行综合，以此作为各指标权重完成后续评估工作。指标体系综合权重详见表 9.31。

表 9.31　指标体系综合权重表

指标	权重
进口价格	0.101
进口量	0.14
产能	0.040 1
产量	0.036 55
产能利用率	0.060 3
市场份额	0.062
劳动生产率	0.034 9
销售量	0.041 6
销售价格	0.057 35
税前利润	0.069 7
投资收益率	0.077 75
市场中外资的国别集中度	0.024 3
外资技术控制率	0.024 3
就业人数	0.145 85
产业产品结构优化程度	0.084 2

9.2.2　反补贴政策实施效果评估标准确定

1. A 国内产业的产业类型分析

我们使用需求收入弹性衡量法来分析 A 国内产业的产业类型。由于 A 反补贴案件的调查期定为 2004～2007 年，我们在分析 A 国内产业的产业类型时，取 1998～2004 年的产业数据。其中，需求量数据采用我国 1998～2004 年的 A 产品的市场总体表观消费量；收入数据采用 1998～2004 年我国城乡居民的人均可支配收入，如表 9.32 所示。

表 9.32　1998～2004 年 A 产品需求量和我国城乡居民人均可支配收入表

年份	需求量/单位	居民人均可支配收入/元
1998	205.00	4283.00
1999	285.00	4838.90
2000	451.00	5160.30

续表

年份	需求量/单位	居民人均可支配收入/元
2001	640.00	5425.10
2002	571.00	5854.02
2003	866.00	6280.00
2004	1550.00	6859.60

求得 1999～2004 年 A 产品的收入弹性如表 9.33 所示。

表 9.33　1999～2004 年 A 产品需求收入弹性表

年份	需求收入弹性
1999	3.006 682
2000	8.188 184
2001	8.857 972
2002	−1.383 41
2003	6.991 786
2004	8.693 245

由表 9.33 可知，1999～2004 年 A 产品的需求收入弹性呈上升趋势，说明该产业正处于成长阶段。虽然 2002 年的网络经济泡沫使 A 产品的需求出现下降，但进入 21 世纪后，2003～2004 年 A 产品的需求收入弹性又恢复了原来的上涨势头，整个产业呈现良好的发展势头，因此，可以认为 A 国内产业是成长型产业。

2. A 国内产业的恢复标准计算

1）进口国市场国内厂商与国外厂商的交叉价格需求弹性 N_{df}

使用 2003～2006 年国内同类产品销量与进口产品价格数据进行回归分析，得到 R^2=0.83，说明回归拟合度较好，回归系数为 9.357。回归模型综述表及系数表如表 9.34 和表 9.35 所示。

表 9.34　国内厂商与国外厂商的交叉价格需求弹性估计模型综述表

Model	*R*	*R* Square	Adjusted *R* Square	Std. Error of the Estimate
1	0.911[a]	0.83	0.011	145.162 12

a Predictors：（Constant），pf

表 9.35　国内厂商与国外厂商的交叉价格需求弹性估计回归系数表

Model		Unstandardized Coefficients		Standardized Coefficients	t	Sig.
		B	Std. Error	Beta		
1	（Constant）	412.039	268.234		1.536	0.0067
	pf	9.357	9.254	0.711	1.011	0.0049

根据统计数据求得 2003～2006 年国内产品年度平均销售量为 669.67 吨，进口产品平均销售价格为 27.533 美元/吨。根据替代弹性计算公式 $N_{df}=\dfrac{\mathrm{d}Q_d}{\mathrm{d}P_f}\times\dfrac{P_f}{Q_d}$，其中 $\dfrac{\mathrm{d}Q_d}{\mathrm{d}P_f}$ 即为回归系数，将回归系数 9.357 带入，求得 N_{df} 为 0.38。

2）进口国市场国内厂商的供给弹性 E_d

使用 2003～2006 年国内产品产量与国内产品价格数据进行回归分析，得到 R^2=0.906，说明回归拟合度较好，回归系数为 0.364。回归模型综述表及系数表如表 9.36 和表 9.37 所示。

表 9.36　国内厂商供给弹性估计模型综述表

Model	R	R Square	Adjusted R Square	Std. Error of the Estimate
1	0.952[a]	0.906	0.287	45.416 25

a Predictors：（Constant），pd

表 9.37　国内厂商供给弹性估计回归系数表

Model		Unstandardized Coefficients		Standardized Coefficients	t	Sig.
		B	Std. Error	Beta		
1	（Constant）	654.260	79.453		8.235	0.007
	pd	0.364	0.271	0.802	1.343	0.047

根据统计数据求得 2003～2006 年国内产品年度平均产量为 755 吨，平均销售价格为 276.67 元/吨。根据供给弹性计算公式 $E_d=\dfrac{\mathrm{d}S_s}{\mathrm{d}P_d}\times\dfrac{P_d}{S_s}$，其中 $\dfrac{\mathrm{d}S_s}{\mathrm{d}P_d}$ 即为回归系数，将回归系数 0.364 带入，求得 E_d 为 0.13。

3）进口国市场国内厂商的需求弹性 N_d

使用 2003～2006 年国内产品销量与国内产品价格数据进行回归分析，得到

R^2=0.9409，说明回归拟合度较好，回归系数为−5.071。回归模型综述表及系数表如表 9.38 和表 9.39 所示。

表 9.38 国内厂商需求弹性估计模型综述表

Model	*R*	*R* Square	Adjusted *R* Square	Std. Error of the Estimate
1	0.970[a]	0.940 9	0.213	888.230 63

a Predictors:（Constant），pd

表 9.39 国内厂商需求弹性估计模型综述表

Model		Unstandardized Coefficients		Standardized Coefficients	*t*	Sig.
		B	Std. Error	Beta		
1	（Constant）	2246.686	584.975		3.841	0.009
	pd	−5.071	2.982	−0.570	−1.701	0.014

根据统计数据求得 2003～2006 年国内产品年度平均销量为 669.67 吨，平均销售价格为 276.67 元/吨。根据供给弹性计算公式 $N_d=\frac{\mathrm{d}S_d}{\mathrm{d}P_d}\times\frac{P_d}{S_d}$，其中 $\frac{\mathrm{d}S_d}{\mathrm{d}P_d}$ 即为回归系数，将回归系数−5.071 带入，求得 N_d 为−2.09。

4）国外厂商与进口国市场国内厂商的交叉价格需求弹性 N_{fd}

使用 2003～2006 年国外进口产品销量与国内厂商销售价格数据进行回归分析，得到 R^2=0.867，说明回归拟合度较好，回归系数为 4.681。回归模型综述表及系数表如表 9.40 和表 9.41 所示。

表 9.40 国内厂商与国外厂商的交叉价格需求弹性估计模型综述表

Model	*R*	*R* Square	Adjusted *R* Square	Std. Error of the Estimate
1	0.931[a]	0.867	−0.203	261.480 56

a Predictors:（Constant），pd

表 9.41 国内厂商与国外厂商的交叉价格需求弹性估计回归系数表

Model		Unstandardized Coefficients		Standardized Coefficients	*t*	Sig.
		B	Std. Error	Beta		
1	（Constant）	−1090.735	1884.978		−0.579	0.006
	pd	4.681	5.75	0.631	0.148	0.005

根据统计数据求得 2003～2006 年国外产品年度平均销售量为 438.4 吨，国内产品平均销售价格为 276.67 元/吨。根据国外厂商与进口国市场国内厂商的交叉价格需求弹性计算公式 $N_{fd}=\frac{\mathrm{d}Q_f}{\mathrm{d}P_d}\times\frac{P_d}{Q_f}$，其中 $\frac{\mathrm{d}Q_f}{\mathrm{d}P_d}$ 即为回归系数，将回归系数 4.681 带入，求得 N_{fd} 为 2.95。

5）国外厂商在进口国市场的自身价格需求弹性 N_f

使用 2003～2006 年国外进口产品销量与国外厂商销售价格数据进行回归分析，得到 R^2=0.848，说明回归拟合度较好，回归系数为−17.899。回归模型综述表及系数表如表 9.42 和表 9.43 所示。

表 9.42　国外厂商需求弹性估计模型综述表

Model	*R*	*R* Square	Adjusted *R* Square	Std. Error of the Estimate
1	0.921[a]	0.848	0.620	754.255 63

a Predictors：（Constant），pf

表 9.43　国外厂商需求弹性估计回归系数表

Model		Unstandardized Coefficients		Standardized Coefficients	*t*	Sig.
		B	Std. Error	Beta		
1	（Constant）	4610.192	419.098		1.266	0.000
	pf	−17.899	5.076	−0.821	−3.527	0.012

根据统计数据求得 2003～2006 年国外产品年度平均销售量为 438.4 吨，国外产品平均销售价格为 27.533 美元/吨。根据国外厂商需求弹性计算公式 $N_f=\frac{\mathrm{d}Q_f}{\mathrm{d}P_f}\times\frac{P_f}{Q_f}$，其中 $\frac{\mathrm{d}Q_f}{\mathrm{d}P_f}$ 即为回归系数，将回归系数−17.899 带入，求得国外产品的需求弹性为−1.12。

6）国外厂商在本国市场的价格需求弹性 N_h

由于国外厂商在其本国的销售历史无法准确得知，由调研取得国外产品在其本国市场的价格需求弹性为−0.53。

由以上弹性根据本书第 5 章中所述模型方法，推导各指标的变化幅度如表 9.44 所示。

表 9.44　国外产品出口价格、出口量及国内产品销售价格变化幅度表

评估指标	变化幅度/%
国外产品出口价格	–26.2
国外产品出口量	29.3
国内产品销售价格	–4.48

根据以上三个指标的变化幅度，进一步计算国外产品出口价格、国外产品出口量和国内产品销售价格在国外企业不进行补贴情况下的调整值，如表 9.45 所示，括号中是调整后数值。

表 9.45　国外产品出口价格、出口量及国内产品销售价格调整表

指标	2003 年	2004 年	2005 年	2006 年
国外产品出口价格/（美元/吨）	28.88（39.13）	37.89（51.3）	15.83（21.45）	13.63（18.47）
国外产品出口量/吨	301.6（233.26）	713.7（551.97）	611.7（473.09）	1075（831.4）
国内产品销售价格/（元/吨）	340（355.95）	350（366.42）	140（146.57）	122（127.72）

经过各指标综合后，得到 2003～2006 年 A 国内产业的实际状态得分和不存在补贴情况下的得分，如表 9.46 所示。

表 9.46　A 国内产业的实际状态得分和不存在补贴情况下的预期得分表

得分	2003 年	2004 年	2005 年	2006 年
实际得分	44.23	45.92	29.36	23.07
不存在补贴情况下的得分	50.67	56.51	34.68	29.31

根据表 9.46，可知在 2003～2006 年，A 国内产业遭受补贴的损害总分值 S_{IR}=(50.67+56.51+34.68+29.31)–(44.23+45.92+29.36+23.07)=28.6。我们把该损害总分值作为 A 国内产业的恢复标准。

3. A 国内产业的发展标准计算

B 行业的“十五”发展规划为我们确立 A 国内产业的发展标准提供了依据。我国的“十五”信息产业发展规划中提出：“十五”期间，我国信息产业将保持 2～3 倍于国民经济的增长速度，电信业的年均增速将达到 21%，业务总量将增长 160%。同时，全国信息产业工作会议提出“十一五”时期我国信息产业发展奋斗目标是：信息产业增长速度超过 20%。产业规模比 2000 年翻一番，产业增加值占 GDP 的比重超过 7%，为信息化提供技术装备和网络服务的综合能力显著增强，成为带动国民经济增长、结构升级的支柱产业和增强综合国力的战略性产业。

我国 B 行业的“十五”发展规划也提出：“十五”期间 B 行业将以年均 15%～20%的速度发展。考虑到在“十五”开始阶段，我国 A 国内产业受国外补贴产品影响发展缓慢，再加上反补贴救济措施发挥作用本身也是一个逐步释放的过程，我们把反补贴后 A 国内产业的期望发展状态定为以年产值增长 15%的速度发展的状态。

根据该国内产业预期发展状态，我们可以推导评估指标体系中各指标的理想值。

经过指标综合后，得到 2007～2011 年 A 国内产业的实际状态得分与产业期望发展得分，如表 9.47 所示。

表 9.47　A 国内产业实际得分与期望发展得分表

得分	2007 年	2008 年	2009 年	2010 年	2011 年
实际得分	37.56	42.02	46.98	53.93	55.66
期望发展得分	46.68	47.96	46.32	43.18	44

在 2007～2011 年 A 国内产业的预期发展总得分为 S_{ID}=46.68+47.96+46.32+43.18+44=228.14，我们把该总期望得分作为 A 国内产业的发展标准。

9.2.3　去除其他因素影响的反补贴政策实施效果评估

1. A 国内产业联立方程模型的建立

首先，找出除去国外补贴产品价格以外影响 A 产品价格的其他主要因素，包括非涉案国的 A 产品价格、上游 C 产品价格和下游 D 产品的价格。影响 A 产品销量的其他因素包括非涉案国的 A 产品销量、下游 D 产品产量、上游 C 产品销量和 A 产品自身产能。

由此列出 A 国内产业的两个联立方程模型为

$$\begin{cases} P_{\mathrm{d}}^{d}=\gamma_{11}Q_{\mathrm{d}}+\gamma_{12}P_{\mathrm{sd}}+\gamma_{13}P_{\mathrm{nsd}}+\gamma_{14}P_{\mathrm{down}}+u_{1} & (9.6)\\ P_{\mathrm{d}}^{s}=\gamma_{21}Q_{\mathrm{d}}+\gamma_{22}P_{\mathrm{up}}+u_{2} & (9.7)\\ P_{\mathrm{d}}^{s}=P_{\mathrm{d}}^{d} & (9.8)\end{cases}$$

$$\begin{cases} Q_{\mathrm{d}}{}^{d} = \beta_{11}P_{\mathrm{d}} + \beta_{12}Q_{\mathrm{sd}} + \beta_{13}Q_{\mathrm{nsd}} + \beta_{14}Q_{\mathrm{down}} + u_3 & (9.9) \\ Q_{\mathrm{d}}{}^{s} = \beta_{21}P_{\mathrm{d}} + \beta_{22}Q_{\mathrm{up}} + \beta_{26}\mathrm{CAP}_{\mathrm{d}} + u_4 & (9.10) \\ Q_{\mathrm{d}}{}^{s} = Q_{\mathrm{d}}{}^{d} & (9.11) \end{cases}$$

其中，u_1、u_2、u_3、u_4为随机误差项。

在式（9.6）中，变量个数$m_1+k_1=5$，而联立方程中前定变量个数k=4，所以反需求函数是可识别的。

在式（9.7）中，变量个数$m_1+k_1=3$，而联立方程中前定变量个数k=4，所以反供给函数是可识别的。

故第一个联立方程模型可识别，且为过度识别。

在式（9.8）中，变量个数$m_1+k_1=5$，而联立方程中前定变量个数k=5，所以反需求函数可识别。

在式（9.9）中，变量个数$m_1+k_1=4$，而联立方程中前定变量个数k=5，所以反供给函数也可识别。

故第二个联立方程模型也可识别，且为过度识别。

2. A 国内产业联立方程模型的计算

使用 EViews 软件分别建立上述联立方程模型，并各自估计参数，结果如表9.48和表9.49所示。

表 9.48 联立方程模型 1 计算结果表

System：MODEL1

Estimation Method：Three-Stage Least Squares

Date：04/12/09 Time：20：25

Sample：2004Q1 2008Q4

Included observations：20

Total system（balanced）observations 40

Linear estimation after one-step weighting matrix

	Coefficient	Std. Error	t-Statistic	Prob.
C（1）	1 014.785	540.554 7	1.877 303	0.069 6
C（2）	−0.233 272	0.1241 63	−1.878 754	0.069 4
C（3）	−2.800 569	1.725 762	−1.622 801	0.114 4
C（4）	−2.080 625	1.734 500	−1.199 554	0.239 1
C（5）	−1.105 108	0.643 123	−1.718 347	0.095 4
C（6）	13.918 55	0.341 621	40.742 65	0.000 0
C（7）	0.000 467	0.000 341	1.3707 19	0.180 0
C（8）	−0.022 991	0.005 563	−4.132 889	0.000 2

续表

Determinant residual covariance		80.847 93	
Equation：PDD=C（1）+C（2）*QDD+C（3）*PSD+C（4）*PNSD+C（5）*PDW			
Instruments：PSD PNSD PDW PUP C			
Observations：20			
R-squared	–2.195 157	Mean dependent var	89.600 00
Adjusted R-squared	–3.047 199	S.D. dependent var	14.188 88
S.E. of regression	28.544 69	Sum squared resid	12 221.99
Durbin-Watson stat	1.685 426		
Equation：PDS=C（6）+C（7）*QDD+C（8）*PUP			
Instruments：PSD PNSD PDW PUP C			
Observations：20			
R-squared	0.634 833	Mean dependent var	13.582 20
Adjusted R-squared	0.591 872	S.D. dependent var	0.639 503
S.E. of regression	0.408 546	Sum squared resid	2.837 468
Durbin-Watson stat	1.316 760		

表 9.49　联立方程模型 2 计算结果表

System：MODEL2

Estimation Method：Three-Stage Least Squares

Date：04/12/09　Time：20：49

Sample：2004Q1 2008Q4

Included observations：20

Total system（balanced）observations 40

Linear estimation after one-step weighting matrix

	Coefficient	Std. Error	t-Statistic	Prob.
C（1）	777.252 2	864.684 2	0.898 886	0.375 6
C（2）	0.761 044	10.133 38	0.075 103	0.940 6
C（3）	–13.831 97	5.246 884	–2.636 226	0.013 0
C（4）	–0.214 889	3.256 301	–0.065 992	0.947 8
C（5）	0.386 984	0.254 523	1.520 429	0.138 5
C（6）	289.600 7	222.793 5	1.299 862	0.203 2
C（7）	–2.804 556	1.846 237	–1.519 066	0.138 9
C（8）	0.896 085	0.175 313	5.111 335	0.000 0
C（9）	0.131 328	0.023 871	5.501 652	0.000 0

续表

Determinant residual covariance		28 959 225	
Equation：QDD=C（1）+C（2）*PDD+C（3）*QSD+C（4）*QNSD+C（5）*QDW			
Instruments：QSD QNSD QDW QUP CAPD C			
Observations：20			
R-squared	0.840 701	Mean dependent var	648.250 0
Adjusted R-squared	0.798 221	S.D. dependent var	320.187 1
S.E. of regression	143.827 6	Sum squared resid	310 295.5
Durbin-Watson stat	1.488 437		
Equation：QDS=C（6）+C（7）*PDD+C（8）*QUP+C（9）*CAPD			
Instruments：QSD QNSD QDW QUP CAPD C			
Observations：20			
R-squared	0.947 478	Mean dependent var	661.750 0
Adjusted R-squared	0.937 630	S.D. dependent var	305.909 0
S.E. of regression	76.397 38	Sum squared resid	93 384.94
Durbin-Watson stat	2.017 839		

从表 9.48 和表 9.49 中可以看出，反需求曲线中的国外进口产品价格前面的估计参数–2.804 556 表示国外进口产品价格上升 1%，国内产业销售 A 产品价格下降 2.80%，其对 A 国内产业的 A 产品销售价格的影响在 10%的置信区间内统计上不显著，系数在统计上跟 0 没有不同；需求曲线中的国外产品进口量前面的估计参数–13.831 97 表示国外进口产品的进口量下降 1%，国内产业的销售量就上升 13.83%，其对国内产业的销售数量的影响在统计上是显著的。由于我们在估计时采用了对数处理，这两个参数可以解释其他变量不变情况下反补贴政策实施对国内产业的直接影响，即假设反补贴政策实施后其他因素不发生变化的情况下，国内产业的销售价格不会发生变化，而销售量将跟随国外企业的销售量发生反向变化，国外企业销售量下降 1%，国内产业的同类产品销售量就会上升 13.83%。

我们可以由以上两个参数计算 A 国内产业在仅受反补贴政策影响下的各指标修正值，并通过综合评估方法把各指标综合，得到 A 国内产业修正后的得分，如表 9.50 所示。

表 9.50　2007～2011 年国内产业实际得分和其他因素影响去除的修正得分

得分	2007 年	2008 年	2009 年	2010 年	2011 年
实际得分	37.56	42.02	46.98	53.93	55.66
去除其他因素影响的修正得分	33.38	37.65	40.8	44	37.2

从表 9.50 中可以看出，反补贴政策对国内产业的促进发展作用并没有实际中显示的那么大，去除其他因素影响后的国内产业状态综合得分小于其实际得分。这主要是由于反补贴政策实施后同类产品的国内市场整体需求大幅度增加带动国内产业的销量大幅增加，从而导致国内产业的实际值偏高。

9.2.4　反补贴政策实施产业救济效果的评估结论

由表 9.50 可以求出去除其他因素影响后国内产业的修正总得分为

$$33.78+37.65+40.8+44+37.2=193.43$$

则 2004～2008 年国内产业的总恢复得分 $S_{恢复}$ 为

$$193.43-(44.23+45.92+29.36+23.07)=50.85>S_{IR}=28.6$$

由于 $S_{恢复}>S_{IR}$（恢复得分＞产业损害），可得政策实施有效度 ED=有效。

由 $S_{ID}=228.14$，可得政策实施达标度 GD=193.43/228.14×100%= 84.79%。

政策实施效果评估结论说明，反补贴政策整体来说是成功的，有效地弥补了国内产业遭受国外补贴所受到的损害，并推动了产业的进一步发展，国内调查机关的反补贴政策实施的目的初步达到，反补贴政策效果较好。

第10章 政策建议

政策冲突成为贸易摩擦的重要表现形式。经济全球化深入推进，国与国之间的联系更加紧密，与此同时，国家相互间的利益关系也日益复杂，各国及地区加强了在政策层面的多方博弈，导致全球贸易摩擦急剧增加。现阶段，各国政策之间的关联程度加深，任何一个经济体的政策变动都有可能影响到其他经济体的利益，特别是使其主要贸易伙伴的政策冲突风险增加。当前我国已经开始对国外补贴进口产品实施反补贴调查，但是，由于反补贴政策实践经验的缺乏，其产业救济效果到底如何，亟须商务部门进行评估和论证。因此，结合新的国际贸易形势及国际金融环境，研究我国实施反补贴政策的评估问题，可满足我国政府贸易政策的现实需求。

反补贴政策的实施与评估是一个动态复杂的系统性工作，每一个具体的反补贴案件都有它独特的地方，但是对于一个国家整体而言，要在激烈的国际竞争中保护国内产业、提高国内产业国际竞争力、维护公平竞争的政策环境和贸易环境，就需要采用科学的理论和方法，建立一套完善的反补贴评估方法体系，为政府反补贴调查机关进行反补贴政策决策提供参考。此外，伴随着我国公共管理基础理论与方法的不断深入发展，反补贴政策问题的研究将孕育新的变革方向。为此，我们需要重新审视与思考我国反补贴政策的理论内涵与现实意义，探索与创新我国实施反补贴政策过程中出现问题的科学研究方法。

在探索反补贴政策产业救济效果评估方法过程中，应注意以下几方面。

（1）在选取指标及其处理方面，应搜集反补贴政策评估指标体系在补贴调查期和反补贴保护期内的指标数据，并对指标进行标准化和一致化处理。

（2）各时间节点评估值的计算。应计算反补贴政策实施前后各时间节点国内产业的各指标及其综合状态评估值。

（3）去除其他影响因素的综合状态值的测算。对于反补贴政策保护期内实际各年的国内产业综合状态量化值，应剥离其他因素的影响，得到仅在反补贴政策影响下的反补贴后国内产业各年综合状态量化值。

（4）应确定评估对象产业的恢复标准和发展标准。

（5）产业恢复值的测算。分别将反补贴政策实施前后各年国内产业的综合量化值求和，再求两者的差值得到反补贴政策实施之后国内产业的恢复量化值。

（6）比较该恢复量化值与恢复标准的大小。如果恢复量化值大于或等于恢复标准，判定反补贴政策的实施有效度为有效；如果恢复量化值小于恢复标准，则判定反补贴政策的实施有效度为无效。

总之，为做好具有动态复杂性的反补贴工作，应建立“动态一体四翼”的反补贴联动工作机制，即以反补贴动态过程为背景，以政府（包括中央政府和地方政府及其部门）为主体，以行业协会、律师协会、涉案企业、高校和科研机构为主线的“动态一体四翼”反补贴申诉和调查的联席会议制度。动态性涉及了反补贴措施实施的全过程，联动性包括了从中央政府到各级地方政府，及其与行业协会、律师、各单个企业、高校和科研机构的紧密联系，进而实现对进口反补贴工作的互动。从而达到维护产业安全和产业发展的目的。

1. 政府

政府及其职能部门是市场、经济秩序的维护者，对企业利益的维护就是保护本国产业、经济的健康发展，而这种保护则更多地体现在组织和协调各部门工作、颁布保护本国贸易发展的法律、法规。在面对反补贴工作时，建议政府从以下几个方面入手。

（1）完善我国补贴与反补贴立法工作（如适当调整出口补贴、产业、税收、进口替代、信贷资金、财政转移支付、优惠等政策），并制定相关配套法律、法规，与 WTO 补贴与反补贴规则接轨。

（2）敦促各级政府及其商务部门提高对当前反补贴形势的认识，建立反补贴预警机制和国外反补贴案件研究数据库，成立专门的反补贴工作部门，学习国外反补贴实践经验。

（3）加强宣传并积极组织培训，提高反补贴工作人员的能力和效率，通过及时的信息传递，给地方政府、行业协会（商会等中介组织）和企业提供技术支持和帮助。

（4）号召行业协会（商会等中介组织）和企业积极申诉或应诉。

2. 行业协会（商会等中介组织）

在反补贴工作中，要充分发挥行业协会、商会等中介组织的协调和组织职能，向企业提供智力支持和技术帮助。作为整个行业利益的代表，行业协会在反补贴工作中要充分发挥其桥梁纽带作用和协调管理职能，加强与涉案产业相关的联系；对于商会要做好反补贴的预警分析工作，动员企业积极应诉和参加行业无损害抗辩，建立高效的信息交流机制，及时掌握反补贴工作动态并报反补贴调查机关使其进行对外交涉、对内协调工作。

3. 律师

律师在反补贴调查中是申诉企业的委托代理人，并对申诉企业起着指导和帮助作用。反补贴是一个十分复杂的程序，每个环节的时限要求十分严格，每个环节对应诉成败均十分关键，因此单纯靠企业自身力量去应对，非常困难。企业要在律师的指导和帮助下提出反补贴申请，受委托律师在法律程序内，根据调查获得的信息、数据与材料，代表企业签署反补贴调查申请书，并确认反补贴调查申请书的内容及所附的证据是真实、完整的。因此，律师擅长的是法律程序，将法律专长与企业的产品和市场专长相结合，才能确保反补贴调查工作的成效。

4. 企业

虽然反补贴调查的主体是政府行为，但企业是反补贴调查的直接承受者。面对反补贴工作，建议应从以下几方面入手：一是提高认识，学习和熟悉 WTO 补贴与反补贴规则，增强反补贴工作的能力；二是在政府引导、行业协会（商会等中介组织）支持、律师帮助下积极应诉和抗辩，通过法律途径实现自我保护；三是根据反补贴调查相关程序与规则，在政府、行业协会等中介组织、律师的整体配合下，对国外明显违背 ASCM 的补贴政策尝试提出反补贴调查申请。

5. 高校和科研机构

高校及科研机构在进口反补贴工作过程中也起着提供咨询和决策参考的重要作用。一方面，政府将引导高等院校、骨干企业、中介组织，培养一批精通进口反补贴业务的律师、会计师、产业专家、贸易专家，形成以企业为基础、以中介机构为纽带、依托各地经贸委、有关部门和行业协会的进口反补贴工作机制；另一方面，高校及科研机构可以依托其雄厚的科研力量与政府及其商务部门进行课题合作并撰写课题研究报告，通过定性和定量研究方法解决进口反补贴工作中出现的问题，从而更好地为政府提供参考和决策依据。

根据以上分析，政府（包括中央政府和地方政府）、律师、行业协会、企业、高校和科研机构通过召开联席会议，不但有助于加强各方的紧密联系与有效沟通，而且有利于提高危害产业安全事件的联合应对效率，为及时消除国内产业所遭受的损害打下良好的基础。建议由商务部各主管部门牵头，通过律师的指导与帮助、各行业协会的协调与组织及高校和科研机构提供的决策参考，充分调动各企业的参与积极性来召开联席会议，定期或不定期地通报产业安全工作情况和预警信息，协调解决，建立起多层次、多视角、多渠道的预警体系，进而解决反补贴调查的有关问题，协同做好维护产业安全工作。

参考文献

白巴根. 2007. 对“转型经济国家”的反补贴调查与补贴的认定——以美国对中国出口铜版纸反补贴调查为例[J]. 太平洋学报，(12)：38-42.

鲍晓华. 2007. 反倾销措施的贸易救济效果评估[J]. 经济研究，(2)：71-84.

卜伟，赵伟滨. 2008. “完全市场经济地位”与对华反倾销反补贴[J]. 郑州航空工业管理学院学报，26（1）：45-49.

蔡春林. 2007. 规则背后：美国对华实施首次反补贴调查剖析[J]. 国际贸易问题，(6)：122-126.

常明. 2008. 进口反倾销的救济效果评估体系研究[D]. 北京：北京理工大学.

常明，何海燕. 2007. 基于主成分分析法的产业损害指标体系研究[J]. 财贸研究，(3)：45-49.

陈坤铭. 2000. 反倾销制度与产业保护效果[R]. 台北：经济部贸易调查委员会.

陈利强. 2008. 《补贴与反补贴措施协定》之专向性问题初探[J]. 西北大学学报（哲学社会科学版），38（3）：124-129.

陈为民. 2002. 国际反补贴法之比较研究[D]. 大连：大连海事大学.

陈振凤. 2011. 反倾销政策效果评估方法及应用研究[D]. 北京：北京理工大学.

陈振凤，何海燕. 2008. 成本会计核算方法的比较研究：基于反倾销视角[J]. 生产力研究，(12)：162-164.

迟凯凯. 2007. WTO 框架下补贴与反补贴规则研究[D]. 青岛：中国海洋大学.

丛永俭. 2004. 反补贴调查中产业损害考量的法律问题剖析[D]. 北京：对外经济贸易大学.

德林 J. 2007. 美国贸易保护商务指南[M]. 毛悦，刘小雪译. 北京：社会科学文献出版社.

段爱群. 2005. 法律较量与政策权衡——WTO 中补贴与反补贴规则的实证分析[M]. 北京：经济科学出版社.

段圣娟. 2007. 国外对华反补贴及我国应对策略[D]. 北京：对外经济贸易大学.

方茜. 2006. 反补贴问题比较研究——兼论我国反补贴制度的完善[D].成都：西南财经大学.

冯素华. 2007. 欧盟反补贴法程序规则研究[D]. 长沙：湖南师范大学.

甘瑛. 2003. 国际货物贸易中的补贴与反补贴法律问题研究[D]. 厦门：厦门大学.

高萍. 2007. 《补贴与反补贴措施协定》的缺陷及其克服[J]. 长沙：湖南师范大学.

高铁梅. 2006. 计量经济分析方法与建模[M]. 北京：清华大学出版社.

高永富. 2007. 中美反补贴争端的起源与发展趋势[J]. 世界经济研究，(10)：54-58.

龚柏华，倪洁颖. 2007. 中美有关铜版纸征收反倾销和反补贴税 WTO 磋商案评析[J]. 国际商务研究，(6)：49-54.

郭双焦. 2005. 试谈进口国是否应该代表第三国进行反补贴行动[J]. 国际贸易问题，(4)：127-128.

郭文利. 2007. WTO《补贴与反补贴措施协议》中的专向性标准问题研究[D]. 厦门：厦门大学.

韩纪男. 2006. 《农业协定》出口补贴认定规则[D]. 北京：中国政法大学.

何海燕. 2003. 反倾销中产业损害幅度测算指标体系的建构[J]. 价值工程，(3)：2-4.

何海燕，乔小勇. 2009. 反倾销中产业损害幅度确定的联立方程模型研究[J]. 北京理工大学学报自然版，29（7）：651-654.

何海燕，乔小勇. 2010. 应对国外反补贴指控的举措研究[J]. 中国软科学，（5）：20-29.

何海燕，杨悦. 2006. 中国产业损害问题研究综述[J]. 经济与管理研究，（7）：35-40.

何海燕，于永达. 2002. 产业损害幅度确定方法研究[J]. 中国工商管理研究，（5）：10-14.

侯若英. 2008. 美国反补贴立法与实践的新发展及中国应对——以美国对华“铜版纸反补贴案”为例[D]. 北京：外交学院.

胡麦秀，薛求知. 2008. 美国对华实施反补贴的经济与政治动因分析[J]. 南京师大学报，（2）：63-67.

胡麦秀，严明义. 2005. 反倾销保护引致的市场转移效应分析[J]. 国际贸易问题，（10）：19-23.

黄文旭. 2007. 加拿大反补贴法律制度初探[J]. 大经贸，（12）：86-88.

黄文旭. 2008. 加拿大反补贴法律制度研究[D]. 长沙：湖南师范大学.

姜国庆，凡刚领. 2004. 产业损害程度测算指标相关性的有效消除研究[J]. 管理科学，17（5）：87-91.

蒋婵. 2007. WTO 框架下农产品出口补贴法律制度研究[D]. 成都：四川大学.

蒋成华. 2005. WTO 的可诉补贴纪律——兼评巴西诉美国陆地棉补贴案[J]. 国际贸易，（8）：49-52.

蒋春艳. 2008. 美国对中国铜版纸反补贴案初裁的法律分析与思考[D]. 长春：吉林大学.

蒋小红. 2003. 欧共体反补贴立法与实践[J]. 法学评论，（117）：61-68.

金芯蕾. 2008. 美国对华实施反补贴背后的动因分析[J]. 对外经贸实务，（6）：38-40.

寇琳. 2005. 一种基于灰色模型的反倾销产业损害状况评判方法[J]. 机电信息，（17）：32-35.

寇琳. 2006. 中国对外反倾销的实证分析及对策研究[D]. 厦门：厦门大学.

蓝海涛. 2003. 呈随机波动状——世贸组织成员补贴与反补贴案件的特点[J]. 国际贸易，（10）：43-45.

蓝海涛. 2006. 运用世贸反补贴规定维护我国产业安全[J]. 宏观经济管理，（5）：48-51.

李波. 2003. 补贴与反补贴法律措施研究[D]. 重庆：西南政法大学.

李淑艳. 2006. 贵州省退耕还林政策效果评估与分析研究[D]. 北京：北京林业大学.

李文梅. 2008. 反补贴经济效应及机制研究[D]. 青岛：中国海洋大学.

李小明. 2007. 对国际贸易中补贴与反补贴措施的法律经济学解析[J]. 财经理论与实践，28（148）：112-118.

李仲平. 2007. 反补贴法律制度中的“FA”规则研究[J]. 内蒙古农业大学学报，9（33）：108-110.

林孝贵，李炼，侯雁. 2006. 中国企业面对外国补贴与反补贴的进化博弈分析[J]. 商业研究，（347）：1-2.

刘朝晖，娄权. 2002. 反倾销与反补贴中的财务信息揭示[J]. 财会通讯，（269）：25-27.

刘焕礼. 2006. WTO 体制下补贴界定研究[D]. 厦门：厦门大学.

刘蕾，何海燕，常明. 2008. 进口反倾销措施对中国经济的影响分析[J]. 北京理工大学学报（社会科学版），（8）：20-23.

刘玲，刘剑芸. 2009. 我国对外反倾销的贸易救济效果研究——基于贸易竞争力指数视角[J]. 经济与管理研究，（10）：67-73.

刘向丽，魏馨. 2010. 我国反倾销绩效的实证分析：以化工行业为例[J]. 当代财经，（8）：130-137.

刘晓艳. 2007. 反补贴中会计信息作用初探[J]. Economic & Trade Update，5（81）：49，52.
卢荣蕾. 2003. 世贸框架下我国补贴与反补贴问题法律对策探讨[D]. 北京：中国政法大学.
陆业. 2006. 从美国反补贴法修改看中国对外贸易问题及对策研究[D]. 合肥：安徽大学.
逯曼. 2007. 中国应对国外反补贴产业损害研究[D]. 成都：西南财经大学.
吕莹. 2004. 论 SCM 协议中的补贴构成与认定[D]. 长沙：中南大学.
栾信杰. 1998. 反倾销损害分析的经济学方法及其应用[J]. 外国经济与管理，（11）：43-45.
栾信杰. 2008. 两条腿走三步——美国对华反补贴态势分析[J]. 国际贸易，（1）：45-48.
马永华. 2006. 反倾销与下游产业关联研究——以我国丙烯酸酯反倾销为研究案例[D]. 南京：南京农业大学.
梅新育. 2007. 美国对华反补贴动机复杂[J]. 瞭望新闻周刊，（16）：52-53.
欧福永. 2001. 《SCM 协议》下补贴问题法律对策研究[D]. 长沙：湖南师范大学.
欧福永，冯寿波. 2007. 欧盟反补贴中期和终期复审制度[J]. 求索，（4）：118.
欧福永，冯素华. 2006. 浅议欧盟反补贴调查程序[J]. 文史博览，（4）：69-70.
欧福永，杨陶. 2005. 美国反补贴法中“因果关系”的确定及其对我国的启示[J]. 时代法学，3（4）：107-111.
彭育园. 2006. 美国反补贴法的修改与我国的应对方略[J]. 对外经贸实务，（10）：18-22.
齐瑶，周婷. 2007. 浅议中国反补贴立法[J]. 河北金融，（12）：61-63.
钱叶，马野青. 2007. 我国应对美国反补贴的对策[J]. 经济纵横，（9）：18-19.
乔小勇，何海燕. 2009. 国外反补贴相关问体研究综述[J]. 国际经贸探索，25（4）：76-82.
乔小勇，何海燕. 2010. 美国反补贴立案调查的趋势与产业损害指标体系研究——基于系统聚类与因子分析组合分析法[J]. 经济管理，（32）：24-29.
秦国荣. 2006. 论 WTO 反补贴诉讼机制——兼论我国应对国际反补贴诉讼之对策[J]. 法商研究，（112）：137-144.
单一. 2007. WTO 框架下补贴与反补贴法律制度研究[D]. 上海：华东政法大学.
沈瑶，王继柯. 2004. 中国反倾销实施中的贸易转向研究：以丙烯酸酯为例[J]. 国际贸易问题，（3）：9-12.
沈瑶，朱益，王继柯. 2005. 中国反倾销实施中的产业关联研究：以聚氯乙烯案为例[J]. 国际贸易问题，（3）：83-87.
宋国友. 2007. 反补贴税：中美贸易关系中新的问题[J]. 西部论丛，（5）：37-39.
苏振东，刘芳. 2009. 中国对外反倾销措施的产业救济效应评估——基于动态面板数据模型的微观计量分析[J]. 财贸经济，（10）：77-84.
苏振东，刘芳. 2010. 中国对外反倾销的经济救济效果评估[J]. 世界经济研究，（1）：45-51.
苏振东，刘芳，严敏. 2010. 中国反倾销措施产业救济效应的作用机制和实际效果[J]. 财贸经济，（11）：88-97.
孙瑞华. 2006. 国外反补贴对我国出口贸易的影响及对策[J]. 经济纵横，（2）：9-10.
孙悦. 2006. 论欧盟与韩国造船补贴争端案及对中国的启示[D]. 北京：对外经济贸易大学.
唐宜红. 2003. 出口补贴的福利分析及其反补贴的含义[J]. 数量经济技术经济研究，（12）：37-40.
王明明，隋伟莹. 2004. 多层模糊综合评判方法在损害分析中的应用[J]. 北京化工大学学报，31（3）：102-109.
王明明，吴娇，潘岚，等. 2003. 倾销与损害因果关系模型中理论价格的方法研究[J]. 北京化工大学学报，30（1）：61-64.
王世春. 2006. 论公平贸易[M]. 北京：商务印书馆.
王坦. 2008. 补贴与反补贴政策的分析——基于中美贸易的研究[D]. 长春：吉林大学.
王雪华，盛建明. 2001. 制裁特向性补贴——辨析《补贴与反补贴协议》[J]. 国际贸易，(12)：30-34.
王弈通. 2009. 论补贴专向性的标准与评判——兼议专向性标准在美国对华反补贴调查案中的适用[J]. 国际商务研究，(1)：35-41.
王懿. 2008. WTO 框架下中国可诉性补贴法律问题研究[D]. 上海：上海交通大学.
王永杰. 2003. 《补贴与反补贴协议》下可申诉补贴之研究[D]. 苏州：苏州大学.
武新丽，王微，贾洋. 2005. 我国对外反倾销调查现状及经济学分析[J]. 山西财政税务专科学校学报，7（4）：47-52.
向洪金，柯孔林，冯宗宪. 2009. 反倾销产业损害认定的理论与实证研究——基于 COMPAS 模型的分析[J]. 中国工业经济，(1)：42-52.
向洪金，赖明勇. 2010. 我国反倾销措施的产业救济效果和福利效应研究——基于 COMPAS 模型的理论与实证分析[J]. 产业经济研究，(4)：153-162.
向凯. 2003. 多边贸易体制下反补贴法律问题研究[D]. 上海：华东政法学院.
谢辉. 2007. 对华反补贴的发展趋势及对我国的启示[J]. 国际贸易问题，(12)：73-77.
邢艳青. 2006. 国际反补贴会计对策研究[J]. 财会通讯，(4)：46-48.
徐剑锋. 2006. 反补贴会计初探[J]. 财会月刊，(8)：12-13.
许多. 2008. 美对华铜版纸反补贴调查对行业影响的实证分析[J]. 经济师，(10)：99-100.
许建军. 2008. 美国反补贴法的晚近发展与中国应取的对策研究[D]. 苏州：苏州大学.
严辉，蔡珍贵. 2008. 浅析反补贴调查对湖南出口贸易的影响与对策[J]. 时代经贸，6（124）：107-108.
阳明华. 2004. WTO 出口补贴法律问题研究[D]. 武汉：武汉大学.
阳源又. 2008. 美国对华反补贴法贴法律问题研究[D]. 重庆：西南政法大学.
杨仕辉，邓莹莹，谢雨池. 2012. 美国反倾销贸易效应的实证分析[J]. 财贸研究，(1)：77-84.
杨仕辉，王红玲. 2001. 欧盟反倾销反补贴实证分析[J]. 欧洲，(6)：35-44.
杨仕辉，谢雨池，邓莹莹. 2011. 欧盟反倾销贸易效应的实证分析[J]. 广东外语外贸大学学报，(9)：32-39.
杨悦，何海燕. 2008. 进口反倾销行为对产业价格指数影响的反事实研究框架[J]. 商业经济与管理，(1)：57-62.
尹德永. 2004. WTO 补贴与反补贴实体规则研究[D]. 北京：中国政法大学.
于海霞. 2004. 欧盟、美国反补贴立法及对策研究[D]. 哈尔滨：黑龙江大学.
于海霞，李丹丹. 2006. 欧盟、美国反补贴立法及对策研究[J]. 黑龙江政法管理干部学院学报，(2)：47-49.
于娟. 2008. 环境政策评估的理论与方法研究[D]. 兰州：兰州大学.
余莹. 2007. WTO 反补贴规则下我国国企补贴的相关特殊法律问题[J]. 中南民族大学学报(人文社会科学版)，(6)：110-114.
袁晓东. 2003. 科技创新补贴与 SCM 的冲突及其协调[J]. 软科学，17（3）：78-79.
张阿红. 2008. WTO 框架下中国工业补贴方式的改进探析[D]. 北京：中国人民大学.

张斌. 2009. 对华反补贴价格比较基准：基于美国和加拿大案例的比较研究[J]. 国际商务研究，（1）：10-15.

张明祎，邓英杰. 2008. 对美国试图通过反补贴解决人民币汇率问题的法律思考[J]. 法制与社会，（3）：125-126.

张昕宇. 2007. 反补贴法中的“非市场经济”问题研究[J]. 政法学刊，24（3）：121-124.

张岩，刘君. 2008. 基于会计学视角的国际对华反补贴分析[J]. 财会通讯，（4）：44-46.

张燕芳. 2008. 中国纺织服装品遭遇美国反补贴的可能性分析[J]. 对外经贸实务，（6）：41-43.

张玉环. 2005. WTO《补贴与反补贴措施协议》中出口补贴的认定[D]. 武汉：武汉大学.

张玉卿，杨荣珍. 2008. 我国对外反倾销贸易救济效果评估[J]. 世界贸易组织动态与研究，（11）：1-6.

赵爱华. 2003. 反补贴法律措施的比较研究[D]. 大连：大连海事大学.

赵飞. 2009. 反倾销救济效果评估方法研究[D]. 北京：北京理工大学.

赵飞，何海燕. 2009. 基于反事实分析的产业损害幅度计算方法及 CADIC 扩展模型[J]. 北京理工大学学报自然版，29（2）：181-184.

赵立韬. 2008. 国有资产流失与国外反补贴措施的滥用[J]. 河北法学，25（8）：199-200.

周荣新. 2004. 论 WTO 中的补贴概念——兼论中国对补贴的入世承诺[D]. 北京：中国政法大学.

周蔚. 2004. 中国新闻纸、铜版纸反倾销经济效应实证分析[D]. 杭州：浙江大学.

周艳. 2008. 对非市场经济国家适用反补贴的法律思考[D]. 北京：北京大学.

朱榄叶. 2005. 政府与企业共同面对——中国面临的补贴与反补贴问题研究[J]. 国际贸易，（4）：35-38.

朱钟棣，鲍晓华. 2004. 反倾销措施对产业的关联影响——反倾销税价格效应的投入产出分析[J]. 经济研究，（1）：83-92.

宗义湘. 2006. 加入 WTO 前后中国农业支持水平评估及政策效果研究[D]. 北京：中国农业科学院.

邹超. 2007. 贸易救济措施中进口国公共利益问题的投入产出分析——以钢铁产业为例[J]. 北京城市学院学报，（1）：59-63.

Anderson R K. 1984. Countervailing duty determinations under United States trade agreements act of 1979[J]. European Management Journal，2（2）：67-72.

Baldwin R E，Steagall J W. 1994. An analysis of ITC decisions in antidumping，countervailing duty and safeguard cases[J]. Review of World Economics，130：290-308.

Baylis K. 2007. Unfair subsidies countervailing duties[A]//Kerr W A，Gaisford J D. Handbook of International Trade Policy[C]. Northampton：Edward Elgar Publishing：347-359.

Blonigen B A. 2005. The effects of NAFTA on antidumping and countervailing duty activity[J]. The World Bank Economic Review，19（3）：407-424.

Blonigen B A，Prusa T J. 2001. Antidumping [R]. NBER Working Paper，No. 8398.

Boltuck R. 1991. Assessing the effects on the domestic industry of price dumping[A]//Tharakan P K M. Policy Implications of Antidumping Measures[C]. Amsterdam：North-Holland：99-141.

Brown C P，Crowley M A. 2006. Policy externalities：how US antidumping affects Japanese exports to the EU[J]. European Journal of Political Economy，22（3）：696-714.

Carroll J. 2000. Australian anti-dumping and countervailing measures[R]. Lex Mundi Asian Pacific Conference.

Carter C，Chadee D，Darko K. 1999. Are Subsidies to be blamed? A reexamination of U.S. countervailing duty on hog imports from Canada[J]. Journal of Policy Modeling，21（7）：823-830.

Chen K M，Chen T C. 2003. Firms' strategies and the effects of antidumping policy[R]. The EcoMod International Conference on Policy Modeling.

Clark H L，Dempsey K M，Koo J C. 2007. Movement towards a US countervailing duty remedy for Chinese goods that are found to be subsidised[R]. Clark/Dempsey/Koo：Movement Towards a US Countervailing Duty Remedy.

Collie D. 1991. Export subsidies and countervailing tariffs[J]. Journal of International Economics，3（31）：309-324.

Collie D. 1994. Anti-dumping and countervailing duties under oligopoly：a comment[J]. European Economic Review，5（35）：1185-1187.

Department of Commerce International Trade Administration. 1997. Preliminary negative countervailing duty determination and alignment of final countervailing duty determination with final antidumping（Fresh Atlantic Salmon From Chile）[R]. Import Administration，International Trade Administration，Department of Commerce.

Dixit A. 1988. Anti-dumping and countervailing duties under oligopoly[J]. European Economic Review，32（1）：55-68.

Durling J P，McCullough M. 2005. Teaching old laws new tricks：the legal obligation of non-attribution and the need for economic rigor in injury analysis under US trade law[A]//Choi E K，Hartigan C J. Handbook of International Trade Volume[C]. Oxford：Blackwell Publishers：29-34.

Feinberg R M，Kaplan S. 1993. Fishing downstream：the political economy of effective administered protection [J]. Canadian Journal of Economics，（26）：150-158.

Fetzer J J. 2005. A partial equilibrium approach of modeling vertical linkages in the U.S. flat rolled steel market[R]. U.S. International Trade Commission Working Paper.

Finger J M，Nogués J. 1987. International control of subsidies and countervailing duties[J]. World Bank Economic Review，1：707-725.

Frank L，Tan H. 1990. An industry level analysis of import relief petitions filed by U.S. manufacturers[A]//Tan H，Shimada H. Troubled Industries in the United States and Japan[C]. New York：St. Martin's Press：374-385.

Gallaway M P，Blonigen B A，Flynn J E. 1999. Welfare costs of the U.S. antidumping and countervailing duty laws[J]. Journal of International Economics，49：211-244.

Gallaway M P，Blonigen B A，Flynn J E. 2000. Erratum to "Welfare costs of the U.S. antidumping and countervailing duty laws" [J]. Journal of International Economics，52：205.

Ganguli B. 2005. The trade effects of Indian antidumping actions[D]. The State University of New Jersey.

Goetz C J，Granet L，Schwartz W F. 1986. The meaning of "subsidy" and "injury" in the countervailing duty law[J]. International Review of Law and Economics，1（6）：17-32.

Grossman M. 1986. Imports as a cause of injury：the case of the U.S. steel industry[J]. Journal of

International Economics，（20）：201-223.

Harrison A. 1991. The new trade protection：price effect of antidumping and countervailing duty measures in the United State [R]. World Bank Working Paper.

Hartigan J C，Kamma S，Perry P R. 1989. The injury determination category and the value of relief from dumping [J]. Review of Economics and Statistics，71：183-186.

He H Y，Zhang J. 2011. Knowledge structure and cultivation model of anti-dumping accountants[C]. IWET 2011，（8）.

Herrmann M L，Lin B H，Mittelhammer R C. 2006. Effects of countervailing duty on Norwegian farmed salmon[J]. Agribusiness，4（7）：339-355.

Hoda A，Ahuja R. 2003. Agreement on subsidy and countervailing measures：need for clarification and improvement[R]. Indian Council for Research on International Economic Relations.

Hoekman B M，Leidy M P. 1992. Cascading contingent protection [J]. European Economic Review，36（4）：883-892.

Johnson B T，O'Quinn R P. 1995. Abolish American's costly anti-dumping laws[R]. Updating Backgrounder No.906 "A Guide to Antidumping Laws：America's Unfair Trade Practice"：261-262.

Jones K，Harvey D J. 2006. Evaluating the economic impact of countervailing duties on United States warm water shrimp imports [C]. Long Beach：The American Agricultural Economics Association Annual Meeting：23-26.

Jones V. 2007. Trade remedy legislation：applying countervailing action to nonmarket economy countries[R]. Custom House Site Meter，The Congressional Research Service.

Jung J. 2004. Understanding the COMPAS model：assumptions，structure and elasticity of substitution[D]. University of Florida.

Kaplan G B，Cloutier C T. 2007-05-01. The first affirmative countervailing duty case against China[N]. The Metropolitan Corporate Counsel.

Kelly H，Morkre E. 2006. One lump or two：unitary versus bifurcated measures of injury at the USITC[J]. Economic Inquiry，44（4）：740-752.

Konings J，Vandenbussche H. 2003. Antidumping protection and markups of domestic firms：evidence from firm level data[J]. Journal of International Economics，8：1-38.

Konings J，Vandenbussche H. 2009. Antidumping protection hurts exporters：firm-level evidence from France [R]. CEPR Working Paper.

Konings J，Vandenbussche H，Springael L. 2001. Import diversion under European antidumping policy[J]. Journal of Industry，Competition and Trade，1（3）：283-299.

Krueger A O. 1996. The Political Economy of American Trade Policy[M]. Chicago：The University of Chicago Press.

Krupp C M，Skeath S. 2002. Evidence on the upstream and downstream impacts of antidumping cases[J]. North American Journal of Economics and Finance，13：163-178.

Lasagni A. 2000. Does country-targeted anti-dumping policy by the EU create trade diversion[J]. Journal of World Trade，34（4）：137-159.

Lee S Y，Jun S H. 2002. On the investigation effects of the US antidumping petitions：a psychological approach[R]. 9th Congress of the Schumpeterian Society.

Mah J S. 2003. Countervailing duties in the USA[R]. Economics Working Papers，45：1-21.

Mah J S，Kim Y D. 2000. Antidumping decisions and macroeconomic variables in the USA[J]. Applied Economics，(32)：1701-1709.

Mahdavi M，Bhagwati A. 1994. Stock market data and trade policy：dumping and the semiconductor industry [J]. International Trade Journal，8 (2)：207-221.

Marsh S J. 1998. Creating barriers for foreign competitors：a study of the impact of antidumping actions on the performance of U.S. firms [J]. Strategic Management Journal，(19)：25-37.

Messerlin P A. 1989. The uruguay negotiations on subsidies and countervailing measures：past and future constraints[R]. The World Bank：Policy，Planning and Research Working Papers：186.

Neufeld I N. 2001. Anti-dumping and countervailing procedures-use or abuse? Implications for developing countries[J]. Australian Journal of Public Administration，6 (2)：77-84.

Niels G. 2003. Trade diversion and destruction effects of antidumping policy：empirical evidence from Mexico[R]. Erasmus University Rotterdam Working Paper.

Nyahoho E. 2004. The limited effectiveness of the agreement on subsidies and countervailing measures (SCM) in WTO[J]. The Journal of Social，Political and Economic Studies，29：87-114.

Oykes O. 1996. The economics of injury in antidumping and countervailing duty cases[J]. International Review of law and Economic，16 (1)：5-26.

Pindyck R S，Rotemberg J J. 1987. Are imports to blame? Attribution of injury under the 1974 trade act [J]. Journal of Law and Economics，(20)：101-122.

Pregelj V N. 2005. Trade remedy legislation：applying countervailing action to nonmarket economy countries[R]. Congressional Research Service，The Library of Congress.

Prusa T J，Sharp D C. 2001. Simultaneous equations in antidumping investigations [J]. Journal of Forensic Economics，14 (1)：63-78.

Prusa T J. 1996. The trade effects of U.S. antidumping actions[R]. NBER Working Paper.

Prusa T J. 1999. On the spread and impact of antidumping [R]. NBER Working Paper.

Qiu L D. 1995. Why can't countervailing duties deter export subsidization? [J]. Journal of International Economics，39：249-272.

Sharp D，Zantow K. 2005. Attribution of injury in the shrimp antidumping case：a simultaneous equations approach [J]. Economic Bulletin，6 (5)：1-10.

Sleuwaegen L，Belderbos R，Jie-A-Joen C. 1998. Cascading contingent protection and vertical market structure [J]. International Journal of Industrial Organization，(16)：697-718.

Soderbery A. 2006. Unraveling the differences between countervailing duty and antidumping data [EB/OL]. http: //scholarsbank. uoregon. edu/xmlui/bitstream/handle/1794/2931/06honors Soderbery. pdf；sequence=1[2016-10-07].

Spencer B J. 1988. Capital subsidies and countervailing duties in oligopolistic industries[J]. Journal of International Economics，1 (25)：45-69.

Staiger R W，Wolak F A. 1994. Measuring industry specific protection：antidumping in the United States[R]. NBER Working Paper.

Suranovic S M. 1998. Countervailing duties in a perfectly competitive market [J]. International Trade

Theory and Policy，32（1）：110-113.

Sykes A O. 1996. The economics of injury in antidumping and countervailing duty cases[J]. International Review of Law and Economics，16：9-26.

Tharakan P K M，Waelbroeck J. 1994. Antidumping and countervailing duty decisions in the E.C. and in the U.S.：an experiment in comparative political economy[J]. European Economic Review，1（38）：171-193.

van Duren E，Martin L. 1989. The role of economic analysis in countervailing duty disputes：cases involving agriculture [J].Canadian Public Policy Analyse de Politiques，15：162-174.

Vandenbussche H，Konings J，Springael L. 2005. Import diversion under European antidumping policy[R]. CEPR Working Paper.

Vandenbussche H，Zanardi M. 2007. The chilling effects of antidumping law proliferation [R]. CEPR Working Paper.

Waincymer J. 2001. Implications for anti-dumping and countervailing[R]. Canberra：Session 5B，Competition Policy and Subsidies.

Wang Y T. 2005. Export subsidies，countervailing duties，and welfare [J]. Revista de Economia Política，25（4）：391-395.

Yager L. 2006. U.S.-China trade challenges and choices to apply countervailing duties to China[R]. United States Government Accountability Office.